Pratique
de l'*asset management*

Groupe Eyrolles
61, bd Saint-Germain
75240 Paris Cedex 05

www.editions-eyrolles.com

Directeur d'ouvrage : Jean-Michel ROCCHI

© Groupe Eyrolles, 2012
ISBN : 978-2-212-55349-9

Abderman SOLTANI

Pratique
de l'*asset management*

EYROLLES

Je tiens à remercier et exprimer toute ma gratitude à Jean-Michel Rocchi, mon directeur de collection.

Remerciements aussi à :
mes parents Fedjeria et Said,
Laura ma compagne, Ines ma petite fille, Jean-François,
ma sœur Akila, mes frères Boulares, Omar, Houardi Hamid, Nasser, Hocine,

en mémoire à mon ami Francis.

Sommaire

ANNEXES

Introduction

La première idée venant à l'esprit de celui qui veut se représenter le métier d'*asset manager** est celle de l'ambiance qui règne dans les salles de marché. La gestion de portefeuille pour le compte des investisseurs est vue à travers les yeux de *traders* scrutant leurs écrans, à l'affût des moindres mouvements de marché. Pourtant, le métier de gestionnaire d'actif est dans les faits éloigné de l'exubérance (parfois irrationnelle) des marchés financiers ; ses choix d'investissements doivent être savamment calculés et analysés avant d'être réalisés.

En outre, dans la pratique, l'*asset manager* agit comme un chef d'orchestre, il anime un éventail de métiers et de compétences, allant bien au-delà du seul *trader*. Il évolue au sein d'une société de gestion* chargée de gérer l'épargne qui lui est confiée pour le compte de clients (particuliers ou institutionnels « Zinzin[1] »), soit sous forme d'OPCVM*[2] (organisme de placement collectif en valeurs mobilières), soit au travers de mandats. La décision est souvent collective du fait de l'existence fréquente des comités d'investissement.

La gestion d'actifs pour le compte de tiers s'inscrit dans une logique avant tout industrielle. En France le secteur de l'*asset management* représente 83 000 emplois, dont 15 000 emplois directs dans les sociétés de gestion, selon le rapport d'activité de l'Association française de gestion (AGF)[3]. Cette activité constitue donc un pan non négligeable de l'économie nationale et de l'industrie financière. Le montant des actifs gérés pour compte de tiers atteignait près de 2 636 milliards d'euros en 2011 pour 617 sociétés de gestion recensées.

La virulence de la crise de la dette souveraine qui marque le prolongement de celle des *subprimes* affecte sans commune mesure les marchés financiers. Elle ébranle les certitudes qui prévalaient jusqu'ici : les emprunts d'État ne sont plus sans risque, les repères entre actifs risqués et non risqués disparaissent, ce qui perturbe profondément les choix d'investissements et fragilise autant l'édifice de la finance moderne que les pratiques de l'*asset management*.

---

1. Zinzin : terme courant utilisé par les professionnels pour désigner les investisseurs institutionnels (groupes d'assurance, fonds de pension, caisses de retraite).
2. Les mots suivis du signe * renvoient au glossaire en fin d'ouvrage.
3. Rapport d'activité de l'AGF, *Gestion e-info* n° 1, décembre 2011.

L'*asset manager*, dont le métier est de conseiller l'investisseur dans ses placements, va devoir, comme l'ensemble de l'industrie de la gestion d'actifs, relever ce défi. La crise, dont l'issue demeure incertaine pour la plupart des économistes, est de nature à prolonger la durée de la refondation de la régulation du secteur financier. Dans ce contexte, les pratiques de la gestion de portefeuille devraient être profondément renouvelées.

Le présent ouvrage, à jour des nouvelles réglementations, entend présenter de manière synthétique et pluridisciplinaire tous les aspects du métier de la gestion d'actifs.

La première partie du livre porte sur la construction de la gestion pour compte de tiers, elle-même déclinée en trois aspects : la conception et la fabrication des véhicules de l'*asset management* (chapitre 1), puis le processus d'investissement de l'*asset management* et de sa performance (chapitre 2), enfin la construction de la relation client dans l'*asset management* (chapitre 3).

La seconde partie est consacrée à l'univers de l'*asset management* et se présente en trois volets : les différents métiers entourant l'*asset management* (chapitre 4), la pratique de la gestion de portefeuille en France et au Luxembourg (chapitre 5) et pour finir le système d'information et les modèles économiques de l'*asset management* (chapitre 6).

Partie I

CONSTRUIRE LA GESTION POUR COMPTE DE TIERS

Chapitre 1

Les fondements de l'*asset management*

La construction des véhicules financiers de l'*asset management*, c'est-à-dire de l'ensemble des instruments financiers qui les composent, découle des choix pris par les sociétés de gestion et leurs comités d'investissements. Les modèles théoriques de gestion de portefeuille peuvent éclairer le gérant dans ses décisions. Toutefois, d'autres facteurs de l'environnement immédiat de l'*asset manager* doivent être pris en compte : l'aspect réglementaire, l'organisation des marchés, le type de véhicule (OPCVM, *hedge fund*, ISR, OPCI*, *private equity*…) et la dimension opérationnelle.

Les investisseurs finaux, clients des sociétés de gestion, sont évidemment les premiers intéressés par la compréhension des critères de sélection des valeurs financières. Les autorités des marchés, les commissaires au compte (CAC), les auditeurs, le contrôle interne y prêtent aussi une attention particulière au titre de leurs missions réglementaires et comptables.

La constitution des portefeuilles destinés à la création des produits de placement suit la démarche suivante :

Les étapes de la construction des produits de placement collectif

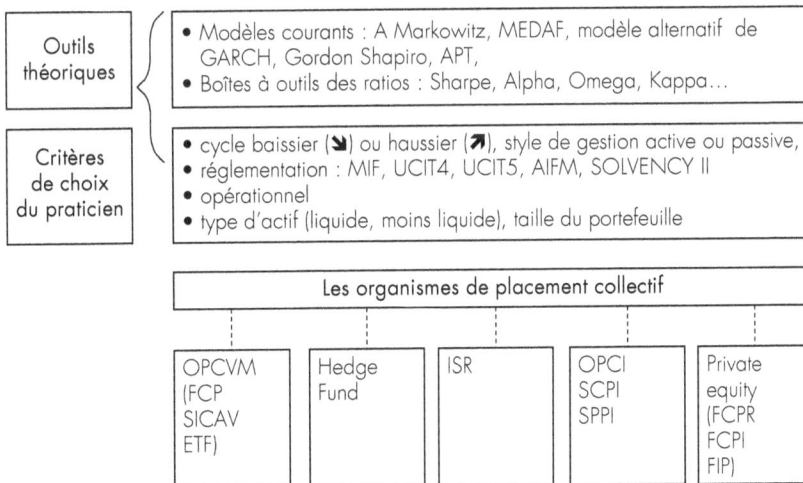

Outils théoriques	• Modèles courants : A Markowitz, MEDAF, modèle alternatif de GARCH, Gordon Shapiro, APT, • Boîtes à outils des ratios : Sharpe, Alpha, Omega, Kappa…
Critères de choix du praticien	• cycle baissier (↘) ou haussier (↗), style de gestion active ou passive, • réglementation : MIF, UCIT4, UCIT5, AIFM, SOLVENCY II • opérationnel • type d'actif (liquide, moins liquide), taille du portefeuille

Les organismes de placement collectif

OPCVM (FCP SICAV ETF)	Hedge Fund	ISR	OPCI SCPI SPPI	Private equity (FCPR FCPI FIP)

Les mésaventures des investisseurs de sociétés d'investissement à capital variable (Sicav*) monétaires dynamiques amènent à s'interroger sur les pratiques qui concourent à la fabrication des produits.

Plus généralement se pose la question de l'équilibre difficile à trouver entre la souplesse de gestion de *l'asset manager*, qui recherche la performance, et son encadrement par les règles du prospectus*[1] pour protéger les investisseurs.

LES CLÉS CONCEPTUELLES DE CONSTRUCTION DES VÉHICULES FINANCIERS

Dans l'industrie mondiale de la gestion d'actifs, qui compte plusieurs dizaines de milliers de gérants, existe-t-il une ou plusieurs façons de faire ? Autrement dit, quels sont les styles de gestion ? La plupart des modèles et outils avec lesquels les gestionnaires sont formés influencent leur marque de fabrique. Celui-ci changera en fonction de leur degré d'adhésion ou non à la théorie de l'efficience des marchés[2] ou du recours à des critères d'ordre éthique pour une gestion ISR (investissement socialement responsable), qui ne peut être enfermée dans un modèle.

Le modèle d'Harry Markowitz, fondement de la gestion collective

Harry Markowitz[3] a fondé sa renommée dans la finance moderne à partir de la théorie de la diversification du portefeuille. Selon lui, un fonds diversifié permet, pour un niveau d'acceptation de risque donné, de maximiser la rentabilité grâce à la combinaison d'instruments financiers. Le couple rentabilité-risque représente la pierre angulaire des outils d'aide à la modélisation de portefeuille. Son succès tient notamment à la perception intuitive que la rentabilité ne peut croître sans une dose additionnelle de risque. Il s'explique également par la facilité d'emploi opérationnel du modèle.

Harry Markowitz établit à partir d'outils statistiques une relation qui met en évidence deux idées clés :

---

1. Voir le chapitre consacré à la construction de la relation client.
2. Efficience des marchés : un marché est défini comme efficient dès lors que le prix des valeurs qui y sont négociées reflète toute l'information disponible, supposée être partagée par l'ensemble des intervenants. En pratique, les conditions d'efficience sont rarement satisfaites, c'est pourquoi les professionnels préfèrent parler de marchés semi-efficients.
3. Harry Markowitz, Portfolio Selection, *Journal of finance* 7 (1), 1952, p. 77-91.

▶ la somme des risques de chaque ligne individuelle d'investissement est supérieure au risque total du portefeuille ;

▶ par extension de son modèle originel, la combinaison d'actifs financiers (actions, obligations*, valeurs monétaires…) offre par l'effet de diversification une efficacité de placement d'autant plus grande que le nombre d'instruments est important et que leur corrélation est faible.

Ces deux principaux postulats confortent l'idée selon laquelle la gestion collective permet d'atteindre des résultats supérieurs à un investissement individuel moins diversifié. Par extension, on pourrait en déduire que plus la taille d'un fonds est importante, plus les possibilités de diversification s'accroissent, et ce faisant celle de l'efficience de l'investissement. La corrélation entre les valeurs indique la limite de l'élargissement de la taille du portefeuille, étant entendu que la diversification ne doit pas être extrême car alors on reproduirait le marché.

Les fondations mathématiques de la gestion de portefeuille définies par Harry Markowitz s'appuient sur la loi de probabilité du mathématicien Gauss (dite aussi loi de rendement normal). Cela revient à déterminer les chances qu'un fonds a d'atteindre un niveau de performance donné r compris à l'intérieur d'un intervalle de confiance. Il comprend deux bornes définies, la première étant égale à la moyenne moins son écart type (volatilité*), la seconde à la moyenne plus son écart type.

Exemple

Comportement gaussien d'un fonds

L'exemple suivant donne une transcription de différentes probabilités pour un fonds de réaliser son objectif de rentabilité dans un intervalle de confiance. Il y a 70 % de chances d'atteindre un rendement r compris entre $[r - \partial \; ; \; r + \partial]$, 95 % entre $[r - 2\partial \; ; \; r + 2\partial]$ et 99 % entre $[r - 3\partial \; ; \; r + 3\partial]$. Plus on élargit l'intervalle, plus les chances, c'est-à-dire les probabilités d'atteindre le résultat, augmentent.

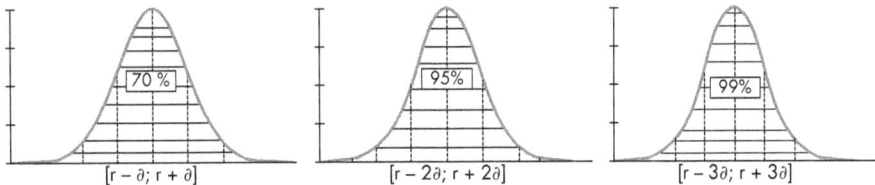

Par exemple, dans le cas d'une rentabilité moyenne r = 12 % et une volatilité ∂ = 4 %, le gérant aura selon la loi de Gauss le choix entre les scénarios suivants :

• scénario 1 : il y a une probabilité de 70 % de réaliser une rentabilité comprise entre 8 et 16 % ;

• scénario 2 : il y a une probabilité de 95 % de parvenir à une rentabilité se situant entre 4 et 20 % ;

• scénario 3 : il y a une probabilité de 99 % d'atteindre une performance allant de 0 à 24 %.

En d'autres termes, la courbe de Gauss correspond à une distribution des performances selon une loi normale[1]. Sa densité de probabilité dessine une courbe dite courbe en cloche ou **courbe de Gauss**.

Outre la référence à cette loi de probabilité, la théorie du portefeuille intègre l'efficience des marchés, présupposant que :

- tous les investisseurs disposent à tout moment des mêmes informations ;
- les prix des transactions traduisent toutes les informations disponibles et se modifient selon l'apparition de nouvelles informations.

Le marché idéal construit à partir de ces outils mathématiques a donné naissance au modèle classique de la finance de marché.

Le couple rentabilité-risque

C'est l'association rentabilité-risque, à la base de la théorie classique, qui sert de baromètre au gérant. Le principe de construction des véhicules financiers de l'épargne collective illustré par le portefeuille ci-dessous s'appuie sur une boîte à outilss simple dans son emploi et à la portée de nombreux utilisateurs.

Exemple

Un fonds diversifié

Le concept clé du modèle classique (qui veut que le couple rentabilité-risque suive une loi normale) peut être illustré en construisant un portefeuille à partir de trois types d'actifs financiers (actions, obligations, monétaires).

Chacune des espérances de rentabilité et de volatilité (mesure de risque) de ces instruments financiers permet de définir les couples rentabilité-risque assemblés dans un même portefeuille.

Le fonds ainsi constitué comprend 7 lignes de valeurs (3 d'actions, 2 obligataires, 2 monétaires). Chaque ligne affiche un couple rentabilité-risque (la volatilité).

La diversification du portefeuille

		Secteur	Zone géographique	Poids	Rentabilité	Volatilité
Actions	Action 1	Automobile	France	5 %	10 %	4 %
	Action 2	Pétrole et gaz	États-Unis	10 %	12 %	7 %
	Action 3	Tourisme	Espagne	5 %	9 %	6 %

---

1. Elle a été introduite par le mathématicien Abraham de Moivre en 1733 puis utilisée ensuite par Gauss au XIXe siècle pour formaliser les évènements biométriques.

		Secteur	Zone géographique	Poids	Rentabilité	Volatilité
Obligations	Obligation 1	Entreprise	Angleterre	5 %	7 %	4 %
	Obligation 2	État	Allemagne	35 %	4 %	1 %
Monétaires	Monétaire 1	Le Trésor	France	5 %	2 %	0,1 %
	Monétaire 2	Entreprise	Allemagne	35 %	3 %	2 %
	Total			100 %	5 %	2 %

Le couple rentabilité-risque global du portefeuille est de (5 % – 2 %). Ce portefeuille met en évidence l'effet de diversification sur le couple rentabilité-risque. Si 100 % du portefeuille était constitué de la seule ligne Action 2, la rentabilité serait de 12 %, mais le risque de 7 %. L'effet de diversification total (rentabilité = 5 % ; risque = 2 %) permet de diviser par 3,5 le risque pour une division par seulement 2,4 de la rentabilité.

D'autres types de portefeuilles par thèmes d'investissements (actions, obligations, monétaires) peuvent être élaborés à partir de ces différentes valeurs. L'investisseur dont l'aversion au risque est très prononcée sélectionne dans ce cas la seule ligne de Monétaire 1, supposée lui garantir un versement par l'État français de 2 % pour une volatilité infime (0 et 0,5). À l'inverse, l'investisseur qui souhaite prendre un risque important, pourra se positionner sur la seule ligne Action 2 dans l'espoir d'un rendement de 12 % pour l'acceptation d'un risque de 7 % (volatilité).

Le gérant qui agit pour le compte de ses investisseurs a la faculté de moduler le poids des valeurs afin de profiler ses fonds à l'intérieur des bornes décrites dans l'exemple ci-dessus, de la moins risquée à la plus risquée.

La « décorrélation » des actifs financiers

Afin de tirer parti au mieux des bienfaits de la diversification, il faut prendre en compte l'effet de la corrélation des valeurs entre elles.

En effet, si une valeur A évolue à l'identique de B, c'est-à-dire dispose d'un coefficient de corrélation égale à 1, la diversification perd de son attrait, puisque l'évolution défavorable de A ne peut être compensée par B. Par exemple, si le prix du pétrole croît rapidement, les valeurs pétrolières augmentent, tandis que le secteur automobile peut être affecté négativement ainsi que le tourisme par l'effet coût de transport (automobile ou aérien).

Le gérant va donc chercher à sélectionner les valeurs qui présentent les plus faibles corrélations entre elles, afin de diversifier au mieux son portefeuille et maximiser son choix en termes de rentabilité-risque.

La matrice de corrélation des valeurs aide à optimiser les combinaisons les plus optimales de diversification (monétaire 1, action 1, obligation 2).

Matrice de corrélation des instruments financiers

	Action 1	Action 2	Action 3	Obligation 1	Obligation 2	Monétaire 1	Monétaire 2
Action 1	1						
Action 2	0,9	1					
Action 3	0,7	0,8	1				
Obligation 1	0,6	0,4	0,5	1			
Obligation 2	0,4	0,3	0,6	0,8	1		
Monétaire 1	0,1	0,2	0,2	0,6	0,3	1	
Monétaire 2	0,3	0,1	0,7	0,3	0,4	0,6	1

La diversification du portefeuille repose sur plusieurs axes :
- type d'actifs (actions, obligations, monétaires, matières premières, ETF*…) ;
- sectorielle (santé, énergie, loisirs, automobile, informatique, services…) ;
- géographique (zone Europe, zone États-Unis, zone Asie, zone Amérique latine…) ;
- temporelle (court, moyen, long terme).

Le gérant va chercher à tirer parti de la combinaison de ces différentes composantes pour construire le portefeuille de valeurs qui maximise la relation rendement-risque.

L'exposition au risque décroît en fonction du nombre de lignes contenues dans le fonds. Le graphique ci-dessous montre l'impact qu'elles produisent sur le niveau de volatilité des portefeuilles. Pour diminuer le niveau de risque de 30 %, le gérant retient (PTF 4) composé de quatre types d'actifs contre (PTF 1) qui en compte un seul. Cela traduit bien le dicton : « Ne pas mettre tous ses œufs dans le même panier ».

Impact de la diversification sur la volatilité du portefeuille

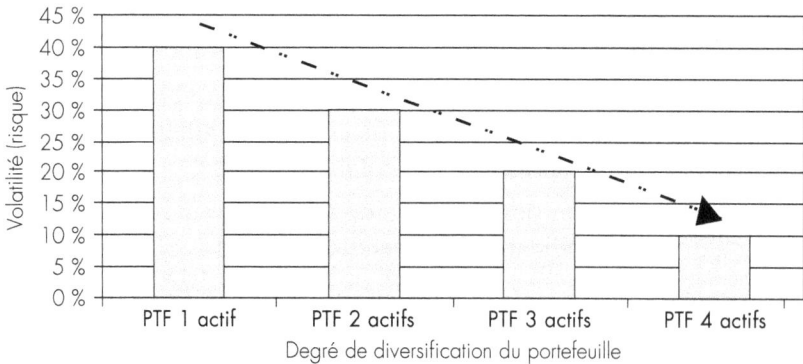

La taille critique d'un portefeuille

Si l'on s'en remet à la théorie de la finance moderne, le portefeuille efficient devrait comprendre toutes les valeurs des marchés financiers, mais à mesure qu'on rajoute une ligne de titre, la probabilité de corrélation croît. L'effet bénéfique de la diversification atteint son optimum à partir du seuil de décroissance du couple rentabilité-risque : les facteurs de coûts de gestion et de convergence des cycles entre certains espaces économiques limitent le gain tiré de la diversification.

Pendant longtemps, un consensus a dominé parmi les praticiens pour affirmer que 20 lignes constituaient une diversification minimale mais correcte (soit pour un portefeuille équipondéré, un risque de 5 % par ligne). Des universitaires et des praticiens considèrent aujourd'hui ce nombre comme insuffisant et préconisent un portefeuille de 50 lignes, au motif de la montée de la volatilité et de l'apparition de nouveaux risques par rapport au contexte des années 1950, quand Harry Markowitz jetait les bases de sa théorie.

Les données relatives aux valeurs (base de données) sont essentielles au gérant pour déterminer de manière empirique et opérationnelle la taille optimale de son portefeuille.

La théorie du portefeuille à l'épreuve des Sicav monétaires dynamiques

Nous avons vu que le profil d'un fonds reposait sur l'arbitrage* risque/rentabilité. Le schéma ci-dessous indique la trajectoire du rapport rentabilité/risque permettant de visualiser les arbitrages possibles.

Arbitrage risque-rendement des actifs du portefeuille

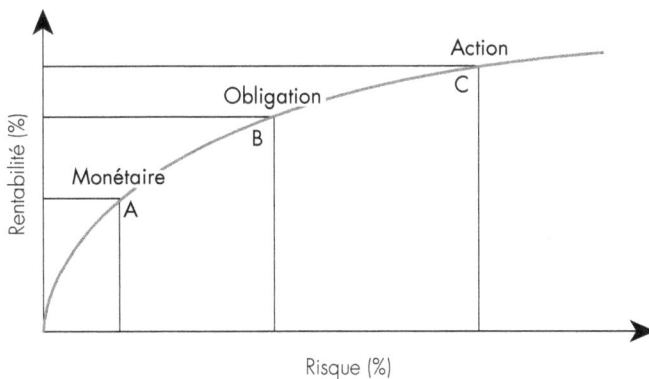

Le gérant peut opter pour un profil non risqué en concentrant ses investissements sur la partie basse de la courbe (point A) ou à l'extrême sur la partie haute (point C). Les règles de panachage d'instruments financiers donnent la classification des produits d'épargne collective.

S'agissant des placements monétaires réputés être très peu risqués, la crise a révélé que des fonds monétaires de type dynamique ne s'inscrivaient pas, au grand dam des investisseurs, en ligne avec ce principe, puisqu'un bon nombre de fonds ont dû suspendre leur cotation.

Revenons sur la composition du portefeuille et à la séquence financière ayant conduit à la suspension des cotations.

Sous l'appellation Sicav monétaire et l'adjonction du terme dynamique, on retrouve la construction suivante :

Construction d'une Sicav monétaire dynamique

90 %	Taux Euribor	Taux du marché monétaire européen, égal à la moyenne arithmétique des taux offerts sur le marché bancaire européen pour une échéance déterminée (entre 1 semaine et 12 mois). Il est publié par la Banque centrale européenne à partir de cotations fournies quotidiennement par 64 banques européennes.
10 %	Produits subprimes (CDO, CLO, ABS)	• un CDO (*Collateralized Debt Obligations*) est constitué de titres adossés à des portefeuilles de créances diverses (créances bancaires, crédit immobilier, crédit à la consommation…) ou d'obligations ; • les ABS (*Asset Backed Securities*) sont des titres dont l'émission est garantie par un ensemble d'actifs, généralement des créances privées. Le regroupement de celles-ci en un « pool » fractionné en parts les rend accessibles aux investisseurs ; • les CLO (*Collaterized Loan Obligation*) sont des titres adossés à des prêts bancaires).

Les 10 % correspondent à un « ratio dérogatoire » appelé par les professionnels « ratio poubelle » pour lequel ils ont une liberté de gestion quasi totale, ce qui peut parfois engendrer des erreurs et des abus.

Comment un OPCVM (Sicav ou fonds commun de placement, FCP*) composé à hauteur de 90 % de produits très liquides et peu risqués a-t-il pu voir sa valorisation suspendue ? Le schéma ci-dessous résume la séquence ayant conduit à cette situation d'illiquidité.

Processus de suspension de valorisation d'un OPCVM monétaire dynamique

1 crise des prêts *subprimes* : absence de valorisation des produits CDO, CLO.

2 valorisations partielles des fonds :
• fond valorisé à 90 %
• égalité de traitement des investisseurs entraîne la suspension de souscription rachat

Bien que les CDO aient composé une partie seulement infime du fonds, leur absence de valorisation a bloqué le processus de calcul de la valeur d'ensemble et, ce faisant, des parts détenues par les investisseurs.

Nous examinerons par la suite dans la partie consacrée à la valorisation en quoi le respect de l'égalité de traitement des épargnants a pu conduire à une telle situation. Le bénéfice de la diversification a été momentanément mis entre parenthèse. Nous nous intéresserons en particulier à la solution offerte pour isoler les actifs toxiques par le recours à la technique connue des praticiens sous le nom de *side pocket*.

En pratique

Le modèle économique qui a fait le succès de la commercialisation des CDO part de l'idée d'une très faible, voire d'une absence de corrélation des risques d'insolvabilité simultanée des emprunteurs selon leurs différentes régions et bassins d'emplois. Cette hypothèse a été formalisée par le modèle conçu par David X Li[a].

Rappelons brièvement qu'un CDO (*Collateralized Debt Obligations*) correspond à une obligation adossée à des actifs. Ils sont constitués des produits de dettes consenties à l'origine par les banques, dont notamment celles immobilières garanties par des hypothèques. Le modèle mis en avant par David X Li n'a pas résisté à l'effet de corrélation des défauts des emprunteurs et des baisses des marchés immobiliers. Les valeurs des hypothèques en garanties sont devenues inférieures aux montants des dettes restant dues.

Comme l'a montré le professeur du MIT Andrew Lo[b], en période de crise, la « recorrélation » devient très forte et diminue d'autant l'effet positif de la diversification du portefeuille.

---

a. *Les Échos*, jeudi 26 mars 2009. Pour les spécialistes des probabilités, il a notamment fait appel à la fonction dite de « copule-gaussienne » pour traduire les formes de risque des CDO.
b. Andrew Lo, professeur au MIT

Les hypothèses très restrictives qui gouvernent le fonctionnement des modèles classiques, à savoir l'indépendance des évènements entre eux, et leur obéissance à la loi normale de Gauss[1], ne permettent pas d'appréhender le caractère à la fois instable et brutal de la manifestation des risques.

Les débouchés des modèles de portefeuille

Les travaux académiques économiques, financiers et mathématiques sont à l'origine de plusieurs modèles d'évaluations financières. Pour aborder les

---

1. Voir figure 2.

marchés financiers, il est intéressant de voir quel rôle peuvent jouer les modèles pour la gestion d'actifs. Se pose la question pour le praticien de leur degré de pertinence et des conditions opérationnelles de leur utilisation.

L'efficience des marchés est au cœur du questionnement de la portée des modèles hypothético-déductifs conçus pour le monde de la finance. La crise est l'occasion de se reposer la question avec beaucoup plus d'insistance. Pour l'ensemble des participants du marché, cela revient à voir dans quelle mesure le marché reflète ou non le prix d'équilibre.

L'intérêt d'un modèle, quelles que soient ses qualités prédictives, est de pouvoir être confronté au constat des prix observés sur un marché. La distance entre les prix observés et ceux prévus par le modèle fournit le recul à observer par le praticien.

Le pouvoir explicatif des modèles et l'efficience supposée des marchés

Comme nous l'avons précédemment souligné, la plupart des modèles ont été conçus sur la croyance plus ou moins forte de l'efficience des marchés. Un marché est dit efficient dès lors que les investisseurs forment des anticipations rationnelles et sont parfaitement informés sur l'idée du prix des actifs financiers.

La théorie de l'efficience des marchés est née dans les années 1960, avec les travaux de l'universitaire américain Eugène Fama. Milton Friedman (anticipations adaptatives) et Robert Lucas (anticipations rationnelles) sont venus apporter leur caution à cette théorie dans les années soixante-dix. Selon ses partisans qui posent comme préalable que les prix incorporent à tout moment une information partagée de manière égale[1] par l'ensemble des acteurs du marché, le comportement rationnel des investisseurs conduit à l'équilibre des marchés financiers.

Toute modification du prix d'un actif est alors envisagée comme résultat des changements objectifs d'information (prévisions des bénéfices, déficit public...). L'évolution des prix d'un actif est vue comme la succession de points d'équilibre.

Tout écart par rapport au prix d'équilibre ne peut, selon la théorie des anticipations rationnelles, qu'être temporaire puisqu'il incorpore toutes les informations parfaites.

Le comportement du prix des actifs est formalisé à partir du langage mathématique. Le recours à la loi normale examinée précédemment s'inscrit dans

---

1. L'accès à l'information pour les investisseurs n'implique pas pour autant qu'elles soient comprises de tous : il existe un risque d'asymétrie de compréhension. La classification règlementaire MIF (voir chapitre 3) des produits financiers (simples ou complexes) traduit le besoin de corriger le postulat de l'efficience (plus supposée que démontrée) des marchés.

le sens d'une forte proximité de l'hypothèse d'efficience. Le modèle financier consiste alors à établir les relations mathématiques, susceptibles de déterminer le prix des actifs, sur la base de paramètres associés aux hypothèses d'efficience.

Pour les modélisateurs partisans de l'efficience des marchés, tout prix constaté qui diffère de celui escompté correspond à une anomalie de marché. Le pouvoir explicatif des modèles est alors envisagé soit comme le moyen de valider l'hypothèse d'efficience, soit de permettre d'en détecter les dysfonctionnements passagers. Des forces de rappel (correction des marchés) permettent selon cette conception un retour « naturel » à l'équilibre.

Les modèles qui s'appuient le plus sur les hypothèses d'efficience de marché sont le CAPM (*Capital Asset Pricing Model*), puis celui de Fama-French visant à améliorer les conditions d'emploi du CAPM.

Le modèle APT (*Arbitrage Pricing Theory*) offre des possibilités d'explications plus importantes en faisant appel à une plus grande richesse de variables susceptibles d'expliquer le prix d'un actif. Il s'agit d'un modèle dit multifactoriel.

La portée opérationnelle du modèle d'équilibre financier (CAPM)

Le cadre théorique du CAPM suggère que les investisseurs sont prêts à accepter plus de risque si la rentabilité croît, d'autant qu'ils disposent des mêmes anticipations (information partagée simultanément) et qu'un actif sans risque existe sur le marché (dette d'État).

Le CAPM est un modèle qui peut aisément être implanté dans les systèmes d'information d'un gestionnaire à partir de la formalisation suivante :

$$E(R_{actif}) = R_F + \beta_{actif} \times [E(R_M) - R_F]$$

Où :

$E(R_M)$ représente la rentabilité espérée ;

R_F exprime le taux de rentabilité sans risque ;

β_{actif} désigne la volatilité (variation des amplitudes de prix de l'actif) de la rentabilité d'un actif donné comparée à celle du marché. Elle est définie comme le rapport entre la covariance de la rentabilité de l'actif et celle de la rentabilité du marché au numérateur, et au dénominateur la variance de la rentabilité du marché.

Les conditions d'utilisation du modèle doivent être regardées par rapport à l'indice* retenu pour représenter le portefeuille de marché. Si l'on retient par exemple l'indice dominant de la place financière de Paris à partir du CAC 40* (40 valeurs), ou encore le Dow Jones, fondé en 1884 et qui contient à peine 30 valeurs, la portée du modèle est fortement réduite.

Un tel univers d'investissement écarte en effet de nombreuses valeurs risquées censées être prises en compte par le modèle théorique pour répondre à la logique de comportement supposée de l'investisseur. Par ailleurs, le montant de capital échangé sur une place financière ne correspond qu'au flottant[1] mis à disposition des investisseurs, inférieur à la capitalisation totale de la valeur à évaluer.

L'usage du modèle CAPM pour des gestions indexées sur la base d'indice comportant un nombre de valeurs limitées restreint de manière significative sa portée. Dans la pratique, la gestion indexée réplique souvent les grands indices de la place et comporte de ce fait une taille critique moins importante que celle suggérée par le modèle.

Seule la construction d'un portefeuille de marché, allant au-delà de ce périmètre restreint, peut permettre de tester si oui ou non le modèle apporte les résultats escomptés.

L'intérêt du modèle est surtout d'ordre pédagogique pour créer un portefeuille soit défensif (correspondant à un β inférieur à un), soit offensif (avec un β supérieur à un). Dès lors que le marché baisse, la valeur du titre enregistre une bien moindre diminution ($\beta < 1$) et dans le cas d'un marché haussier, le titre enregistre un espoir de performance plus élevé ($\beta > 1$). À l'aide de la boîte à outilss de l'*asset manager* que nous verrons par la suite, le gestionnaire examinera avec attention l'alpha du portefeuille (si α différent de 0) pour détecter les déviances au modèle, comme les primes de risques sous ou surévaluées de certains titres.

La portée opérationnelle du modèle de Fama-French

Les auteurs éponymes de ce modèle ont cherché à améliorer le fonctionnement du CAPM en introduisant des différences selon que la valeur se traite sur un marché étroit de petite taille, ou relevant d'un marché plus large, dit de grande taille.

L'intérêt d'un tel modèle est de mieux déterminer la prime de risque d'un portefeuille. Au plan opérationnel, plusieurs portefeuilles sont construits d'après chaque niveau de capitalisation. Le tableau suivant de Fama-French

---

1. Flottant : part du capital d'une société détenue par le public, la détention ne s'inscrit pas dans une optique de contrôle. Plus un titre dispose d'une fraction importante détenue par le public, plus le titre est dit liquide.

met en évidence la relation entre valorisation du portefeuille et niveau de capitalisation des sociétés.

	< Capitalisation médiane	≥ Capitalisation médiane
≥ décile 70 % valeur de marché	Small value	Big value
	Small neutral	Big neutral
< décile 30 % valeur de marché	Small growth	Big growth

Source : Fama-French

Les six portefeuilles ainsi conçus évitent la superposition (*overlapping*) des risques et affinent le calcul de la prime de risque.

L'apport de ce modèle est d'offrir un découpage plus fin entre niveaux de capitalisation des valeurs. La gestion indexée permet de tirer parti de la distinction d'un portefeuille construit à partir de valeurs de petite capitalisation ou bien appartenant à la catégorie de grande capitalisation.

Le gestionnaire peut également faire appel au modèle pour différencier les valeurs arrivées à maturité* et celles en croissance. Pour celles relevant de la première catégorie, les dividendes sont plus élevés. La seconde catégorie dégage moins de dividendes à court terme, mais avec des espoirs de gain futurs plus élevés. Le modèle permet donc d'intégrer dans de meilleures conditions la prise en compte de la logique économique des secteurs en croissance ou parvenus à maturité.

La portée opérationnelle du modèle d'APT

Le modèle APT (*Arbitrage Pricing Theory*) fut élaboré par Stephen Ross en 1976. Il se présente comme une alternative à celui du CAPM qui n'identifie comme nous l'avons vu qu'un seul type de risque, celui de marché mesuré par le niveau de bêta.

L'APT rattache l'évolution de la rentabilité d'une valeur financière à un nombre clé de facteurs. Il peut s'agir de différentes déterminantes macro-économiques comme le prix du pétrole, la différence des taux d'intérêt entre le long et le court terme, le taux de change…

Le gestionnaire peut, selon les analyses qu'il a établies, décider de confectionner un modèle personnalisé. S'il juge par exemple que des valeurs sont très fortement dépendantes du niveau de parité euro-dollar, il cherchera à construire un portefeuille en fonction de ce paramètre macro-économique bien spécifique (les titres comme EADS, les sociétés pétrolières…). Les possibilités d'arbitrage autorisées par ce modèle répondent dans de meilleures conditions aux besoins de prise en compte des facteurs de risques. En effet, l'intérêt de l'APT est de pouvoir mieux prendre en compte le risque spécifique du titre d'une société à côté de celui de marché (mesuré par le bêta).

Pour un même bêta (risque de marché), deux portefeuilles relevant de secteurs économiques différents se comportent différemment au cycle économique. Le secteur de la grande distribution, par exemple, ne réagit pas de la même manière que le secteur financier au retournement du cycle : le secteur financier affichera une sensibilité plus forte en raison de la hausse des créances douteuses, tandis que celui de la distribution pourra agir sur les prix fournisseurs.

Il est donc conseillé de posséder deux portefeuilles, voire plus, qui affichent un même bêta, mais dont les réactions au risque macro-économique divergent. La force du modèle APT est de pouvoir intégrer une plus grande variété de risques économiques que ne le permet le CAPM.

La contribution des frontières efficientes dans la construction des portefeuilles

Les frontières d'efficience, qui désignent la délimitation des choix optimaux de portefeuilles, restent une référence méthodologique encore bien ancrée dans la gestion d'actifs. Issues du modèle standard rentabilité-risque, elles offrent une sorte de panorama des options stratégiques à prendre.

En 1958, James Tobin[1] établit le théorème dit « de séparation en deux fonds », aux retombées importantes et pratiques pour la gestion de l'épargne collective. Il a montré que la construction des portefeuilles efficients s'effectuait à partir d'allocations d'actifs risqués et non risqués.

Selon le poids accordé aux actifs risqués et non risqués, l'investisseur définit ses critères de sélection en fonction de son niveau de richesse et de son degré d'aversion au risque. On retrouve sur le plan pratique ce qui fonde les profils des Sicav et FCP, conçus à partir d'une combinaison des pondérations d'actifs plus ou moins volatiles (risqués). Les portefeuilles prudents comprennent une proportion de titres peu risqués ; ceux équilibrés intègrent une part accrue de risque ; et ceux dynamiques disposent d'une surpondération des valeurs à plus forte volatilité (risqués).

Pour construire la frontière efficiente, le gérant choisit tout d'abord un ensemble d'actifs financiers qu'il va situer un à un en fonction du couple rentabilité-risque. Le processus de construction pris à partir de trois types d'actifs suit le cheminement suivant :

- le gestionnaire retient d'abord les titres de l'indice des valeurs du CAC 40 ou d'autres indices (S&P500, par exemple). Sur le long terme, le segment

---

1. James Tobin (1918-2002), prix Nobel d'économie.

action offre un rendement au-dessus du marché obligataire. Le point va se situer en haut à droite (marché action sur le graphique ci-contre) ;

- il poursuit la même démarche dans l'obligataire en sélectionnant les valeurs d'un indice comme Euro MTS. Le point marché obligataire va se trouver en haut à gauche (marché obligataire sur le graphique ci-contre) ;

- les valeurs du marché monétaire offrant le couple rentabilité-risque le plus efficient vont se situer en bas à gauche du repère (marché monétaire sur le graphique ci-contre).

Une fois réalisée la cartographie des frontières, la simulation s'effectue à partir des lévitations (déplacements) des courbes. Elle donne alors les trajectoires de choix de portefeuille les plus efficaces au sens du modèle standard. Comme le montre le schéma ci-contre, le marché actions comprend des valeurs présentant un couple rentabilité-risque plus élevé que le marché obligataire, lui-même supérieur à celui des produits monétaires.

L'efficience supposée des marchés est la caution essentielle accordée à la pertinence de la portée de tels outils. La volatilité peut connaître tour à tour des périodes de très forte intensité, suivies d'accalmies à d'autres moments. Comme nous l'avons vu, de nombreux praticiens sont très réservés quant à l'hypothèse de l'efficience des marchés. Lorsqu'on recourt aux frontières d'efficience, il faut avoir présent à l'esprit cette question.

Les frontières d'efficience et la construction de portefeuille

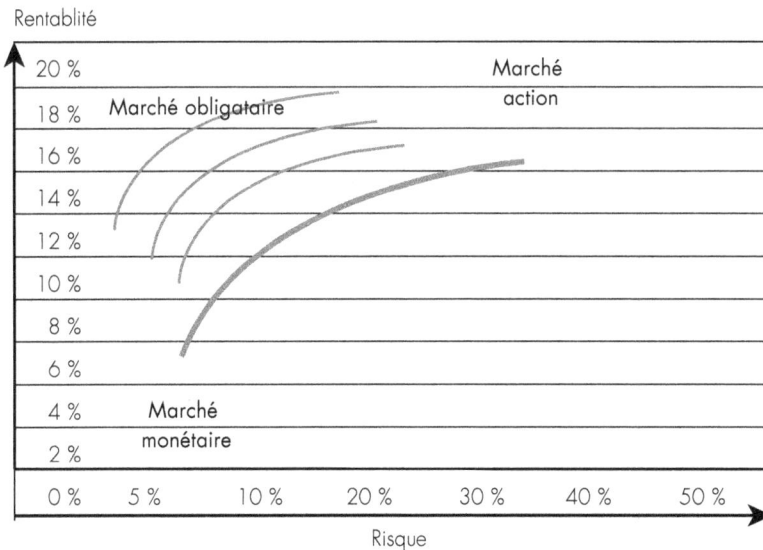

25

En période de mouvement mesuré des marchés, les courbes d'efficience utilisées pour aider à élaborer un portefeuille sont pertinentes. Leurs limites sont liées au caractère statique des hypothèses sous-tendant leur construction. La loi normale est de peu de secours pour en garantir la stabilité. Patrick Artus, lors du colloque tenu à l'AMF[1], a bien mis en évidence les cycles de recorrélation des actifs et plus particulièrement celui des *commodities*, réputés au départ non corrélés aux autres actifs. Les cas qui suivent nous permettent de nous en rendre compte.

Les cas pratiques d'utilisation des frontières efficientes

Les frontières efficientes peuvent servir à définir aussi bien des stratégies de réduction de risques que d'augmentation de la performance par un certain dosage d'actifs. Les gestions alternatives ont notamment recours à cet outil simple d'emploi (les frontières efficientes) pour simuler des scénarios de portefeuille.

L'effet bénéfique des matières premières (*commodities*)

Sur la période allant de 1990 à 2008 l'introduction de *commodities* (pétrole, cuivre...) a permis d'optimiser le couple rentabilité-risque, comme en témoigne la frontière d'efficience ci-après.

Estimation de la rentabilité-risque et corrélation de 1990 à 2008 (juin)

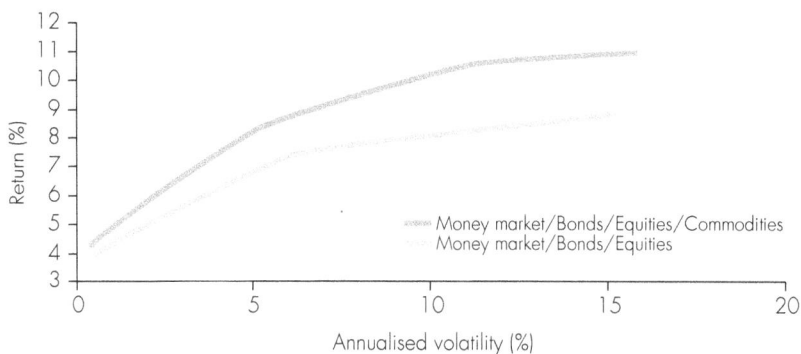

Source : Patrick Artus, Natixis.

---

1. Sixième édition du colloque du conseil scientifique de l'AMF, organisé conjointement avec la CRE : « La financiarisation des marchés de matières premières : quels enjeux pour les régulateurs », 6 mai 2011.

Cependant la recorrélation des actifs avec les *commodities* fait perdre l'intérêt d'une telle diversification pour optimiser un portefeuille. La nouvelle frontière d'efficience montre très clairement le mouvement de recorrélation sur la période 1990-2010, soit en prolongeant de deux ans seulement la période d'observation précédente.

Frontière efficiente et rentabilité, volatilité et corrélation sur la période 1990-2010

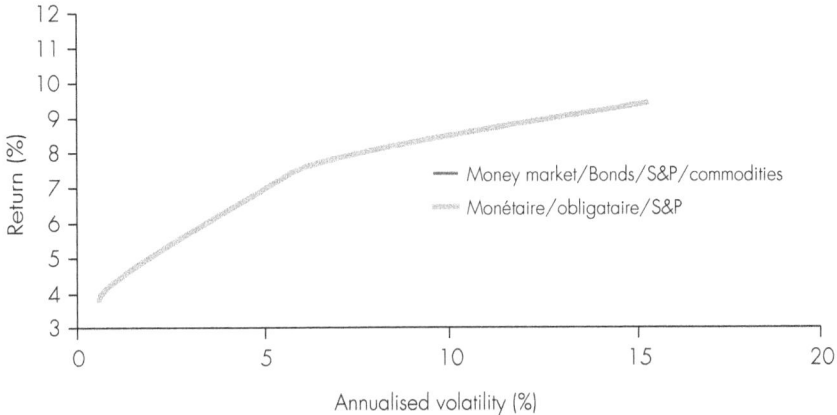

Source : Patrick Artus, Natixis.

La répartition des actifs pour parvenir à obtenir un niveau d'exposition au risque du portefeuille de 10 % comprenait près de 30 % de *commodities* entre 1990 ct 2008, pour ne plus rien représenter entre 1990 et 2010.

Allocation optimale du portefeuille correspondant à un objectif de 10 % de volatilité

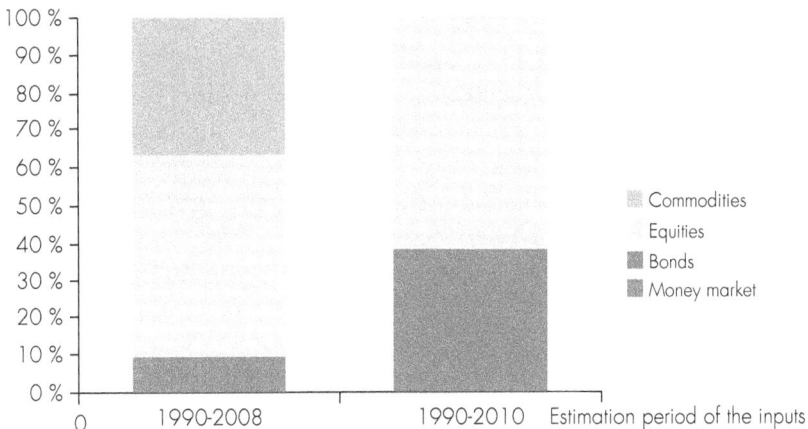

Source : Patrick Artus, Natixis.

■ Les réducteurs de risque

À partir d'un portefeuille composé initialement d'obligations et d'actions, l'introduction d'actifs immobiliers (représentés par l'indice Edhec IEIF immobilier d'entreprise) permet de diminuer le niveau d'emprise des risques sur le portefeuille. La frontière s'oriente en direction du nord-ouest, ce qui traduit une réduction du risque.

Frontières efficientes des portefeuilles incluant des indices immobiliers

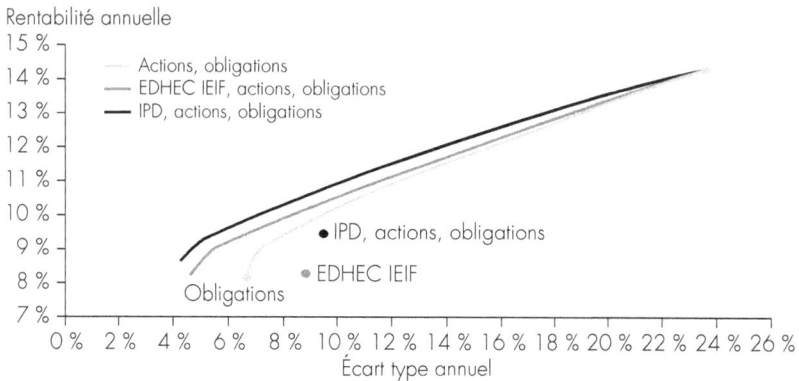

Source : Edhec.

Tout comme les *commodities,* il convient de surveiller attentivement les phénomènes de recorrélation. La boîte à outils de l'*asset manager* que nous abordons par la suite contient les indicateurs utiles pour les mesurer à tout moment.

La désobéissance des risques à la loi normale et le modèle de Garch

Pour mieux tenir compte des évènements extrêmes que ne le fait la loi normale aux queues de distribution[1] minces (ce qui signifie que les évènements extrêmes sont sous-estimés), les modélisateurs ont recours au Kurtosis[2]. Cela permet de saisir les situations agitées qui se traduisent alors par l'épaisseur des queues de la loi. Cela signifie que le modèle intègre la dynamique de l'intensification d'un mouvement de marché. Cette novation aboutira au modèle de Garch[3] introduit par Tim Bollerslev en 1986. La qualité prédictive de l'instabilité du risque mesurée par la VAR[4] s'en trouve améliorée. La prise en compte dynamique des évènements est une des avancées notables du modèle de Garch.

---

1. Queue de distribution : voir le schéma précédent comportement gaussien (figure 2).
2. Kurtosis : défini à l'aide d'un coefficient si l'on est en présence de rendement extrême.
3. Garch : *Generalized Autoregressive Conditional Heteroskedasticity.*
4. VAR (*value at risk*), traduit par « valeur sous risque », sert à mesurer le risque de marché d'un portefeuille.

Le principe de ce modèle est de moduler la courbe de Gauss selon que la volatilité s'intensifie (les queues s'épaississent) ou au contraire diminue (les queues s'amincissent).

En pratique

Le coefficient d'asymétrie de Fisher permet de mieux appréhender la distribution des rendements. Un coefficient positif signifie que la distribution s'élève assez haut pour retomber aussi brutalement (leptokurtique, 1). Une distribution similaire à la loi normale est dite mésokurtique (2, coefficient égal à zéro), enfin un coefficient négatif traduit une courbe platikurtique (3).

Représentation des types de distribution de rentabilité-risque

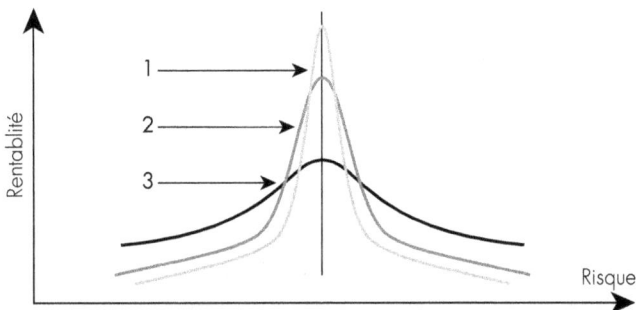

Le Kurtosis est un ratio destiné à évaluer l'épaisseur des queues de distribution. Si sa valeur est élevée, cela signifie que le portefeuille produit des rentabilités extrêmes, phénomènes qui échappent à la loi normale :

- $K = 3$: la distribution de la rentabilité du portefeuille est similaire à celle de la loi normale puisqu'elle dispose d'un même coefficient d'aplatissement ;
- $K > 3$: la distribution des rendements du portefeuille est plus écrasée que celle d'une loi normale.

Le modèle de Garch a amélioré la qualité prédictive de mesure des risques. Cependant, il ne dispose pas des capacités suffisantes pour appréhender la manifestation des crises de l'ampleur de celle des *subprimes*.

Exemple

Le Kurtosis appliqué au cas de LTCM

La quasi-faillite du *hedge fund* Long-Tem Capital Management (LTCM)[1] en 1998, qui a provoqué un choc systémique particulièrement violent sur les marchés financiers, a révélé du même coup le caractère très vulnérable du modèle d'évaluation des risques.

---

1. Philippe Jorion, *Risk management lessons from Long-Term Capital Management*, European Financial Management, Vol. 6, N° 3, 2000.

Comme le montre fort bien Phillipe Jorion, le recours au modèle classique de la VAR faisait apparaître un niveau de capital théorique requis de 5,6 milliards de dollars, contre un besoin effectif de 12,5 milliards de dollars si la méthode de calcul s'était appuyée sur un modèle prenant en compte le Kurtosis.

Les modèles à l'épreuve de la crise

La crise a fait ressurgir la controverse sur la responsabilité des modèles utilisés. Les projecteurs se sont alors tournés sur la myopie de la finance gaussienne.

Un modèle est par définition une représentation simplifiée et réductrice de la réalité. Il est par conséquent nécessaire d'en connaître les conditions d'applicabilité pour ne pas courir le risque d'enfermer les décisions d'investissements dans un univers virtuel. La crise des *subprimes* est à cet égard révélatrice d'un usage abusif d'une théorie du hasard.

Dans son ouvrage *Finance le nouveau paradigme*[1], Philippe Herlin nous invite à observer une distance dans l'emploi des modèles. Il est clair que les mouvements erratiques des cours associés à certains types d'actifs ne peuvent relever de la seule loi normale. Les exemples des CDO (produits de *subprimes*), des matières premières ou encore le cas de la quasi-faillite du *hedge fund* LTCM en 1998 (plan de sauvetage *in extremis* par un syndicat de grandes banques internationales (*bail out*) pour organiser une liquidation progressive et ordonnée) abondent très largement dans ce sens.

La comparaison entre la finance gaussienne et fractale établie par Philippe Herlin à la lumière du contexte de la crise, pose en filagrane l'hypertrophie des modèles aux dépens des choix reposant sur les fondamentaux économiques et financiers. La problématique est moins de condamner les mathématiques que de les employer à bon escient. Elles ne sont au fond qu'un langage à manier avec le style approprié.

Les modèles utilisés par les établissements financiers conditionnent le niveau de capitaux propres requis pour exercer leur activité. La plupart sont d'inspiration gaussienne et exigent un niveau de fonds propres moins gourmand que ceux de la finance fractale, moins plébiscités. Le débat sur la pertinence des choix des modèles n'est pas neutre. Dans le contexte de crise, la question est particulièrement sensible pour le modèle économique des acteurs financiers.

---

1. Philippe Herlin, *Finance : le nouveau paradigme*, Eyrolles, 2010.

▓ Les faiblesses de l'édifice axiomatique[1] de l'efficience des marchés

L'efficience des marchés constitue un postulat fort de la théorie classique de la finance. Revenons sur les composantes majeures de l'axiomatique qui lui sert d'édifice, à savoir :

- tous les investisseurs disposent de la même information et au même moment ;
- tous les investisseurs agissent de manière rationnelle, à savoir optimise leur espérance de gain ;
- la continuité des prix.

Les exemples de signes d'inefficience de marchés sont particulièrement visibles à travers le fonctionnement des places de cotation des instruments financiers, notamment depuis l'entrée en vigueur en novembre 2007 de la directive des marchés d'instruments financiers (MIF).

La fragmentation de la liquidité* induite par l'émergence de plates-formes alternatives de négociation, notamment les *darks pools*[*2], ne place pas tous les investisseurs dans les mêmes conditions d'information. En effet, les régimes d'exemption de transparence prénégociation, y compris pour des blocs de titres non significatifs (cas des *crossing networks**) ne permettent pas un mécanisme de découverte des prix identiques pour tous.

En pratique

Les *darks pools* défient le mécanisme de découverte de prix

Lieu de négociation fragmenté

Marché transparent						Marché opaque
NYSE Euronext		Chi-X		Turquoise		Pas de publication de prix pré trade
achat	vente	achat	vente	achat	vente	
10,95	11.05	10,98	11.10	10,95	11.05	
10.50	11.11	10.50	11.11	10.50	11.11	Dark pool A
10.45	11.20	10.45	11.20	10.45	11.20	
9.85	11.25	9.85	11.25	9.85	11.25	Dark pool B
9.60	11.50	9.60	11.50	9.60	11.50	

La valeur est négociée sur trois lieux de négociation, Nyse Euronext*, opérateur historique, Chi-X et Turquoise, deux opérateurs alternatifs (plates-formes électroniques de négociation).   .../...

---

1. L'axiomatique commence par un inventaire exhaustif de toutes les propositions que l'on admet sans démonstration. Ces propositions, appelées *axiomes,* constituent le point de départ de la théorie que l'on se propose d'édifier.
2. *Dark pool* : lieu d'échange opaque d'actifs financiers.

Le mécanisme de découverte des prix, c'est-à-dire la mise à disposition de l'information, se limite aux marchés transparents. En outre, la fragmentation des lieux de négociation des instruments financiers entraîne des coûts de découverte de prix sur les places transparentes.

L'efficience des marchés à l'épreuve du *trading* haute fréquence

Un autre défi posé à l'efficience des marchés est la pratique du *high frequency trading*. De quoi s'agit-il ? Le *high frequency trading* consiste à exécuter un ordre d'achat ou de vente de titre avec un délai de latence très réduit, de l'ordre du millième de seconde. Il suppose de lourds investissements informatiques afin de disposer de puissance de calcul toujours plus rapide. Cette technique de négociation des valeurs sur un marché est loin de placer tous les investisseurs dans les mêmes conditions, en raison du coût élevé des nouvelles technologies. Pour acquérir les informations à la même vitesse, il faut supporter un prix important qui rompt l'égalité des intervenants.

Or, l'efficience des marchés, qui constitue une hypothèse nécessaire au fonctionnement du modèle financier standard, considère que l'information est instantanément accessible aux intervenants du marché.

Selon le journal *Les Échos* du 14 avril 2010, le *trading* haute fréquence attire plus des deux tiers des volumes d'activité au quotidien des marchés d'actions aux États-Unis, pour 45 % en Europe.

Le krach éclair du 6 mai 2010 a très nettement montré les risques associés à ces nouvelles formes de négociation. En une demi-heure, le marché de New York a enregistré une baisse de 1 000 points. Deux pratiques seraient particulièrement visées, le *quote stuffing*, consistant à placer des ordres importants pour les annuler ensuite, et le *penny pricing*, à savoir l'achat de valeurs à petit prix *via* les plates-formes de *dark pool*.

Les ordres placés-annulés avaient atteint en une heure l'équivalent du volume d'une journée. Des ordres en cascade auraient pu être également adressés au marché, ralentissant leur exécution en donnant de mauvaises informations au marché. Des marchés transparents (découverte des prix) ont dû interrompre leur cotation.

Le niveau de volatilité, c'est-à-dire de risque mesuré à l'aide d'écart type, est, sur un intervalle de temps assez réduit, loin des standards des modèles classiques.

Le risque opérationnel absent du modèle de portefeuille

Un risque non financier diffère d'un risque financier en ce sens qu'il ne résulte pas d'une cause économique ou de marché, mais d'un dysfonctionnement opérationnel. Or, le couple rentabilité-risque utilisé dans les modèles de portefeuille ne le prend pas en compte.

Le scandale Bernard Madoff, l'affaire Jérôme Kerviel, la fraude de Tom Petters sont autant d'exemples emblématiques qui ont gravement affecté le monde de la gestion. L'investisseur qui pensait agir en connaissance de cause, avec un niveau d'espérance de revenu pour un risque donné, ne peut plus se contenter de références classiques. Dans la partie consacrée aux métiers de l'*asset management*, nous étudierons comment prévenir et gérer ce risque. On verra notamment comment les fonctions postmarché, conformité, jouent un rôle de tout premier plan sur ce sujet.

La place des modèles alternatifs

Depuis le début de la crise, de nombreux auteurs ont rappelé les apports de Benoît Mandelbrot pour mieux comprendre et appréhender les mouvements brusques des marchés. L'inventeur des fractales fait un parallèle très parlant entre la gestion des risques de l'industrie navale et celle de la finance : « Le bateau est conçu pour les temps de mer calme comme pour braver les tempêtes, y compris si leur fréquence est moindre »[1]. En d'autres termes, ce n'est pas parce que la mer est souvent calme qu'il faut renoncer à sortir lors des tempêtes, ne serait-ce que pour venir au secours de naufragés.

Les modèles recourant aux fractales offrent une lecture bien supérieure pour les temps de crise aiguë (moments de tempête).

L'ouvrage de Philippe Herlin[2] offre un éclairage très intéressant des coulisses mathématiques de la crise financière. La comparaison entre finance gaussienne et fractale permet de comprendre les modalités de formalisation du hasard à travers chacun des modèles. Le hasard sans remous se retrouve dans les modèles standard (Harry Markowitz, Sharpe…) de la finance et ses différents avatars (Garch…).

La situation actuelle des marchés des *commodities* (pétrole, blé, soja, cuivre, argent, or…), caractérisée par une intensité redoublée de la volatilité, devrait privilégier l'influence fractale des modèles. C'est d'ailleurs par l'évaluation du prix du coton en 1962 que Benoît Mandelbrot a adapté son modèle au domaine de la finance.

Peu de modèles alternatifs fondés sur l'appréhension des évènements extrêmes sont développés dans le monde de la finance. Après un quasi-oubli du père des fractales, le réexamen de ses modèles et leur approfondissement seraient pourtant d'un grand secours pour l'économie. Le meilleur hommage à rendre à Benoît Mandelbrot est d'assumer pleinement son héritage.

---

1. Benoît Mandelbrot, Richard L. Hudson, *Une approche fractale des marchés. Risquer, perdre et gagner*, Odile Jacob, 2009.
2. Philippe Herlin, *Finance : le nouveau paradigme*, Eyrolles, 2010.

LA BOÎTE À OUTILS DE L'*ASSET MANAGER*

Les *assets managers* ont recours à tout un ensemble d'outils pour construire et faire vivre leurs portefeuilles. Ils exploitent entre autres les ratios issus des modèles de marché. Le langage mathématique provenant des modèles a pénétré l'univers professionnel au point que les gérants ont pour réflexe de dire qu'ils génèrent de l'alpha ou font du bêta, désensibilisent le portefeuille. Il s'agit en fait des instruments de leur boîte à outils mathématique et statistique.

Elle ne suffit pas à elle seule au besoin du gestionnaire ; c'est pourquoi il utilise également les outils financiers et macro-économiques.

Les indicateurs statistiques et mathématiques de la gestion d'actifs

Les gérants de portefeuille recourent assez fréquemment aux principaux indicateurs que sont le bêta, l'apha, le *tracking-error* et le ratio d'information. Bien entendu, leur boîte à outils est bien plus fournie et nous la présenterons par la suite.

Générer de l'alpha

Il s'agit d'évaluer le critère d'efficacité de la sélection des titres d'un gérant. La méthode économétrique introduite par Michaël Jensen[1] en 1968 consiste à comparer un portefeuille dont le style de gestion est actif à celui optimal disposant du même niveau de risque systématique (même béta, mesure du risque de marché).

Dire qu'un gestionnaire génère de l'alpha signifie qu'il a réalisé une bonne (alpha positif) ou mauvaise (alpha négatif) sélection de titres.

Si l'on devait suivre les conclusions du modèle du CAPM[2] (*Capital Asset Pricing Model*), les portefeuilles gérés de manière passive sont jugés efficients. Aussi, toute tentative de s'aventurer en dehors de ce sentier (de ce modèle) ne peut qu'aboutir à une sélection moins performante.

Les spécialistes américains de l'*asset management*, dans une formule imagée, opposent :

- les bons gérants qui « chassent l'alpha » (*alpha hunters*)
- aux gérants passifs qui « récoltent le bêta » (*beta grazers*).

---

1. Cet universitaire américain était alors professeur de finance à Harvard Business School.
2. Le CAPM (*Capital Asset Pricing Model*) ou Medaf (modèle d'évaluation des actifs financiers) correspond au modèle qui détermine le rendement d'un actif risqué par son risque systématique. Il a pour but d'expliquer l'équilibre du marché de l'offre et la demande d'un titre.

L'utilisation de cet indicateur permet de confirmer ou infirmer *a contrario*, qu'un portefeuille est optimal au sens de la théorie du modèle standard. En effet, si l'écart entre le portefeuille constitué et l'indice de référence fait ressortir un alpha de + 4, cela traduit une surperformance du fonds. L'alpha est la mesure de précision du modèle standard.

L'évaluation de l'indicateur de Jensen peut être calculée comme suit :

$$\text{Performance du fonds} - \beta \text{ Performance de l'indice} = \alpha$$

Si $\alpha = 0$, il n'y a pas de sur ou sous-performance. Le modèle standard de marché est confirmé au sens de Harry Markowitz. Si α est positif ou négatif (= 4 ou – 3 par exemple), le fonds affiche soit une surperformance ($\alpha = 4$ par exemple), soit une sous-performance ($\alpha = -3$ par exemple). Dans ce cas, le modèle standard n'est pas opérant.

Faire du bêta

Le gérant calcule le bêta afin d'évaluer la corrélation existant entre le fonds qu'il a créé et l'indice de référence associé au style de gestion. Ce coefficient indique la sensibilité de la prime de risque du portefeuille à son *benchmark* (indice de référence).

Il existe plusieurs bêtas (au moins trois) connus du monde de la finance :

- **le bêta dit statique**, donné par le modèle d'optimisation d'Harry Markowitz en 1952, sans référence au concept d'équilibre du marché ;
- **le bêta statistique** se fonde sur le calcul des modèles de régression entre les données de rentabilité du portefeuille et celles observées au niveau de l'indice à l'aide du modèle linéaire de Sharpe de 1963 ;
- **le bêta financier** déduit du modèle du CAPM de William Sharpe en 1964.

Ces différents bêtas peuvent induire en erreur en assimilant le bêta de 1963 et celui de 1964 du même auteur.

Dans l'hypothèse d'un équilibre financier, les différentes combinaisons jugées efficientes entre l'espérance de rentabilité et le risque peuvent être représentées par une droite, appelée droite de marché.

La droite de marché est l'outil qui vise à séparer ce qui relève de la performance propre du gérant (générer de l'alpha) et de ce qui relève de l'évolution du marché (le bêta).

La rentabilité de référence *rf* correspond à un actif non risqué (un bon du Trésor ou une obligation d'État). Le point *P* représente une des combinaisons rentabilité-risque prise par le portefeuille de marché. L'inclinaison de la droite de marché indique le risque systémique qui ne peut être évité.

Le niveau d'acceptation de risque rationnel pris par l'investisseur ne peut se situer selon le modèle d'équilibre (CPAM) que sur la droite d'équilibre. En dessous de la droite d'équilibre P, le choix d'investissement sur la droite D se traduit par une prise de risque supérieure pour une moindre espérance de rentabilité.

Au-dessus de la droite d'équilibre P, les couples rentabilité-risque ne peuvent concerner qu'une poignée d'investisseurs et ce pour une durée que transitoire. En effet, l'une des hypothèses fortes qui portent le modèle d'équilibre énonce que l'information des acteurs du marché est parfaite. Cela signifie que la droite F finit par revenir vers la droite d'équilibre P par le mouvement des investisseurs et le mécanisme de l'offre et la demande de placement.

La droite de marché du modèle d'équilibre financier (CAPM)

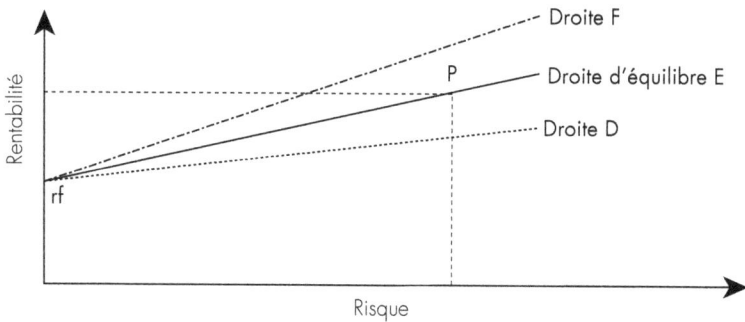

L'exemple ci-dessous décrit deux types de mises en situation, d'abord celui d'un fonds dont la performance est supérieure à l'indice de référence puis son cas contraire.

Exemple

Évolution d'un fonds par rapport à son indice de référence

Évolution des fonds par rapport à l'indice de référence

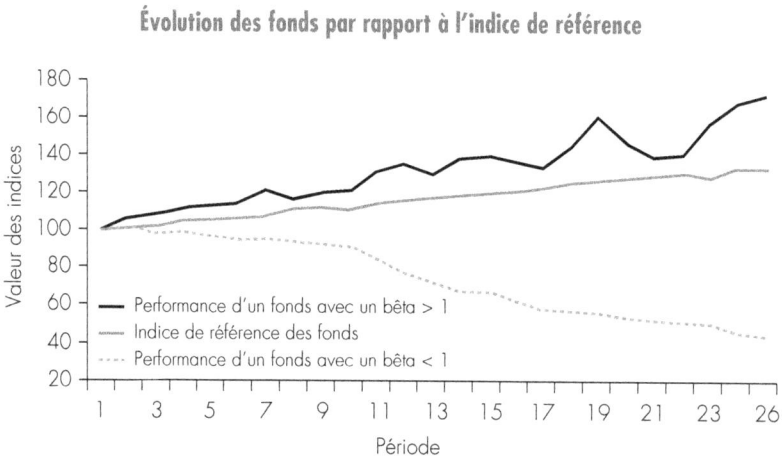

36

En pratique, si le gérant anticipe un mouvement baissier, il privilégiera un type de porte-feuille avec un bêta négatif, de manière à en amortir les chocs. À l'inverse, s'il envisage un rebond, il privilégiera une construction du portefeuille faisant ressortir un bêta positif supérieur à 1. Enfin, s'il veut coller à l'indice de référence, il cherchera à approcher un bêta proche de 1.

En pratique

Le bêta associé au R2

Le calcul du bêta, complété du coefficient de corrélation au carré R2, permet de définir dans quelle mesure la performance du fonds est adossé à l'indice. Pour un bêta égal à 1 :

- si le R2 se situe entre 0,80 et 0,90 %, la qualité du lien entre le fonds et son indice est jugée robuste ;
- *a contrario*, si le coefficient R2 est faible, il indique à la fois que le *benchmark* (indice de référence) doit être révisé et qu'en outre le risque spécifique du fonds est très important.

L'intérêt du suivi de la relation entre le fonds et son indice de référence est de mesurer sa trajectoire au cours du temps. Un bêta qui augmente avec la hausse du marché et diminue avec la baisse s'apparente à un gérant actif. Il accroît sa posi-tion au risque lors des mouvements haussiers pour les réduire en phase de repli. Cela permet de détecter le *market timing** du gestionnaire, c'est-à-dire sa capacité à identifier les bons moments d'achat et de vente d'un instrument financier*.

Enfin, certains arbitragistes distinguent le bêta à la hausse de celui à la baisse pour jouer les asymétries des mouvements de marché. Si le bêta diminue plus vite à la baisse des marchés qu'il n'augmente lors des reprises, cela influencera la stra-tégie d'exposition au risque. La position longue sur des supports actions, par exemple, sera en volume moins forte que ses prises de position *shorts* à la baisse.

Les conditions d'emploi du ratio d'information

La divergence des rendements obtenus par un fonds et son indice de réfé-rence est une préoccupation essentielle des gérants. Pour l'appréhender, ils s'appuient sur le ratio d'information qui mesure l'écart entre le rendement du fonds et son indice de référence divisé par son *tracking error*, la volatilité de l'écart de performance du fonds et son indice de référence. Pour un risque déterminé, le ratio d'information nous renseigne sur le niveau éven-tuel de surperformance d'un fonds.

Le ratio d'information suppose que les écarts de volatilité suivent la loi normale de Gauss. Or, nous avons constaté que les situations extrêmes et d'effi-cience faible de marché mettaient à mal cette loi. Les cas les plus parlants sont l'effondrement de LTCM, des *hedge funds* de Bear Stearn, ou de la banque Lehman Brothers ; ces cas étant par ailleurs également symptomatiques de l'existence d'un effet de levier très important (de l'ordre de 20 au minimum).

Nous avons pu voir que les mesures d'appréciation d'asymétrie d'information permettaient d'évaluer le degré de pertinence de la loi normale à l'aide de la *skewness* (degré d'asymétrie) et du Kurtosis (détection de rendement extrême).

En combinant une lecture qui s'attache à la fois au degré d'aplatissement (à l'aide du coefficient d'aplatissement Kurtosis) de la distribution des rendements, et à celle de son degré d'asymétrie, il est possible de mesurer le degré de pertinence de la loi normale. Parmi les différents tests d'adéquation à la loi normale, celui de Jarque-Bera intègre ces deux paramètres. Il s'agit d'un test qui combine le *skewness* et le Kurtosis de manière à déterminer si la distribution de données suit ou non une loi normale.

	Loi normale		Loi normale
Si S = 0 et K = 3	Confirmée	Si S ≠ 0 ou K ≠ 3	Infirmée

La pertinence du ratio d'information doit être évaluée à la lumière des mesures d'asymétrie d'information.

Les indicateurs clés de la boîte à outils du gérant

Les gérants utilisent une multiplicité d'indicateurs afin d'apprécier la performance d'un portefeuille. Ils servent aussi aux tiers afin d'évaluer la valeur d'un gérant de portefeuille.

	Indicateur	Sa signification
Évaluer la relation entre le fonds et son indice de référence	Alpha	Performance supplémentaire d'un fonds par rapport à celle de son indice de référence.
	Bêta	Calcul de l'amplitude de la sensibilité des performances d'un fonds par rapport à celle de son indice de référence.
	Coefficient de corrélation R	Cette mesure indique comment. le fonds et son indice de référence (*benchmark*) évoluent l'un par rapport à l'autre.
	Coefficient de corrélation au carré R2	Cet indicateur exprime en quoi le rendement d'un fonds est influencé par son indice de référence.
Évaluer le risque	Écart type (volatilité)	La volatilité traduit le degré de dispersion des gains et pertes d'un actif autour de la moyenne de son rendement.
	Perte maximale (maximum *drawdown*)	Cet indicateur établit la perte maximale pouvant être causée sur une durée donnée par rapport au prix d'achat le plus bas et le prix de vente à son plus haut.
	Valeur à risque (*Value at Risk*, VaR)	C'est la mesure du montant estimé de perte pouvant être subi par un portefeuille avec une probabilité définie sur une période donnée.
	Kurtosis	Détermine à partir d'un coefficient si l'on est en présence de rendement extrême.
	Skewness	Détermine le degré d'asymétrie de la fonction de distribution des rendements.

.../...

	Indicateur	Sa signification
Évaluer la performance	Ratio de Sharpe	indicateur de performance ajusté du risque.
	Ratio de Sortino	indicateur de performance ajusté du facteur risque à la baisse.
	Ratio Omega	C'est un indicateur de performance ajusté au risque. Il résulte du rapport entre les rendements supérieurs à un seuil fixé par l'investisseur (pondérés de leurs probabilités) et des rentabilités pondérées inférieures à ce même seuil.
	Tracking error	Calcul du risque relatif pris par le fonds en rapport à l'indice de référence. Il s'agit de la volatilité de l'écart entre le fonds et son indice de référence.
	Ratio d'information	Mesure l'évolution de sous-performance ou surperformance d'un fonds par rapport à son indice de référence et au regard du risque pris en comparaison à cet indice.
	Exposant de Hurst	Il sert à mesurer la persistance de la performance. Si les excès de rentabilité suivent une marche aléatoire, cela traduit l'absence de persistance. Si $H > \frac{1}{2}$, il y a persistance de rentabilité. Si $H < \frac{1}{2}$, il y a antipersistance de la rentabilité sur une période donnée (semaine, mois, année).
	Kappa	Le Kappa est un ratio qui compare un excès de performance par rapport à un seuil (dit *loss threshold*, ou performance minimale acceptable, par rapport à une volatilité au-dessous de l'objectif de performance).
	CVaR	Elle permet de prendre en compte les extrêmes, la CVaR est en quelque sorte une moyenne du pire, qui rend bien compte des risques liés aux pertes extrêmes.
	VaR de Cornish-Fisher	Elle consiste à appliquer le calcul de la VaR dans un environnement de queue de distributions épaisses. Pour ce faire, on calcule d'abord la VAR en utilisant une formule de distribution normale, puis une extension de Cornish-Fisher pour prendre en compte la *skewness* ou l'excès de Kurtosis
	Moyenne annuelle et mensuelle des performances d'un fonds	Moyenne du rendement des fonds sur une période donnée, la semaine, le mois, l'année.
	Omega	C'est un ratio qui mesure la probabilité cumulée de gain par rapport à celle de perte dans le cadre d'un objectif visé de rendement.

Au-delà des indicateurs, il convient aussi de s'interroger sur le fait de savoir si ces performances ont été obtenues avec ou sans levier. Il ne permet, le plus souvent, d'améliorer la rentabilité que dans un environnement favorable.

La boîte à outils macro-économique et financière de l'*asset manager*

L'investisseur ne peut se limiter à l'usage d'indicateurs mathématiques et statistiques pour éclairer ses choix. La santé financière et les perspectives d'activité des sociétés importent tout autant, sinon plus. L'opportunité d'investir, de désinvestir et de réallouer son portefeuille dépend de la conjoncture. À ce titre, les indicateurs macro-économiques intéressent au premier chef les gérants pour situer le bon moment, c'est-à-dire identifier le cycle.

Les outils macro-économiques aident à positionner les choix d'investissement en termes de *timing*, de nature d'actif et de stratégie à adopter selon le cycle de la conjoncture. Les indicateurs économiques font l'objet d'une attention toute particulière pour les besoins d'anticipation des investisseurs. Ceux du marché américain font partie des incontournables, ne serait-ce qu'en raison du foyer de crise qui a frappé l'économie mondiale en 2008.

Extrait des principaux indicateurs économiques américains

Indicateurs	Périodicité de publication
Production industrielle	Mensuel, 2e semaine du mois suivant
Balance commerciale	Mensuel, 3e semaine du mois suivant
Taux d'utilisation des capacités de production	Mensuel, 3e semaine du mois suivant
Mise en chantier des logements	Mensuel, 2e semaine du mois suivant
Indice des prix à la consommation	Mensuel, 3e semaine du mois suivant
Déficit budgétaire	Mensuel, 3e semaine du mois suivant
Commande de biens durables	Mensuel, 4e semaine du mois suivant
PNB	Trimestriel, dernière semaine du trimestre
Revenu des ménages	Mensuel, 4e semaine du mois suivant
Consommation des ménages	Mensuel, 2e semaine du mois suivant
Enquête ISM	Mensuel, 1re semaine du mois suivant
Dépenses de construction	Mensuel
Taux de chômage	Mensuel, 1re semaine du mois suivant
Ventes d'automobiles	Mensuel, 1re semaine du mois suivant
Crédit à la consommation	Mensuel
Indices des prix à la production	Mensuel, 1re semaine du mois suivant
Vente au détail	Mensuel, 2e semaine du mois suivant
Masse monétaire	Hebdomadaire, chaque jeudi
Nouveaux permis de construire	Mensuel

…/…

Indicateurs	Périodicité de publication
Niveaux des stocks	Mensuel, 2e semaine du mois suivant
Nouvelles commandes aux entreprises	Mensuel, 2e semaine du mois suivant
Délais de livraison	Mensuel, 1re semaine du mois suivant
Coût du travail	Mensuel
Nouvelles demandes d'allocation chômage	Hebdomadaire, chaque jeudi
Gains horaires et hebdomadaires du secteur privé non agricole	Hebdomadaire, chaque jeudi

Source : Reuters.

L'annonce d'un chiffre doit être décryptée en fonction de la réaction psychologique des acteurs à leurs propres anticipations. La communication des données confirme chez les uns une tendance, l'infirme pour d'autres selon les projections réalisées antérieurement. Il n'y a pas de bon ou de mauvais chiffre dans l'absolu, simplement une confirmation ou un changement d'opinion.

Inspiré du carré magique de Kaldor[1] reliant la croissance, mesurée par le produit intérieur brut (PIB), à l'emploi, l'inflation et à la balance des paiements, le cadran ci-après établit le sens de la réaction des prix des actifs aux mouvements conjoncturels. Le gérant tente de dégager un diagnostic de l'état de santé de l'économie à partir des informations économiques, sociales et politiques.

D'autres conceptions de cadran sont envisageables, selon que l'on souhaite mettre un gros plan sur le lien de causalité entre la dette et le cycle de croissance ou de récession pour apprécier les logiques d'influence à l'œuvre sur le prix des actifs. La nature inédite de la crise de la dette souveraine qui frappe la zone euro, avec en point de mire la défaillance de la Grèce, rend d'autant plus difficile l'analyse du retournement des cycles. En effet le choix des outils macro-économiques à employer pour retrouver le chemin de la croissance fait l'objet de division au sein de l'Union européenne.

- **cadran 1** : la croissance combinée à une maîtrise des prix pousse l'ensemble des prix des actifs à la hausse ;
- **cadran 2** : la croissance associée à l'inflation tire les actifs à la hausse, excepté les obligations à maturité affectées par la hausse des taux ;
- **cadran 3** : la récession et le mouvement inflationniste réduisent les opportunités à l'univers obligataire. Au sein des matières premières, l'or et l'argent vont constituer des valeurs refuges ;
- **cadran 4** : la récession, conjuguée à la désinflation, offre des opportunités proches du cadran 3. Cette configuration conjoncturelle est à la

---

1. Nicholas Kaldor, économiste britannique, principal contributeur du courant post-keynésien, théoricien des cycles et conseiller de plusieurs gouvernements travaillistes en Grande-Bretagne et dans d'autres pays.

frontière du basculement de la dépression en l'absence de politiques économiques d'interruption de ce type de cycle. Le risque de déflation est alors le scénario le plus redouté.

Cadran des influences des cycles conjoncturels sur le prix des actifs

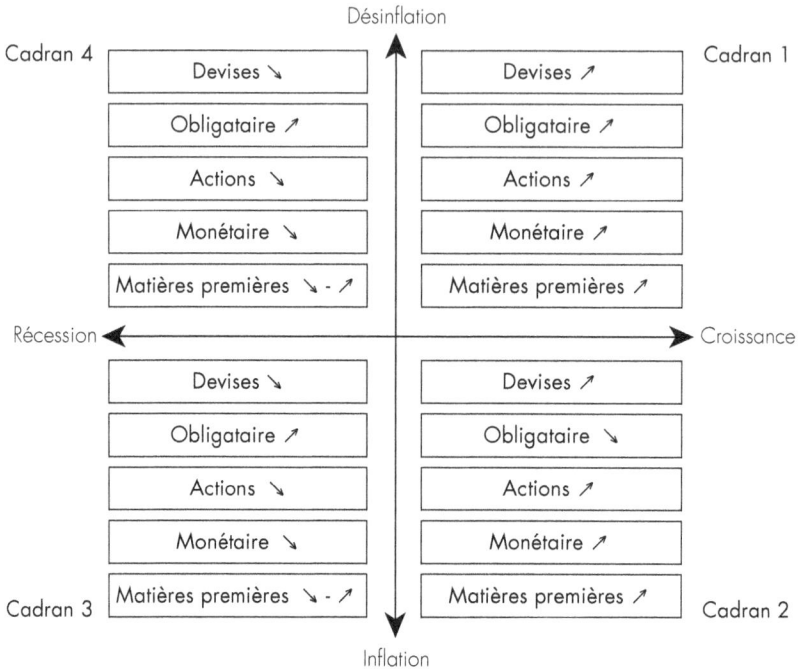

Les relations économétriques (modèle de détermination des prix d'actifs en fonction des agrégats macro-économiques) héritées des paradigmes économiques néoclassiques et néokeynésiens sont bousculées par une crise dont la nature inédite prend au dépourvu de nombreux intervenants du marché.

Repérer les renversements des cycles

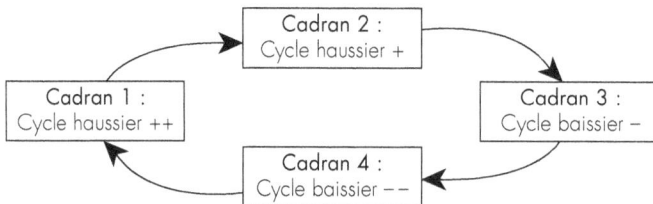

La détection des renversements de cycles est primordiale pour le gestionnaire. Les variations du PIB signalent les phases d'augmentation ou de contraction de richesses.

Tout indicateur statistique est scruté à la loupe pour saisir les mouvements de changement de cap. Les indicateurs avancés, comme la confiance des consommateurs, les mises en chantier, les permis de construire sont très utilisés pour les détecter.

Acheter ou vendre la conjoncture économique future signifie que le marché boursier réagit en avance sur le cycle réel de la conjoncture. La prise en compte du décalage entre cycle boursier et économique est déterminante pour trouver le moment opportun d'effectuer ses allocations d'actifs.

Cycle économique et cycle boursier

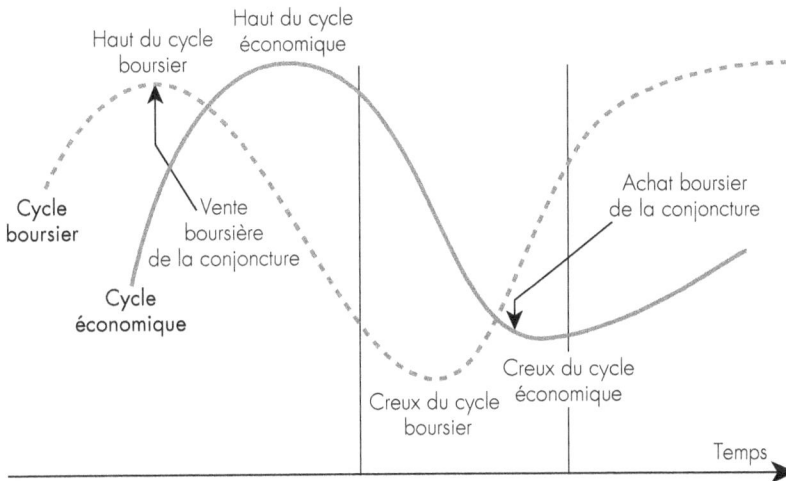

Les politiques de stimulation ou de restriction budgétaires agissent sur les cycles économiques. Leurs décryptages pour les besoins d'anticipation relatifs au positionnement de l'investissement ou du désinvestissement sont devenus plus complexes. La crise du système nerveux, à savoir les circuits financiers et bancaires, a épuisé la force de frappe des États. La nature de la crise de la dette souveraine bouleverse les repères les plus fondamentaux entre actifs risqués et non risqués. Le dilemme entre relance ou restriction budgétaire indique les fortes incertitudes sur une sortie de crise.

Les outils de l'analyse financière

L'évaluation de la santé financière des entreprises s'effectue à l'aide de différents outils et indicateurs. On peut citer les plus utilisés :

- l'évaluation patrimoniale ;
- l'évaluation par l'actualisation par les flux ;
- l'évaluation par les ratios les multiples de capitalisation (PER) et du PEG.

L'évaluation patrimoniale

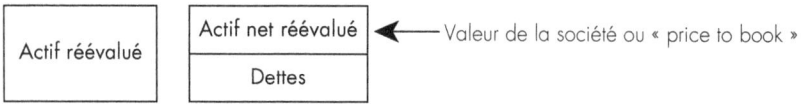

Actif réévalué	Actif net réévalué	◄── Valeur de la société ou « price to book »
	Dettes	

Lors de la crise, avec les baisses de 40 à 60 % et plus de certaines valeurs des grands indices boursiers, le prix de cotation en bourse* valaient moins que l'actif net* patrimonial.

L'évaluation par l'actualisation par les flux

À l'approche statique de l'évaluation (cas de l'évaluation patrimoniale), celle dynamique s'opère par les flux que va pouvoir dégager la société. Elle repose sur une formalisation assez simple.

$$\text{Vna} = \text{valeur nette actualisée} = \sum_{P=1}^{N} fi/(1+r)^P$$

où fi : résultat prévisionnel.

Les résultats futurs de l'entreprise à un horizon de temps donné sont actualisés à l'aide du taux *r* (taux *i* dit sans risque obligation d'État + prime du secteur (*s*) auquel appartient l'entreprise). Si les taux sans risque *i* augmentent ainsi que la prime du secteur *s* avec un même niveau de revenu, la valeur de l'entreprise baissera.

Exemple

Effet de la variation du taux d'intérêt sur la valeur de la société

Année	Flux anticipés associés au plan d'affaire	1 Scénario de variation des taux		
1	– 10	S1	S2	S3
2	3	variante de taux sans risque		
3	4	3 %	4 %	4,50 %
4	5	variante de prime de risque		
5	6	8 %	8 %	8,50 %
6	7	variante de taux d'actualisation		
7	8	11 % ↗	12 % ↗	13 %
		2 Valorisation de la société		
		V1	V2	V3
		10,80 € ↘	10,06 € ↘	9,36 €

Comme le montre les différents scénarios (S1, S2, S3), la valeur de la société évolue inversement à la progression des taux d'intérêt. La valorisation de la société entre les scénarios S1 et S3 fait ressortir près de 13,36 % d'écart.

Le suivi des indicateurs qui affectent l'évolution des taux (masse monétaire, inflation…) et celui des risques sectoriels permettent d'évaluer les impacts macro-économiques et sectoriels sur une valeur.

L'évaluation par les ratios les multiples de capitalisation (PER) et du PEG

- Le PER* (*Price Earning Ratio*), multiple de capitalisation d'un titre, correspond au cours de Bourse divisé par son bénéfice net par action* (BNA). Les praticiens disent que la valeur se paie *n* fois son bénéfice. Par exemple, si le cours de Total au 21 février est de 43 € et son BNA = 3, son PER sera égal à 14,3. Il peut être comparé au PER de son secteur pour mesurer les potentiels de hausse ou de baisse ;
- le PEG (*Price Earning Growth*) : si le PER se situe au-dessus de la moyenne du secteur, cela peut également signifier que le marché anticipe une progression plus forte des bénéfices de la valeur. Le PEG est le ratio qui intègre le taux de progression anticipé des bénéfices.

Exemple

Illustration chiffrée du PER et PEG

Valeurs	PER	Taux de croissance BNA	PEG
Titre A	7,61	72	0,11
Titre B	5,37	22	0,24

Le titre A, au regard de son PER, est moins cher comparativement à celui de son concurrent B du même secteur. Cependant, en tenant compte du PEG, c'est en définitif le titre B qui affiche une valeur plus élevée à l'achat. Une société qui possède un PEG égal à 1 est à son prix, si le PEG > 1, elle est dite surévaluée, si le PEG < 1, elle est alors sous-évaluée.

En pratique

La portée des modèles standard se limite dans la pratique à l'usage d'une boîte à outils très utile pour évaluer les degrés d'efficience ou d'inefficience des marchés. Le *tracking error*, l'alpha d'un portefeuille permet de définir l'écart au modèle standard, et ce faisant les formes plus ou moins fortes d'efficience.

L'existence de formes efficientes et inefficientes de marché financier favorise les approches *core-satellite* de sélection des valeurs. Le cœur du portefeuille (*core*) comprendra des valeurs de marchés efficients ; le satellite celles de marchés inefficients.   …/…

Le défi posé à la gestion d'actif est d'être en mesure d'identifier les moments de formes fortes ou faibles d'efficience des marchés. Le gérant constituera selon son analyse un portefeuille de valeurs plus ou moins corrélées au marché. Les *hedge funds,* qui privilégient l'inefficience des marchés, font de l'alpha l'outil majeur du pilotage de leur portefeuille.

La crise a révélé la très forte vulnérabilité des marchés qui ne s'en remettent qu'à la destinée des modèles. Le plus explosif est celui de Lee, correspondant à la modélisation des CDO. L'analyse financière et économique, supplantée par les modèles mathématiques, doit retrouver sa juste place dans la boîte à outils des gestionnaires. La vraie mesure de l'écart d'efficience des marchés correspond à la distance entre valeur et prix d'un actif.

L'ART DE CONSTITUER LES FONDS DE PLACEMENT : LES DIFFÉRENTS MODES DE GESTION

Les sociétés de gestion mettent souvent en avant leur style d'investissement comme moyen de se différencier auprès de leurs clients. Que recouvre au juste cette formulation ? Si le marché est efficient, comme le prétend la théorie classique, comment dans ce cas pouvoir le battre ?

Le degré de distanciation au modèle d'efficience des marchés va osciller selon le style de gestion retenu. La gestion indicielle passive est celle qui s'en rapproche le plus. Cette alternative cherche clairement en s'en démarquer, puisqu'elle se fonde sur la croyance à l'inefficience des marchés ou une efficience faible. La gestion active se démarque des deux précédentes. La gestion ISR (investissement socialement responsable) intègre des critères extrafinanciers de distanciations à la fois avec la théorie des marchés efficients et inefficients.

Les différents styles de gestion et leur philosophie implicite

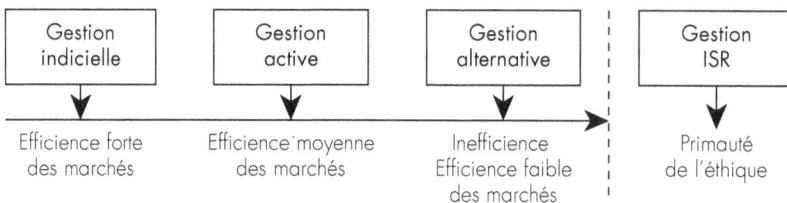

Gestion indicielle	Gestion active	Gestion alternative	Gestion ISR
Efficience forte des marchés	Efficience moyenne des marchés	Inefficience Efficience faible des marchés	Primauté de l'éthique

Ces différents univers de gestion profilent les fonds selon plusieurs types de stratégies et de techniques. Ils répondent à un éventail d'objectifs définis en rapport à l'appétence ou non pour la prise de risque.

L'art de constituer son portefeuille peut donc s'effectuer au sein de quatre grands types de gestion, à savoir :

- la gestion classique ;
- la gestion active ;
- la gestion alternative* ;
- la gestion extrafinancière.

La gestion classique

La gestion classique, dite passive ou encore indicielle, a pour objectif de reconstituer à l'identique le portefeuille de valeurs d'un indice donné. Elle peut s'autoriser un faible écart de l'objectif de duplication, un à deux pour cent tout au plus. La part de créativité du gérant est réduite à sa portion congrue.

Le fonctionnement de la gestion passive dite indicielle

Comment fonctionnent les indices ?

Le Dow Jones, qui fut créé il y a plus de 117 ans, constitue l'ancêtre des nombreux autres indices créés par la suite. Parce que le choix de l'indice va conditionner la performance de la gestion passive, il convient de comprendre son fonctionnement et sa portée.

L'indice est supposé offrir la diversification prônée par la théorie moderne du portefeuille, à savoir optimiser le couple rentabilité-risque.

Dans la pratique, les indices ne regroupent qu'un échantillon de valeurs traitées sur un marché. De plus, selon la théorie de la finance moderne, le portefeuille théorique devrait contenir toutes classes d'actifs, et non pas se limiter à une seule.

Le niveau de liquidité des valeurs d'un indice de référence tend à surpasser le critère de diversification. Plus un investisseur est assuré de rentrer et sortir d'un marché selon un prix et un volume donnés sans affecter brusquement le cours du marché, moins il aura à subir un risque de décote de ses titres. Plus le nombre de titres composant le fonds est important, avec une fréquence d'échange élevée, plus grande sera sa liquidité.

Les différentes modalités de construction d'un indice

Techniquement, un indice est créé à partir de séries statistiques comprenant la nature d'actifs souhaités. Il peut s'agir d'un indice action comme le CAC 40, le Dow Jones, le FTSE. Il peut également se référer à des obligations, des produits monétaires, matières premières, immobiliers… :

- **technique de pondération par la capitalisation** : une fois les valeurs sélectionnées, un modèle de pondération est alors adopté. Le plus courant est celui basé sur la capitalisation. De nombreux fournisseurs d'indices ont recours à ce mode de pondération comme l'indice CAC 40, le FTSE 100 à Londres. Le principe de diversification est borné par l'effet des grosses capitalisations surreprésentées. Le facteur liquidité des valeurs entrant dans un indice est un critère décisif. Cette réalité de marché limite de fait la portée de la diversification des modèles de portefeuille ;

- **technique de la pondération ajustée du flottant** : elle constitue une variante de la technique de pondération par capitalisation. Son apport est de ne prendre en compte que la partie flottante, c'est-à-dire objet d'un échange boursier. La représentativité de l'indice s'améliore, sans toutefois régler entièrement les faiblesses de la pondération par capitalisation ;

- **technique de pondération par les prix** : la pondération par le niveau des prix revient à une simple moyenne arithmétique des cours d'actifs. Deux types d'indices suivent cette méthode, le Dow Jones Index Average (DJIA) et le célèbre indice Japonais, le Nikkei. Les valeurs disposant d'un prix plus faible sont moins représentées. La variation d'un dollar d'un titre affecte l'indice, quel que soit le cours de la valeur ;

- **technique de l'équipondération** : la moyenne assise sur la rentabilité des composantes de l'indice offre la même importance aux fluctuations des prix des actifs, à la hausse comme à la baisse. Comparativement aux indices pondérés par les capitaux, les fonds équipondérés accordent une place plus grande aux titres de plus faible capitalisation. Les indices équipondérés gomment plus la perte de l'effet bénéfique de la diversification. Moins concentré sur un nombre plus restreint de valeurs, le gain en représentativité du marché augmente et, du coup, présente moins de risque.

D'autres techniques de pondération d'indices existent, selon que l'accent veut être mis sur les données économiques fondamentales, celles de la diversité des performances d'actifs, ou encore d'une approche plus statistique de la minimisation de la variance de chaque titre.

Le compromis entre théorie et exigence pratique dans la construction d'un indice repose sur deux principaux critères, celui de sa représentativité et de sa liquidité. L'attractivité d'un fonds plus liquide (possibilité d'entrée et de sortie du marché plus grande) comprenant un plus faible nombre de valeurs supplante bien souvent le principe de diversification du risque par la taille du portefeuille.

Les indices commerciaux qui portent sur un nombre de valeurs plus réduit génèrent moins de coût de transaction, de recherches d'information, de post-marché. Ils contrebalancent pour partie le bais de performance associé à la sous-diversification.

Les pistes d'amélioration de construction d'un indice

Afin de corriger les travers des indices commerciaux, le recours à des portefeuilles de valeurs complémentaires offre une meilleure couverture au risque que l'indice initial. L'Edhec a mis au point l'**indice de complétude** qui tend vers le sur-mesure.

Les déviations de prise en compte des risques de marché peuvent être ainsi amorties. La construction repose sur le mode d'emploi suivant :

Indices commerciaux + Portefeuille complémentaire = Indices synthétiques

Par facilité de langage, les chroniqueurs boursiers indiquent que le marché ouvre en hausse ou à la baisse sur la base des principaux indices commerciaux comme le CAC 40 pour Paris, le Dow Jones pour New York,

Le ratio de *tracking error* du fonds, un des outils essentiels principaux du gestionnaire comme nous l'avons vu précédemment, devrait s'améliorer par l'effet du portefeuille complémentaire.

L'efficacité de l'apport d'un indice synthétique se mesure à l'aide de l'écart de *tracking error*.

Exemple

L'effet de l'indice synthétique sur le *tracking error* d'un fonds

Tracking error, indice CAC 40, indice synthétique

Tracking error	Indice CAC 40	Indice synthétique	Différence
Valeur du TE du fonds X	3	1	2
Valeur du TE du fonds Y	2	2	0

L'indice synthétique bénéficie au fonds X et demeure sans effet sur le fonds Y. Compte tenu des frais additionnels occasionnés par le portefeuille complémentaire, le fonds Y doit rester indexé à l'indice CAC 40.

Les indices commerciaux employés dans la gestion d'actifs

En dépit des faiblesses que peuvent présenter les indices commerciaux, la gestion passive demeure fortement influencée par eux dans la définition des objectifs d'investissement. Ils surclassent rarement l'indice choisi comme cible de résultat.

Indices actions : extrait de quelques indices commerciaux

Indices de Paris	Indices internationaux	Indices sectoriels de Paris
CAC 40	Dow industrials	Pétrole et gaz
Indice Général SBF120	Nasdaq Composite	Matériaux de base
CAC Mid et Small 190	Dax performance index	Industries
	FTSE 100	Biens de consommation
	Nikkey 225	Santé
	ESTX50 EUR P	Services aux consommateurs
		Télécommunications
		Services aux collectivités
		Sociétés financières
		Technologie

Sources : indices consultables à partir du site de Boursorama.

Les thématiques sectorielles, géographiques sont des offres de gestion très répandues dans la gestion passive :

- indices obligataires : l'intérêt pour la gestion obligataire conduit les gérants à s'intéresser naturellement à l'offre indicielle d'Euro-MTS. Elle duplique les rendements du marché de la dette obligataire d'État de la zone euro*.
- À l'indice global viennent s'ajouter six sous-indices, selon un découpage de six maturités : 1-3 ans, 3-5 ans, 5-7 ans, 7-10 ans, 10-15 ans, 15 ans et plus.
- Les contributeurs des prix en temps réel comprennent près de 250 membres de marché. Ils sont négociés à partir des plates-formes électroniques gérées par MTS. La publication des cours s'effectue par les diffuseurs d'informations. Le calcul des indices est placé sous la responsabilité d'Euro-MTS qui a la charge de les diffuser. Reuters publie les indices CNO-Index et CNO-Close, Bloomberg l'indice CNO.
- Le site d'accès aux indices est le suivant : www.euromtsindex.com ;
- indices monétaires :

Référence	Source
Taux du marché monétaire (Eonia)	Reuters, SixTelekurs
Taux annuel monétaire (TAM)	Banque de France
Euribor 1 mois	Banque de France
Euribor 3 mois	Banque de France
Euribor 1 an	Banque de France

La gestion indicielle correspond à un style de composition du portefeuille répliquant un indice de référence (*benchmark*).

Les modalités pratiques de la gestion passive

On doit à la société de gestion Wells Fargo[1] la toute première gestion indicielle, autrement dit passive. Une fois sélectionné l'étalon de mesure de l'objectif à atteindre, à savoir l'indice, le rôle du gérant se réduit au simple suivi de la trajectoire de son portefeuille.

Ainsi la gestion passive, qualifiée également de relative, ne peut que rarement surprendre. Que les marchés montent ou descendent, le gérant ne doit pas s'écarter de sa balise, son indice. Même s'il atteint son objectif de performance relative, l'investisseur final éprouvera toujours une frustration si son fonds enregistre une baisse y compris dans un marché défavorable.

▦ Le cadre réglementaire de la gestion indexée passive

L'objectif de gestion qui correspond à une réplication de l'indice est encadré par le règlement de l'AMF. Le gérant est tenu de respecter un taux de réplication égal à l'indice-x % de frais. Dès lors, le taux de duplication du fonds n'est jamais égal à 100 %.

Suivi comparé du fonds (hors frais et frais inclus) à son indice

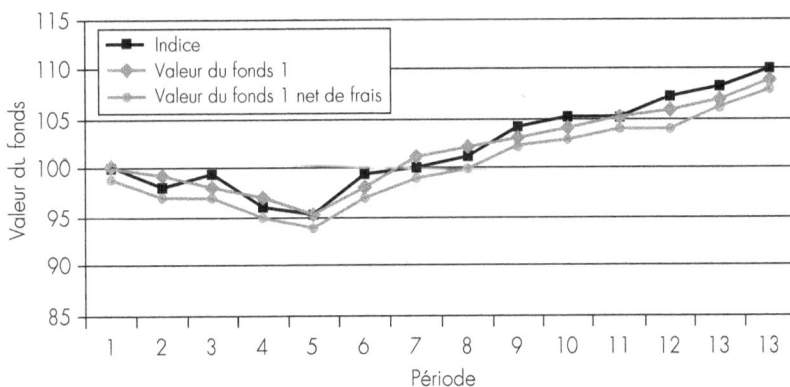

Une dose infime d'activisme peut être introduite en admettant une duplication de performance avec plus ou moins 1 % (*tracking error* de 1 %). Selon le principe *core-satellite*, le cœur de son portefeuille peut répliquer de 97 à 99 % l'indice de référence. La part de créativité du gérant se limite dans ce cas de 1 à 3 % des fonds collectés (gestion indicielle, dite « tiltée »). La surperformance ou sous-performance évaluée à l'aide de l'alpha portera sur la partie créative.

---

1. www.wellsfargohistory.com : histoire de la compagnie depuis 1852.

Le cadre réglementaire délimite la diversification de portefeuille. Le gérant doit l'intégrer dans les possibilités de créativité qui lui restent. Qualifier la gestion de passive trouve là tout son sens. Les mouvements de portefeuilles se résument à *buy and hold*, acheter et conserver.

La gestion passive s'anime exceptionnellement lors des modifications d'indice.

▧ La gestion technique des modifications d'indice

La modification de l'indice de référence affecte l'objectif d'un portefeuille sous gestion passive. L'objectif de coller à l'indice a pour corolaire de mettre à jour le portefeuille d'investissement des valeurs entrantes et sortantes de l'indice en question. Le gérant procède à la vente des valeurs sortantes et l'achat de leurs remplaçantes.

Exemple

Modification de l'indice CAC 40

Le vendredi 20 septembre 2010, sur décision du conseil scientifique des indices de la Bourse de Paris, deux valeurs sont sorties du CAC 40 : la banque Dexia et le groupe de communication Lagardère. Le groupe Natixis et Publicis les ont remplacées.

Ces entrées et sorties de titres produisent des effets mécaniques de hausse et de baisse. Les valeurs sortantes ont tendance à voir leur cours baisser, tandis que celles entrantes montent. C'est la séquence boursière qui s'est produite, puisque Natixis et Publicis progressaient respectivement de 5,92 % et 1,10 %, contre une baisse de 2,27 % pour Dexia et 1,51 % pour Lagardère, dans un marché en progression globale de + 0,35 % (indice du CAC 40).

Le conseil scientifique, qui se réunit quatre fois par an pour actualiser les composantes des indices, se fonde sur plusieurs critères : poids respectif des valeurs, nombre de transactions, volumes de capitaux échangés et taux de rotation.

Comme la gestion indicielle des fonds est assez importante, ce genre de modification affecte de nombreux gérants qui procèdent à des achats et ventes sur les mêmes valeurs, provoquant une amplification du mouvement haussier ou baissier au-delà de la valeur informationnelle des fondamentaux de l'entreprise.

Les fonds spéculatifs vont par exemple vendre à découvert[1] les valeurs sortantes et acheter les valeurs entrantes. Dans ces circonstances particulières, la gestion active tire parti de l'effet mécanique attaché à la gestion passive.

---

1. Vente à découvert (*short selling*) : opération consistant à vendre des titres que l'on ne détient pas, en espérant les racheter moins cher ultérieurement. Le gérant emprunte ces mêmes titres sur une période donnée (lors d'un prêt de titres, il y a transfert de propriété vers l'emprunteur, ce qui permet au gérant de les vendre ; il lui faut seulement faire en sorte d'avoir racheté les titres au moment où il doit les restituer !).

La gestion active

Dire que la gestion de portefeuille d'un gérant est active signifie que ses choix d'investissement sont dynamiques. En clair, le fonds sera constitué par des valeurs en proportion qui s'éloignent de celles d'un indice donné.

L'idée sous-jacente à ce style de gestion est que le marché n'est pas toujours efficient et qu'il est donc possible de faire mieux (« le battre »). Le choix très sélectif de valeurs (*stock picking*), quelle que soit la situation du marché, repose sur une approche opportuniste. La qualité du choix reflète le talent du gérant.

Les critères de sélection du portefeuille d'une gestion active

L'approche *core-satellite* peut très bien s'appliquer dans le cadre d'une gestion active. Les formes fortes d'efficience de marché sont alors associées à un indice donné, les formes faibles à des titres venant constituer le satellite.

Place du portefeuille *core* (cœur) dans la gestion passive et active

Selon le degré d'adhésion à l'efficience des modèles de marchés, le gérant personnalise son portefeuille entre les valeurs satellites et cœur en conséquence. Le graphique ci-dessus montre une répartition d'un gérant particulièrement actif quant à la part consacrée au portefeuille satellite (taille du portefeuille cœur).

Sa valeur ajoutée, comparée à une gestion passive, va consister à trouver les bons critères de sélection des valeurs constituant son « satellite ».

▓ La technique quantitative de sélection du portefeuille

La technique de sélection des titres correspondant au style de gestion plus émancipée fait appel à des critères à la fois quantitatifs et qualitatifs. Ils doivent permettre d'identifier les valeurs jugées sous-estimées à un moment donné ou dont le potentiel n'est pas suffisamment valorisé.

Les ratios quantitatifs d'aide à la sélection sont les suivants :

- multiple de capitalisation des bénéfices (PER) ;
- ratio cours/chiffres d'affaires ;
- ratio capitalisation/chiffres d'affaires ;

- ratio bénéfice net/chiffres d'affaires ;
- rentabilité des fonds propres de l'entreprise et du secteur ;
- rendement des dividendes ;
- capitalisation boursière* par rapport à l'actif net (PBR) ;
- ratio cours/bénéfices avant impôts.

Ces critères quantitatifs sont complétés et enrichis de facteurs d'appréciation qualitatifs, à savoir :

- appréciation de la qualité du *management* ;
- secteur d'activité porteur ;
- position concurrentielle ;
- situation capitalistique ;
- changement de *management*, de stratégie, de contexte sectoriel et économique.

L'analyse de ces informations quantitatives et qualitatives va déterminer les fondamentaux des valeurs et donner le potentiel de performance.

Évaluation du potentiel de la valeur à sélectionner

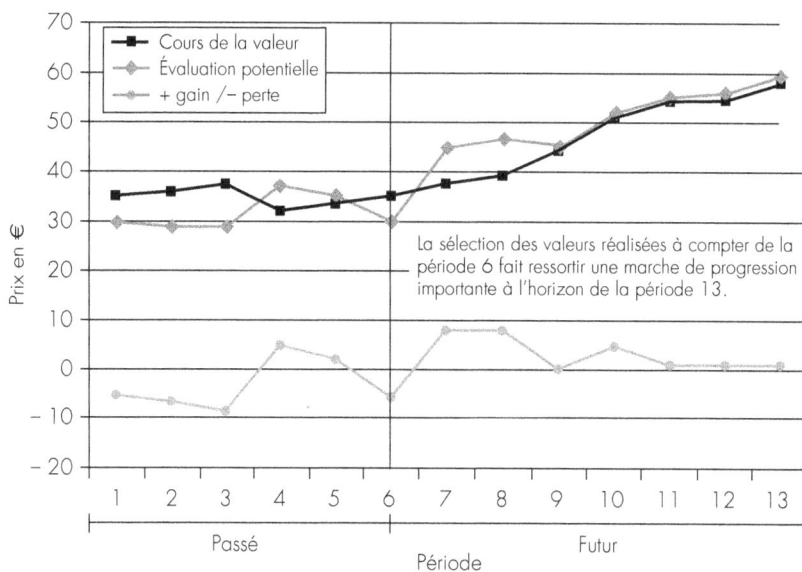

Le *timing* de constitution du portefeuille

Si le choix du support est déterminant pour la performance d'un portefeuille, celui du *timing* d'intervention l'est tout autant. Lors des mouvements brusques de marché, le gérant achète de la volatilité. Fort de ses analyses fondamentales, il va repérer les valeurs écrasées, c'est-à-dire dont les cours sont en dessous de leurs valeurs de long terme.

Au moment de la crise de 2008, les valeurs très liquides ont vu leur prix chuter en deçà de l'actif net (ratio ci-dessus).

Les gestionnaires qui avaient par exemple privilégié le ramassage des valeurs de rendement comme les sociétés immobilières et foncières ont su surper-former le marché sur des valeurs pourtant réputées défensives.

La rotation du portefeuille

La rotation du portefeuille des gestions actives est par essence très large-ment supérieure à celle aux styles de fonds de type purement indiciel.

Le facteur coût lié au mouvement de portefeuille joue d'autant plus que le taux de rotation du portefeuille est important. Un portefeuille comportant 100 lignes qui se renouvelle à hauteur de 50 % enregistre 100 mouvements (50 ventes, 50 achats). Avec une fréquence de rotation de 2 dans l'année, la performance des valeurs doit impérativement être au rendez-vous pour absorber les coûts.

La *best execution** (meilleure exécution d'ordre de Bourse) consacrée par la directive sur les instruments des marchés financiers (MIF) est un élément particulièrement suivi par les gestionnaires actifs. L'émergence de nouveaux lieux de négociation et la sophistication des techniques d'exécution, l'*algotra-ding* notamment, sont des facteurs dont doit tenir compte la gestion active.

Les clients finaux doivent se méfier des rétrocessions occultes d'une partie des commissions de *brokerage* (courtier) à l'*asset management company*. Cette pratique de marché n'est pas si rare que cela…

La gestion alternative

La gestion alternative a pour but d'obtenir des performances absolues en investissant sur des actifs non corrélés aux évolutions des marchés. Elle « achète » et « vend » l'inefficience des marchés et se démarque très nette-ment des modèles standard de la finance. Les principaux acteurs du marché de l'inefficience sont les *hedge funds*.

Ils sont souvent associés au désordre financier (dont ils sont parfois un bouc émissaire facile), à des pratiques opaques et moins bien régulées. La crise, qui est le rendez-vous par excellence de l'inefficience, n'a pas épargné cette catégorie de véhicules de la gestion collective.

Contrairement à la gestion passive, les *hedge funds* construisent leurs porte-feuilles à partir d'un large éventail d'actifs et de techniques susceptibles de battre le marché. Certains d'entre eux permettent d'offrir des garanties de placement en capital.

La genèse de la gestion alternative

C'est Alfred Winslow Jones qui inventa les *hedge funds* au sens moderne dès 1949 à partir de stratégie d'arbitrage de valeurs *long-short* avec effet de levier*[1] (achat des titres sous-évalués et vente à découvert de ceux surévalués).

L'innovation porte sur le mouvement de sens contraire des positions du portefeuille comme outil de couverture. La neutralisation du bêta[2] avant l'heure est la principale contribution d'Alfred Winslow Jones, puisque les travaux de Markowitz et de Sharpe ne seront connus que plus tard.

Exemple

Une stratégie *long-short*

Un *hedge fund* dispose de 10 000 000 €. Il acquiert 11 000 000 € d'actions et vend à découvert (par la technique de prêt emprunt de titres) 5 000 000 €. Avec une disponibilité de départ de 10 000 000 €, le *hedge fund* a investi 16 000 000 €. L'effet de levier est de 60 % pour une exposition au risque : ER = (11 000 000 € – 5 000 000 €)/ 10 000 000 € = 0,6. La position nette acheteuse, dite longue, est de 60 %.

Dans leur ouvrage *Hedge Funds,* Jean-Michel Rocchi et Arnaud Christiaens[3] font un examen minutieux des styles de gestion des figures connues et inconnues de la gestion alternative.

Parmi ces figures, deux issues du milieu académique, et non des moindres, John Maynard Keynes et les nobélisés Myron et Robert Merton au travers du fonds LTCM, ont connu une expérience de la gestion alternative. L'examen de leurs styles de gestion aux résultats couronnés de succès et d'échecs est particulièrement instructif.

Il ne permet pas de conclure si la théorie constitue un avantage ou un inconvénient.

L'expérience de John Maynard Keynes

Le père de la théorie de l'emploi, de l'intérêt et de la monnaie[4] a débuté son expérience de gestionnaire en 1920 en constituant un premier portefeuille

---

1. Effet de levier : recours au financement par endettement (plutôt que par capitaux propres) démultipliant la rentabilité financière à condition de dégager une rentabilité d'exploitation supérieure au coût du crédit, sinon c'est l'effet coup de massue.
2. Voir « La boîte à outils du gestionnaire ».
3. Jean Michel Rocchi et Arnaud Christiaens, *Hedge funds,* Tome 1 : H*istoire de la gestion alternative et de ses techniques,* Sefi, 2006.
4. John Maynard Keynes, *La théorie générale de l'emploi, de l'intérêt et de la monnaie* (1936), traduction de l'anglais par Jean de Largentaye en 1942, Éditions Payot, Paris, 1942, réimpression, 1968, 407 pages.

composé principalement de matières premières (*commodities*). La crise de 1929, qui forgera sa pensée économique, va le conduire à liquider ses positions afin d'honorer les appels de marge, c'est-à-dire répondre aux garanties de prêts qui lui ont été consentis. La valeur de son portefeuille fondra de 75 % entre 1929 et 1930. Il ne détiendra alors plus que 7 titres, dont 4 actions britanniques et 3 valeurs américaines.

Ce premier échec ne le découragera pas, puisqu'il gérera par la suite un fonds dénommé Chest Fund (fonds de l'université de Cambridge) qui, après avoir sous-performé par rapport à l'indice de référence, deviendra gagnant à compter de 1932.

Le profil de gestion de John Maynard Keynes se caractérise par un fort appétit de risque, si l'on en juge les positions agressives qu'il a prises.

L'expérience LTCM de Myron Scholes et Robert Merton

L'un des fondateurs du célèbre modèle de Black et Scholes, utilisé par l'ensemble des praticiens de marché pour valoriser les produits dérivés, a connu une expérience douloureuse de la gestion alternative. En 1998, le fonds LTCM dont Myron Scholes et Robert Merton assuraient la gestion a été à l'origine d'une des plus grandes crises systémiques du système financier[1].

Ces styles de gestion ne résument pas le large éventail des stratégies d'investissement allant des plus risquées à la moins risquée qui garantit le capital des investisseurs.

Les stratégies de la gestion alternative

La latitude des choix d'investissement des *hedge funds* est largement supérieure à celle des OPCVM. Deux grandes familles de gestion caractérisent les catégories de *hedge funds* : les stratégies dites directionnelles et non directionnelles.

Les stratégies directionnelles

Une stratégie est dite directionnelle dès lors qu'elle est sensible à l'évolution (à la hausse ou à la baisse) des marchés. Elle concerne les typologies suivantes :

- la stratégie *long-short equity* : elle consiste à acheter la valeur des titres sous-évalués appelés à monter, et à vendre ceux surévalués, dont on attend une baisse ;

---

1. Pour aller plus loin sur ce retour d'expérience, on ne peut que recommander la lecture du livre *MBA Finance* (ouvrage collectif), Eyrolles, 2010, notamment le chapitre 26.

- la stratégie *global macro* : elle repose sur les changements de configuration de l'économie, comme la mise en place de plans de rigueur ou de relance, pour se positionner sur des instruments influencés par les impacts macro-économiques, à savoir les taux, les devises, les matières premières, la courbe des taux ;

- la stratégie de situations spéciales : les choix d'investissement reposent sur les évènements qui affectent la vie des entreprises (mouvements de fusion, de filialisation, de difficultés de l'entreprise...) afin d'en tirer parti ;

- la stratégie *managed futures* : les fonds sont investis sur les matières premières (*Commodity Trading Advisors,* CTA's). La stratégie se décline selon que le gérant s'en remet totalement au modèle qui initie automatiquement les ordres de Bourse ou qu'il garde la main sur le modèle. L'horizon d'investissement peut être réalisé sur le long terme ou sur du très court terme. Dans ce dernier cas, il s'agit de profiter de l'emballement très brusque de la volatilité. Les équivalents français sont les fonds communs d'intervention sur les marchés à terme (FCIMT) ;

- la stratégie pays émergents : apparus comme le nouvel eldorado de la finance, les pays émergents constituent un nouveau thème de relais de croissance. Les mouvements de retrait de fonds de ces zones ne confirment pas toutes les espérances placées sur ce type de support. La non-convertibilité des monnaies constitue un frein important.

Les stratégies non directionnelles

- La stratégie *fixed income arbitrage* propose de réduire l'exposition au risque en tirant parti de la déformation de la courbe des taux (taux courts devenant supérieurs aux taux longs), en arbitrant les produits de taux longs contre les taux courts. En 1991, lors de la première guerre du Golfe, les instruments comme les obligations d'État, *futures, swap* de taux et de change ont servi de support à ce type de stratégie ;

- la stratégie *convertible arbitrage* a pour but d'acquérir les obligations convertibles sous-évaluées sur le marché et, dans le même temps, de vendre l'action sous-jacente à découvert ;

- la stratégie de position neutre au marché consiste à posséder simultanément des positions acheteuses (longues) et vendeuses (*short*), de sorte que l'exposition devienne nulle face au marché. Pour le praticien, le *pair trading* correspond à ce choix d'exposition. Le bêta est l'instrument le plus adapté de la mesure de la boîte à outils du gérant.

Au fil du temps, les stratégies ont évolué comme le montre le tableau ci-dessous.

Évolution des typologies de stratégie des *hedge funds*

Type de stratégie	1994	2002	2004
Long-short	26,8	42,8	32,3
Event driven	11,5	20,1	18,5
Global macro	34,6	9,3	10,5
Fixed income arbitrage	5,8	5,6	7,1
Convertible arbitrage	1,8	8,4	6,8
Equity market neutral	1,2	6,7	5,6
Managed futures	6,0	2,9	5,1
Autres	12,3	4,2	14,1

Source : CSFB/Tremont.

En pratique

La notion de ratio d'emprise et ses conséquences

Tout investissement, dans quelque type de fonds ouvert que ce soit (OPCVM ou *hedge fund*), questionne préalablement sur la possibilité de pouvoir sortir effectivement du fonds en cas de résultats décevants de celui-ci. La réponse à cette faisabilité en pratique de la sortie suppose qu'un client donné ne représente pas trop par rapport à la taille totale du fonds, ce que les professionnels appellent le ratio d'emprise. Un *asset manager* qui, par prudence, n'accepterait pas plus de 10 % de ratio d'emprise, se limiterait par exemple à investir dix millions d'euros dans un fonds de cent millions d'euros. Avant la crise financière, si la norme de 10 % constituait un peu le standard en la matière, depuis celle-ci, avec la montée des risques, il n'est pas rare de constater des plafonds à 5 %, voire 3 %.

À la faveur du durcissement des ratios d'emprise et du fait que les gros gestionnaires d'actifs veulent limiter leur nombre de lignes, les « petits fonds » tendent à devenir, de manière croissante, inéligibles aux investisseurs institutionnels.

Gestion alternative et fonds à formule

La gestion alternative a, au cours du temps évolué, passant d'une offre de couverture (*to hedge*) à des styles de gestion de plus en plus risqués, à l'image des paris spéculatifs de George Soros en 1992, jouant près de 10 milliards d'euros contre la livre (pour obtenir sa baisse par dévaluation).

À côté de ce type de stratégies, il ne faudrait pourtant pas perdre de vue que les *hedge funds* proposent des fonds à formule de préservation de capital pour les gestions prudentes. Elles répondent à leurs objectifs initiaux : préserver le capital et offrir un rendement absolu.

Exemple

Un fonds garanti avec indexation sur le CAC 40

Un gérant recueille 10 millions d'euros d'un groupe d'assurance avec pour objectif de garantir le capital à l'horizon de 8 ans, tout en tirant parti de la reprise de l'indice CAC 40. Pour satisfaire cet objectif, le gérant structure le portefeuille comme suit :

- détermination du montant sur une obligation zéro coupon : protection du capital. Le taux actuariel est de 4,5 %. Le montant à placer pour récupérer le capital dans 8 ans : $10\,000\,000/(1{,}045)^8 = 7\,031\,851{,}27$ € ;
- détermination du montant investi sur l'indice CAC 40 : la différence de 2 968 148,73 € est investie dans l'achat de *call*. Le *call* du CAC 40 est de 50 € pour une valeur d'indice de 3 800, soit 2 968 148/50 = 59 362 *call* ;

L'indexation du portefeuille est de 59 362/(10 000 000/100) = 59 % :

- si l'indice atteint moins de 100, la valeur finale du portefeuille sera de 10 000 000 € ;
- si l'indice est supérieur à 100 et atteint 105 (le CAC ayant atteint 3 990 contre 3 800, soit 5 %), la valeur finale du portefeuille sera égale dans ce cas à 10 175 118 € (le montant garanti de 10 000 000 €, auquel viennent s'ajouter les 175 178 €, soit 59 % de la différence de la valeur de l'indice $(105 - 100) \times 59\,362 \times 0{,}59 = 175\,118$ €.

La gestion ISR

La gestion d'investissement socialement responsable (ISR) vise une performance environnementale et sociale alliée à celle de nature financière. Cette double exigence nécessite une structuration du portefeuille fondée sur des critères extrafinanciers reconnus et labélisés.

La référence aux modèles de marché efficient ou inefficient ne peut être que complémentaire dans l'optique d'un investissement socialement responsable. Qualifier une gestion d'ISR revient à sélectionner les valeurs qui offrent le meilleur couple notation ISR/rentabilité-risque.

Pour comparer deux portefeuilles satisfaisant les mêmes exigences ISR, le couple rentabilité-risque constitue un critère supplétif et non plus central, comme dans les autres types de gestion examinés précédemment.

Les origines de la gestion ISR

Les premières formes de gestion d'ISR sont contemporaines des mouvements philanthropiques des Quakers au XVIIIe siècle. Elles ont trouvé une impulsion au travers des communautés religieuses des États-Unis qui posaient des restrictions morales aux investissements : il est notamment interdit d'investir dans les sociétés d'armement, d'alcool, de tabac ou de jeu.

Plus proche de nous, les projets initiés par le Comité catholique contre la faim et pour le développement (CCFD) ont créé l'un des tout premiers fonds communs de placement de partage faim et développement. Le principe de gestion consiste à affecter un pourcentage des revenus des OPCVM à la création d'entreprises ou au soutien de projets dans les pays moins développés.

L'une des figures de premier plan qui ont promu les investissements responsables est sœur Nicole Reille. Elle a fait de la place de l'homme au sein de la vie des entreprises le thème central de sélections des investissements. Le comité d'éthique Hymnos se prononce sur la qualité des investissements. Aux critères classiques en termes de rentabilité-risque viennent s'ajouter des indicateurs éthiques d'évaluation des fonds établis par un organisme indépendant. Ils intègrent les thèmes relatifs aux droits de l'homme, aux projets sociaux, à l'environnement.

Si les précurseurs de la gestion ISR sont les investisseurs confessionnels, d'autres acteurs se sont engagés dans ce domaine en élargissant le champ au secteur environnemental. Le développement durable y occupe une place croissante. Les Nations unies n'ont consacré qu'en 2006 les principes pour l'investissement responsable (UNPRI).

Les agences de notation ISR et les critères ESG

L'une des agences de notation les plus connues est Novethic, créée le 1er mars 2001. Le label ISR est octroyé au gestionnaire qui intègre les normes environnementales, sociales et de gouvernance (ESG). Les pratiques ISR sont soumises à une obligation de transparence et font l'objet d'un audit régulier.

L'agence de notation Novethic exige quatre critères pour attribuer un label.

Les critères d'attribution du label ISR exigés par Novethic

ESG	Prise en compte des critères ESG + critères éthiques excluant des titres ou secteurs.
	Critères applicables à au moins 90 % du portefeuille des valeurs, tous actifs confondus (hors liquidité et poche solidaire).
	L'évaluation des enjeux environnementaux, sociaux et de gouvernance (ESG) doit donner lieu à une notation, quelle que soit la formule retenue pour les apprécier.
Transparence	Le gérant doit se conformer au code de transparence AFG-FIR ou Eurosif. Le document doit être accessible sur le site internet dans la rubrique ISR des sociétés de gestion. Il décrit le processus de sélection des critères ESG des valeurs.
Reporting extrafinancier	Un *reporting* mensuel ou trimestriel des OPCVM ISR doit fournir les informations qualitatives et quantitatives ayant motivé les investissements comme les désinvestissements.
Publication du portefeuille	La composition du portefeuille doit être publiée au moins semestriellement et de manière très lisible.

Les types de gestion ISR

La construction des multiples critères ISR constitue l'étape de profilage des fonds. Des agences de notation sociale (*rating social*) disposent de grilles de critères fondés sur la responsabilité sociale de l'entreprise (RSE). Ces grilles, établies en fonction des secteurs d'activité, permettent d'identifier les risques sociétaux d'une entreprise. Ces indicateurs exercent une pression positive et incitative sur les dirigeants, puisque le gérant constitue son portefeuille ISR en fonction de ces indicateurs.

Les agences d'évaluation environnementale définissent des indicateurs auxquels recourent les gérants pour structurer leur portefeuille.

La prise en compte des critères environnementaux, sociaux et de gouvernance (ESG) croît constamment depuis 2009. L'enquête menée par Novethic auprès des analystes et gérants traditionnels montre une intégration croissante des critères extra-financiers à la conduite de l'analyse financière classique.

Le panel consulté (représentant 200 milliards d'en-cours en euros) en 2011 fait ressortir qu'ils étaient 59 % à intégrer le critère ESG contre 53 % en 2010 et 47 % en 2009.

Les gestions basées sur l'exclusion

La gestion ISR fonctionnant sur l'approche d'exclusion très historique dresse une liste des thèmes interdits. On retrouve comme évoquées précédemment les sociétés d'armement, de production de tabac, auxquelles viennent s'ajouter les sociétés se lançant dans des activités novatrices jugées nocives, au titre du principe de précaution, comme les OGM ou le nucléaire.

Les gestions globales dites « *best in class* »

Le gérant adopte une méthode de structuration du portefeuille ISR définie à partir des meilleures notations obtenues en matière extrafinancière. Les indicateurs ESG sont alors déterminants pour éclairer le gérant.

Les gestions thématiques

Les gestionnaires vont cibler un domaine précis, comme les énergies non renouvelables à faible émission de CO_2, l'eau, le recyclage des déchets. Les thèmes sociaux liés à l'habitat ont pris la forme de SCPI* (société civile de placement immobilier) pratiquant des loyers modérés à destination des personnes vulnérables. Les initiatives de la fondation de l'abbé Pierre sont les plus connues en la matière.

▦ Les gestions dynamiques de l'ISR

Dans les pays à forte culture de *lobbying* comme les États-Unis, la Grande-Bretagne, la Suisse, les sociétés sont contactées pour influer sur des objectifs concrets en matière de parité homme-femme, de politique sociale, de crèches pour enfants, de financement des mutuelles des salariés, etc.

Les conventions établies partagent les gains des produits financiers avec des associations ou ONG reconnues dans l'économie solidaire et environne-mentale. L'encouragement du commerce équitable et l'insertion des personnes exclues constituent d'autres axes de sélection des sociétés pouvant entrer dans un portefeuille ISR.

Exemple

Construction d'un portefeuille ISR

Critères ESG	%	Thèmes d'investissement
Environnement	50 %	– stratégie environnementale ; – performances environnementales ; – voitures vertes ; – eau ; – biodiversité ; – pollution et déchets ; – énergie renouvelable.
Social	20 %	– droits de l'homme et non-discrimination ; – relations sociales et ressources humaines ; – conditions de travail ; – santé et sécurité ; – relations clients/fournisseurs.
Gouvernance	20 %	– indépendance des conseils d'administration ; – audit et contrôle ; – politique de rémunération ; – droits des actionnaires.
	10 %	– mesures anti-OPA ; – déontologie ; – transparence.

Le professionnel de la gestion ISR emploie souvent le terme *core SRI* (*Socially Responsible Investment*) pour désigner les fonds qui appliquent et respectent le mieux les critères éthiques. La sélection ESG retient les émetteurs qui présentent les meilleures pratiques.

Un gérant souhaitant constituer un portefeuille ISR qui allie les thèmes énergie renouvelable, conditions de travail, indépendance des conseils d'administration et mesures anti-OPA* s'inscrit bien dans la prise en compte des facteurs éthiques. Une approche multicritère éthique est bien entendu à privilégier.

En France, le marché de l'ISR représente près de 68 milliards d'euros, selon l'étude annuelle 2010 de Novethic. Pour ce qui est de la gestion collective, il est soutenu par les institutionnels qui enregistrent une progression de + 47 % entre 2009 et 2010. L'intérêt des particuliers pour ce type de placement se traduit par une croissance beaucoup importante si l'on tient également compte de l'épargne salariale. En effet, elle leur offre un autre moyen de prendre part à l'ISR (+ 65 % de progression, + 22 % particuliers par le biais des OPCVM et + 43 % à l'aide de l'épargne salariale).

Concernant la gestion dédiée, le marché de l'ISR reste concentré sur la clientèle institutionnelle (caisses de retraite et prévoyance, fonds de retraite public, assureurs) à hauteur de 70 % contre 30 % pour les particuliers.

Les chiffres du marché ISR français en 2011
(en milliards d'euros)

		2010	2011	Évolution
Gestion collective	Particuliers	11,1	21	+ 89 %
	Epargne salariale	7,7	11	+ 44 %
	Institutionnels	21,3	32,3	+ 51 %
	Sous-total	40,1	64,3	+ 60 %
Gestion dédiée	Institutionnels (gestion déléguée)	14,8	36,9	+ 150 %
	Institutionnels (gestion interne)	11,5	11,9	+ 3 %
	Epargne salariale	1,9	2,1	+ 12 %
	Sous-total	28,2	51	+ 81 %
	Total	68,3	115,3	+ 69 %

Source : Novethic, produit en avril 2011, www.novethic.fr/novethic/v3/les-etudes-isr-investissement-socialement-responsable.

Les éléments statistiques d'Eurosif (forum européen de l'investissement socialement responsable) placent la France, en termes d'encours, à la cinquième place, fin 2009.

Encours ISR gérés par pays

Pays	Encours ISR gérés en milliards d'euros (fin 2009)
Danemark	143,9
Pays-Bas	130,1
Finlande	64,4
Royaume-Uni	54,7
France	50,7
Belgique	24,4
Espagne	14,7
Italie	13,1
Allemagne	12,9

Source : Novethic-Eurosif.

L'essentiel à retenir

La théorie de la gestion de portefeuille demeure une référence utile, ne serait-ce que pour pouvoir la comparer au comportement effectif des fonds et contribuer à formuler des approches alternatives.

Les modèles inscrits dans le prolongement d'Harry Markowitz ou celui alternatif de Benoît Mandelbrot conservent comme point cardinal le couple rentabilité-risque.

Le praticien dispose d'une boîte à outils de différents indicateurs issus des formulations mathématiques des modèles. Ces indicateurs lui permettent notamment de mesurer la performance (rentabilité-risque) des fonds qu'il a conçus.

Si la conception des produits de l'*asset management* peut être influencée par les fondements de la théorie du portefeuille, leur construction intègre dans la pratique d'autres facteurs comportementaux. L'âge des investisseurs (départ en retraite notamment) ou les critères extrafinanciers d'ordre éthique attachés aux fonds ISR en sont l'illustration.

Les styles de gestion peuvent être différenciés en fonction du niveau de croyance dans l'efficience des marchés. Pour des formes faibles d'efficience de marché, correspond plutôt la gestion alternative (*hedge funds*). Dans le cas de formes intermédiaires d'efficience, la gestion active du portefeuille semble la mieux adaptée. Enfin, la gestion indicielle (indexée) traduit une croyance forte de l'efficience des marchés. La gestion ISR place quant à elle l'efficience au-delà des frontières de modèles mathématico-économiques.

Les modèles d'évaluation prennent appui sur l'idée que la volatilité et les baisses de marché n'affectent pas de manière profonde la qualité du taux sans risque associé aux emprunts d'État. Or, la crise inédite qui affecte la dette d'État des pays de la zone euro ou celle des États-Unis qui fait question, entraîne une perte de repère entre placement risqué et non risqué.

Le paradigme de la finance classique, fondé sur la relation entre taux risqué et non risqué, ne manquera pas d'être de plus en plus interpellé très prochainement sous l'effet de la crise actuelle.

Chapitre 2

Conduire le processus d'investissement et de mesure de la performance

LE PROCESSUS D'INVESTISSEMENT DE LA GESTION D'ACTIFS POUR COMPTE DE TIERS

Nous avons pu voir que la conception des portefeuilles reposait sur des fondements théoriques. Cependant, la création d'un fonds ne se résume pas au seul usage d'outils issus de modèles financiers. C'est le processus d'investissement qui lui donne sa consistance.

Le processus d'investissement traduit les différents styles de gestion : passive, active, alternative, ISR et marque un temps fort, celui du passage de la conception à la réalisation des produits d'épargne.

L'organisation de l'investissement doit tenir compte de toute une série de contraintes, à la fois réglementaires et opérationnelles.

C'est au comité d'investissement qu'il revient de définir les différentes étapes capables de mettre en place l'offre la plus à même d'attirer la collecte des épargnants.

L'intensité de la concurrence, conjuguée à la crise, fait de la collecte des investisseurs un enjeu majeur pour les sociétés de gestion. Sans un niveau suffisant de liquidités, les opportunités identifiées par les analystes et gérants ne pourront alors trouver de débouchés.

La maîtrise des différentes étapes du processus d'investissement implique de nombreux acteurs dont dépend le succès du gérant.

Les étapes du processus d'investissement

Pour bâtir les offres de gestion, le processus d'investissement est organisé selon trois étapes majeures représentées dans le schéma ci-après.

Les étapes des choix d'investissement

Mensuel	Hebdomadaire	Quotidien

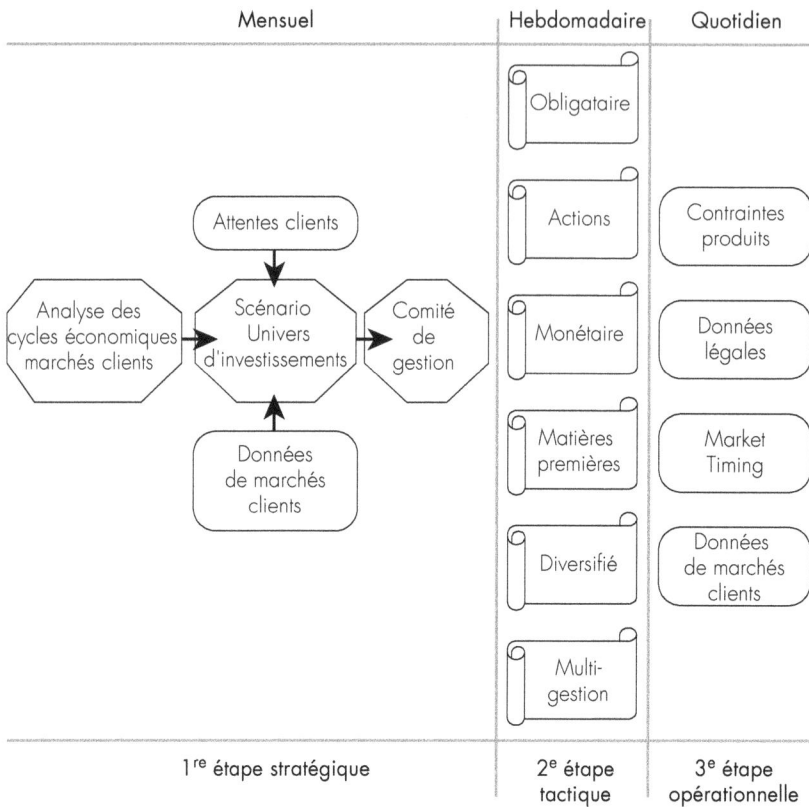

Obligataire — Actions — Contraintes produits
Monétaire — Données légales
Matières premières — Market Timing
Diversifié — Données de marchés clients
Multi-gestion

Attentes clients — Scénario Univers d'investissements — Comité de gestion — Analyse des cycles économiques marchés clients — Données de marchés clients

1ʳᵉ étape stratégique | 2ᵉ étape tactique | 3ᵉ étape opérationnelle

Les étapes de la conception de l'offre de placement

Le jalonnement des décisions d'investissement s'effectue sur la base de l'analyse de la conjoncture et de projections à moyen et long terme. Comme toute industrie, l'*asset management* intègre les attentes des clients et élabore des offres de produits dont les déterminants ne reposent pas exclusivement sur des critères d'analyse de diversification de portefeuille.

L'étape stratégique

Elle correspond à la définition du scénario central des thèmes et supports d'investissements. Nous présentons ci-après un exemple générique de l'organisation type d'une société de gestion française.

Le comité d'investissement se réunit mensuellement pour consulter les gérants des filières de produits et les directeurs de clientèle afin de sélectionner les produits et marchés.

Plusieurs sous-comités (produit, analyse économique, allocation d'actifs) peuvent être rattachés au comité d'investissements :

- le **comité produit** se réunit deux à quatre fois par mois. Il comprend les gérants, les analystes, les responsables de clientèle, les responsables de la conformité et des risques, ainsi que les juristes. Son rôle est de s'assurer de la prise en compte de toutes les contraintes liées à la formulation de propositions devant être rapidement opérationnelles, si le comité d'investissement les retient ;
- le **comité d'analyse économique** met en lumière les informations économiques et analyse les modèles pour éclairer le processus décisionnel ;
- le **comité d'allocation d'actifs** réunit le directoire, les responsables de chaque filière de produits (actions, obligataire, monétaire, matières premières, immobiliers, *hedge fund*), des responsables clients, des responsables de la conformité et des risques. Il se réunit de manière hebdomadaire et décline le plan stratégique en sélectionnant les valeurs du portefeuille à constituer. Il lui revient de définir le plan de risque correspondant à l'option retenue par le comité d'investissement.

L'étape tactique

Les gestionnaires de chaque classe d'actifs se réunissent une fois par semaine. Les performances comme les risques correspondants des portefeuilles sont soigneusement examinés à la lumière des marchés. Les gérants s'assurent que la politique des risques définie initialement est bien respectée. Le comité d'allocation d'actifs procède le cas échéant à des ajustements de portefeuilles.

L'étape opérationnelle

Pour saisir les opportunités d'investissement et assurer la gestion passive, les gérants doivent disposer d'une certaine latitude, celle de sélectionner les valeurs selon le *timing* qu'ils jugent le plus approprié. Ils utilisent à cet effet leur pouvoir de délégation. Leur champ d'intervention s'inscrit dans le cadre stratégique et tactique décidé par le comité d'investissement.

Les méthodes de sélection d'investissement

Le comité d'investissement définit sa stratégie selon deux types d'approches :

- **l'approche de type *top-down*** (de haut en bas) est dite descendante. Elle débute tout d'abord par l'analyse de la macro-économie mondiale et aboutit à des décisions de pondération aussi bien des différentes classes d'actifs (actions, obligations, *hedge funds*, métaux précieux, *private equity*) que des régions géographiques, en fonction des rendements escomptés et des risques anticipés. Elle détermine les « grandes convictions de gestion à un moment donné » ;

⬥ **l'approche *bottom-up*** (de bas en haut) consiste à examiner les tendances d'un point de vue micro-économique. Elle remplit deux fonctions : identifier les supports au sein des différentes classes d'actifs capables de produire des performances supérieures à la moyenne, et cautionner ou remettre en cause les résultats de l'approche *top-down*. Elle est souvent en pratique plus « opportuniste » à savoir saisir les achats à bon compte.

En conjuguant les résultats obtenus par ces deux approches, la stratégie de placement mensuelle de la société de gestion est établie. Les gérants l'adaptent en fonction des profils de risque tolérés par les clients. Ils peuvent, en fonction des styles de gestion, adapter continuellement leur portefeuille, ce qui est fréquemment le cas dans les gestions actives abordées dans le chapitre précédent.

La conduite opérationnelle du processus d'investissement

La conduite opérationnelle du processus d'investissement fait appel à plusieurs domaines de compétence et d'acteurs.

Les acteurs du processus opérationnel des choix d'investissement

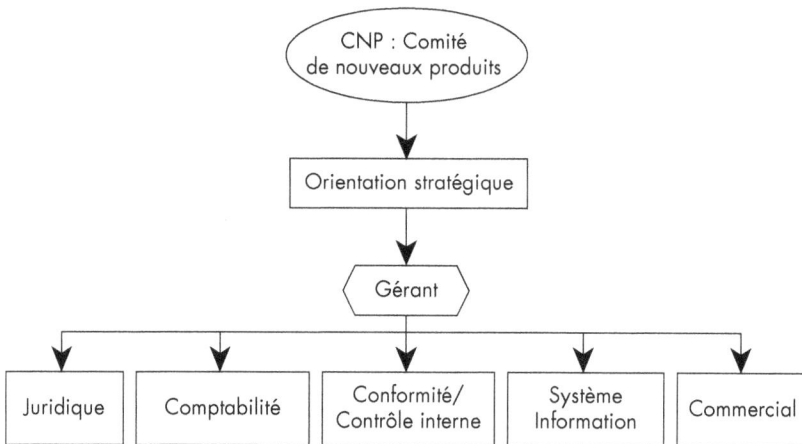

L'investissement doit trouver son enveloppe juridique, ses schémas comptables, faire l'objet des dues diligences et des contrôles de limites de risques. Il doit entrer dans les chaînes de système d'information de l'ensemble des métiers de la gestion d'actifs. Les fonctions de *front-office*, *back-office*, dépositaire*, conformité/risque font vivre le processus d'ensemble du dispositif.

Les exigences professionnelles de chacun des acteurs doivent être réunies pour rendre effective la décision d'investissement.

Le rôle du service juridique est de veiller au choix de l'enveloppe juridique la mieux adaptée aux véhicules financiers définis par les conventions.

Une fois le processus d'investissement arrêté, le service comptable détermine les schémas correspondant à la création du nouveau produit.

Le service de la conformité et celui du contrôle interne ont pour objectif d'effectuer les diligences nécessaires sur la qualité des contreparties*, des marchés et du respect des normes réglementaires.

Le service commercial définit le profil risque des clients et recherche la meilleure adéquation de l'offre de placement. Il constitue la colonne vertébrale de la collecte et, ce faisant, des encours confiés au gérant.

L'univers d'investissement et la sélection des titres d'un OPC

Les supports d'investissement à l'heure de la globalisation des marchés de capitaux offrent un large éventail de construction possible de portefeuilles. Potentiellement, les gestionnaires peuvent donc offrir une grande variété de produits de placement.

Exemple

Un processus de construction de portefeuille

L'univers d'investissement par la combinaison des critères produits, zones géographiques, type de secteur, a permis au comité de dégager un potentiel de 1 000 valeurs sur 5 000 ayant fait l'objet d'une veille.

Univers d'investissement

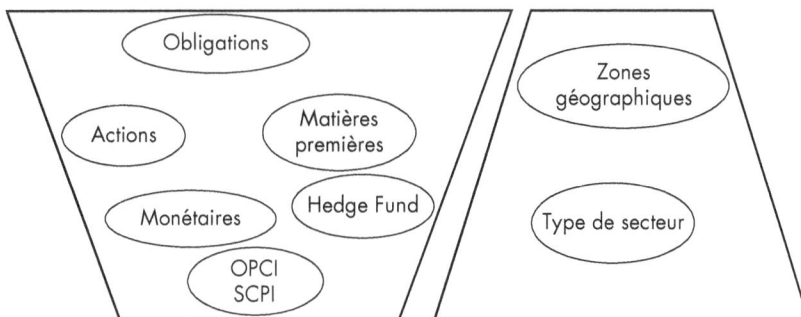

Le processus aboutit, au final, à ne retenir que 100 valeurs sur un potentiel initial de 5 000 valeurs.

71

Le processus d'investissement des OPCVM

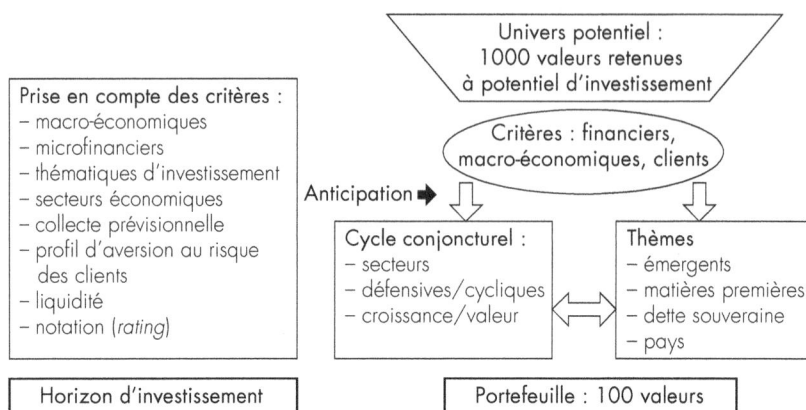

Les processus d'investissement de la multigestion

La constitution de fonds de fonds* s'effectue en sélectionnant les meilleurs gérants au sein de leurs classes d'actifs respectives (actions, obligation, monétaire, matières premières, OPCI…). Comme l'écart de performance entre les meilleurs fonds tend à s'accroître, le gérant s'appuie sur les analystes afin de :

- sélectionner la gestion de mandats en fonds de placement ;

- proposer des fonds spécifiques, gérés par les plus grands talents à travers le monde ;

- rechercher de nouvelles opportunités de délégation ainsi que de suivi de ces relations.

Le recours aux fonds de fonds (*funds of funds, FoFs* ou *F2*) permet d'accéder à une diversification accrue mais présente l'inconvénient de rajouter un niveau de commissions (*fee on fees* ou frais sur frais), ce qui impacte la performance nette de frais. Les Anglo-Saxons parlent à cet égard de double niveau de frais (*two layers of fees*). En général, les fonds de fonds ne doivent percevoir qu'une commission de gestion (*management fees*) et non des commissions de performance.

Il existe aussi des fonds de fonds de fonds (*funds of funds of funds*) ou F3. Ici, on se rapproche d'une logique indicielle, avec une très grande diversification mais trois niveaux de frais (*three layers of fees*), ce qui explique un faible succès de ce produit très confidentiel et qui ne se rencontre que marginalement, notamment en Suisse et aux États-Unis. Dans certains pays, comme la France, les F3 sont interdits par les autorités réglementaires.

Le processus de sélection s'appuie à la fois sur une approche qualitative et quantitative. L'analyse qualitative consiste à rencontrer les gérants, afin de déceler les styles de gestion à travers leurs thèmes d'investissement, et à définir leurs critères d'achat de titres venant élargir leur portefeuille. L'analyse quantitative s'organise selon trois grandes phases :

- dans un premier temps, la segmentation stratégique permet d'opérer une « classification » des thèmes concernés en identifiant les gérants présentant des profils de génération de performance différents en tenant compte de diverses phases de marché ;

- la phase d'analyse individuelle de chaque fonds intervient dans un deuxième temps : sur la base de l'inventaire complet de chaque portefeuille, on établit un rapport quantitatif détaillé des fonds analysés, de façon à dessiner une image très précise du risque inhérent au portefeuille et de son exposition (pays, secteur, capitalisation, etc.). Ces quelques paramètres, étudiés sur plusieurs périodes, permettent d'appréhender de façon dynamique leur évolution ;

- enfin, lors de la constitution de portefeuilles, un modèle optimise la pondération de chacun des fonds sous-jacents pour éviter les placements redondants. Cette méthode garantit la création de portefeuilles diversifiés et équilibrés, dont les placements et les risques sont connus à tout moment.

La collecte de fonds et la contrainte du market timing

Le temps de latence entre l'identification des potentiels d'une valeur et celui de son intégration finale dans le portefeuille est particulièrement suivi par les gérants.

La contrainte de temps liée à la validation de la sélection des valeurs par le comité d'investissement et le calendrier de collecte des liquidités constituent des enjeux décisifs pour le gérant.

Le mouvement de souscription et de rachat d'OPCVM (parts pour les FCP ou actions pour les Sicav), c'est-à-dire d'entrée et sortie de liquidité, détermine la capacité d'investissement du gestionnaire. Lors de la crise, les mouvements de décollecte de certains fonds ont carrément provoqué des désinvestissements sur des valeurs très liquides et offrant pourtant de belles perspectives.

Le gérant qui anticipe correctement l'évolution d'une série de valeurs ne peut concrétiser ses placements que si la collecte est au rendez-vous. L'exemple ci-après permet d'évaluer les différents coûts de latence.

Coûts de latence d'investissement

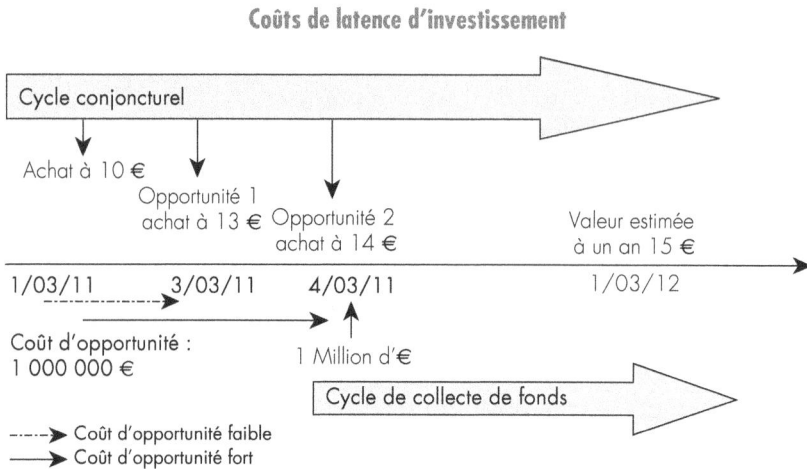

Ce schéma prouve l'opportunité d'achat et celle de la disponibilité des fonds. L'indicateur de latence entre l'intention d'achat et sa réalisation montre :

- un coût d'opportunité maximum de 4 € avec un délai de latence de 2 jours (opportunité n° 2) ;
- un coût d'opportunité de 3 € avec un délai de latence de 3 jours (opportunité n° 1).

C'est un indicateur d'impact important pour le gérant : il révèle le manque à gagner de performance du fonds.

L'efficience des marchés est prise en défaut puisqu'elle suppose que les investisseurs qui disposent des informations puissent intervenir sur le marché au prix d'équilibre.

Le profil risque client et le processus d'investissement

Le gestionnaire intègre la demande des différents niveaux d'exposition au risque désiré par les clients. Il construit les profils en fonction de plusieurs paramètres : nature des actifs (monétaire, obligataire, action), notation (*rating*) des émetteurs, liquidité, maturité des titres. Il doit également tenir compte de la contrainte réglementaire de diversification du portefeuille.

Processus d'investissement et type de profil de risque

Nous avons pu voir dans le chapitre précédent que le degré de risque mesuré par la volatilité suivait la hiérarchie suivante :

Risque action > risque obligataire > risque monétaire

Il convient de souligner que le rendement à long terme de ces classes d'actifs serait le même. Ceci n'est que la conséquence du couple risque/rendement.

Construction du portefeuille et sélection des risques

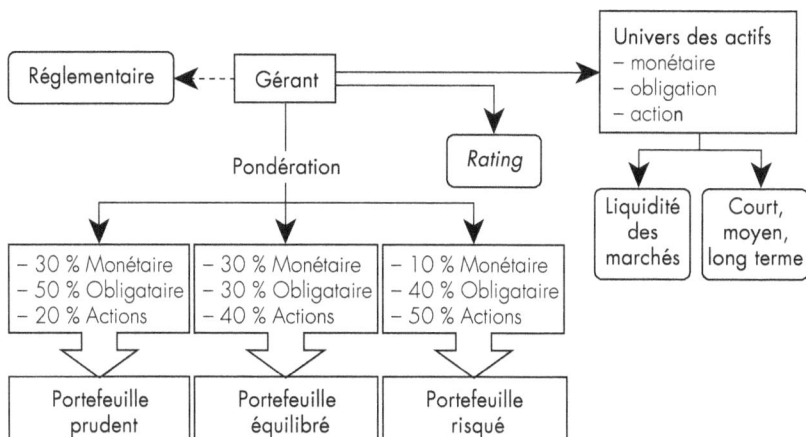

La liquidité d'un actif, c'est-à-dire sa capacité à être vendu dans un délai rapide et à un prix qui ne décale pas le marché, est un critère de sélection prépondérant. Elle se mesure principalement par la profondeur des échanges, c'est-à-dire le pourcentage de volume du capital échangé et la fourchette prix offert-prix demandé (*bid-ask spread*).

La maturité des titres correspond à l'horizon de remBoursement pour le cas d'une dette, qu'elle soit à court ou long terme. Pour les actions, il n'y a pas cet équivalent car elles sont classées comme des actifs de très long terme ; la société ayant vocation à poursuivre son activité.

Le *rating* des émetteurs est établi par les grandes agences de notation : Standard&Poor, Fitch, Moody's. Il établit une hiérarchisation du niveau de risque pris par un investisseur.

**Grille des notes des agences de notation
sur les dettes à long terme**

	Fitch, Standard&Poor's	Moody's	Signification financière
Investissement	AAA	Aaa	Meilleure qualité de signature possible. Capacité de remBoursement extrêmement élevée, non susceptible d'être affectée par des évènements extérieurs.
	AA+	Aa1	Excellente qualité de signature. Capacité de remBoursement très élevée, non significativement vulnérable.
	AA	Aa2	
	AA−	Aa3	
			.../...

	Fitch, Standard&Poor's	Moody's	Signification financière
Investissement	A+	A1	Très bonne qualité de signature. Capacité de remBoursement élevée, mais éventuellement vulnérable aux changements de conjoncture économique.
Investissement	A	A2	
Investissement	A−	A3	
Investissement	BBB+	Baa1	Bonne qualité de signature. Capacité de remBoursement satisfaisante mais pouvant être affectée par des changements de conjoncture défavorables.
Investissement	BBB	Baa2	
Investissement	BBB−	Baa3	
Spéculatif	BB+	Ba1	Risque de défaut non négligeable, particulièrement en cas de conjoncture défavorable.
Spéculatif	BB	Ba2	
Spéculatif	BB−	Ba3	
Spéculatif	B+	B1	Hautement spéculatif. Risque de crédit significatif, mais avec une marge de sécurité rémanente. Engagements financiers encore tenus. Possibilité de redressement.
Spéculatif	B	B2	
Spéculatif	B−	B3	
Spéculatif	CCC	Caa	Risque de défaut élevé. Capacité de remBoursement conditionnelle à des restructurations. CC indique un défaut probable. C indique un défaut de paiement immanent.
Spéculatif	CC	Ca	
Spéculatif	C	C	
Spéculatif	D	D	Défaut

Source : Carole Gresse, MBA Finance, chapitre 17, Eyrolles, 2010.

Les agences de notation tant décriées aussi bien lors de la crise des *subprimes* qu'au moment de l'éclatement de la dette souveraine, ont fait l'objet d'une évolution réglementaire[1]. L'AEMF, la nouvelle autorité européenne des marchés financiers s'est vue attribuer la régulation des agences de notation.

La notation joue un rôle primordial dans le cadre des limites de risques réglementaires fixées en matière de gestion de portefeuille. La problématique de « désintoxication », c'est-à-dire de dépendance aux notations soulève la question des solutions de remplacement. Parmi les alternatives, l'adoption de modèles internes fait toujours débat. C'est un sujet sensible que le praticien est invité à suivre avec la plus grande attention.

Les critères réglementaires de diversification

Les principes de diversification du portefeuille des modèles de la finance moderne demeurent limités en pratique par le cadre réglementaire.

En France, l'art de constituer un portefeuille est délimité par le cadre réglementaire de l'AMF qui impose des normes de diversification du portefeuille des OPCVM dans la limite de leur actif et du passif de l'émetteur. Les règles de diversification à observer sont définies comme indiqué dans le tableau suivant.

---

1. Voir le rapport 2010 de l'AMF portant sur les agences de notation, publié le 19 août 2011.

Normes réglementaires de diversification et processus d'investissement

Limite de concentration à l'actif du bilan de l'OPCVM	Limite posée par rapport au passif de l'émetteur
Ne pas détenir plus de 5 % d'une même valeur d'un même groupe d'émetteur dans le portefeuille.	Ne pas détenir plus de 10 % des titres avec des droits de vote de la même société.
Si l'OPCVM investit 10 % de son actif en un même titre et jusqu'à 20 % de ceux de même groupe d'émetteur, il ne faut pas que la partie supérieure à 5 % représente plus de 40 % de l'actif de l'OPCVM.	10 % des titres donnant accès directement ou indirectement au capital d'une même société.
La limite de 5 % peut être portée à 35 % sur les titres émis ou garantis par un État membre de l'OCDE ou des collectivités locales[a].	25 % en titres d'une même entreprise solidaire.
Les 35 % peuvent être tenus pour la Cades dette sociale.	25 % de parts d'un même OPCVM ou d'un fonds d'investissement.
La limite est portée de 5 à 100 % dès lors que l'OPCVM compte au moins six émissions différentes des émetteurs (État et organisme public de l'UE ou de l'EEE). Les émissions ne doivent pas dépasser les 30 % de l'actif de l'OPCVM.	5 % de la valeur des parts d'un fonds commun de créance (FCC*).
	10 % de l'actif net d'un OPCI détenu par un OPCVM coordonné.
	25 % de l'actif net de l'OPCI détenu par des OPCVM non coordonnés.

a.   Elles doivent être membre de l'Union Européenne ou partie à l'accord sur l'Espace économique européen (EEE) ou par un organisme international à vocation public de l'UE ou partie à l'accord de l'EEE.

Le non-respect des ratios réglementaires peut engendrer une faute de gestion, ce qui est particulièrement grave car engageant la responsabilité de la société de gestion et (ou) des personnes physiques gérant les fonds, du fait des pertes financières directement occasionnées aux clients en raison de la violation des ratios prudentiels.

Les types de profil investisseur

Trois types de profils sont le plus souvent proposés aux investisseurs d'OPCVM : prudent, équilibré, dynamique.

Profil des fonds	Prudent	Équilibré	Dynamique
Produits de taux monétaires	25 à 45 %	20 à 25 %	10 à 20 %
Produits de taux obligataires	40 à 50 %	30 à 40 %	20 à 30 %
Actions	10 à 20 %	40 à 50 %	50 à 80 %

▷ Le profil prudent : il correspond à des portefeuilles investis majoritairement sur des produits de taux monétaires. La poche monétaire peut être comprise entre 25 % et 40 %, celle obligataire entre 50 et 40 %. L'enveloppe action contient jusqu'à 20 %.

🔹 Des variantes de constitution de portefeuille peuvent être créées par des allocations jouant sur les paramètres de *rating*, de liquidité, et de maturité des titres. Le profil très prudent allie les meilleurs *rating* (notation), niveau de liquidité et maturité (allant de quelques mois à plusieurs années) de titres émis. Une combinaison hiérarchisée de ces paramètres donne les déclinaisons de type de profil prudent ;

🔹 le profil équilibré : il intègre une part d'actions pouvant aller jusqu'à 50 %. Si la poche action accuse une baisse de 20 %, elle doit être compensée par les 50 % placés en taux monétaires et obligataires pour ne pas subir de perte en capital. La durée de l'investissement est un paramètre à intégrer dans la définition du profil des portefeuilles.

Exemple

Pour un investissement de 100 000 € réparti pour 40 % en actions (40 000 €), qui accuse une baisse de 20 %, soit 8 000 €, les 60 000 adossés en monétaire à hauteur de 20 %, et 40 % en obligataire doivent afficher au moins une rémunération de 8 000 € afin de préserver le capital initial.

🔹 le profil dynamique : il comprend tout naturellement une part plus significative d'actions, de 50 à 80 %. Le couple rentabilité-risque est par conséquent très élevé.

En pratique

Le processus d'investissement participe de la définition de l'offre de placement pour le compte d'investisseurs (de tiers), c'est-à-dire de la construction des produits OPCVM. Du point de vue de l'*asset manager*, il dépasse le simple cadre théorique de la gestion du portefeuille, pour intégrer toute une série d'exigences opérationnelles (réglementaire, *marketing*, juridique, éthique…). Le cycle conjoncturel façonne les styles de gestion, plus actifs en période de reprise et plus indexés lors de phase de repli.

Pour répondre aux attentes des clients, la créativité du gestionnaire s'inscrit dans un cadre réglementaire et un comportement de plus en plus formaté, parfois mimétique, comme le souligne Patrick Artus. En outre, comme il n'existe pas vraiment de propriété intellectuelle dans la finance, les concurrents s'empressent de copier les nouveaux produits à succès. En matière de produits structurés, les Anglo-Saxons déposent les marques (on voit alors un montage affublé d'un TM, pour *trademark*), mais en pratique, cela n'interdit pas à un concurrent de construire un produit similaire avec un autre nom. Outre les produits structurés, on rencontre aussi ce phénomène dans les hybrides à composante action.

L'OFFRE D'ÉPARGNE COLLECTIVE

L'offre d'épargne collective se caractérise par la facilité d'accès à différentes classes d'actifs (actions, obligations, monétaires…). Ces actifs sont détenus sous forme de copropriété (actions de capital s'il s'agit de Sicav, et porteurs de parts s'il s'agit de FCP) au sein d'un portefeuille. Les fonds sont gérés selon divers styles de gestion (passive, active, alternative, ISR, diversifiée…).

Les catégories de véhicules financiers sont conçues en fonction de l'aversion au risque exprimée par les clients et selon leur classification[1] réglementaire.

Les organismes de placement collectif, dont l'équivalent est le *mutual fund* aux États-Unis et en Grande-Bretagne, sont régulés par l'AMF en France. Ils peuvent emprunter diverses enveloppes juridiques pour exister, celle de FCP ou de Sicav. Au Luxembourg également, les véhicules dominants sont les FCP. La Sicav se distingue du FCP notamment par le fait qu'elle dispose d'une personnalité morale et ressemble à une société anonyme mais son capital est variable au gré des souscriptions et retraits.

Une très grande majorité des fonds commercialisés en Europe sont dits UCITS[2] ou encore OPCVM coordonnés européens. Il s'agit d'organismes de placement collectifs, agréés et créés dans le cadre de la directive[3] européenne de 1985. Ils sont le cœur de l'épargne collective et représentaient près de 77 % des fonds européens fin 2008.

La directive UCIT IV souhaite poursuivre l'intégration du marché européen des OPCVM en diminuant les barrières de commercialisation. Les nouvelles modalités du passeport produit[4] d'UCIT IV, entrées en vigueur le 1er juillet 2011, sont l'un des outils majeurs. Il devrait simplifier considérablement la procédure d'agrément.

L'agrément ou l'acte acte de naissance d'un OPCVM

Pour pouvoir faire appel public à l'épargne au travers d'OPCVM, l'octroi de l'agrément AMF ou de son équivalent dans un autre pays est impératif. L'agrément d'un fonds étant soumis à un contrôle préalable (de la société de gestion et des administrateurs), il est censé être un facteur de protection des investisseurs (contrôle de la moralité et du professionnalisme des gérants).

---

1. Voir classification client MIF (client non professionnel, professionnel, éligible).
2. UCITS : *Undertakings for Collective Investment Schemes in Transferable Securities.*
3. Directive OPCVM 85/611/CEE.
4. Articles 91 à 96 de la directive UCIT IV.

Il correspond à l'acte de naissance de l'OPCVM qui peut revêtir plusieurs formes juridiques, celle de FCP[1] ou de Sicav[2].

Dans le but d'offrir une meilleure régulation, l'AMF a ouvert depuis le 1er février 2008 la procédure dite analogique pour l'obtention de son agrément. Elle complète celle classique établie sur support papier. Son grand avantage est de raccourcir les délais d'octroi de l'agrément, ramenés à une huitaine de jours.

La procédure d'agrément en France

La procédure classique

Les documents à fournir sont :

- la fiche de demande (annexe de l'instruction n° 2005-01 de l'AMF), en 2 exemplaires, qui doit permettre de caractériser l'OPCVM :
  - nature juridique (Sicav ou FCP) ;
  - type d'OPCVM ;
  - classification, catégories de revenus C (si revenus capitalisés) ou D (si revenus distribués) ;
  - fréquence du calcul des valeurs liquidatives ;
  - intervenants : dépositaires, société de gestion, CAC (commissaire au compte), délégataires (gestion administrative, financière et comptable, conservation) ;
- une lettre d'engagement qui atteste par l'un des dirigeants que la société de gestion est en mesure d'offrir les moyens nécessaires (organisation, procédures, systèmes d'information…) ;
- les statuts de l'OPCVM, le projet de prospectus et de notice détaillée*, le programme de commercialisation pour les fonds à formule ou les fonds Aria.

La simplification administrative de l'agrément du 1er février 2008 ne requiert plus les pièces suivantes : l'accord écrit du dépositaire, le programme des commissaires aux comptes et le budget associé, l'engagement, le cas échéant, des délégataires financiers et comptables, le projet de convention de délégation financière. Toutefois, la SGP (société de gestion de portefeuille) doit conserver l'ensemble de ces documents et les tenir à disposition de l'AMF.

La procédure analogique

Elle consiste en la dématérialisation du dossier d'agrément. Le dossier peut être constitué en ligne. Les pièces à fournir sont identiques à celles requises pour la procédure classique.

---

1. FCP : fonds commun de placement.
2. Sicav : société d'investissement à capital variable.

Le détail de la procédure est disponible sur le site de l'AMF[1]. Le cadre réglementaire de la procédure est défini par les articles 411-5 et 411-7 du RGAMF (règlement général de l'autorité des marchés). Les OPCVM relevant de la création par analogie doivent disposer des mêmes sociétés de gestion que les OPCVM créés dans le cadre de la procédure classique. Les dispositions applicables en matière de stratégie d'investissement, de profil des risques, de règles de souscription, d'information et de documentation juridique (statut et règlement) sont semblables aux OPCVM régis par la procédure classique.

Examen de la demande d'agrément par l'AMF

L'AMF examine le dossier et demande éventuellement des compléments d'information. Une fiche complémentaire d'information est alors renseignée. L'initiateur de la demande dispose de 60 jours pour apporter les réponses et informations complémentaires. À défaut, la demande est réputée caduque. Une fois la notification de l'agrément effectuée auprès de la société de gestion ou de la Sicav, l'acte de naissance de l'OPCVM est alors établi.

Le cas particulier de l'agrément pour un fonds FIS à Luxembourg

Afin de donner une plus grande souplesse, depuis la loi du 13 février 2007 créant les fonds d'investissements spécialisés (FIS) ou *Specialized Investment Funds* (SIF), qu'il s'agisse de FCP-SIF ou de Sicav-SIF, il était permis aux gérants, lorsqu'un dossier complet était déposé par un avocat pour visa auprès de la Commission de surveillance du secteur financier (CSSF), de recevoir des fonds et commencer à gérer. L'agrément parvenant plusieurs mois après la demande, cela constituait un réel avantage pour la société de gestion : elle commençait immédiatement à se constituer du *track record*, les revenus étaient alors générés plus rapidement dès les premières publications des valeurs nettes d'inventaires (VNI). Cet avantage vient de disparaître en 2011, ce qui rend ce type de véhicule moins attractif. Le besoin de fonds de roulement est désormais plus important pour le gestionnaire.

Cependant, il existait un risque résiduel pour l'*asset manager* : il devait restituer l'intégralité des fonds aux clients en cas de refus d'agrément par la CSSF. Cela signifie que si le fonds avait baissé, il perdait de l'argent car c'est le montant initial qui était remboursé au client et non la valeur en portefeuille résultant de la dernière VNI !

---

1. www.amf-france.org/documents/general/8109_1.pdf.

En pratique

Les nouvelles règles du jeu du SIF

Un projet[a] de loi n° 6318 vise à modifier la loi du 13 février 2007. Il a été déposé le 12 août 2011 au parlement luxembourgeois et marque le premier pas de la transposition de la directive AIFM. Il ne sera plus possible pour un SIF d'être proposé à des investisseurs sans avoir reçu préalablement d'agrément de la part du CSSF.

Concrètement, les personnes gérant effectivement le fonds devront être désignées avec des critères d'honorabilité appréciés par le CSSF. Les fonds SIF devront adopter une gestion active et ne plus se satisfaire de conserver en portefeuille des participations* à long terme de manière passive.

Les principales nouveautés portent sur :

- l'alignement du dispositif de gestion et contrôle des risques des SIF existants sur celui des fonds UCITS avant le 30 juin 2012 ;
- les procédures de prévention des conflits d'intérêt des SIF déjà en vie (voir Mifid*) seront à mettre en place avant le 30 juin 2012 ;
- les SIF déjà créés devront se conformer avant le 30 juin 2013 aux règles relatives à la délégation de gestion. Il s'agit de s'assurer que l'entité ou la personne en charge de la gestion soit reconnue par le régulateur (CSSF). Les dues diligences doivent être parfaitement documentées pour bien appréhender la connaissance du gérant qui assume la gestion par délégation. Sur le plan pratique :
- il s'agit d'adresser un *reporting* aux organes de direction qui disposent de la faculté d'agir directement, le cas échéant de mettre un terme à la délégation de gestion ;
- le prospectus devra mentionner l'existence d'une délégation de gestion s'il y a lieu.

Le projet de loi prévoit la possibilité de dispenser de traduction des statuts en français ou en allemand, dès lors qu'ils sont établis en anglais.

a. Projet de loi n° 6318 portant modification de la loi du 13 février 2007 relative aux fonds d'investissements spécialisés.

Les modalités d'agrément des fonds européens D'UCIT IV

UCIT IV, entré en vigueur le 1er juillet 2011, a pour objectif de faciliter la commercialisation des OPCVM au sein de l'Union européenne. Elle propose de simplifier la procédure d'agrément via le passeport produit.

Comparativement à UCIT III, les délais de commercialisation sont désormais fortement réduits, passant de deux mois à seulement 10 jours. La mise en place d'un nouveau circuit d'agrément est décrite dans la figure ci-dessous.

Procédure d'agrément UCIT III et IV

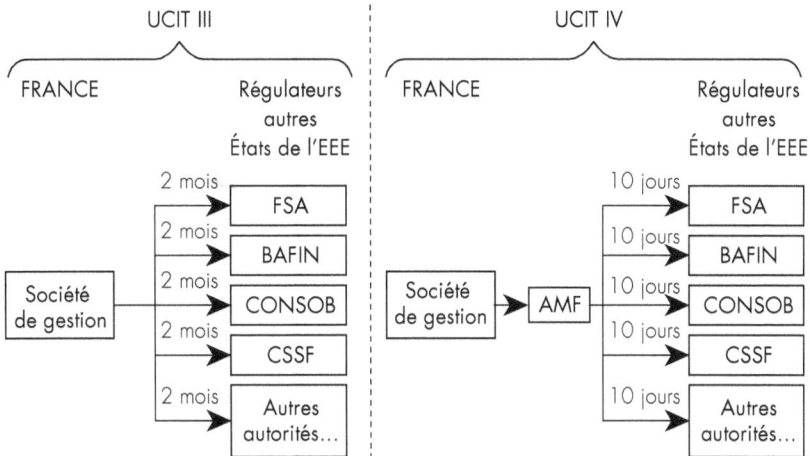

UCIT III   UCIT IV

FRANCE   Régulateurs | FRANCE   Régulateurs
                autres | autres
                États de l'EEE | États de l'EEE

2 mois | 10 jours
                ┌─────────┐ | ┌─────────┐
                │   FSA   │ | │   FSA   │
2 mois   └─────────┘ | 10 jours   └─────────┘
                ┌─────────┐ | ┌─────────┐
                │ BAFIN │ | │ BAFIN │
2 mois   └─────────┘ | 10 jours   └─────────┘
┌──────────┐   ┌─────────┐ | ┌──────────┐ ┌─────┐ ┌─────────┐
│ Société │   │ CONSOB │ | │ Société │ │ AMF │ │ CONSOB │
│de gestion│   └─────────┘ | │de gestion│ └─────┘ └─────────┘
└──────────┘ 2 mois | └──────────┘ 10 jours
                ┌─────────┐ | ┌─────────┐
                │ CSSF   │ | │ CSSF   │
             2 mois | 10 jours
                ┌─────────┐ | ┌─────────┐
                │ Autres │ | │ Autres │
                │autorités│ | │autorités│
                └─────────┘ | └─────────┘

FSA : Financial Services Authority (Royaume-Uni)
BAFIN : Bundesanstalt für Finanzdienstleistungsaufsicht (Allemagne)
CONSOB : Commissione Nazionale per le Società e la Borsa (Italie)
CSSF : Commission de surveillance du secteur financier (Luxembourg).

La nouvelle procédure de notification de commercialisation des OPCVM coordonnés au sein des pays de l'EEE simplifie considérablement les règles d'agrément. L'offre deviendra plus accessible aux investisseurs. Le schéma de procédure applicable aux sociétés de gestion est le suivant :

**Procédure de commercialisation au sein de l'EEE :
illustration d'une demande d'une société de gestion française pour le Luxembourg**

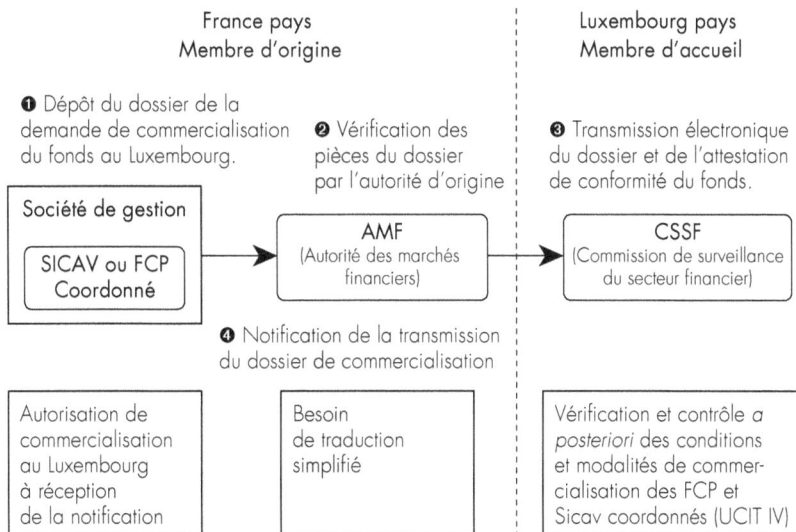

France pays   Luxembourg pays
Membre d'origine   Membre d'accueil

❶ Dépôt du dossier de la
demande de commercialisation   ❷ Vérification des   ❸ Transmission électronique
du fonds au Luxembourg.   pièces du dossier   du dossier et de l'attestation
                                par l'autorité d'origine de conformité du fonds.

┌─────────────────┐
│ Société de gestion│   ┌──────────────┐   ┌──────────────┐
│ ┌─────────────┐ │   ──►   │   AMF   │   ──►   │   CSSF   │
│ │ SICAV ou FCP│ │   │(Autorité des │   │(Commission de surveillance│
│ │ Coordonné   │ │   │ marchés   │   │ du secteur financier)│
│ └─────────────┘ │   │ financiers) │   └──────────────┘
└─────────────────┘   └──────────────┘

                            ❹ Notification de la transmission
                            du dossier de commercialisation

┌──────────────┐   ┌──────────────┐   ┌──────────────────────┐
│Autorisation de│   │Besoin   │   │Vérification et contrôle *a│
│commercialisation│ │de traduction │   │posteriori* des conditions│
│au Luxembourg │   │simplifié   │   │et modalités de commer-│
│à réception   │   │   │   │cialisation des FCP et │
│de la notification│ │   │   │Sicav coordonnés (UCIT IV)│
└──────────────┘   └──────────────┘   └──────────────────────┘

Les différents produits d'épargne collective

Une fois l'agrément obtenu, la société de gestion poursuit les étapes de création de ses produits. Les OPCVM peuvent disposer d'un agrément coordonné au plan européen ou de portée purement domestique.

Nous aborderons la gestion de création des produits dans le chapitre consacré aux différents métiers entourant l'*asset manager*.

La vocation de l'OPCVM est de collecter l'épargne des investisseurs, particuliers comme institutionnels, pour acquérir des valeurs mobilières (actions, obligations, créances monétaires…).

Les typologies d'OPCVM se retrouvent sous diverses enveloppes juridiques. Les plus connues sont les FCP et les Sicav :

- le client souscripteur d'actions de Sicav est propriétaire à hauteur du montant de son engagement dans la Sicav qu'il a souscrite ;
- le souscripteur de FCP n'est pas actionnaire mais porteur de parts du fonds dans lequel il a investi.

Le tableau suivant de l'AFG (Association française de gestion) présente l'ensemble des produits proposés aux investisseurs :

Types de gestion pour compte de tiers

Gestion discrétionnaire individuelle	Gestion collective		
Mandat de gestion institutionnel ou privé	OPCVM à réglementation…		Autres OPC (non coordonnés)
	… européenne (coordonnés)	… nationale (non coordonnés)	
	Sicav FCP	Épargne salariale (FCPE) Capital investissement (FCPR, FCPI, FIP) Immobilier (OPCI) Gestion alternative (Fonds Aria avec ou sans effet de levier, fonds de fonds, fonds contractuels).	SCPI FCC Autres fonds (matières premières…)

Source : AFG

La gestion pour compte de tiers (exercée au profit des investisseurs) revêt deux formes principales : sous mandat ou collective.

La gestion sous mandat entre dans le cadre d'un contrat préalablement défini entre la société de gestion et l'investisseur. Il définit le champ d'intervention du gérant au regard de ses objectifs de placement. Les quatre types de gestion sous mandat les plus répandus sont :

- **la gestion institutionnelle** : elle peut être illustrée à travers les fonds confiés par un groupe d'assurance et de prévoyance pour placer notamment ses réserves. Certains fonds de pension font appel à ce choix de gestion pour définir avec le gérant une politique de placement et de gestion avec des critères précis (rentabilité-risque, liquidité, âge des contributeurs, etc.) ;
- **la gestion privée** : elle s'adresse aux grandes fortunes, pour lesquelles le gérant construit des produits sur mesure ;
- **la gestion du *private equity*** : elle confie à un gérant le soin de constituer un portefeuille de valeurs non cotées ;
- **la gestion dédiée** : elle répond aux besoins de fonds de droits étrangers souhaitant accéder à un marché de produits selon des critères très précis.

La gestion collective correspond aux OPCVM qui s'adressent à un large éventail d'investisseurs, privés comme institutionnels. Les fonds dits UCITs (*Undertaking for Collective Investment Schemes in Transferable Securities*) sont les plus distribués en Europe et représentent la part la plus importante des produits de l'*asset management*. Les UCITs répondent à un label européen qui autorise une distribution à l'échelle européenne.

Les typologies de produits de la gestion d'actif

Au sein de l'ensemble des organismes de placement collectif, il est possible d'établir catégories de classification. Les offres peuvent être catégorisées selon plusieurs optiques :
- le support d'investissement ;
- la stratégie financière ;
- les caractéristiques juridiques.

Les catégories d'OPCVM par type de support d'investissement

La classification AMF, précisée par l'instruction 2005-02[1], comprend six grandes catégories d'OPCVM. Elle est établie en fonction des caractéristiques d'actifs qui composent le fonds : actions, obligation, monétaire, fonds alternatifs, fonds à formule, fonds diversifiés.

Les catégories d'OPCVM du segment action

Les OPCVM actions de la zone euro doivent comporter au moins 60 % d'instruments émis sur un ou plusieurs marchés de la zone. Le portefeuille peut porter le cas échéant sur le seul marché français. C'est alors un

---

1. Instruction 2005-02 révisée en juin 2011, instruction 2005-19 publiée le 21 décembre 2011.

OPCVM d'actions française. L'exposition au risque de change et des marchés autres que la zone euro ne peut être que marginale.

Se rapprochant des mêmes critères de classification que les OPCVM de la zone euro, ceux des pays de l'UE se différencient seulement par la portée géographique.

De par leur définition réglementaire, les OPCVM d'actions internationales doivent disposer d'une exposition d'au moins 60 % sur un marché d'actions étranger ou sur plusieurs pays, dont le marché français. Dans ce dernier cas, la classification revient à celle de la zone euro.

Les catégories d'OPCVM du segment des taux obligataires

Les fonds de taux euros doivent avoir constamment une exposition prise sur un ou plusieurs marchés de taux de la zone euro. Une poche action peut faire partie du portefeuille à la condition de ne pas excéder 10 % de l'actif net. L'exposition au risque de change de marché doit demeurer insignifiante.

Les fonds de taux internationaux sont investis sur les marchés des pays non membres ou, le cas échéant, membres de la zone euro. Le seuil de prise de risque sur action est identique à celui des fonds obligataires euros, soit 10 % maximum.

Les catégories d'OPCVM du segment monétaire

Les OPCVM monétaires euros doivent présenter une sensibilité au risque (mesurée par la volatilité) à l'intérieur d'une fourchette comprise entre 0 et 0,5. La stratégie d'investissement adoptée par le gérant fait référence à des indicateurs du marché monétaire (par exemple Eonia, *Euro Overnight Index Average*).

Les porteurs de parts des pays de la zone euro ne doivent pas subir d'exposition de risque de change. Il ne peut exister une quelconque prise de risque sur des supports actions.

Les OPCVM monétaires internationaux remplissent les mêmes critères de sensibilité que ceux relevant de la zone euro, à savoir compris dans la fourchette 0-0,5. La stratégie d'investissement est référencée par rapport à un ou plusieurs indicateurs en dehors de la zone euro. Elle peut également reposer sur un indicateur composite de différents marchés monétaires. Ce type de fonds n'admet pas de prise de position action.

En pratique

La nouvelle classification des OPCVM monétaires

La mise en œuvre des recommandations du CESR[*a] de 2010, relatives à l'adoption d'une nouvelle classification des OPCVM monétaires, a donné lieu depuis le 1er juillet 2011 à la création de deux nouvelles catégories : les « monétaires court terme » et les « monétaires ». Les investisseurs sont en mesure de différencier clairement ces deux types d'OPCVM en fonction de leur profil rendement/risque.

Les difficultés de valorisation des OPCVM monétaires dynamiques au cours de la crise de 2008 (voir chapitre 1) sont à l'origine de ces nouvelles catégories de véhicules financiers.

Ces deux nouvelles classifications imposent des critères de sensibilité au risque de taux (MMP ou WAM[b]) , de maturité maximum des titres, de liquidité du portefeuille (DVMP ou WAL[c]), et de niveau de risque de crédit.

La société de gestion reste seule responsable du respect du niveau requis de qualité des titres dans lesquels l'OPCVM investit. En outre, la notation des titres ne constitue pas le seul élément d'appréciation du niveau de leur qualité.

La prise en compte des nouvelles modalités de classification suit le calendrier suivant, à compter de l'application de la directive OPCVM-IV, dite UCIT IV :

- les OPCVM créés après le 1er juillet 2011 devront être conformes à cette nouvelle classification ;
- les OPCVM existants au 1er juillet 2011 adoptent une politique d'investissement conforme aux critères de la classification choisie à compter de cette date. Les investissements réalisés antérieurement au 1er juillet ont six mois pour se mettre en conformité avec cette nouvelle classification ;
- les OPCVM monétaires créés à compter de la date de publication de l'instruction, soit le 3 mai 2011, ont eu la possibilité par anticipation d'adopter cette nouvelle classification.

Les effets de cette nouvelle classification se sont traduits par des transformations qui ont fait l'objet de communication auprès des souscripteurs.

a. CESR (*Committee of European Securities Regulators*), *CESR's, Guidelines on a common definition of European money market funds*, 2010. Le CESR a été remplacé en janvier 2011 par l'Esma.
b. MMP : Maturité moyenne pondérée. L'acronyme anglais est WAM : *Weighted Average Maturity*.
c. DVMP : durée de vie moyenne pondérée, en anglais WAL (*Weighted Average Life*).

La catégorie d'OPCVM diversifié

Cette appellation quelque peu abstraite désigne les OPCVM ne relevant pas des autres catégories déjà mentionnées. Elle concerne souvent les FCP. L'objectif d'investissement doit préciser s'il s'agit d'une gestion profilée, dynamique ou discrétionnaire.

La catégorie d'OPCVM alternatifs (*hedge fund*)

Le fonds est investi à plus de 10 % sur des actions, des parts de fonds étrangers, en OPCVM contractuels, en parts à règles d'investissement allégées (Aria), ou encore de parts de fonds communs d'intervention sur les marchés à terme. En France, on distingue les fonds Aria simples et les fonds Aria-EL qui ont un effet de levier.

La catégorie d'OPCVM à formule

Désignée également sous le terme de fonds à promesse, ce type d'OPCVM est constitué selon une formule d'engagement à atteindre une performance donnée, comprise à l'intérieur d'un intervalle prédéfini contractuellement. Il revêt également des engagements de garantir le capital investi, tout en tirant parti des opportunités de marché (voir l'exemple fonds garanti avec indexation sur le CAC 40, chapitre précédent).

Exemple

Les OPCVM produits simples ou complexes au sens de la MIF

Le renforcement de la protection des investisseurs, prévu par la directive des marchés d'instruments financiers (MIF), ne permet pas, comme nous le verrons au chapitre 3, de commercialiser un produit complexe auprès d'un client non professionnel. La classification entre produits simples et complexes est donc de la plus haute importance pour les sociétés de gestion.

Les OPCVM actions, obligataires, monétaires peuvent être rangés dans les produits simples. Les fonds à formule et alternatifs, ainsi que les FCPR*, FCPI* relèvent plus de la famille des produits complexes. En l'absence de liste de classification, il est recommandé de recueillir l'avis de l'AMF en cas de doute dans la distinction à opérer.

La qualification de véhicules financiers UCITS comme étant des produits «complexes» tels que les ETF sera examinée lors de la révision de la MIF prévue au cours de 2012.

La question des critères retenus pour qualifier un produit financier de complexe est au cœur des discussions entre régulateurs et représentants de la gestion d'actifs. Deux principes sont mis en avant, le premier repose sur le degré de difficulté qu'a l'investisseur à comprendre le produit, le second fait plus référence à la nature des sous-jacents qui composent le produit financier.

La classification des styles de gestion des OPCVM

Dans le point consacré au mode de gestion, nous avons pu mettre en évidence qu'il existait plusieurs styles de gestion. Ils sont construits en fonction des attentes de gestion financière des clients, de leur appétence ou non au risque.

Les OPCVM prudents

Ils comprennent une composition de portefeuille dans laquelle la place des produits obligataires est très largement majoritaire. Le risque est concentré essentiellement sur la sensibilité des taux d'intérêt (une hausse d'intérêt sur un emprunt à taux fixe fait baisser le prix de l'obligation, une baisse le fait monter). Au risque d'intérêt vient s'ajouter celui de la qualité de signature de l'émetteur, comme l'a bien mis en exergue la crise de la dette souveraine (dégradation de la note de la Grèce le 7 mars 2010 par l'agence de notation Standard&Poors).

Les OPCVM équilibrés

Ils sont investis en obligations et actions. La pondération des actions représente entre 30 et 40 % du portefeuille total.

Les OPCVM dynamiques

Sous ce terme commercial, il faut entendre que le portefeuille de l'OPCVM est investi très fortement en actions, autrement dit que la prise de risque est très forte.

Les OPCVM indiciels

Les investissements répliquent l'achat et la vente des titres composant l'indice de référence. Ce mode de gestion est dit passif car son objectif de performance est arrimé à celui de l'indice de référence (*benchmark*). Les indices peuvent porter sur différentes types d'actifs, l'indice CAC 40 constitué d'actions, Euro-MTS composé d'obligations.

Ces OPCVM sont coordonnés depuis l'adoption de la directive 2001/108/CE du 21 janvier 2002 aux conditions suivantes :

- la gestion doit démontrer que le résultat s'approche de l'indice de référence sélectionné. Une limite d'écart type est posée entre la performance du fonds et l'indice de référence. Le *tracking error* (écart type) du fonds indiciel ne doit pas excéder 1 % ou 5 % de la volatilité de l'indice ;
- la sélection de l'indice doit montrer que sa composition est diversifiée et sa construction satisfaisante. Il doit être représentatif des émetteurs majeurs du marché ;
- les fournisseurs d'indices doivent être indépendants de l'utilisateur. Ce dernier doit démontrer la prévention de tout conflit d'intérêt si le fournisseur fait partie du même groupe que son utilisateur.
- Les OPCVM indiciels cotés, plus connus sous l'acronyme ETF (*Exchange Traded Funds*), se construisent selon deux méthodes, par réplication physique ou de manière synthétique :

– la réplication physique consiste à acheter les valeurs représentatives d'un indice donné ;

– celle dite synthétique s'apparente à l'achat d'un panier de titres échangé contre la promesse de performance d'un indice de référence. Elle s'appuie sur un mécanisme de *swap**.

Les ETF sont négociables en Bourse tout au long de la journée. En raison des risques suscités par ce type de produit, notamment le risque de contre-partie, un besoin de transparence accru a donné lieu à une consultation de l'ESMA devant déboucher sur une nouvelle réglementation en 2012.

Les OPCVM d'investissement socialement responsable

Les fonds ISR (investissement socialement responsable) rencontrent un succès qui ne se dément pas, à en juger par la progression des encours gérés pour le compte des particuliers et institutionnels (voir les chiffres du marché ISR français en 2010 dans le chapitre 1).

Les OPCVM de la gestion alternative

Les investissements peuvent être constitués jusqu'à 10 % des fonds étrangers ne rentrant pas dans les critères établis par l'AMF pour les OPCVM-Aria, et Aria-EL. Le ratio de dispersion des risques peut atteindre 15 %, dès lors que l'ensemble des lignes au-delà de 10 % de l'actif ne représente pas plus de 40 % de l'actif total du fonds.

Exemple

- Les OPCVM-Aria : les fonds à règles d'investissement allégées Aria ont la faculté de disposer d'un ratio « autres valeurs » pouvant atteindre 50 %. L'AMF pose des conditions : ne pas engager l'OPCVM au-delà de 10 % en parts de FPI* (fonds de placement immobilier), d'actions étrangères ou de fonds ne relevant pas de ses critères réglementaires ;

- les OPCVM « Aria-EL » : leur choix d'investissement se caractérise par le recours à des instruments financiers dérivés qui engagent jusqu'à trois fois leur actif (fonds Aria avec effet de levier). En outre, ce type de fonds n'est pas soumis à la règle de répartition de risques de contrepartie ;

- les OPCVM de la multigestion*. Les fonds de fonds connaissent un franc succès. Lorsqu'un OPCVM investit plus de 10 % de ses actifs dans d'autres OPCVM, il est réputé rentrer dans la catégorie des fonds de fonds. Les OPCVM d'OPCVM, qui caractérisent la multigestion, peuvent être coordonnés au plan européen. L'actif de ce type de fonds peut être investi à 100 % en OPCVM français et européens coordonnés. Il faut souligner que les OPCVM d'OPCVM coordonnés ont la faculté d'investir dans une limite de 30 % de fonds non coordonnés, tels que les OPCVM à formule, indiciels ou encore étrangers.

Les OPCVM spécifiques

Ils se distinguent par des règles de fonctionnement plus souples et d'investissement plus singulières qu'un OPCVM général. Ils peuvent également répondre à un besoin thématique particulier comme l'épargne salariale ou la recherche d'un placement éthique et socialement responsable.

Les OPCVM contractuels

Proche du mandat de gestion, ce type de véhicule financier a été créé pour répondre aux professionnels désireux de bénéficier d'une très large liberté d'investissement. C'est ainsi que le fonds peut être investi en œuvres d'art, forêts, infrastructures, prêts. L'ensemble des biens détenus par l'OPCVM contractuel doit pouvoir être valorisé de manière fiable. Le niveau de liquidité doit être compatible avec les demandes de rachat définies par les statuts. Leurs équivalents au Luxembourg sont les Sicav ou FIS (fonds d'investissements spécialisés), (*Specialized Investment Funds-SIF*).

Les OPCVM maîtres-nourriciers

Ce type d'OPCVM vise une souplesse de gestion. Le fonds maître (*master fund*) constitue son portefeuille de valeur. Puis le fonds nourricier (*feeder fund*) souscrit les parts du fonds maître. Il s'agit d'un mécanisme de duplication de fonds tel que représenté ci-contre.

Le schéma d'investissement réalisé sur un fonds maître-nourricier

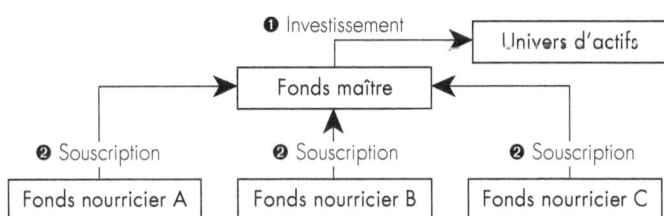

La création d'un fonds maître-nourricier permet d'élargir la gamme de produits de la société de gestion. En pratique, le fonds nourricier (*feeder*) *on-shore* peut investir dans celui *off-shore* et accéder ainsi aux placements souhaités par la clientèle, tout en conservant les caractéristiques d'un fonds domestique pour le client final. La gestion effective est assurée par le fonds *off-shore*, le *feeder* jouant alors le simple rôle de structure commerciale.

Les OPCVM à compartiments

Il s'agit de fonds combinant plusieurs objectifs de gestion. Chaque compartiment* du fonds fonctionne comme un OPCVM. La structure détenant l'ensemble des compartiments est désignée comme étant la « tête ».

Les OPCVM de l'épargne salariale

L'épargne salariale, qui connaît un fort développement sous l'effet de la crise du financement des régimes historiques de retraite, prend la forme de gestion collective. Les fonds communs de placement d'entreprise (FCPE*) sont très largement répandus dans les grands groupes. On rencontre également les Sicavas* (Sicav d'actionnariat salarié), moins connues du grand public.

Les FCPE

Les fonds investis proviennent des versements des salariés et de l'abondement des employeurs. Le bénéficiaire de l'épargne choisit librement les supports d'investissement, comme dans le cadre d'un FCP classique. Il peut porter ses choix sur des portefeuilles prudents, équilibrés ou dynamiques, examinés précédemment.

Les salariés peuvent, au-delà des montants de versement minimum abondés par l'employeur, effectuer des versements libres. Les cadres juridiques régissant l'épargne salariale sont constitués des outils juridiques suivants : le plan d'épargne entreprise (PEE*), le plan d'épargne pour la retraite collective (Perco*), le plan d'épargne inter-entreprise (PEI*).

Les Sicavas

Fondés en 2001, les Sicav d'actionnariat salarié n'ont pas rencontré le même succès que les FCPE. Les investissements portent sur les valeurs d'émission de l'entreprise. La gouvernance s'appuie sur un conseil d'administration et non sur un conseil de surveillance, ce qui n'est pas neutre pour se prononcer en cas d'OPA ou OPE. Un seul agrément existe à ce jour, qui concerne la société Eiffage.

Les OPCVM de private equity

L'activité de *private equity* consiste à lever des fonds pour accompagner le développement de jeunes sociétés et favoriser l'innovation. Les outils d'intervention sont principalement les FCPR, FCPI et FIP*.

Les FCPR

Les investissements sont effectués à hauteur de 40 % sur des valeurs non cotées, ou encore de parts de sociétés à responsabilité limitée.

Les FCPI

Les fonds communs de placement dans l'innovation (FCPI) doivent satisfaire les critères de constitution suivants : 60 % des investissements portent sur des entreprises soumises à l'impôt, dont l'effectif est inférieur à 2 000 personnes et dont le caractère innovant est labellisé par l'Agence nationale pour la valorisation de la recherche (Anvar).

Les FIP

Les fonds d'investissement de proximité (FIP) ont pour objectif de doter en capitaux propres les petites et moyennes entreprises régionales. Le fonds comprend au moins 60 % d'investissement sur des valeurs de PME non cotées ; 10 % d'entre elles doivent être des sociétés créées il y a moins de cinq années. La zone géographique d'exercice de l'activité est un critère d'éligibilité important. Investir dans les fonds de *private equity* permet d'obtenir des avantages fiscaux.

Les OPCVM de placement immobilier

Les OPCI

Créés en mai 2007, les organismes de placement collectif immobilier (OPCI) sont investis à concurrence de 60 % en actifs immobiliers. Le portefeuille d'actifs immobiliers comprend des immeubles de bureaux, de logement, des centres commerciaux, des parts de sociétés civiles immobilières (SCI), ou encore de sociétés civiles de placement immobilier (SCPI).

Les SCPI qui font appel public à l'épargne sont assimilées à des organismes de placement collectifs non coordonnés. Le portefeuille immobilier des SCPI est assez analogue aux OPCI. La détention de parts de SCI et SCPI constitue une poche de fonds de fonds immobilier.

En raison de la plus faible liquidité de ce type de fonds, un coussin de liquidité doit être maintenu à hauteur de 10 % de l'ensemble des actifs. Les fonds de placement immobiliers (FIP) et les sociétés de placement à prépondérance immobilière à capital variable sont les deux enveloppes juridiques des OPCI.

Synthèse des produits de placement

Catégorie de véhicules financiers			
OPCVM action :	• zone euro ; • zone Union européenne ; • internationale.	OPCVM immobilier OPCI	
OPCVM obligataire :	• zone euro ; • zone Union européenne ; • internationale.	OPCVM *private equity* :	• FCPR • FPI
			.../...

Catégorie de véhicules financiers			
OPCVM Monétaire :	• zone euro ; • zone Union européenne ; • internationale.	OPCVM indiciel :	• ETF
Hedge fund :	• Aria • Ariel	OPCVM ISR	

En pratique

L'offre qui domine le marché européen correspond à des fonds UCITS. Ce label correspond à une distribution européenne des produits d'épargne collective qui répond à des critères de passeport européen.

En dépit de la possibilité d'accéder à une diversité de fonds, le marché demeure très centré sur une logique domestique. La relation de proximité entre investisseurs et sociétés de gestion est également marquée par le niveau de protection offert par le dépositaire. Or cette fonction importante n'est pas reconnue selon les mêmes standards au sein de l'Europe. La « balkanisation du marché » tient également à cet aspect parfois oublié dans la sélection d'un fonds.

Les évolutions en matière d'harmonisation postmarché sont suivies avec beaucoup d'attention par les acteurs de l'*asset management*.

VALORISATION ET PERFORMANCE DES PRODUITS D'ÉPARGNE COLLECTIVE

La valorisation des fonds constitue un rendez-vous majeur pour de nombreux acteurs, porteurs de parts, futurs investisseurs, vendeurs, contrôleurs de risque, comptables.

La valeur liquidative* (VL) d'un OPCVM est unitaire (calculée par part). Elle se calcule selon la fréquence et les conditions (droit d'entrée*, droit de sortie*, capitalisé ou non…) déterminées dans le prospectus, en fonction du stock et de la valorisation les plus actualisés de chaque produit composant le portefeuille.

$$\frac{\text{actif net}}{\text{nombre de parts}} = \text{valeur liquidative}$$

C'est à cette valeur que se négocie la part de l'OPCVM.

La fiabilité de la VL (valeur liquidative) des parts d'un fonds est essentielle pour l'ensemble de la gestion d'actif. Elle permet de déterminer la performance venant rétribuer l'investisseur.

Le valorisateur se retrouve au centre de multiples enjeux des métiers de la gestion d'actif.

Les méthodes de valorisation des portefeuilles

La pratique des marchés financiers permet de négocier des valeurs sur des marchés liquides comme moins liquides. L'échange peut être exécuté sur un marché réglementé* ou en dehors, c'est-à-dire de contrepartie à contrepartie sous forme d'OTC (*over the conter*).

Plus un marché est liquide, plus l'observabilité des prix est grande. À l'inverse, une faible liquidité de marché diminue le degré d'observabilité d'une valeur. Ces caractéristiques de marché influencent le modèle de valorisation des instruments financiers du portefeuille de l'OPCVM.

Le modèle *mark to market* trouve à s'appliquer pour les titres liquides, celui en *mark to model* pour les valeurs peu ou non observables associées à leur faible liquidité.

La méthode mark to market

Valoriser un instrument financier en *mark to market* signifie que l'on retient son prix en valeur de marché, c'est-à-dire son cours de cotation. Dans la pratique, les cours sont récupérés à partir des fournisseurs de données comme SixTelekurs, Reuters, Bloomberg. Le code Isin* d'un titre permet de consulter son cours.

Illustrons la méthode de valorisation en *mark to market* à l'aide d'un portefeuille de valeurs du CAC 40, par nature, très liquides.

La valorisation d'un fonds s'effectue à partir de la récupération des cours de clôture de chacune des valeurs qui composent le portefeuille. Le produit des quantités par le cours de clôture (prix × quantités = valeur) donne la valorisation brute hors prise en compte de frais* de gestion.

Valorisation du portefeuille d'une sicav action au 9 septembre 2011

Code valeur	Libellé de la valeur	Cours de clôture	Quantité	Valorisation	Pondération
FR0010242511	EDF	19,405	30 000	582 150	14 %
FR0004275832	Areva	20,34	5 000	101 700	2 %
FR0000120271	Total	32,83	5 000	164 150	2 %
FR0000031122	Air France	6,004	20 000	120 080	9 %
FR0010340141	Aéroport de Paris	56,57	2 500	141 425	1 %
FR0000120073	Air Liquide	87,62	50 000	4 381 000	24 %
FR0000130809	Société Générale	17,445	50 000	872 250	24 %
FR0000120222	CNP	10,89	5 000	54 450	2 %
FR0000120644	Danone	44,955	40 000	1 798 200	19 %
FR0000130007	Alcatel	2,318	5 000	11 590	2 %
		Total portefeuille	212 500	8 226 995	100 %

▦ L'impact de la MIF sur la valorisation des titres

L'entrée en vigueur de la directive sur les marchés des instruments financiers (voir chapitre 1) aboutit à une fragmentation des lieux de négociation. La fin du monopole des Bourses a pour effet de disposer de plusieurs prix pour un même instrument financier.

Si l'on s'intéresse à la valeur Danone, près de 9 places financières l'admettent en négociation. L'observabilité de ce titre porte après la MIF sur un nombre plus important de places. La représentativité du prix de Danone avec 99,72 % des échanges est de loin la plus pertinente.

Les places boursières de cotation d'un titre

Bourse	Délai	Dernier	Var.	Ouv.	+ haut	+ bas	Vol.
➡ Nyse Euronext	⏱	43,495	1,15 %	43,280	43,690	43,170	857 279
⟳ Berlin/Bremen	◔	43,15	3,22 %	43,15	43,15	43,15	0
⇨ Frankfurt	◔	43,59	1,98 %	43,24	43,59	43,22	330
⇨ Xetra	◔	43,59	1,49 %	43,23	43,68	43,20	1 956
➡ Swiss EBS Stocks	◔	54,95(c)	0 %	0,00(c)	0,00(c)	0,00(c)	0
⇨ Tradegate	⏱	43,580	1,56 %	43,144	43,580	43,144	41
⇨ Milan Stock Exchange	◔	43,48	1,12 %	43,48	43,48	43,48	50
⇨ LSE International	◔	44,30	9,80 %	43,73	0,00	0,00	0
➡ Nasdaq OTC Bulletin Board Service: domestic issues	◔	60,0000(c)	0 %	0,0000(c)	0,0000(c)	0,0000(c)	

Source : www.boursorama.com.

En pratique

Une part croissante des transactions, des valeurs des indices phare a lieu aujourd'hui sur les *darks pools,* plates-formes électroniques de négociation opaques. Les prix y sont traités sous forme de gré à gré (en OTC en dehors des marchés). Près de 40 % des transactions ont été effectuées en OTC sur le CAC 40 en 2010 (source Fidessa fragmentation index).

…/…

Martin Bouygues, représentant les émetteurs, avait souligné lors des entretiens AMF de décembre 2009 les difficultés à pouvoir disposer des éléments d'information relatifs aux prix et quantités des actions traitées sur différents lieux de négociation. La révision de la directive MIF attendue pour 2014 devrait accentuer l'exigence de transparence à l'attention des intervenants du marché. La version 2 de la révision de la directive MIF a été remise le 20 octobre 2011 au Parlement européen.

L'observabilité des données est cruciale pour refléter le plus fidèlement possible la valeur d'un portefeuille d'OPCVM.

Des échanges de plus en plus fragmentés (le titre de France Télécom sur douze mois au 31/10/10)

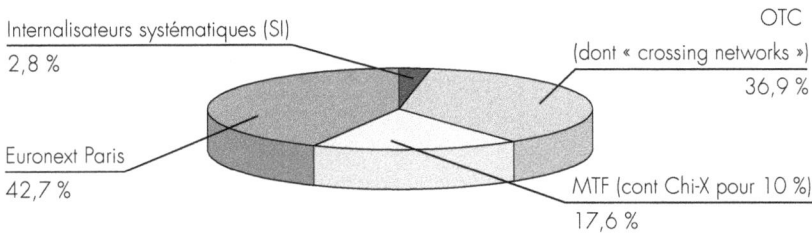

Internalisateurs systématiques (SI)
2,8 %

OTC
(dont « crossing networks »)
36,9 %

Euronext Paris
42,7 %

MTF (cont Chi-X pour 10 %)
17,6 %

Source : Fidessa Fragulator.

La méthode mark to model

Un instrument financier traité sur un marché peu actif connaît de faibles échanges. Il peut ne pas être coté durant plusieurs jours, voire plus. Au-delà d'une longue période, il est considéré comme non liquide.

Lorsque les prix ne sont pas observables ou peu représentatifs des transactions, la valorisation *mark to model* est une alternative. Le système de valorisation s'appuie sur des modèles mathématiques. Cette méthode est de plus en plus répandue pour les produits complexes ou pour des valeurs ne trouvant plus d'acheteur.

Les modèles de valorisation font l'objet de contrôle et de recommandations par l'AMF et les professions du chiffre : les commissaires aux comptes (CAC).

Lorsqu'un portefeuille comprend à la fois des valeurs liquides et illiquides, la valorisation du portefeuille fait appel aux deux méthodes. Si une partie, même infime, des actifs d'un fonds ne peut être valorisée, la valeur liquidative sera calculée avec les dernières données connues de chaque produit.

Crise de liquidité et valorisation de portefeuille

Lors de la crise de liquidité des *subprimes* (CDO, CLO, ABS…), de nombreuses Sicav monétaires dynamiques se sont trouvées dans l'impossibilité de définir leur valeur liquidative. Pourtant composée à hauteur de 95 % d'actifs très liquides, la valeur liquidative a dû être suspendue.

Pour préserver l'égalité de traitement de l'épargnant, la suspension temporaire de la valorisation se justifie, comme l'illustre le cas ci-dessous.

L'illiquidité d'un OPCVM monétaire dynamique

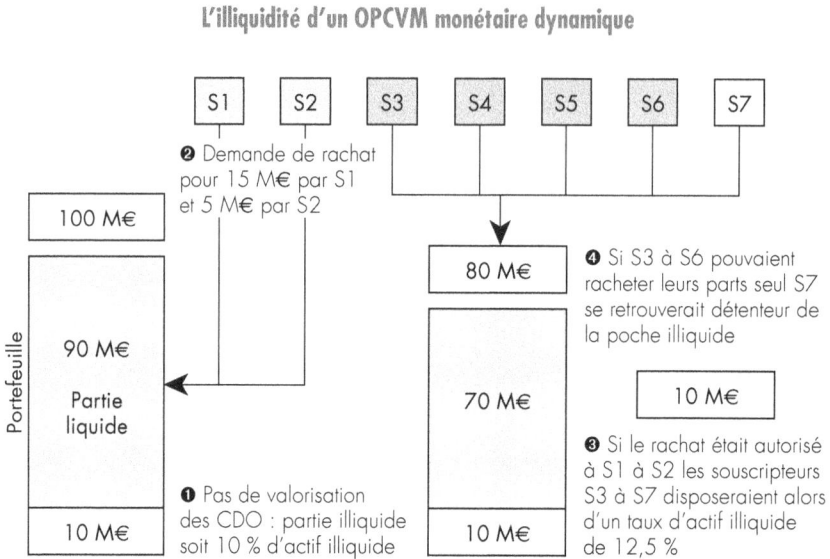

Ce schéma décrit le processus d'illiquidité croissante d'un fonds si les souscripteurs (S1 à S2) étaient autorisés à racheter leurs parts sur la seule partie liquide. En poussant la séquence de rachat à son terme, un souscripteur détenant à lui seul les 10 millions d'euros absorberait à lui seul la totalité du risque. Les mérites de la diversification de la gestion collective perdraient alors toute justification. La réglementation préserve le principe de la mutualisation des risques.

Suite aux déconvenues rencontrées par les détenteurs de Sicav monétaires dynamiques, l'AMF a dû adapter la réglementation de ce type de produit[1]. Pour sortir de cette situation de blocage, le recours à la technique du *side pocket* s'impose.

Le *side pocket* ou cantonnement

Lors d'une situation de crise de liquidité, le gérant peut cantonner les actifs dits « toxiques » devenus illiquides dans une structure dédiée. Ainsi, le restant des actifs sains peut continuer à être valorisé pour débloquer le processus de

---

1. Les OPCVM monétaires ont fait l'objet d'une modification par l'AMF à travers ses instructions n° 2005-02 (OPCVM à vocation générale), 2005-05 (OPCVM salariale), 2005-04 (fonds contractuels). Voir communiqué de presse de l'AMF du 3 mai 2011 sur le site www.amf-france.org.

valorisation. Cette procédure[1] d'exception correspond à la technique dite de *side pocket*.

Le schéma de sortie des actifs illiquides aboutit en fait à scinder en deux le fonds d'origine. Les deux nouveaux fonds se substituent à l'ancien.

Le recours à cette technique est dicté avant tout par le respect impératif de l'égalité de traitement des épargnants.

Side pocket ou cantonnement d'actifs

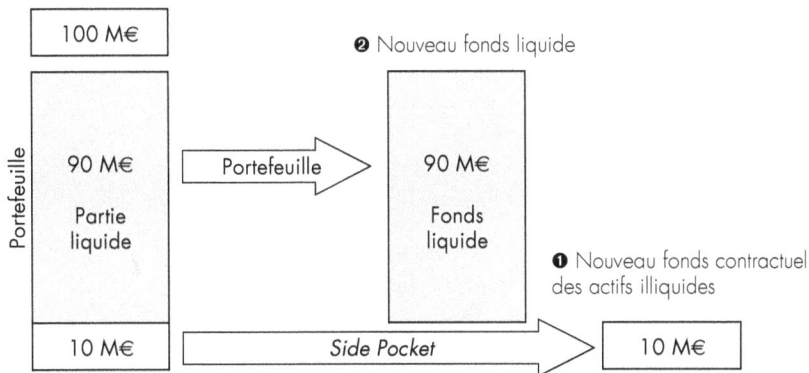

Le fonds dont les actifs sont demeurés liquides reste ouvert au public. Celui du *side pocket* prend la forme d'un OPCVM contractuel (abordé précédemment dans le paragraphe sur les OPCVM spécifiques). Il a pour objectif d'assurer la gestion extinctive du portefeuille par la vente au mieux des valeurs illiquides. Les clients d'origine du fonds se voient attribuer au prorata une part dans le fonds liquide et dans le *side pocket*.

Déterminer le prix d'une part d'OPCVM

La valeur liquidative est obtenue par l'addition de la valorisation de chacun des titres (en valeur de marché ou à l'aide d'un modèle) du portefeuille, y compris ses liquidités, à laquelle on retranche les frais divisés par le nombre de parts.

Exemple

Prenons un fonds constitué de 100 000 parts comprenant 90 millions de titres, 10 millions de liquidité et dont les frais sont de 2 %. La valeur liquidative s'établit à : 90 millions + 10 millions − 2 millions (2 % de frais)/100 000 = 980 €.

---

1. L'article 1er de l'ordonnance n° 200 861 081 du 23 octobre 2008 a consacré ce principe.

Le comptable OPCVM détermine la valeur liquidative sur la base du bilan suivant :

Emplois	Ressources	Valeur de la part
Portefeuille Titres • prix de revient • intérêts courus • différence d'estimation	Capitaux Actif net en début d'exercice • capital d'origine • prime d'émission Variation du capital de l'exercice en cours Souscriptions • capital d'origine • prime d'émission • rachats • capital d'origine • prime d'émission	
Tiers • charges à payer (créditeurs) • produits à recevoir (débiteurs)	Droits de souscription : rachats de l'OPCVM Variation du portefeuille de l'exercice en cours • différence d'estimation • plus ou moins-values réalisées • frais de négociation	
Financiers Compte à vue/terme euro devises	Résultat de l'exercice en cours • produits • charges Régularisation du résultat	

La communication de la valeur liquidative

Selon le type d'OPCVM, il existe deux modalités de souscription ou rachat, selon que la valeur liquidative (VL) est à cours connu ou inconnu.

Dans le cas d'une VL à cours connu, le souscripteur indique dans son ordre de souscription la quantité de parts qu'il souhaite acheter. Dans celui d'une VL à cours inconnu, le souscripteur fait figurer le montant qu'il souhaite investir, en précisant si c'est par excès (en achetant une part supplémentaire et en versant le complément) ou par défaut (en achetant une part en moins et en recevant une soulte).

C'est la directive UCIT III, adoptée en 1985, qui autorise les OPCVM à vocation générale à publier au minimum deux fois par mois la valeur liquidative.

Avant l'adoption de l'article 411-54, l'AMF 411-54, les OPCVM de plus de 150 millions d'euros étaient tenus de publier quotidiennement leur valeur liquidative. Les autres catégories sont soumises à un calcul et une diffusion minimale bimensuelle. Les *hedge funds* établissent une valeur de part tous les mois.

La valeur liquidative et le contrôle des pratiques de *late trading* et de *market-timing*

Comme le rappelle l'AMF, les sociétés de gestion doivent prévenir les pratiques de *late trading** et de *market timing*. Le *late trading* consiste à transmettre des souscriptions-rachats au-delà de l'heure indiquée sur le prospectus[1]. Le *market timing* vise à tirer profit de la différence de prix entre la valeur comptable du fonds et son prix de marché.

Comme les marchés n'ouvrent pas en même temps, la valeur liquidative et le prix des valeurs du fonds ne sont pas mis à jour au même rythme. Un investisseur qui aurait à connaître le détail du portefeuille serait en mesure de procéder aisément à des arbitrages. Il pourrait exploiter le mouvement de hausse des places asiatiques pour effectuer des souscriptions-rachats.

Le fuseau horaire des principales places financières internationales permet de disposer du cycle de calcul de la valeur liquidative d'un fonds.

Valorisation d'un fonds international et fuseau horaire des places de cotation

0 h	1 h	3 h	5 h	7 h	8 h	10 h	13 h	14 h	15 h	17 h	19 h	23 h
	Ouverture du marché asiatique et oriental			Ouverture du marché européen				Ouverture de New-York				

La société de gestion est tenue de conserver la confidentialité en temps réel du détail du portefeuille auprès des investisseurs ou d'intermédiaires financiers. Pour les OPCVM dédiés, la dérogation à ce principe ne peut se faire qu'à la stricte condition que tous les porteurs soient simultanément informés.

Pour prévenir les arbitrages opportunistes, les souscriptions-rachats doivent s'effectuer à cours inconnu[2]. Le centralisateur des ordres doit veiller au strict

---

1. Prospectus : document d'information délivré au client (voir plus en détail chapitre 3, Les supports d'information du client : du prospectus au DICI).
2. La souscription ou le rachat à cours inconnu ne permet pas de connaître la valeur exacte d'acquisition des parts.

respect des heures limites. Leur horodatage est fondamental pour assurer le bon respect des obligations en la matière.

▒ Valeur liquidative et OPCVM coté

Les OPCVM ont la possibilité d'user de la faculté de se faire coter selon le cadre juridique défini par les articles L-214-15 et L 214-20 du *Code monétaire et financier*. Trois conditions doivent être satisfaites :

▷ disposer de l'agrément de commercialisation en France par l'AMF ;

▷ être un OPCVM indiciel ;

▷ le cours de cotation ne peut s'écarter trop fortement de la valeur liquidative. Le maximum d'écart toléré est fixé à 5 %.

Les détenteurs de parts peuvent se tourner vers deux marchés, par le biais de la souscription-rachat, ou par un accès à la confrontation de l'offre et de la demande du marché boursier.

Ce double marché favorise les mouvements d'arbitrage. Les *Exchange-Traded Fund* (ETF) sont les seuls véhicules ayant usé de la faculté de se faire coter.

Les ETF suscitent un très fort engouement, comme le montre bien l'évolution des encours mis en évidence dans le graphique suivant.

Le marché des ETF et ETP (en milliards de dollars)

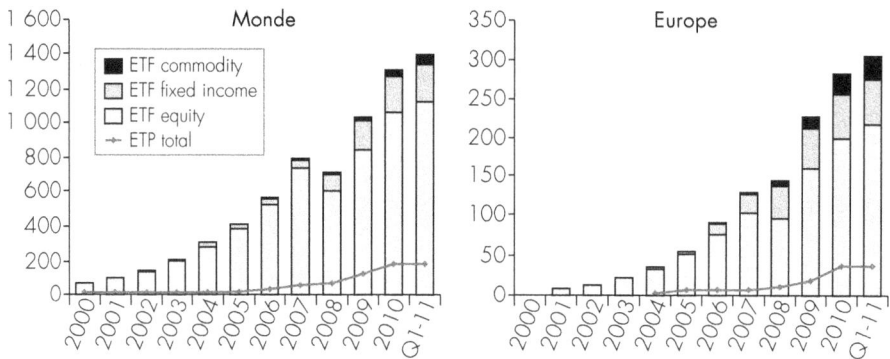

Source : AMF, Cartographie 2011 des risques et des tendances sur les marchés financiers et pour l'épargne.

Le rôle clé du valorisateur

Le valorisateur calcule le prix des portefeuilles gérés par les sociétés de gestion en procédant au préalable à un ensemble de contrôles qui portent sur :

▷ le rapprochement des positions de portefeuilles des gestionnaires avec celles enregistrées chez le dépositaire ;

◗ la vérification des cours de cotation des instruments financiers composant le portefeuille ;

◗ les méthodes de valorisation retenues et reconnues sur le plan réglementaire. Elles doivent respecter le principe de continuité (toute modification de méthode doit être justifiée et portée à la connaissance des CAC et de l'AMF).

La valorisation du portefeuille d'un OPCVM obéit au processus qui peut être illustré de la manière suivante :

Processus de valorisation d'un OPCVM

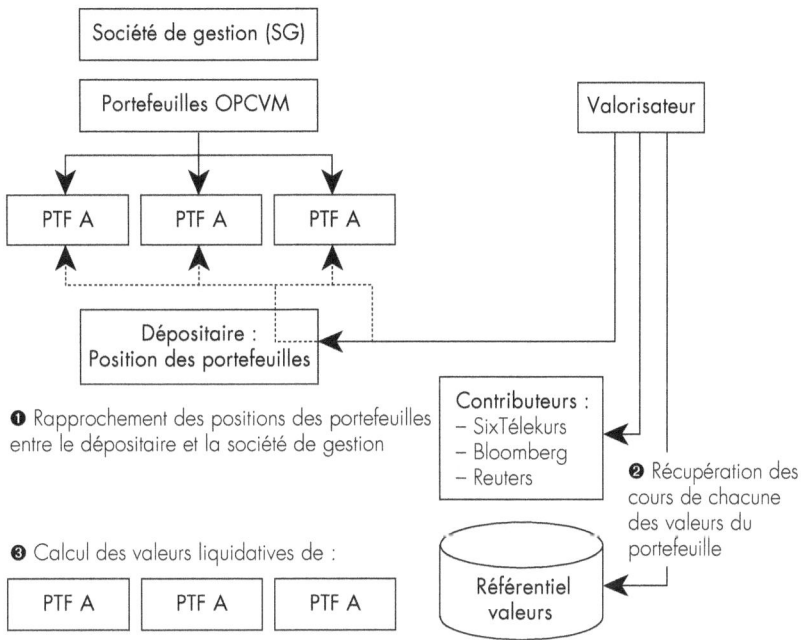

PTF : portefeuille.

L'affaire Bernard Madoff a mis en exergue l'absence cruelle du valorisateur externe : toutes les valorisations étaient en effet effectuées en interne par Bernard L. Madoff Investment Securities LLC (BMIS). Cette fonction est fondamentale, car elle anime une chaîne de contrôles qui comprend de nombreux acteurs du métier de la gestion d'actif. Les lacunes du contrôle du fonds Luxalpha ont généré des risques opérationnels majeurs, ce qui a déjà donné lieu à indemnisation des investisseurs de la part du banquier dépositaire des fonds (voir chapitre 5 et annexe cas Bernard Madoff).

La consultation des valeurs de parts par un investisseur ou client potentiel peut être effectuée à partir des sources suivantes :

Consultation des prix des parts d'un OPCVM

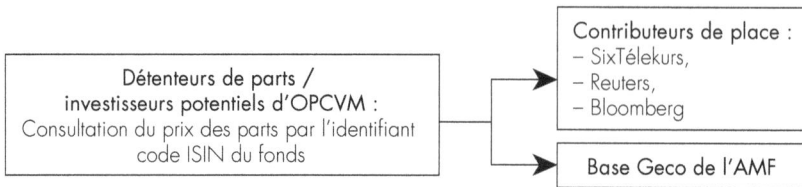

Mesurer et déchiffrer la performance des fonds

La performance constitue la contrepartie naturelle d'un risque. Elle prend tout son sens afin de guider l'investisseur dans son niveau d'acceptation de risque. Le couple rentabilité-risque demeure, en dépit des limites méthodologiques, l'un des critères d'appréciation le plus utilisé (voir chapitre 1).

La performance affichée des fonds ne coïncide pas systématiquement avec ce que perçoit l'investisseur si l'on tient compte des frais de gestion, droits d'entrée et de sortie, du délai d'encaissement…

La performance peut être définie alors comme le rapport rentabilité-risque ramené aux objectifs de l'investisseur.

Les clés de mesure de la performance de la rentabilité

Pour appréhender de manière presque intuitive la rentabilité d'un fonds, nous pouvons retenir le calcul de différentes valeurs liquidatives dans le temps. Ainsi un fonds qui voit sa valeur liquidative passer de 100 € à 120 € sur un an dégage un taux de rendement de 20 %.

Cette approche absolue de la rentabilité est souvent complétée par celle relative fondée sur la comparaison à un indice de référence ou des portefeuilles de structures équivalentes.

Les instruments de calcul de la rentabilité

La boîte à outils du gestionnaire présentée dans le chapitre 1 permet de procéder au calcul de la rentabilité des fonds. Deux formalisations sont possibles selon que l'OPCVM distribue ou non du revenu. S'il ne distribue pas de revenu cela signifie qu'il capitalise (le montant du revenu est incorporé au capital et réinvesti). Le client qui souhaite recevoir du revenu optera pour un OPCVM de distribution.

Mesurer la rentabilité absolue

Rentabilité performance sans dividende :

$$\text{Rentabilité} = \frac{\text{valeur liquidative } T}{\text{valeur liquidative } T+1} - 1$$

Performance avec coupon* :

$$\text{Rentabilité} = \left[\frac{\text{valeur liquidative } T}{\text{valeur liquidative } T+1} \times \left(1 + \frac{\text{valeur coupon}}{\text{valeur liquidative}} \right) \right] - 1$$
$$\text{à la date du coupon}$$

La progression des valeurs liquidatives entre deux périodes des fonds de distribution est établie avec l'hypothèse que les coupons sont réinvestis.

Exemple

Illustration de la mesure de la rentabilité d'un fonds

Calcul de la rentabilité du fonds F entre le 1er mars 2009 et le 21 mars 2011 aux caractéristiques suivantes :

Évènements de gestion	au 1er mars 2009	au 2 mars 2010	au 21 mars 2011
Valeur liquidative	80 €	85 €	90 €
Dividende	1 €	2 €	

Rentabilité du fonds F = 90 €/80 € × (1 + 1/80) × (1 + 2/85) − 1 = 17 %.

Mesurer la rentabilité relative d'un fonds

Le calcul des écarts de rentabilité entre un fonds et son indice de référence permet de vérifier si l'objectif assigné a été atteint. L'écart peut être mesuré sur une échelle de temps variant du jour au jour à l'année.

Écart de rentabilité = rentabilité du fonds − rentabilité de l'indice

Des comparaisons de rentabilité de fonds sur des profils de risques proches peuvent être établies à des fins de classement.

Celles de fonds classés dans des catégories différentes peuvent également avoir une utilité pratique. Prenons le cas d'un fonds prudent (A) et d'un fonds risqué (B).

Si, sur une période durable, le fonds prudent A dégage une rentabilité très supérieure à celle du fonds B risqué ; si le marché est plus porteur pour des prises de risque, il convient alors de se questionner plus avant sur l'analyse détaillée du portefeuille A. Est-il bien conforme au profil supposé d'un fonds prudent ?

L'application du principe rentabilité-risque trouve là tout son intérêt.

La photo temporelle de la rentabilité des fonds

Le suivi temporel de la rentabilité d'un portefeuille est un indicateur intéressant pour dégager une tendance au regard de l'évolution conjoncturelle ou sectorielle.

Sur une période de 2 ans à 5 ans, voire plus, le calcul du nombre de mois pendant lesquels la rentabilité est positive (ou négative) traduit respectivement la performance mensuelle supérieure (ou inférieure) à 0.

Cet indicateur, qui permet de repérer la rentabilité dans le temps, peut être affiné par d'autres ratios, comme celui du nombre de meilleurs mois sur les plus hautes rentabilités ou encore les moins bons mois sur les plus faibles.

En appliquant ce calcul à un fonds ayant accusé une très forte baisse, le gestionnaire peut chercher à établir des prévisions de délai de retour à la valeur initiale (délai de résilience).

Les applications pratiques de ce type d'indicateurs concernent par exemple des investisseurs dont l'objectif est de préparer leur retraite. Ils déterminent selon les classes d'actifs (actions, obligations, monétaire…) le délai pour doubler, tripler un investissement sur un horizon donné de temps.

L'évaluation de la contrepartie de la rentabilité : son risque

La volatilité

La dispersion du résultat d'un placement, positif ou négatif, dans le temps indique le risque pris par un l'investisseur. Il se mesure à l'aide de la volatilité qui traduit assez bien le caractère instable de la rentabilité.

La rentabilité moyenne sur une période donnée est le point de référence qui va permettre d'en calculer sa dispersion. La formule basique en est la suivante :

$$\sigma(x) = \sqrt{V(x)}$$

Elle peut être calculée sur la période d'observation souhaitée, la journée, la semaine, le mois, l'année et au-delà. Le rapport au risque pris par un investisseur s'appuie sur cette notion d'instabilité qu'est la mesure de la volatilité.

Le risque peut être approché de manière empirique au travers du comportement de deux instruments financiers A et B dont la valeur initiale est la même (100 €). L'instrument financier A est beaucoup plus volatile que le B, comme le montre le graphique ci-après. C'est l'écart type de chacun des instruments qui nous renseigne sur l'exposition au risque pris par l'investisseur. Le titre A affiche une volatilité de 4, et proche de 20 pour celui de B.

Évolution comparée des titres A et B

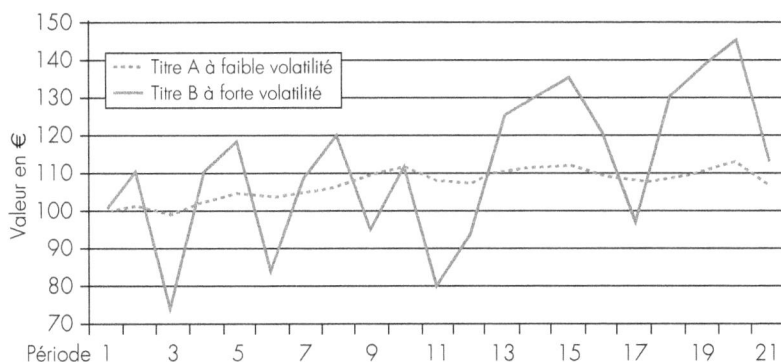

En raison des limites posées par la loi de Gauss (voir chapitre 1) il est recommandé d'actualiser très fréquemment le calcul de cet indicateur, notamment en période de forte instabilité des marchés.

Déchiffrer la performance de la gestion collective

La performance doit être entendue comme la mesure du ratio rentabilité/ risque. Plus ce ratio est élevé, plus la performance obtenue est alors importante.

La boîte à outils du gestionnaire de fonds décrite précédemment offre une méthodologie pour déchiffrer la signification des résultats d'un fonds. Les styles de gestion et la contribution des gestionnaires sont évalués à l'aide des outils tel que le *tracking error*, le ratio d'information, le bêta, l'alpha, le ratio de Sharpe, le ratio de Hurst, le Kappa (voir les indicateurs clés de la boîte à outils du gérant chapitre 1).

Évaluer la performance d'un fonds indiciel

Rappelons qu'un fonds indiciel a pour but de répliquer un indice de référence. Il est composé des valeurs de l'indice avec les pondérations correspondantes. Il existe deux modalités de duplication de portefeuille dans la gestion indicielle : physique ou synthétique.

L'objectif de performance d'un fonds indiciel est, par construction, calqué sur l'indice de référence. Le *tracking error* permet de mesurer si les choix de gestion sont respectés ou non.

Prenons deux portefeuilles A et B disposant du même indice de référence. Évaluons l'écart de performance respectif de ces deux fonds au regard de l'indice.

Écart de performance entre les portefeuilles A et B et l'indice de référence

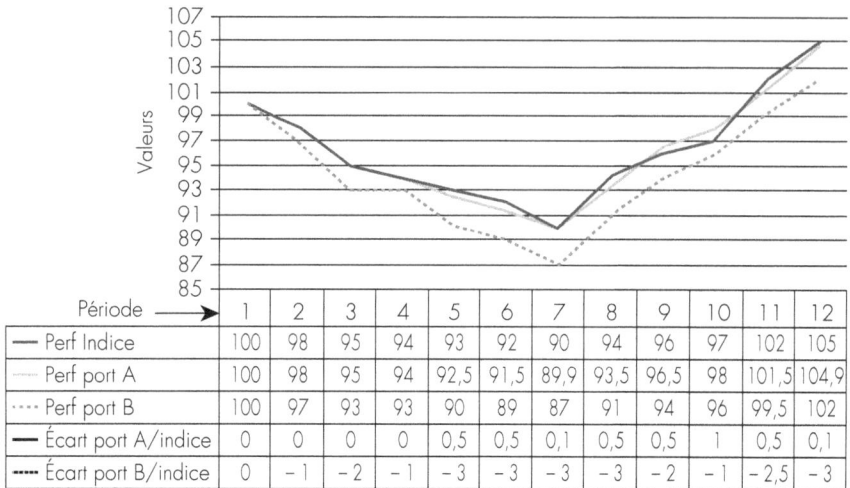

Période ➜	1	2	3	4	5	6	7	8	9	10	11	12
— Perf Indice	100	98	95	94	93	92	90	94	96	97	102	105
---- Perf port A	100	98	95	94	92,5	91,5	89,9	93,5	96,5	98	101,5	104,9
···· Perf port B	100	97	93	93	90	89	87	91	94	96	99,5	102
— Écart port A/indice	0	0	0	0	0,5	0,5	0,1	0,5	0,5	1	0,5	0,1
---- Écart port B/indice	0	− 1	− 2	− 1	− 3	− 3	− 3	− 3	− 2	− 1	− 2,5	− 3

En pratique

Le calcul de la performance fait l'objet d'un cadre réglementaire fixé par les articles R. 214-28 du *Code monétaire et financier* (Comofi), et plus spécifiquement l'article 411-35 du règlement général de l'AMF.

D'une manière générale, le prospectus, document d'information à l'attention de l'investisseur, contient les informations relatives aux modalités de calcul de la performance.

Pour les fonds indiciels, un écart de suivi ex-post des écarts est calculé à l'aide de la formule suivante :

$$RS = Ln\left(\frac{VL\,fonds\,s}{VL\,fonds\,s-1}\right) Ln\left(\frac{indices\,s}{indices\,s-1}\right)$$

Source de calcul de l'écart de suivi (ES) donnée par L'AMF

Si l'on reprend le calcul de l'exemple précédent, le fonds B qui connaît un *tracking error* bien supérieur à 1, il convient de conduire un examen attentif de la réalisation de ses choix d'investissement pour vérifier s'ils répondent bien aux critères définis par le prospectus.

Évaluer la performance des profils de fonds

Rappelons brièvement la classification dite prudente, équilibrée, et risquée d'un OPCVM. Il est admis que la classification d'un fonds peut être définie en fonction des critères de pondération des actifs risqués et moins risqués.

Type d'actifs	Pondération		
	Prudente	Équilibrée	Risquée
Monétaire	30 %	20 %	5 %
Obligataire	50 %	40 %	15 %
Actions	20 %	40 %	80 %

Une déclinaison des pondérations plus fines peut être effectuée (en fonction du dosage de la part des actifs non risqués et plus risqués, le portefeuille standard peut être adapté). Un portefeuille comprenant entre 20 et 30 % d'actions peut être considéré comme prudent ; équilibré s'il n'excède pas 40 % en raison de la plus forte volatilité associé à ce type d'actif ; et risqué au-delà.

La plupart des OPCVM affiche les ratios de rentabilité et de risques, très souvent accompagnés d'indicateurs techniques complémentaires. Prenons un portefeuille équilibré et décryptons l'ensemble des résultats, aussi bien de rentabilité que de risques, enrichis d'indicateurs utilisés par les gestionnaires.

Les clés pour comprendre le tableau de bord de la performance d'un OPCVM

	Rentabilité et risque du fonds				Indicateurs approfondis			
	Rentabilité	1 an	3 ans	5 ans		1 an	3 ans	5 ans
Cumulée					DSR	2,7 %	3 %	2,8 %
	Fonds	1,88 %	17,78 %	20,56 %	Skewness	0,6	− 0,10	0,2
	Catégorie	0,11 %	14,88 %	15,91 %	Kurtosis	3,33	− 0,50	− 0,15
	Différence	1,77 %	+ 2,90 %	+ 4,65 %	*Up capture ratio*	0,99	0,92	0,91
Annualisée	Fonds	1,88 %	5,61 %	3,81 %	*Down capture ratio*	0,91	0,54	0,8
	Catégorie	0,11 %	4,73 %	3,00 %	Indicateur de comportement du fonds par rapport à sa catégorie			
	Différence	+ 1,77 %	+ 0,87 %	+ 0,81 %		1 an	3 ans	5 ans
		1 an	3 ans	5 ans	Bêta	0,93	0,77	0,85
Risque	Risque de fonds	3,50 %	4,80 %	4,26 %	Bêta baissier	1,51	1,41	1,16
	Risque de catégorie	2,20 %	3,22 %	2,96 %	Bêta haussier	1,02	0,59	0,74
	Ratio de Sharpe	0,59	0,97	0,40	Corrélation R2	80,0	30,0	42,0
	Ratio d'information	1,55	0,15	0,01	Indicateur de comportement au secteur			
	Ratio de Sortino	0,79	1,56	0,64	Bêta	−	0,81	−
	Tracking error (ES)	1,78 %	4,21 %	3,31 %	Corrélation R2	−	33	−
	Pertes mensuelles max	2,6 %	2,8 %	2,5%				
	Excès de performance	2,8 %	0,60 %					

Les performances affichées par un fonds sont décryptées par le praticien et l'investisseur à l'aide des indicateurs du tableau de bord tel qu'il peut être formalisé ci-dessus.

- **risque de fonds :** il se mesure par l'écart type des rentabilités hebdomadaires du fonds sur différentes périodes, 1 an, 3 ans, 5 ans ;
- **risque de catégorie :** il s'apprécie avec la même méthode de calcul que le risque de fonds. Il s'agit de la catégorie qui sert de référence pour établir le *benchmark* (référence de la comparaison du fonds) ;
- **ratio de Sharpe :** il établit le rapport entre le risque et la performance d'un fonds. Le risque est apprécié à l'aide de la volatilité. La performance est comparée à celle d'un actif sans risque. Plus le ratio est élevé et plus grande est la performance évaluée au regard de la prise de risque. Un ratio négatif traduit que le fonds a été moins performant qu'un instrument financier sans risque ;
- **ratio d'information :** il détermine la différence de performance moyenne annualisée du fonds et celle de l'indice de référence divisée par le *tracking error*. Plus le ratio est élevé et plus il indique le degré de surperformance du fonds par rapport à son indice de référence ;
- **ratio de Sortino :** il résulte du rapport entre la surperformance du fonds (déterminée par référence au taux sans risque Eonia par exemple) et le *down side risk* (volatilité des rendements). Il faut noter que les paramètres de calcul diffèrent d'un praticien à un autre, selon le taux sans risque. Dans certains cas, seuls les rendements en dessous des taux sans risque sont pris en compte. C'est une conception de la bonne et mauvaise volatilité (en dessous du taux sans risque il s'agit d'une mauvaise volatilité) ;
- *tracking error* **(ES) :** il correspond à l'écart type des performances relatives entre le fonds et son indice de référence. Ce ratio est considéré comme un indicateur de risque par rapport à l'indice. Plus il est faible, et plus le fonds est en ligne avec son indice de référence ;
- **perte mensuelle max :** c'est la perte la plus élevée constatée sur une période donnée ;
- **excès de performance :** le fonds est comparé à un indice de référence. Un alpha négatif signifie que le fonds a fait moins bien que sa référence. Si un indice a connu une progression de + 5 % sur un an contre 3 % pour le fonds, l'alpha de – 2 traduit une contreperformance. À l'inverse, un alpha de + 4 suppose que le fonds a réalisé une évolution de + 9 % ;
- **DSR (*Down Side Risk*) :** le calcul de la volatilité d'un instrument financier se base sur la prise en compte des écarts de performances à la fois positives et négatives comparées à la moyenne. L'investisseur peut très bien délimiter à un seuil défini le niveau de performances souhaité et ne

retenir par exemple que celles en dessous de ce seuil (on peut retenir Eonia + marge, OAT + marge, voire Eonia). Plus le DSR est élevé et plus la stratégie suivie est risquée ;

- *skewness* : c'est le coefficient qui mesure l'asymétrie d'une distribution par rapport à sa moyenne. Une distribution supposée suivre une loi normale est égale à 0. Un *skewness* négatif signifie un nombre de contre-performances (rendement négatif) plus important que de performances. Positif, il traduit au contraire une majorité de cas de performances (rendement positif). On privilégie les *skewness* positifs ;

- **Kurtosis** : c'est le coefficient d'aplatissement de la distribution des données. Dans le cas d'une distribution de performances mensuelles suivant une loi normale, le Kurtosis excédentaire correspond à 0 (pour le spécialiste, on dit que la distribution est mésokurtique). Une distribution avec un Kurtosis excédentaire supérieur à 0 se caractérise par des queues épaisses, autrement dit par des performances mensuelles extrêmement positives ou négatives (elle est dite leptokurtique). Une distribution aplatie traduit des queues fines correspondant à un Kurtosis inférieur à 0. Cela signifie que les performances extrêmes (positives ou négatives) sont moins marquées ;

- *up capture ratio* : il s'agit du rapport entre la performance cumulée du fonds sur la période (hebdomadaire, mensuelle…) durant laquelle l'indice de référence de la catégorie a eu une performance supérieure à 0 et celle cumulée de l'indice de la catégorie enregistrée sur la même période. Plus le ratio est élevé et meilleure est la performance relative du fonds comparé à l'indice de référence de la catégorie (type d'instruments financiers) ;

- *down capture ratio* : il correspond à la situation où l'on compare la performance du fonds au regard de l'indice de référence qui enregistre une performance inférieure à 0. Si le ratio est égal à 0,1, cela signifie que le fonds enregistre une diminution de 10 % de l'indice de référence. Si l'indice de référence accuse un baisse de 1 €, le fonds voit sa valeur baisser de seulement 10 centimes ;

- **bêta baissier, bêta haussier et bêta comparé au secteur** : le bêta mesure la volatilité relative d'un fonds par rapport à un indice de référence. Un bêta baissier, c'est-à-dire inférieur à 1, indique que le fonds amortit les baisses. Un bêta supérieur à 1 signifie qu'il amplifie la hausse comme la baisse. Il mesure la sensibilité du fonds par rapport à l'indice. Le bêta comparé à un secteur caractérise le caractère amplifié ou amorti du risque du fonds par rapport à son secteur.

- Un bêta égal à 0,7 veut dire que, si l'indice diminue de 10 %, le fonds enregistre une baisse de 0,7. Si l'indice augmente de 10 %, le fonds enregistre une hausse de 7 %.

- Un bêta de 1,3 amplifie les fluctuations du fonds. À une progression de 10 % de l'indice correspond une performance de 13 % du fonds. Lorsque l'indice accuse une baisse de 10 %, le fonds voit sa valeur décroître de 13 % ;

- **corrélation R2 et corrélation comparée au secteur :** cet indicateur désigne le pourcentage de variation de la rentabilité du fonds sur une période donnée (1 an, 3 ans, 5 ans et plus) expliqué par les rendements de l'indice de référence de la même catégorie. Un R2 égal à 0,8 signifie que la variation d'un fonds peut être expliquée à hauteur de 80 % par l'indice de référence. La gestion indicielle a recours très souvent à cet indicateur.

En pratique

La méthode Morningstar[a], qui attribue les récompenses aux meilleurs gérants, est fondée sur l'attribution d'une note. Celle-ci repose sur la prise en compte de deux éléments essentiels, la mesure de la performance et celle de la volatilité. Chacun d'eux fait l'objet d'une pondération, la mesure de la performance entre en ligne de compte pour 80 %, la volatilité, autrement dit la perception du risque, représente quant à elle 20 % de la note attribuée.

La mesure de la performance est calculée selon différents horizons temporels. C'est ainsi que la performance à un an rentre en ligne de compte à hauteur de 30 %, celle à cinq ans compte pour 30 % également, enfin celle à trois ans pour 20 %.

Le calcul de la volatilité est également pondéré selon l'horizon de temps : sur cinq ans, elle est prise en compte à hauteur de 12 % contre 8 % sur trois ans.

Les conditions exigées par Morningstar afin d'établir la note sont les suivantes :
- le fonds doit disposer d'un minimum d'encours sous gestion au moins égal à 10 millions d'euros ;
- il doit présenter au minimum quatre portefeuilles exhaustifs de l'exercice écoulé ;
- il doit être positionné dans au moins la première moitié de sa catégorie pendant au moins trois des cinq dernières années. Ce critère vise à apprécier la longévité de la performance du gérant.

a. Fondé en 1984, Morningstar est un spécialiste américain de la notation des produits de la gestion collective.

La performance du point de vue de l'investisseur

La performance affichée du fonds ne coïncide pas avec celle de l'investisseur en raison des frais attachés aux parts et à la date de règlement du produit de leurs ventes. La mesure de la persistance de la performance dans le temps est également un critère d'importance.

La persistance de la performance d'un fonds : l'exposant de Hurst

La persistance d'un gérant à bien se comporter dans le temps est un critère de performance qui intéresse tout particulièrement l'investisseur : si l'obtention de la rentabilité est récurrente, nous ne sommes pas en présence de chance, mais de talent.

Harold Edwin Hurst a modélisé en 1951 la série temporelle de la hauteur des crues du Nil[1], de l'Antiquité à nos jours, suivant une méthode où une série chaotique peut être caractérisée par un exposant (noté H), qui représente la probabilité qu'un événement soit suivi par un événement similaire. On considère souvent que l'analyse de Hurst est délicate pour les séries courtes et que des séries d'au moins 500 données semblent souhaitables. Cette méthode a été appliquée à l'analyse des performances des gérants de portefeuilles, grâce notamment à la modélisation de Bernard Mandelbrot en 1977[2]. L'idée de l'exposant de Hurst est aussi de se poser la question de manière « scientifique » : est-il fondé de penser qu'un bon gérant une année sera nécessairement performant l'année suivante ou qu'un gérant décevant une année est condamné à des mauvaises performances les années suivantes ? Ce raisonnement s'inspire de l'analyse de la fréquence de gain. L'exposant H (de Hurst) est un nombre qui indique le degré d'influence du présent au cours du futur, c'est-à-dire une mesure de la déviation par rapport à la marche aléatoire ou « mouvement brownien ». Si les excès de rentabilité d'un fonds par rapport à son *benchmark* customisé suivent une marche aléatoire, alors on peut en déduire que le gestionnaire n'a pas de persistance dans l'obtention des rentabilités.

Les trois cas que l'on peut rencontrer parmi les gérants seront :

- **H > 0,5** : persistance (corrélation positive). Par exemple, si H = 0,8, il y a alors une possibilité de 80 % que le membre suivant de la série montre la même tendance positive dans les séries de rentabilité. Le gérant a du talent, ce n'est pas un simple phénomène de chance ;
- **H = 0,5** : nous sommes en présence d'un système aléatoire (corrélation nulle ou « bruit blanc »), comme lorsqu'on jette en l'air une pièce de monnaie (non truquée !) un très grand nombre de fois : elle a une chance égale de retomber sur le côté pile ou le côté face ;
- **H < 0,5** : antipersistance ou corrélation négative dans les séries de rendement.

Pour les spécialistes, l'exposant H se calcule selon la formule ci-dessous :

$$H = \frac{1}{\ln T} \ln \left(\frac{Y_1 - Y_2}{\sigma} \right)$$

---

1. « *Long-Term storage capacity of reservoirs* », Transactions of the American Society of Civil Engineers, 1951.
2. *The Fractal Geometry of Nature*, W. H. Freeman and Company, San Francisco, 1982.

avec σ qui est l'estimateur sans biais de la dispersion des rendements sur l'échantillon.

$$\sigma = \sqrt{\frac{1}{T-1}\sum_{t=1}^{T}(R_t - m)^2}$$

La source de la performance : alpha ou bêta ?

La qualité intrinsèque d'un gérant peut être mesurée à l'aide des bêtas afin de voir comment réagit le fonds au travers des cycles baissiers ou haussiers. Une rentabilité ayant sa source dans l'alpha est l'expression de ses qualités intrinsèques et de son talent (intuition, technicité…) tandis que le bêta exprime simplement un mouvement de marché dans lequel il n'est pour rien.

Le suivi d'un fonds à travers ses différentes valeurs (V1 à V7) permet d'appréhender le comportement de sa performance selon le cycle baissier ou haussier du marché.

Contribution du gestionnaire et du marché à la performance d'un fonds

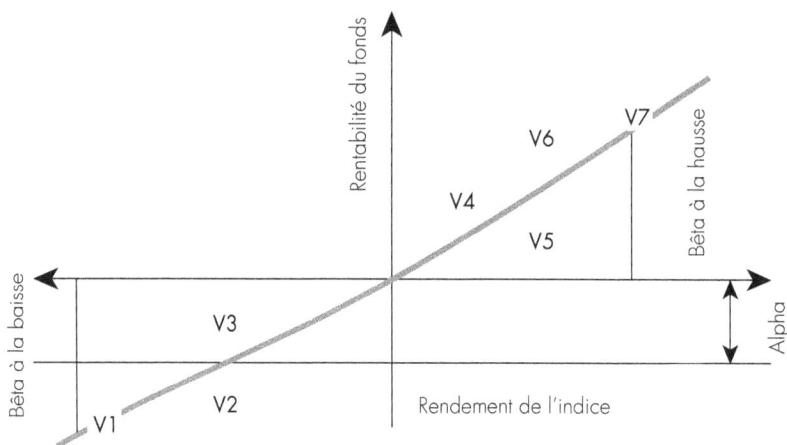

La performance et les délais de règlement

Les délais de levée de fonds et de règlement des fruits du placement déterminent le taux de rentabilité effectif. Il s'apprécie à partir du calcul du taux interne de rentabilité (TIR). Pour les OPCVM, les délais de règlement des rachats de parts peuvent varier de 2 à 5 jours. En conséquence, pour apprécier la rentabilité effective de l'investisseur, il convient de prendre en compte ces délais.

La performance et les frais

La comparaison des performances doit tenir compte des frais d'entrée et de sortie correspondant au fonds. La performance communiquée ne tient compte que des frais de gestion, elle n'intègre pas ceux d'entrée et de sortie du souscripteur. Ces éléments de coûts viennent obérer la rentabilité du placement pour l'épargnant.

Certains OPCVM incluent dans leurs frais de gestion les droits de garde. Si les OPCVM ne sont pas ceux directement gérés par l'établissement financier, des frais de garde seront appliqués, rognant un peu plus la performance vue côté investisseur.

Le TER (*Total Expenses Ratio*) est l'indicateur correspondant au coût annuel de gestion d'un fonds, tous frais compris, quelles que soient leurs origines.

Exemple

Le cas d'un placement dans une SCPI

Pour certains produits de placement comme les SCPI ou OPCI, les dates de jouissances des parts ne sont pas immédiates. Elles sont souvent de l'ordre de trois mois. Un souscripteur ayant investi 1 000 € le 1er janvier ne commencera à toucher son premier coupon tout au plus que le 1er avril.

Prenons une SCPI affichant une rentabilité annuelle de 11 % se décomposant comme suit : 7 % de versement de dividendes, et 4 % au titre de la revalorisation de la part. Les frais de cession des parts s'établissent à 4,8 %.

Perception de la rentabilité du point de vue de l'investisseur

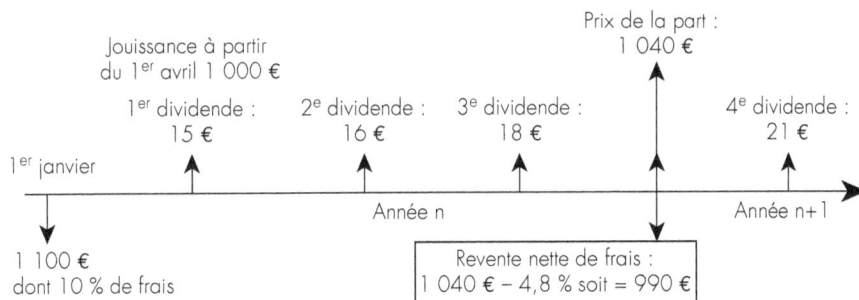

Source : cas fictif de l'auteur.

Si l'investisseur sort au terme d'une année, il dégagera une performance négative (– 40 €) alors que le fonds affiche 11 % de rentabilité. Il s'agit d'un placement à long terme, ne serait-ce que pour amortir les frais d'entrée et de sortie.

Pour les OPCVM, les délais de règlement des rachats de parts peuvent varier de 2 à 5 jours.

Les comparaisons de la performance

Comment s'y retrouver dans les performances des quelque 11 300 fonds d'investissement, dont 8 000 OPCVM à vocation générale du marché français[1] ? Comparaison n'est pas raison. Aussi convient-il de regrouper les fonds par nature de risque, classes d'actifs, durée d'investissement et style de gestion.

Au fond, le classement des performances revient à établir la stratégie d'investissement du gérant. Tous les gestionnaires ne concourent pas dans la même catégorie, ils se comparent par leur style : indiciel, actif et alternatif pour les types principaux de gestion.

▩ Le classement des fonds par classification

Les données de performances doivent être regroupées par catégorie. La classification AMF peut servir de première clé de regroupement des fonds. La comparaison peut alors être menée par type de catégorie (fonds monétaires, obligataires, actions…) assurant ainsi une cohérence dans l'établissement du classement.

Un second niveau de comparaison est rendu possible en associant le fonds à un indice de référence.

▩ Le classement des fonds par style de gestion

Les styles de gestion des gérants peuvent faire l'objet d'une évaluation. La gestion indicielle dite passive, active ou encore alternative est alors mesurée pour venir compléter le classement par type de fonds. Le talent du gestionnaire s'apprécie en rapprochant la performance du fonds à un ensemble d'indices moyens. Il peut différer de l'indice du *benchmark* d'origine (indice de référence).

Ainsi l'action de l'*asset manager* qui sélectionne par une entrée ou sortie de titres de son portefeuille, peut être évaluée par rapport à cet ensemble d'indices moyens. Si le fonds fait mieux que ces indices, l'arbitrage du gérant aura apporté une plus-value de gestion.

---

1. Selon l'AFG, juillet 2010.

L'essentiel à retenir

Les comités d'investissement qui réunissent les acteurs clés, les actionnaires et gestionnaires ont pour objectif de définir l'offre de produits financiers de la gestion pour compte de tiers.

L'étape stratégique du choix d'investissement relève des actionnaires de la société de gestion (groupes bancaires, d'assurance et mutuelles, indépendant pour les sociétés entrepreneuriales). Celle tactique et opérationnelle revient au gestionnaire qui s'appuie sur la contribution de plusieurs acteurs importants. Pour la sélection des titres, il fait appel aux analystes internes et externes. Pour la mise en œuvre, il recourt aussi bien à la conformité, au risque, au support informatique, juridique et comptable.

Les produits conçus pour la gestion de comptes de tiers tentent de répondre à une diversité de niveau d'acceptation de risques, de choix de maturité de placement, d'espoir de rentabilité et/ou d'éthique. Deux produits connaissent un essor favorable dans un contexte de crise, l'investissement socialement responsable (ISR) et les *Exchange-Traded Funds* (ETF). L'innovation éthique et financière traduit bien les deux conceptions que tente de refléter le marché financier.

Déterminer la performance des investissements dépend étroitement des modalités de valorisation du portefeuille. Elle peut être réalisée en valeur de marché ou par recours à un modèle de calcul (*mark to model*), à défaut d'observation suffisante de prix. L'évolution des valeurs liquidatives des parts constitue le socle de calcul des performances.

La fiabilité de la valorisation passe par une série de contrôles à mener sur l'ensemble de la chaîne de la production de la gestion d'actif. Le valorisateur y joue un rôle clé en sollicitant les différentes fonctions internes comme externes (CAC, teneur de comptes, centralisateur des ordres, gestion des risques, contrôle interne et conformité, *middle-office, back-office*, fournisseurs de données).

La performance se caractérise par un couple rentabilité-risque dont la mesure s'appuie sur des indicateurs plus ou moins sophistiqués. Son interprétation diffère selon que l'on est gérant ou investisseur qui supporte des frais et des délais de règlement.

Chapitre 3

Gérer la relation client

La connaissance client est pour le chargé d'affaires le moyen le plus naturel d'atteindre son objectif commercial. Pour le responsable de la conformité et du contrôle interne (RCCI) qui la connaît sous l'acronyme KYC (*Know Your Customer*, c'est-à-dire « connaissez votre client »), elle revêt un enjeu réglementaire vital pour la préservation des intérêts de la société de gestion.

Les règles qui régissent l'entrée en relation client ne se limitent pas au contexte légal. Elles concernent tout autant le devoir d'informer que de conseiller dans des conditions de prévention de tout conflit d'intérêt.

L'entrée en relation client revêt plusieurs dimensions placées au cœur des préoccupations commerciales et réglementaires.

En pratique

L'accélération du calendrier réglementaire

L'accélération du calendrier réglementaire peut être vécue comme une contrainte supplémentaire et coûteuse pour les acteurs de la gestion d'actifs, notamment les sociétés de type entrepreneurial. L'agenda réglementaire auquel doivent se préparer les professionnels de l'*asset management* est le suivant :

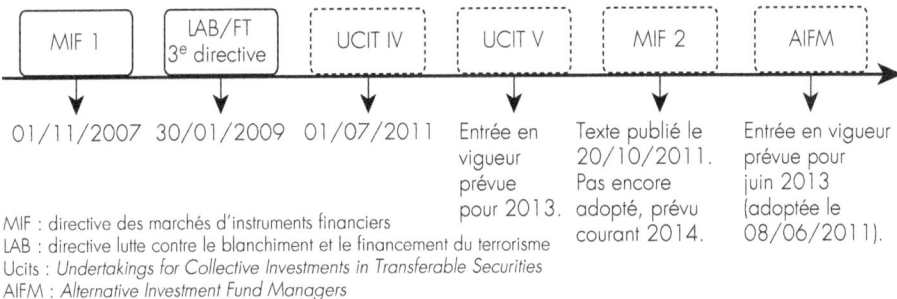

MIF 1	LAB/FT 3e directive	UCIT IV	UCIT V	MIF 2	AIFM
01/11/2007	30/01/2009	01/07/2011	Entrée en vigueur prévue pour 2013.	Texte publié le 20/10/2011. Pas encore adopté, prévu courant 2014.	Entrée en vigueur prévue pour juin 2013 (adoptée le 08/06/2011).

MIF : directive des marchés d'instruments financiers
LAB : directive lutte contre le blanchiment et le financement du terrorisme
Ucits : *Undertakings for Collective Investments in Transferable Securities*
AIFM : *Alternative Investment Fund Managers*

La faillite de Lehman Brothers (15 septembre 2008) et le scandale lié à l'affaire Bernard Madoff (19 décembre 2008) ont sans conteste accéléré le mouvement de refondation du système de régulation, dans un contexte de crise persistante, d'exacerbation de la concurrence et d'accumulation des risques. Les sociétés de gestion sont donc amenées à s'adapter à ce nouvel environnement réglementaire.

La connaissance client se trouve au centre de deux directives, celle antiblanchiment (3ᵉ directive LAB) et celle des marchés d'instruments financiers (MIF). Pour le chargé d'affaires comme pour le responsable de la conformité, l'entrée en relation avec un client doit être envisagée comme le moyen de recueillir les informations destinées à définir les prestations les plus adaptées, tout en détectant les comportements atypiques susceptibles de nuire au prestataire d'investissements.

Il s'agit d'établir un rapport de confiance fondé aussi bien sur la protection de l'établissement financier que de l'investisseur. Un examen approfondi du risque de non-conformité montre la forte proximité existant entre les préoccupations commerciales et réglementaires. Le risque de non-conformité peut se matérialiser par de fortes sanctions financières, disciplinaires, et nuire au final le fonds de commerce de la société par la dégradation de son image.

Parce qu'elle est diffuse et touche de multiples fonctions (commerciale, conformité, risque, *middle-office, back-office*), la maîtrise des risques de non-conformité passe par une approche collaborative de l'ensemble des métiers.

L'efficacité et la rationalisation de l'investissement doivent s'inscrire dans une double démarche : permettre aussi bien aux sociétés de type *big player* qu'entrepreneurial de relever ces enjeux réglementaires, tout en ne perdant pas de vue la satisfaction du client.

Le schéma ci-dessous traduit tout l'intérêt d'adopter une double démarche pour articuler les objectifs de chaque acteur.

La conjugaison de la démarche réglementaire et commerciale

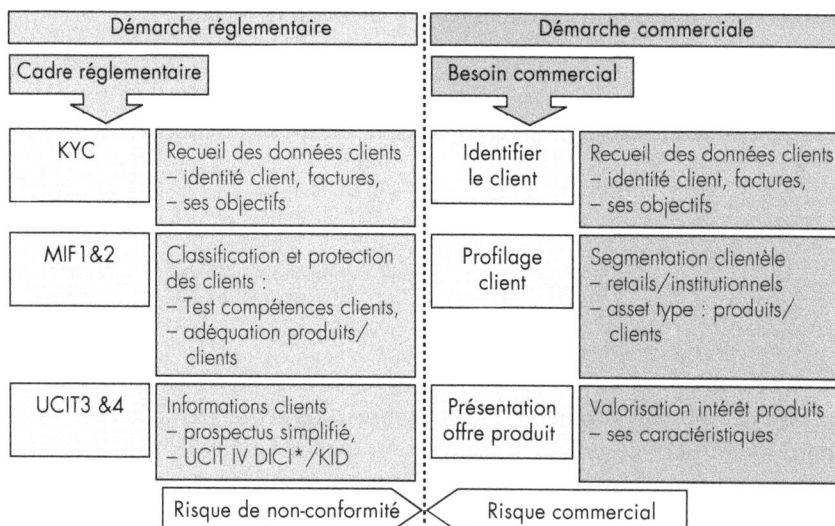

Démarche réglementaire		Démarche commerciale	
Cadre réglementaire		Besoin commercial	
KYC	Recueil des données clients – identité client, factures, – ses objectifs	Identifier le client	Recueil des données clients – identité client, factures, – ses objectifs
MIF1&2	Classification et protection des clients : – Test compétences clients, – adéquation produits/ clients	Profilage client	Segmentation clientèle – retails/institutionnels – asset type : produits/ clients
UCIT3 &4	Informations clients – prospectus simplifié, – UCIT IV DICI*/KID	Présentation offre produit	Valorisation intérêt produits – ses caractéristiques
	Risque de non-conformité	Risque commercial	

* document d'information clé pour l'investisseur.

120

LA CONNAISSANCE CLIENT, BIEN PLUS QU'UN OBJECTIF RÉGLEMENTAIRE

Le processus de la connaissance du client a pour objectif de préserver l'intégrité des marchés de comportements délictuels (blanchiment, financement du terrorisme…) et d'assurer la protection de l'investisseur. Il répond donc au besoin de protection du prestataire d'investissements (PSI*) face à un comportement déloyal l'exposant à une lourde sanction pénale, financière et au final portant gravement atteinte à son image. Il s'agit de prévenir également un risque de défaillance de la protection du client, et ce faisant celui du « capital réputation » de l'établissement.

La connaissance client constitue un préalable à toute autorisation d'effectuer des transactions, ou plus largement d'établir un courant d'affaires.

En pratique

Le risque de non-conformité

Il est défini comme le risque de sanction judiciaire, administrative ou disciplinaire, de perte financière significative ou d'atteinte à la réputation, qui naît du non-respect de dispositions propres aux activités bancaires et financières (législatives, réglementaires, normes professionnelles et déontologiques, instructions de l'organe exécutif).

Le chargé d'affaires se situe aux avant-postes de la sélection du client et de la qualité de mise à jour de sa situation. Il lui faudra trouver le bon dosage pour que le rendez-vous ne se réduise pas à une démarche purement administrative et réglementaire. Il ne faut pas perdre de vue qu'il s'agit d'un moment privilégié de mise en confiance devant déboucher pour une majorité des *prospects* sur l'établissement d'un courant d'affaires.

La 3ᵉ directive antiblanchiment

La maîtrise du risque de blanchiment est l'affaire de tous les praticiens, quelles que soient leurs fonctions au sein de la société de gestion, des réseaux bancaires et d'assurance.

Le blanchiment revêt des formes très différentes et emprunte des techniques de camouflage de plus en plus sophistiquées. Sa détection passe par une bonne connaissance de son processus.

L'exigence de lutte contre le blanchiment et le financement du terrorisme est portée au plus haut niveau mondial à travers le Gafi (Groupe d'action financière).

Le rôle du Gafi

Créé en 1989, le Gafi (Groupe d'action financière, FATF en anglais) est un organisme intergouvernemental (Afrique du Sud, Allemagne, Argentine, Australie, Autriche, Belgique, Brésil, Canada, Chine, Union européenne, Conseil de coopération du Golfe, Danemark, Espagne, États-Unis, Fédération de Russie, Finlande, France, Grèce, Hong-Kong, Chine, Inde, Irlande, Islande, Italie, Japon, Luxembourg, Mexique, Norvège, Nouvelle-Zélande, République de Corée, Royaume des Pays-Bas, Portugal, Royaume-Uni, Singapour, Suède, Suisse, Turquie). Son but est de définir les politiques de lutte contre le blanchiment des capitaux et le financement du terrorisme à l'échelle nationale comme mondiale.

Cette instance intergouvernementale établit des techniques de prévention contre le risque de blanchiment. Elle agit en relation avec des ONG internationales, ce qui donne un rayon d'action à la mesure de l'enjeu.

L'utilité du Gafi se traduit par la reconduction systématique de ses mandats depuis sa création. Le prochain expire en 2012 et sera vraisemblablement reconduit.

La dimension politique de la lutte contre le blanchiment et le financement du terrorisme ne peut que justifier une gouvernance régalienne à l'échelle mondiale.

Le processus du blanchiment

Le blanchiment vise à conférer une légalité de façade à des fonds provenant d'activités illicites et criminelles (détournement de fonds publics, trafic de drogue ou d'armes…).

La lutte antiblanchiment ne se contente pas de répondre à des préoccupations d'ordre moral ou réglementaire, mais a pour but de défendre l'intégrité du fonctionnement de l'économie et des marchés de capitaux. L'impact sur le fonctionnement du marché des actifs peut être illustré comme suit :

Blanchiment et impact des prix sur les actifs financiers

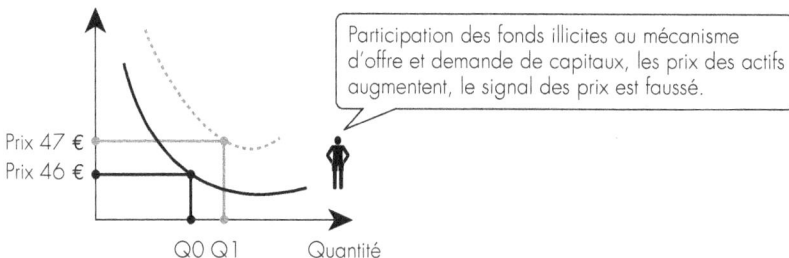

L'intrusion de fonds illicites sur le marché des capitaux influence le niveau des prix et accroît l'incertitude. Le blanchisseur n'a pas pour objectif premier de rechercher un rendement mais de protéger son gain initial. L'apport illicite de liquidités fausse le signal des prix pour les autres participants honnêtes. Les mouvements d'entrée et de sortie du marché par les blanchisseurs sont donc très préjudiciables aux investisseurs.

Le mécanisme à l'œuvre dans le blanchiment d'argent suit les étapes suivantes :

- le blanchisseur va chercher à pénétrer les circuits financiers à l'aide de la création ou de l'achat de sociétés légales générant beaucoup de liquidités ;
- l'étape du « lavage » vise à tromper la vigilance des acteurs financiers en opérant dans différents pays, comptes et établissements financiers et bancaires, afin de brouiller la piste d'audit de traçabilité de la provenance des fonds ;
- l'infiltration correspond au placement des sommes blanchies dans les véhicules financiers.

L'exemple de blanchiment qui résume assez bien ce processus est le schéma mis en place en 1996 par Franklin Jurado, dans la création du cartel de Cali. L'opération qu'il avait conçue reposait sur l'ouverture d'une centaine de comptes dans une soixantaine de banques implantées dans près de 10 pays. Il avait établi le circuit de blanchiment suivant :

Illustration du circuit de blanchiment de Franklin Jurado

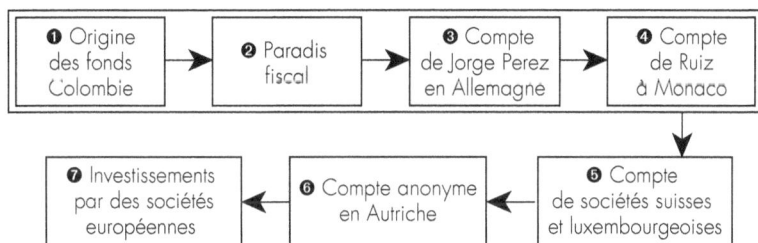

Le processus de connaissance client s'exerce lors de la prospection et se prolonge tout au long de la période commerciale : le contrôle négatif de risque de blanchiment au cours de la prospection ne préjuge pas d'une survenance ultérieure, durant la période commerciale. L'actualisation des informations des clients doit donc être privilégiée. Les techniques d'analyse de *scoring*[1] exploitent ces informations pour situer l'investisseur sur une échelle de risque.

---

1. *Scoring* : technique d'analyse destinée à diagnostiquer préventivement les difficultés des entreprises.

Les contrôles lors de la phase de prospection : cadre juridique et conséquences pratiques

L'ordonnance n° 2009-104 et la directive 2005/60/CE donnent le cadre de lutte contre le blanchiment et le financement du terrorisme auquel doivent se référer les professionnels et plus particulièrement les RCCI (responsable de la conformité et du contrôle interne), soumis à des obligations déclaratives et d'analyse des risques.

Si la société de gestion distribue directement ses produits financiers, les mesures de vérification et de contrôle relèvent directement de sa responsabilité (article L. 561-7 du *Code monétaire et financier*). Si elle a recours à un ou plusieurs mandataires pour distribuer ses produits :

- lorsque le mandataire est soumis au dispositif de lutte antiblanchiment, il est soumis aux mêmes contraintes qu'une société de gestion gérant en direct la clientèle ;
- lorsque le mandataire n'est pas soumis au dispositif de lutte antiblanchiment, il revient à la société de gestion de préciser dans le contrat de mandat les mesures de contrôle et les procédures qu'il doit respecter (modalités de recueil des informations et documents que le mandataire récupère en son nom et pour son compte, conditions de surveillance et de vérification mises en place par la société de gestion, dont elle doit s'acquitter en sa qualité de mandataire).

Comprendre le processus de connaissance du client

Quatre étapes essentielles marquent la procédure KYC : le recueil des informations, le contrôle, l'évaluation et la décision.

Le recueil des informations

Il s'agit de collecter les informations des personnes physiques et morales (pièces d'identité, passeport, factures, extraits Kbis, déclarations fiscales, situation patrimoniale). Les personnes morales doivent en outre fournir les statuts de la société, un extrait du registre du commerce, les éléments permettant d'apprécier le pouvoir de la société, comme les résolutions d'assemblée générale* (AG), les délibérations de conseil d'administration ou des mandataires sociaux… Pour les sociétés étrangères, le recours à une personne officielle comme un notaire ou un tiers de confiance est vivement conseillé pour attester de la qualité des informations.

Les informations relatives aux bénéficiaires effectifs[1] sont également demandées. Dans le cas où le titulaire du compte n'est pas forcément l'ayant droit, une fiche de renseignements du bénéficiaire réel doit être établie. Elle porte à minima l'identité, l'adresse, le pays du domicile économique.

Les objectifs de placement souhaités, l'option de service financier souhaitée et la sensibilité au risque sont renseignés dans la fiche client.

Le contrôle

Il s'agit de vérifier l'identité du client et l'existence ou non de sanctions à son encontre :

- la vérification de l'exactitude de l'identité s'effectue à l'aide des pièces officielles et, pour les personnes morales, sur le site Infogreffe. Le recoupement d'informations à partir de factures, documents fiscaux, permet de vérifier la domiciliation de la personne morale ou physique. L'envoi d'un courrier commercial peut compléter le contrôle de la pertinence de l'adresse. L'absence de retour de type NPAI (n'habite plus à l'adresse indiquée) doit conduire à approfondir le contrôle et montrer la plus grande vigilance ;
- le contrôle de l'existence de sanctions à l'encontre du client, personne physique ou morale, est indispensable. Il s'appuie sur la consultation des listes officielles nationales et supranationales (ONU, Union européenne...) et d'autres listes établies en interne. Il est vivement recommandé de consulter les médias spécialisés, comme WorldCheck, KYC360, ou Factivia.

La troisième directive antiblanchiment, transposée en droit français le 30 janvier 2009, prévoit que les personnes exposées politiquement, dites PEP, fassent l'objet d'une identification.

L'évaluation

Au vu des contrôles menés, l'établissement peut alors procéder à l'évaluation du risque de blanchiment. Le profilage du risque client aboutit à l'attribution de trois types de valeurs : faible, normal ou élevé.

La décision

Au terme de l'évaluation, et selon le seuil de déclenchement du risque, la société de gestion pourra effectuer une simple alerte ou une déclaration de soupçon à Tracfin (traitement du renseignement et actions contre les circuits financiers clandestins), ou effectuer une enquête plus approfondie.

Le respect scrupuleux de la confidentialité de la procédure de contrôle d'un client en conditionne la portée juridique : l'établissement financier effectuant la déclaration de soupçon, ainsi que ses collaborateurs, ne doivent pas

---

1. Le ou les bénéficiaires effectifs correspondent aux personnes (physiques ou morales) qui en dernier lieu contrôlent ou possèdent le client et (ou) une personne physique au profit de laquelle une transaction est effectuée.

en tenir informé le client sous peine d'encourir une amende de 22 500 €. Tracfin est tenu de garantir de son côté la stricte confidentialité des données qui lui sont communiquées.

Les différentes phases de la connaissance client peuvent être illustrées à l'aide du schéma suivant.

Processus de validation du KYC

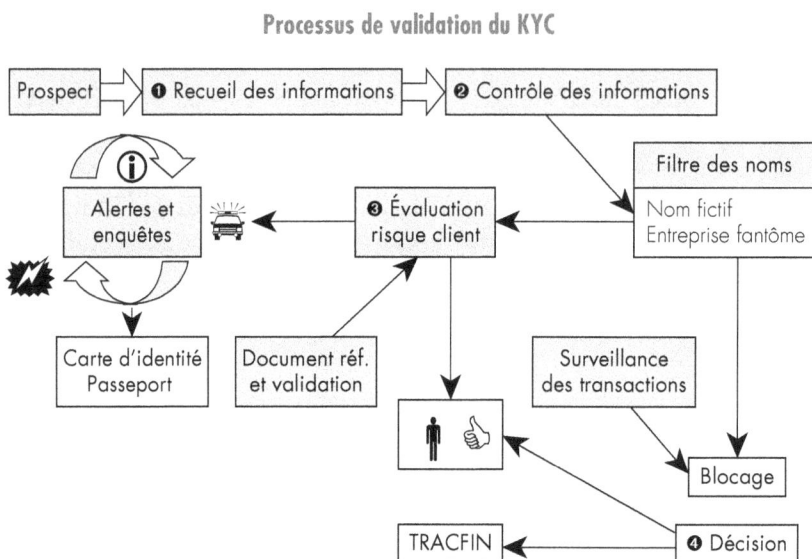

* Traitement du renseignement et actions contre les circuits financiers clandestins.

Attention ! Il faut avoir à l'esprit que les logiciels de contrôle peuvent faire ressortir des homonymes ou des noms voisins. Il faut donc de se garder de toute conclusion hâtive susceptible d'induire en erreur le chargé d'affaires.

Contrôle de la connaissance client durant la relation commerciale

Si le contrôle a établi l'absence de sanctions, la relation commerciale peut alors se concrétiser par la constitution d'un portefeuille de valeurs. Pour autant, le prestataire de service d'investissements ne doit pas relâcher sa vigilance. Des changements de situation, des informations complémentaires sur le client ou encore des transactions atypiques peuvent constituer des risques qu'il faut savoir évaluer afin de les détecter tout au long de la relation commerciale.

C'est pourquoi la procédure KYC de contrôle permanent de l'intégrité du client s'impose. Elle doit permettre de prévenir et réagir en conséquence à ce type de risque. La troisième directive de lutte contre le blanchiment a prévu l'organisation de la démarche qui s'impose aux acteurs financiers et bancaires.

La méthodologie retenue repose sur :

- la définition et la mise en place d'une cartographie des risques de blanchiment de capitaux qui permet de diriger les investigations en fonction des sources de vulnérabilité identifiées ;

- compte tenu de la masse d'informations se rapportant aux instruments financiers, aux types de marchés financiers, aux caractéristiques du client, aux bases de comparaison externes et internes, la technique du *scoring* a été retenue. Elle permet l'établissement d'un profilage client déterminé en fonction d'un *score* (notation) de niveau de risque.

En pratique

Le *scoring* est une technique d'analyse employée pour prévenir la survenance d'un risque. Elle est couramment utilisée en matière d'octroi de crédit. Une formule de *score* (Z) permet de calculer une note à partir de ratios et d'effectuer une comparaison avec des clients ayant rencontré des difficultés ou défaillants. Selon la note attribuée, la probabilité de réalisation de l'événement (blanchiment) est plus ou moins forte sur l'échelle de risque.

Les paramètres les plus significatifs qui entrent dans le calcul du *score* en matière de blanchiment sont :
- l'origine des fonds ;
- le pays de résidence du client ;
- le pays de résidence fiscale du client ;
- la nature des opérations ;
- les montants des opérations ;
- les espaces géographiques des relations d'affaires du client ;
- la valeur estimée des actifs ;
- les types de sous-jacents traités ;
- etc.

Les paramètres entrant dans le calcul du *score* sont enrichis ou pondérés en fonction des besoins d'éclairage du moment, comme la situation d'un pays ou une zone géographique basculant dans une zone de très forte instabilité politique ou entrant en guerre.

Par exemple, la Côte d'Ivoire, à la suite du résultat des élections proclamé le 3 novembre 2010, a basculé dans l'instabilité en raison de la contestation des résultats par le président sortant Laurent Gbagbo. L'ONU, l'UE et l'Union africaine ont établi une liste de 19 personnes frappées d'interdiction et de sanctions, dont le président sortant.

L'approche statique du *scoring* doit ainsi être complétée par sa gestion dynamique, de manière à tenir compte des changements de situation des facteurs de risque, favorable ou défavorable.

Les points d'alerte se focalisent entre autres sur la fréquence du changement d'adresse, l'utilisation du compte, l'évolution de la capacité d'investissement, le tout au regard des potentiels indiqués dans la fiche client. Les alertes doivent faire l'objet d'une diffusion auprès des services concernés (*middle-office*, *back-office*, risque…).

Le contrôle de risque de blanchiment s'apparente aux procédures employées par les compagnies aériennes lors de la vérification de l'identité des passagers et du contrôle de bagages.

La démarche à suivre peut être formalisée ainsi :

Le contrôle KYC au cours de la prospection et pendant la durée commerciale

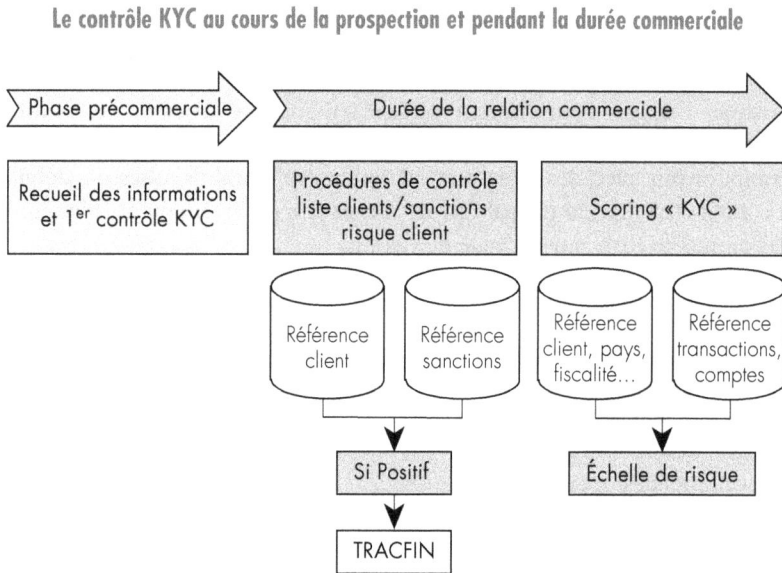

Se mettre en situation de détecter les cas de soupçon de blanchiment

La mise en place d'un dispositif de connaissance client participe de la prévention des risques de non-conformité. Outre les sanctions et amendes, la négligence du risque de non-conformité est particulièrement lourde de conséquences : une image ternie se traduira le plus souvent par un recul du niveau d'activité, la baisse des taux de transformation des *prospects* en clients fermes ou encore les clôtures de compte.

Les griefs formulés par les autorités des marchés mettent en cause au premier plan la déficience de l'obligation de moyens. Aussi, la formation de l'ensemble des collaborateurs, la mise en place de procédures et leur application font l'objet de la plus grande attention. La communication sur la lutte contre le blanchiment, établie par la direction à l'ensemble des collaborateurs, montre le rang occupé par ce type de risque.

Les cas de blanchiment pouvant donner lieu à des déclarations de soupçons ci-après sont particulièrement riches d'enseignement. Ils permettent de se familiariser avec la démarche opérationnelle à mettre en œuvre et d'encourager ainsi la culture de prévention du risque. Afin de démasquer les différents visages du blanchiment, le recours à l'ensemble des fonctions de la gestion d'actifs (commerciales, juridiques, conformité, risque, fiscalité, gestionnaire *middle* et *back-office*…) est primordial.

Exemple

Cas fictifs d'indices de blanchiment ou de financement du terrorisme pouvant donner lieu à déclaration de soupçon (source : site AMF).

Cas n° 1 : mouvement d'espèces créditeur sur le compte de la SGP

Un virement au profit d'un compte d'une SGP émane d'un compte client Z sous mandat de gestion, dont le titulaire est une structure *off-shore* représentant les intérêts de la famille de l'actionnaire principal et dirigeant de la SGP. Après examen, le versement correspondait au règlement de l'achat d'obligations réalisé par la SGP pour le compte client. Les fonds provenaient d'une banque privée européenne (UE) dont l'identité du donneur d'ordre était différente de la structure *off-shore*.

Au final, des flux ont circulé entre la France, un autre pays de l'Union européenne et une place *off-shore*. Même si la SGP pouvait s'appuyer sur les diligences de la banque européenne en matière d'identification du donneur d'ordre, la complexité inhabituelle des opérations par rapport aux schémas de flux financiers de la gestion pour compte de tiers aurait dû inciter la SGP à effectuer une déclaration de soupçon.

Cas n° 2 : souscription/rachat OPCVM dans un délai court

Un investisseur souscrit des parts d'OPCVM auprès d'une SGP pour un montant significatif. La banque dépositaire de l'OPCVM reçoit la couverture du montant de la souscription par virements et chèques en provenance de l'étranger. Très peu de temps après la souscription, le client demande le rachat de ses parts dans un délai très court et transfère le produit sur son compte dans une autre banque. La SGP, qui estime que les opérations sont inhabituelles et inexpliquées, n'a pas de relation directe avec ce souscripteur (client occasionnel) et ne sait pas comment il a choisi d'investir dans l'OPCVM car il est inconnu des distributeurs mandatés par la SGP pour commercialiser l'OPCVM. La SGP fait une déclaration de soupçon.

Cas n°3 : utilisation d'une SGP pour investir massivement des capitaux off-shore

Le souscripteur d'un OPCVM d'une SGP était à hauteur de plus de 80 % un fonds fiduciaire immatriculé dans un pays *off-shore*. La SGP a estimé que l'identité du bénéficiaire effectif restait douteuse et que l'origine de son patrimoine n'était pas connue, malgré la recherche d'explications. Elle a effectué une déclaration de soupçon. L'enquête à la suite de cette déclaration a montré qu'il s'agissait de commissions perçues sur un trafic d'armes avec l'étranger.

Cas n° 4 : le recours à la multigestion alternative

Une SGP gère des fonds de fonds qu'elle a investis dans des fonds d'investissement étrangers, notamment des *hedge funds off-shore* proposés par des promoteurs indépendants et immatriculés dans des pays avec une réglementation et une surveillance peu regardantes. La particularité de ces fonds d'investissement réside, en dehors du rendement réputé élevé de leurs placements, dans le fait que les profits qu'ils génèrent peuvent être maintenus sur place et non déclarés. La SGP n'a pas veillé à établir l'identité des principaux constituants desdits *hedge funds* (d'une part, par les intervenants responsables de la gestion, et d'autre part par les bénéficiaires effectifs aux côtés desquels elle investissait) et ne s'est pas assurée de l'origine des fonds gérés par lesdits *hedge funds* alors que ces *funds* peuvent être largement récipiendaires de sommes transférées de paradis fiscaux.

L'absence de diligence de la part de la SGP ne lui a pas permis de détecter que les *hedge funds* ont utilisé les fonds qu'elle avait investis pour financer une fraude à la TVA.

Cas n° 5 : investissement immobilier

Une SGP, qui gère un OPCI (organisme de placement collectif en immobilier) spécialisé dans les monuments historiques, met en vente un château du XVIIe siècle situé en France. Peu de temps après, une promesse de vente est signée avec un homme d'affaires d'un pays européen qui accepte le prix demandé sans négociation. Au moment de la vente définitive chez le notaire, l'homme d'affaires présente une procuration et substitue le nom d'un citoyen d'un pays YY dont la législation ou les pratiques font obstacle à la lutte antiblanchiment au sien dans l'acte de vente. Renseignements pris, l'acheteur est un ministre du pays YY.

LA PROTECTION DU CLIENT AU SENS DE LA DIRECTIVE DES MARCHÉS D'INSTRUMENTS FINANCIERS (MIF)

La connaissance client définie dans le cadre de la lutte contre le blanchiment est une exigence réglementaire qui se retrouve dans le cadre de la directive des marchés d'instruments financiers. Pouvant être vécu comme une contrainte additionnelle, son objectif est différent et répond à un besoin encore plus justifié par la crise.

La procédure de connaissance client au sens de la MIF vise à protéger les investisseurs. Elle comprend deux étapes majeures : une évaluation de l'investisseur, suivie d'une catégorisation.

En pratique

Les objectifs de la directive des marchés d'instruments financiers MIF

Entrée en vigueur le 1er novembre 2007, la directive MIF a pour ambition de réformer le marché des instruments financiers par :

» la création d'un marché unique des activités financières ;

.../...

- le renforcement de la protection des investisseurs, avec notamment une obligation accrue en matière d'information et une formalisation de la protection des clients par catégorie ;
- de nouvelles exigences de transparence, dont celle de *best execution* (négociation des instruments financiers au mieux des intérêts du client).

Qui est concerné ? L'ensemble des prestataires d'investissements qu'ils soient établissements de crédit, entreprises d'investissements.

Quelle est la portée territoriale ? Les pays de l'espace économique européen (Union européenne, Norvège, Islande et Liechtenstein).

Quelles sont les catégories de clients ? Trois catégories de clients ont été établies : non-professionnels, professionnels* et éligibles (sous-catégorie de professionnels).

Quel périmètre d'instruments financiers ? Tous les instruments financiers et sous-jacents. Les instruments les plus représentatifs sont ceux du marché monétaire et les valeurs mobilières :
- cotés ou non ;
- pour les titres cotés, quel que soit le lieu de négociation ;
- les contrats à terme ;
- les contrats d'échange ;
- les dérivés sur les *futures* ;
- les contrats dérivés ;
- les parts ou actions d'OPCVM.

La définition de produits simples ou complexes joue un rôle majeur dans l'offre de protection du client. Quels sont les marchés ?
- l'ensemble des marchés réglementés (MR) ;
- les MTF (*Multilatéral Trading Facilities**) ;
- les marchés de gré à gré, y compris les plates-formes électroniques.

a. Mifid : *Market in Financial Instruments Directive.*

Le processus d'évaluation et de classification du client

La protection consiste à évaluer l'expérience et le niveau de connaissance du client, ainsi qu'à réaliser un test d'adéquation du produit ou du service en fonction d'un ensemble de critères (objectif, capacité financière et connaissance).

Les critères de classification du client

L'entrée en relation avec le client vise à recueillir les informations indispensables pour procéder à sa catégorisation : non-professionnel, professionnel ou éligible.

Pour être admis dans la catégorie professionnelle, au moins deux critères doivent être réunis sur les trois suivants :
- disposer d'un portefeuille d'instruments financiers et de liquidités > 500 000 € ;

- avoir effectué plus de 10 transactions sur des valeurs au cours des 4 derniers trimestres ;
- disposer d'une expérience d'au moins un an dans le domaine financier.

Sont considérés comme professionnelles les grandes entreprises qui répondent à deux des trois critères ci-dessous :

- réaliser un chiffre d'affaires net d'au moins 40 millions d'euros ;
- disposer d'un total de bilan d'au moins 20 millions d'euros ;
- disposer de capitaux propres d'au moins 2 millions d'euros ;

Le statut de contrepartie éligible correspond à une catégorie de client au sens de la MIF pouvant être assimilé à un client professionnel. Entrent dans cette catégorie les établissements de crédit, les OPCVM et les sociétés de gestion.

Les critères d'évaluation du client

Les informations recueillies auprès du client doivent permettre d'offrir le service correspondant à son besoin. Le prestataire d'investissements conduit deux types de test, l'un visant à s'assurer de l'adéquation du produit proposé au client, l'autre destiné à apprécier le caractère approprié du produit lui correspondant. Les tests doivent être conservés au moins cinq ans par le prestataire d'investissements.

Le test d'adéquation dit de *suitability*

La fourniture de conseil personnalisé est accompagnée d'une obligation de vérifier l'adéquation de l'offre de services aux objectifs du client. Les recommandations effectuées auprès d'un investisseur déjà client ou potentiel couvre le conseil en investissement comme la gestion de portefeuille. La société de gestion doit s'assurer que la souscription réponde bien au profil du client.

Trois éléments sont à prendre en compte dans la réalisation du test, la vérification de l'expérience et la connaissance client, l'évaluation de ses objectifs d'investissement, et sa capacité financière :

- l'expérience et la connaissance client : à travers son chargé d'affaires, le prestataire d'investissements s'appuie à la fois sur la profession du client et sur ses connaissances du fonctionnement des marchés financiers. Il s'assure ainsi de la bonne compréhension de son client à mesurer les risques. L'examen de l'expérience du client en matière d'achat d'instruments financiers tient compte du nombre d'opérations effectuées par le client et du type d'opération réalisée ;
- les objectifs d'investissement du client : le chargé d'affaires apprécie les objectifs d'investissement de son client au regard du niveau de risque qu'il souhaite engager ;

› la capacité financière du client : elle s'apprécie au regard des montants de placement envisagés par le client, de sa situation familiale et professionnelle, de ses sources de revenus, de son patrimoine.

Si les tests visent plus particulièrement les clients non professionnels, l'adéquation du produit aux objectifs concerne également la catégorie professionnelle.

Le test d'appropriation dit d'*appropriateness*

Il consiste à vérifier à partir d'un questionnaire que le client potentiel dispose du niveau requis pour appréhender correctement les risques des produits auxquels il souhaite souscrire.

Au vu des résultats du test, le prestataire peut décider de ne pas fournir la prestation attendue par le client, si l'achat envisagé n'est pas adapté à son profil ou si un client ne fournit pas tous les éléments d'information requis.

Selon la politique des établissements, le test est recommandé également pour les clients professionnels dont on présume qu'ils disposent déjà de l'expertise suffisante. La crise des *subprimes* (voir chapitre 1) a mis en évidence l'utilité de ces tests : un certain nombre de directeurs financiers ont été dépassés par la complexité des produits tels que les CDO, CDS, ABS.

Plus généralement, l'innovation financière nécessite la vérification de la mise à jour des connaissances professionnelles par le biais de formations régulières.

Le tableau ci-dessous décrit les deux types de test à conduire au sens de l'article 19-4 de la directive MIF.

Matrice de classification client et des tests à conduire

Classification client	Test de connaissance et d'expérience — Services et produits financiers		Test d'adéquation — Gestion de portefeuille			Test d'adéquation — Conseil en investissement		
	Produit complexe	Produit simple	Connaissance et expérience	Objectif investissement	Capacité financière	Connaissance et expérience	Objectif investi	Capacité financière
Non-professionnel	✓		✓	✓	✓	✓	✓	✓
Professionnel				✓	✓		✓	
Éligible								

133

Au terme de la procédure d'évaluation, le client est catégorisé selon l'une de ces trois possibilités définies par la directive MIF :

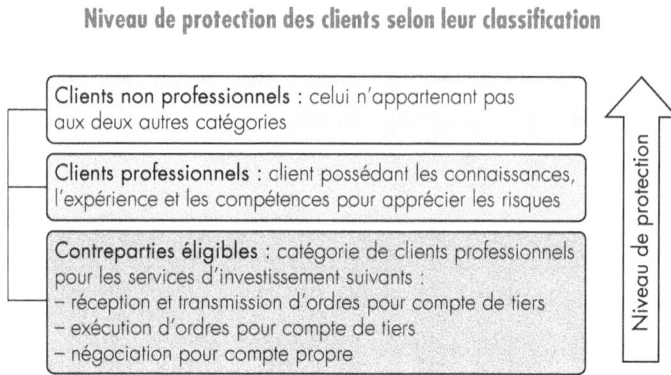

Niveau de protection des clients selon leur classification

Clients non professionnels : celui n'appartenant pas aux deux autres catégories

Clients professionnels : client possédant les connaissances, l'expérience et les compétences pour apprécier les risques

Contreparties éligibles : catégorie de clients professionnels pour les services d'investissement suivants :
– réception et transmission d'ordres pour compte de tiers
– exécution d'ordres pour compte de tiers
– négociation pour compte propre

Niveau de protection

Source : l'auteur, sur la base des textes réglementaires.

Le degré de protection s'exerce de manière croissante selon le statut de classification obtenue.

Le changement de protection du client : *opt in* ou *opt out*

Le changement de classification client est prévu par la directive MIF pour permettre à un client non professionnel de devenir professionnel (*opt out* : diminuer son niveau de protection), dès lors que les critères d'éligibilité sont satisfaits. À l'inverse, l'*opt in* est le processus par lequel le client opte pour un niveau de protection accru tant son accord que celui de la banque sont nécessaires.

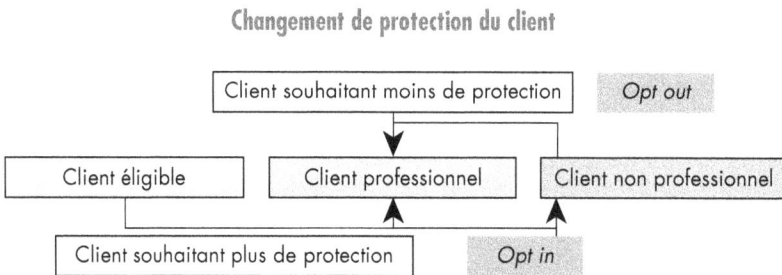

Changement de protection du client

Client souhaitant moins de protection — Opt out

Client éligible — Client professionnel — Client non professionnel

Client souhaitant plus de protection — Opt in

La politique contractuelle du prestataire d'investissements doit être en mesure d'accompagner la demande de changement de protection de la clientèle aussi bien en termes de convention de services que de pilotage et maîtrise des risques.

La gestion différenciée de la protection client

Le *cross-selling* consiste à accroître le produit net bancaire (PNB) par client, par la capacité à lui fournir une offre diversifiée. Cela suppose de pouvoir traiter pour un même client plusieurs catégories de profils de protection.

En période de crise, un bon nombre d'établissements financiers ont fait du *cross-selling* un axe stratégique fort de développement.

Ce *challenge* stratégique implique l'ensemble des métiers : commerciaux, juristes, services conformité et risque, *middle-office* et *back-office*…

Le choix d'une organisation décloisonnée et d'une architecture ouverte des systèmes d'information sont des facteurs de succès particulièrement déterminants.

Traduction de la gestion multiprofil du client

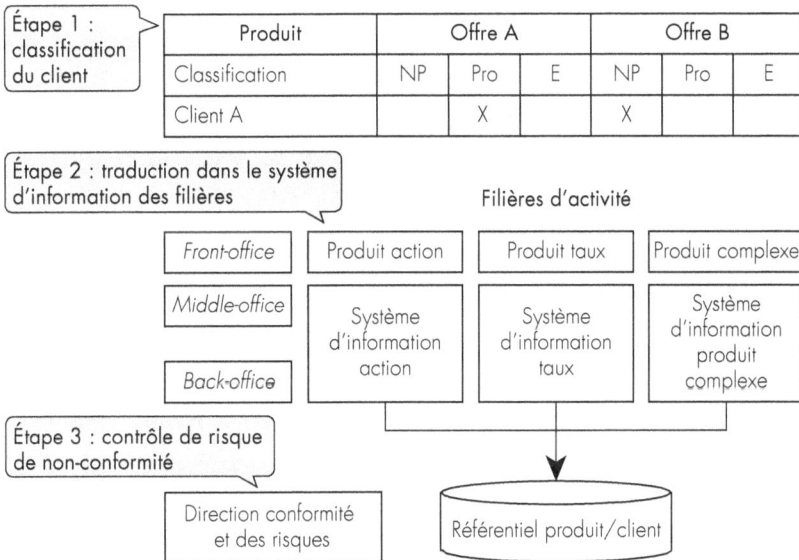

Étape 1 : classification du client	Produit	Offre A			Offre B		
	Classification	NP	Pro	E	NP	Pro	E
	Client A		X		X		

Étape 2 : traduction dans le système d'information des filières

Filières d'activité

Front-office	Produit action	Produit taux	Produit complexe
Middle-office	Système d'information action	Système d'information taux	Système d'information produit complexe
Back-office			

Étape 3 : contrôle de risque de non-conformité

Direction conformité et des risques

Référentiel produit/client

NP : non-professionnel. Pro : professionnel. E : éligible.

Comme le montre le schéma ci-dessus, la traduction opérationnelle de la catégorisation du client sollicite de nombreuses fonctions de l'univers de la gestion d'actifs. Les prestataires d'investissements doivent prêter une attention toute particulière aux risques de non-conformité et aux risques opérationnels liés à la classification client.

Un produit complexe vendu à un client classé non-professionnel fait courir un double risque, de non-conformité et opérationnel. Si la transaction se traduit par une perte pour le client, le prestataire d'investissements sera tenu de l'indemniser et sa réputation en pâtira.

En pratique

Dans le cas où le prestataire ne conduit pas le client à prendre une décision d'investissement, il n'est pas obligé de l'évaluer. Il s'agit des cas de figure suivants :

- information donnée pour renseigner un formulaire ;
- explication sur un produit financier ;
- informations relatives aux performances d'instruments financiers déjà publiées.

La politique de meilleure exécution des ordres (*best execution*)

La politique de meilleure exécution, également nommée *best execution,* figure au premier rang des objectifs affichés par la directive MIF. Elle consiste pour le prestataire à exécuter un ordre de Bourse au mieux des intérêts de ses clients.

Les critères retenus pour l'apprécier sont multiples (prix, quantité, liquidité, délai de latence, probabilité d'exécution…). La politique de meilleure exécution ne peut être vue que comme une obligation de moyens, en raison de la diversité des critères de mesure.

L'obligation de meilleure exécution n'est pas opposable à une société gérant un OPCVM qui exécute elle-même les ordres relevant de choix d'investissement pour le compte de ses clients. Elle est seulement tenue de s'assurer que l'exécution des ordres a été effectuée aux meilleures conditions de marché pour le client (article 21 de la directive MIF) et à une obligation de meilleure sélection des intermédiaires (*best selection*).

De nombreuses sociétés de gestion sous-traitent leur table d'exécution d'ordres de Bourse afin de se centrer sur la gestion du portefeuille proprement dite.

La société de gestion communique à ses clients les critères de sa sélection :

- coût d'intermédiation ;
- liquidité ;
- qualité de prestation ;
- rapidité d'exécution ;
- plan de continuité d'activité ;
- respect de la politique de la gestion des conflits d'intérêt.

La politique de sélection peut faire appel à un ou plusieurs prestataires pour exécuter les ordres.

La sélection d'un seul prestataire

Une société de gestion peut ne retenir qu'un seul prestataire pour assurer les obligations de meilleure exécution des ordres. Elle doit alors démontrer au client que ce choix est aussi favorable que si l'opération avait été réalisée avec plusieurs prestataires, voire plus rationnel (lorsque le nombre d'ordres est faible). Le choix d'un seul prestataire peut aussi se rencontrer dans de grands groupes qui bénéficient de conditions tarifaires avantageuses.

La sélection de plusieurs prestataires

La sélection de plusieurs prestataires est motivée par le jeu d'une concurrence accrue. Elle peut également se fonder sur la spécialisation des prestataires par classes d'actifs. Les critères d'exigence de *best execution* sont identiques : ils doivent faire en sorte que les achats et vente de titres soient réalisés au mieux des intérêts des clients.

Best selection

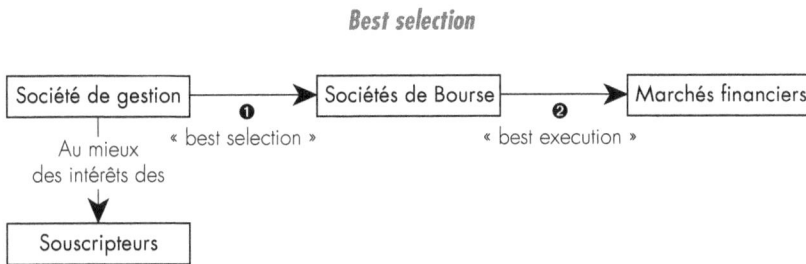

Le contrôle de la politique de sélection

La société de gestion doit s'assurer que le ou les intermédiaires respectent leurs engagements formalisés par le cahier des charges. Elle dispose d'une procédure de surveillance mentionnant l'ensemble des critères soumis à évaluation.

L'horodatage d'exécution des ordres est fondamental pour les besoins de contrôle à mener.

Un *reporting* d'évaluation des prestataires va permettre de procéder le cas échéant au changement d'intermédiaire. La politique d'exécution des ordres est examinée au moins une fois par an.

La gestion des conflits d'intérêt réaffirmée par la directive MIF

Le conflit d'intérêt correspond à une situation dans laquelle une personne ou une entité peut être amenée à poursuivre plusieurs intérêts dont l'un peut ou pourrait compromettre l'implication à agir sur les autres.

Cette définition générique peut être illustrée par le cas dans lequel un dirigeant est à la fois propriétaire d'une société de gestion pour compte propre et compte de tiers.

Exemple

Un conflit d'intérêt

A. Vente d'un instrument financier ou un bien d'un OPCI détenu par le compte propre de la société de gestion (SG) à un prix supérieur aux fonds détenus par les clients (gestion pour compte de tiers).

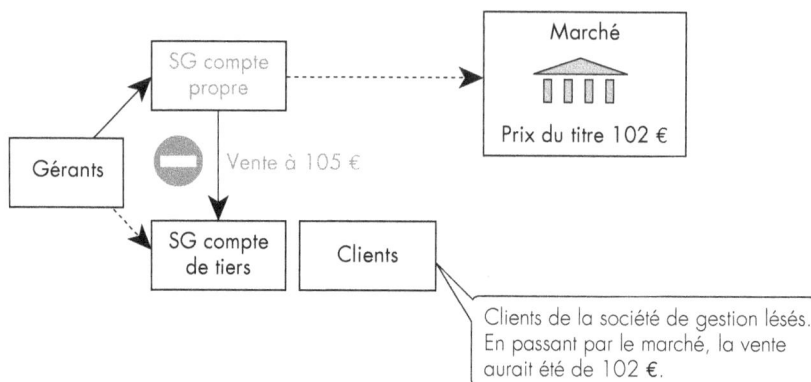

B. Un gestionnaire de différents fonds décide de favoriser une clientèle plutôt qu'une autre en achetant ou vendant un titre alors que l'achat ou la vente entrait bien dans la stratégie de deux fonds. Le coût d'opportunité pour un type de client au regard d'un autre peut se mesurer par le potentiel de plus ou moins-value* générée par le choix d'investissement ou de désinvestissement.

La cartographie des conflits d'intérêt

Au-delà de ces cas schématiques, il existe des situations potentielles de conflits d'intérêt. C'est pourquoi les établissements financiers sont tenus de mettre en place une cartographie des conflits d'intérêt.

Les principaux conflits d'intérêt qu'une société de gestion est susceptible de rencontrer concernent :

- l'exécution de prestations d'investissements de certains clients au profit d'autres ;
- les intérêts de la société de gestion au détriment de ceux de ses clients ;
- les intérêts du personnel de la société de gestion au détriment de ceux des clients.

La politique de prévention des conflits d'intérêt

La prévention des conflits d'intérêt requise par le RGAMF repose sur la mise en place de procédures et de formation des collaborateurs. La certification AMF, entrée en vigueur en 2010, s'inscrit également dans ce sens.

L'indépendance des collaborateurs qui exercent des activités soumises à de potentiels conflits d'intérêt doit être assurée au travers de l'organisation. Au regard notamment de l'article 313-21 II du RGAMF, le principe de la muraille de Chine est primordial : les procédures doivent permettre d'interdire et de contrôler les échanges d'information entre collaborateurs traitant des activités placées en risque de conflits d'intérêt.

Lorsque les procédures de prévention ne suffisent pas, chaque établissement est tenu de mettre en place un dispositif d'alerte de cas de conflit d'intérêt auprès de son supérieur et ou son RCCI (responsable de la conformité et du contrôle interne), qui prennent alors sans délai les mesures appropriées pour y mettre un terme et en limiter la portée. Le client doit en être informé afin qu'il puisse prendre une décision avisée sur la fourniture de son service d'investissement.

En outre, forts de l'analyse des dysfonctionnements, la direction et le RCCI mettent en place un plan d'actions correctrices en adaptant les procédures et en renforçant les contrôles. Les autorités des marchés sont au besoin tenues informées par le RCCI. Un registre établit les services et activités ayant enregistré la survenance d'un conflit d'intérêts.

Afin d'écarter les risques potentiels, de nombreux prospectus de fonds ont une rubrique *conflit of interest* qui liste les risques de conflits d'intérêt et en informe les clients, ce qui a l'intérêt de la transparence.

En pratique

La protection du client au sens de la MIF : gérer les profils clients

L'entrée en vigueur de la directive sur les marchés des instruments financiers (MIF) a renforcé le cadre protecteur des clients. Les souscripteurs de parts d'OPCVM bénéficient d'une classification selon qu'ils sont ou non professionnels.

L'exécution des ordres de souscription est assurée indirectement par la société de gestion. Dans ce dernier cas, elle est soumise à une obligation de *best selection* des prestataires en charge de l'exécution des ordres des valeurs entrant ou sortant du portefeuille des fonds.

Pour assurer la protection des clients fondée sur l'obligation d'agir dans leur intérêt, les sociétés de gestion sont tenues de définir une politique de gestion des conflits d'intérêt.

En pratique

Classification des clients, *best sélection* et prévention des conflits d'intérêt

▶ *Cas n° 1 : le test de* suitability *en pratique*

Un client (A) très fortuné dispose d'une importante capacité financière. Il souhaite investir dans des véhicules financiers de type FCPI relevant de la catégorie de produits complexes. Il est footballeur professionnel et le test de connaissance des produits se révèle non satisfaisant. Que doit faire le chargé d'affaires ?

Un autre client (B), disposant de solides connaissances financières, souhaite investir dans des FCPR (produits complexes) mais ne veut pas fournir les éléments d'information relatifs à sa capacité financière. Que doit préconiser le chargé d'affaires ?

Classification client	Véhicule financier								
	OPCVM classique			FCPR			FCPI		
	NP	Pro	E	NP	Pro	E	NP	Pro	E
Client A	X								
Client B		X							
Décision à prendre				Ne pas autoriser la souscription au client A comme au client B selon les obligations du test de *suitability*					

NP : client non professionnel ; Pro : client professionnel ; E : contrepartie éligible non assujetie.

Le chargé d'affaire doit chercher une proposition alternative compatible avec les profils des clients. En cas de litige, une classification erronée fait courir un risque de non-conformité pour la société de gestion.

▶ *Cas n° 2 : la classification des clients selon la nature des actifs*

Deux clients A et B désirent souscrire à des OPCVM coordonnés[a] et à des parts d'OPCI et de SCPI. Le client A est non professionnel, le client B est professionnel.

Le chargé d'affaires doit avoir à sa disposition la classification selon que les produits sont ou non complexes. Deux situations doivent être ici distinguées :
- projet d'achat d'une Sicav coordonnée par un client non professionnel : sachant que les OPCVM coordonnés relèvent de la catégorie des instruments simples (article 314-57 du RGAMF), le client non professionnel pourra souscrire à un tel instrument. La classification client est reprise dans la matrice ci-dessus ;
- projet d'achat de part d'OPCI et de SCPI par un non-professionnel : les parts et actions d'un OPCVM respectant les règles d'investissement de la directive 85/611/CEE n'ayant pas reçu l'agrément OPCVM coordonné ne sont pas de plein droit des instruments simples.

▶ Les parts d'OPCI ne sont pas de plein droit des instruments financiers simples, à moins de remplir les quatre conditions énoncées au II de l'article 314-57 du RGAMF, la deuxième condition exigeant notamment des fréquences importantes de céder, remBourser ou réaliser les parts ou actions.

▶ Les parts de SCPI entrent dans le cadre des produits complexes dès lors que l'associé est engagé au-delà du montant de sa part, car ne satisfaisant pas la troisième condition du II de l'article 314-57 du RGAMF.

Au total le chargé d'affaires doit parvenir à l'adéquation produit/client suivante :

Classification des clients	Produit simple	Produit complexe	
	Autorisé	Autorisé	Non autorisé
Client non professionnel A	X		X
Client professionnel B	X	X	

▶ *Cas n° 3 : le conflit d'intérêt potentiel entre compte de tiers et compte propre du prestataire*

Le prestataire d'investissement doit justifier qu'il exécute bien les transactions dans le respect de l'intérêt des clients. Les transactions ne doivent pas donner lieu à de quelconques conflits d'intérêt. C'est pourquoi la gestion des conflits d'intérêt fait l'objet d'une procédure visant à les identifier et recenser (article 313-19). Le prestataire est tenu à une obligation de moyens.

Une société de portefeuille effectuant des ordres groupés et *a posteriori* les ordres en faveur des comptes appartenant au gérant ou à son entourage constitue un cas manifeste de conflit d'intérêt (voir sanctions AMF).

a.   Un OPCVM coordonné correspond à une structure de gestion et répond à des règles d'information et de commercialisation conformes aux normes européennes UCIT-IV. Il peut être distribué à l'étranger.

LES RÈGLES D'INFORMATION DU CLIENT

La protection du client ne se limite pas au seul exercice de sa classification selon la typologie que nous venons d'aborder. Elle repose sur son droit d'être informé sur les conditions de réalisation et de gestion de son placement.

Avant toute souscription d'OPCVM, l'investisseur potentiel doit disposer des éléments d'information relatifs aux caractéristiques du produit. Le document d'information clé de l'investisseur (DICI), qui a remplacé le 1er juillet 2011 le prospectus simplifié, est le support qui contient les éléments d'appréciation.

De nombreux contentieux portant sur le droit à l'information du client concernant des fonds à promesse ou de fonds impliquant Bernard Madoff ont mis au tout premier plan les enjeux commerciaux et de conformité découlant de l'obligation d'information.

Les droits d'information ne se réduisent pas au seul moment précédant la souscription. L'ensemble des évènements affectant l'OPCVM au cours de sa gestion doit être également porté à la connaissance de tout investisseur.

Les supports d'informations du client : du prospectus au DICI

Pour prendre ses décisions, le client s'appuie sur le DICI* ou KID (*Key Information Document*) qui a remplacé le prospectus simplifié. Il doit disposer d'informations compréhensibles, non trompeuses, comprenant :

- le nom du prestataire de services d'investissements (la société de gestion) ;
- la présentation du produit qui doit être exacte, mentionner notamment un avertissement sur les risques pris par le client, être compréhensible et adaptée au client concerné pour ne pas l'induire en erreur.

L'intermédiaire financier doit remettre dans un délai de huit jours le prospectus à compter de la demande du client.

Le prospectus simplifié, matière première d'aide à la décision d'investir

Le prospectus simplifié sous UCIT-III (synthèse de l'auteur)

Le prospectus simplifié sous UCIT III

Le prospectus simplifié comporte deux parties, A dite statutaire et B dite statistique :

Partie A : définition des caractéristiques du produit

1. Statut :
– code ISIN,
– dénomination, forme juridique FCP, OPCVM, FCPR, société de gestion, dépositaire, commissaire aux comptes,
– commercialisateurs, date de publication du prospectus

2. Placement et gestion du fonds :
– objectif de gestion,
– classification, niveau de garantie-avantages,
– stratégie d'investissement,
– souscripteurs concernés, durée de placement

3. Typologie de risques : profil de risque,

4. Frais et fiscalité : commissions de souscription et de rachat, frais de factures à l'OPCVM par la société de gestion

5. Autres informations : le prospectus détaillé et tous documents annuels et périodiques peuvent être demandés et sont consultables sur le site AMF

Partie B : performance et frais

1. Performances : performances annualisées sur plusieurs exercices comparés à un indice de référence, les frais de factures à l'OPCVM

En France, antérieurement au prospectus, la présentation des fonds s'effectuait par la notice d'information* rassemblant sur deux pages les données relatives à chaque véhicule d'investissement. Le prospectus l'a remplacée afin d'enrichir le contenu des informations à porter à la connaissance du client selon deux versions, l'une dite simplifiée, l'autre dite complète.

Pour les investisseurs porteurs de parts de FCP ou actions de Sicav souscrites avant l'entrée en vigueur du DICI, la référence au prospectus simplifié demeure utile et indispensable pour veiller aux respects des engagements des gestionnaires. Il peut être intéressant de comparer les critères de performances d'un fonds par le contenu informationnel entre les deux supports.

Dans sa forme simplifiée, le prospectus se voulait à la fois accessible et synthétique, en usant de termes à la portée d'un large public d'investisseurs, notamment non qualifiés.

En pratique

Risques de défaut d'information dans le cas des fonds à formule

La notice publicitaire vantant les mérites d'un placement sur la base de formulation du type : « Vous n'avez pas à vous inquiéter des évolutions du marché, et même en cas de baisse du marché de 40 %, vous pouvez gagner 2,25 % », peut faire l'objet d'un risque juridique préjudiciable en cas de contestation par les investisseurs.

En effet, un arrêt partiel de la Cour de cassation confirme que le prestataire n'a pas satisfait à ses obligations d'information[a] en dépit de la remise de la notice visée alors par la COB. Dans le cas d'espèce, la plaquette publicitaire n'établissait pas les critères défavorables et les risques inhérents associés à un tel investissement.

a. Articles 1147 du *Code civil* et 33 alinéa 2 du règlement n° 89-02 et n°98-04 COB alors en vigueur.

Il est recommandé de consulter les DICI (ou prospectus simplifiés) ou complets en allant sur le site de l'AMF[1], qui les a agréés. Cela permet d'effectuer une comparaison entre les informations à caractère publicitaire et celles destinées à agir en meilleure connaissance de cause.

La base Geco, gérée par l'AMF, contient tous les prospectus et DICI visés par ses services, ainsi que ceux délivrés par d'autres régulateurs (fonds étrangers commercialisés en France). Elle offre en outre la possibilité d'accéder à la liste des agréments accordés aux sociétés de gestion et celle des conseillers en investissement financier.

---

1. www.amf.org.

En cas de doute sur la qualité de l'information fournie par un intermédiaire ou sa capacité à distribuer des fonds (la certification professionnelle AMF représente un atout supplémentaire) une telle consultation peut apporter les réponses.

Comme nous avons pu le souligner dans le chapitre 2, l'offre de produits de l'épargne collective en France concerne plus des deux tiers de fonds dits coordonnés. Cela signifie qu'ils sont distribués sur tout l'espace européen.

Le prospectus simplifié conçu dans le cadre de UCITS-III n'a pas permis de simplifier l'accès et la compréhension des informations en raison de l'hétérogénéité des législations (française, britannique, luxembourgeoise…). Or, les besoins de comparaison requièrent un minimum d'homogénéité des informations pour éclairer les clients potentiels.

Si de nombreux fonds peuvent être commercialisés à l'échelle européenne, la distribution des fonds de pays tiers reste en retrait du potentiel de développement correspondant. Le marché français demeure caractérisé par une très forte souscription de fonds domiciliés en France. De manière générale, les marchés de la gestion d'actifs conservent encore une assise domestique très forte.

Les nouvelles modalités d'information du DICI

Le document d'information clé (DICI, définit par les articles 78 à 82 de la directive OPCVM IV) s'applique à tous les OPCVM coordonnés créés depuis le 1er juillet 2011, ainsi qu'aux OPCVM non coordonnés et OPCI, dès lors qu'ils sont accessibles au grand public.

Pour les autorités de marché, l'adoption du DICI a pour objectif d'offrir à l'investisseur potentiel, dans un format standardisé, une information claire et synthétique qui lui permettra de comparer dans de meilleures conditions les caractéristiques du produit, qu'il soit coordonné ou non.

UCIT IV

> – Le titre du document,
> – le titre du fonds et le nom de la société de gestion,
> – la description des objectifs et de la politique d'investissement,
> – le profil de risque et de rendement du fonds, selon une échelle allant de 1 à 7. Il fait l'objet de commentaires sur les orientations et les mises en garde nécessaires sur les risques inhérents associés au fonds,
> – un tableau présentant les frais supportés par le fonds au cours du dernier exercice,
> – un histogramme sur les dix dernières années, ou les cinq ans, le cas échéant sur des durées de moins d'un an représentant les performances passées.

Voir annexe n° 3, exemple de DICI.

Ce document de deux pages (trois pour les produits structurés) est établi sous forme de points clés : objectifs du placement, risques, performance et coûts des fonds distribués à l'échelle européenne. Compte tenu des 7 809 OPCVM commercialisés en France, l'exercice demeure difficile à mener à l'échelle européenne. Les moteurs de comparaison et le système d'information sont donc de plus en plus indispensables (voir chapitre 6).

Le souci de simplification et de synthèse ne doit pas se traduire par une déperdition d'information, c'est pourquoi il est recommandé de solliciter auprès de l'*asset manager* le prospectus complet toujours en vigueur.

Les fonds coordonnés créés avant la date d'entrée en vigueur de la directive bénéficient d'un délai d'un an pour adapter leur document d'information (jusqu'au 1er juillet 2012).

La remise des documents au client doit s'effectuer avant son acte d'investissement dans le fonds. Le support d'information doit être durable ou accessible sur un site internet.

Les sociétés de gestion sont tenues de mettre correctement à jour les informations clés et diffuser la version la plus récente. La fréquence de mise à jour des données est déterminée comme suit :

- au moins une fois par an et au plus tard 35 jours ouvrables suivant la fin de l'année calendaire afin d'intégrer les dernières performances ;
- si un changement substantiel intervient, comme les frais appliqués, l'orientation de la gestion, et dans le cas où il s'agit d'un changement à l'initiative de la société de gestion, le DICI doit être mis à jour au plus vite. L'investisseur ne doit pas être pris au dépourvu dans ses choix d'investissement.

En pratique

Le dicton : « Trop d'information tue l'information » semble être à l'origine de l'adoption d'un format standard d'information ramassé sur deux pages (A4) à destination des investisseurs. Il correspond aussi à la pratique anglo-saxonne du « *fact-sheet* ».

L'absence de document standardisé à l'échelle de l'Europe a constitué un obstacle aux possibilités de comparer les fonds et un frein au développement plus large du marché transeuropéen des fonds UCITS.

Un autre dicton dit que « comparaison n'est pas raison ». En effet, certaines caractéristiques de performance ne résultent pas seulement de facteurs financiers. Pour ne prendre que le cas des fonds ISR (investissement socialement raisonnable), la dimension éthique rentre difficilement dans un standard.

La cohabitation des deux supports d'information encadrés par UCIT-III et UCIT-IV peut être représentée ainsi :

Une période transitoire est prévue pour permettre aux fonds créés avant le 1er juillet 2011 de transformer leur prospectus en DICI. Ainsi cohabiteront des fonds UCIT III et UCIT IV durant une année. Les souscriptions de fonds créés avant le 1er juillet 2011 se feront sur la base d'un standard UCIT III.

Coexistence des supports d'information : prospectus simplifié et DICI

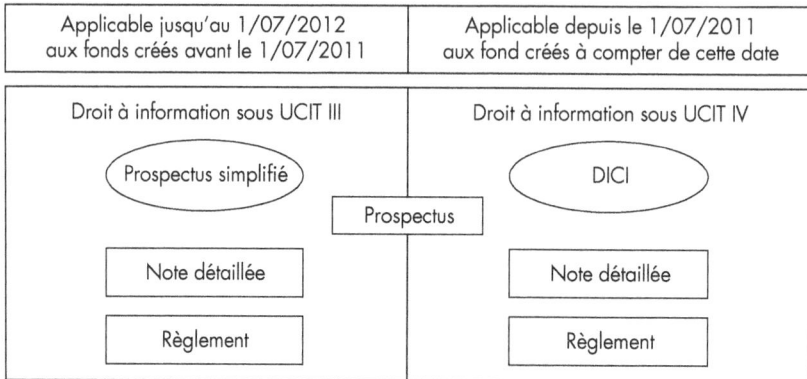

Applicable jusqu'au 1/07/2012 aux fonds créés avant le 1/07/2011	Applicable depuis le 1/07/2011 aux fond créés à compter de cette date
Droit à information sous UCIT III	Droit à information sous UCIT IV
Prospectus simplifié	DICI
Prospectus	
Note détaillée	Note détaillée
Règlement	Règlement

En pratique

Pour procéder à une comparaison de fonds à cheval entre UCIT III et UCIT IV l'investisseur doit rapprocher les éléments d'information entre le prospectus simplifié et le DICI :

- objectif d'investissement poursuivi par l'OPCVM ;
- profil risque/rendement ;
- frais et charges à acquitter ;
- examen des performances passées (sans objet pour les fonds tout juste créés).

Le support d'information approfondi : la note détaillée

La remise au client de la note détaillée n'est pas obligatoire, mais elle peut cependant être mise à sa disposition. Elle comprend des informations plus techniques :

- la carte d'identité de l'OPCVM :
  - forme juridique ;
  - dénomination ;
  - date de création et durée d'existence ;
  - offre de gestion ;
  - lieu de consultation des publications réglementaires ;
  - acteurs de la gestion (société de gestion, dépositaire, conservateur, centralisateur, teneur de compte, commissaire aux comptes, etc. ;
  - acteurs du contrôle et certification des comptes (CAC) ;

- la stratégie d'investissement de l'OPCVM :
  - types d'actifs ;
  - risques des choix d'investissement ;
- informations commerciales :
  - frais de gestion et commissions ;
  - modalités de souscription rachat ;
  - modalités de rétractation (les délais du préavis préalable au rachat de parts et les frais associés en cas de non-respect du préavis doivent être précisés) ;
- règles de valorisation et de comptabilisation :
  - méthodes de valorisation des instruments financiers ;
  - règles comptables.

La documentation complète correspond au prospectus complet.

Documents UCIT III et UCIT IV

Fonds UCIT III	Fonds UCIT IV
Note détaillée	Prospectus complet
Prospectus simplifié	DICI
Statuts de l'OPCVM	Statuts de l'OPCVM

Les droits d'information des porteurs de parts

Les détenteurs de parts ont besoin de disposer de l'ensemble des informations financières se rapportant à leur OPCVM. Les porteurs de Sicav peuvent sur demande obtenir toute information afin de participer aux assemblées générales.

La fréquence de publication des comptes est le plus souvent trimestrielle. Le délai de mise à disposition au public est de deux mois après les arrêtés comptables. Les éléments d'information rendent compte de la politique de gestion, des investissements réalisés, des évènements majeurs ayant influencé la vie de l'OPCVM.

Outre les informations trimestrielles, le rapport d'activité donne une photographie des comptes annuels certifiés par les commissaires aux comptes.

Une fois la souscription ou le rachat de parts réalisés, l'investisseur reçoit un avis (appelé avis de souscription ou avis de rachat).

L'information sur les charges et commissions des sociétés de gestion

Le besoin accru de transparence des investisseurs en matière de charges et commissions est décisif pour établir un lien solide et durable avec la société de

gestion. La disparité des charges ainsi que celle des commissions complexi-
fient à l'envi la compréhension de la prestation rendue en contrepartie.

L'information et l'explication des commissions préalablement à l'acte de souscription sont réaffirmés dans le cadre de la directive MIF et d'UCIT-III et IV.

Les informations sur les frais à supporter par le souscripteur

La politique de rémunération des prestataires d'investissements doit, selon
la directive MIF, répondre à des exigences de transparence, d'équité et
d'action dans l'intérêt du client.

Elle doit être effectuée en prenant le soin qu'elle ne rentre pas en conflit
d'intérêt et que le client soit dûment informé au préalable. La directive MIF
dans son article 26 prévoit d'informer le client en cas d'*inducement*[1], c'est-à-
dire de rétrocessions de commissions. Il doit en outre être prouvé que la
politique de rémunération n'a pas desservi l'investisseur.

Les prélèvements des frais aux clients lors d'une souscription ou d'un rachat de
parts de produit d'épargne collective sont de diverses natures. Le prospectus
doit disposer d'une rubrique frais et commissions. Les rémunérations perçues
par la société de gestion comme le dépositaire font l'objet d'une communication.
Le prospectus donne le détail de la nomenclature des frais et de son calcul.

Deux catégories de frais sont signalées : les frais de souscription et rachat, et
les frais de gestion.

Les frais de souscription et de rachat de part

L'investisseur doit être conscient que le montant qu'il doit débourser pour
acquérir ou vendre une part d'OPCVM ou d'un OPC de type SCPI devra
supporter des frais. Ces frais se retrouvent sous la rubrique commissions de
souscription et de rachat qui doivent être dûment portés à la connaissance
du client. Ils sont calculés sur la base de la valeur liquidative.

La partie des frais qui n'est pas imputable à l'OPCVM est réputée non
acquise et se partage entre la société de gestion et le(s) distributeur(s).

Les frais de gestion

On entend par frais de gestion l'ensemble des sommes engagées pour faire
fonctionner l'OPCVM. Ils recouvrent les commissions d'intermédiation
correspondant au service de transmission et d'exécution d'ordres pour
compte de tiers et, le cas échéant, un service d'aide à la décision d'investir.

---

1. Le considérant 39 de la directive MIF spécifie qu'un prestataire d'investissement (PSI) ne
   peut offrir ou accepter aucune forme de rémunération ou autre avantage si elle est réalisée au
   dépend de l'intérêt de l'investisseur.

Une différence de facturation doit être opérée entre les prestations relatives à l'aide à la décision d'investissement et celles se rapportant à l'exécution d'ordres. Dès lors que la société de gestion a recours au service d'aide à la décision d'investir et que le montant des frais d'intermédiation excède 500 000 €, elle doit en faire un compte rendu. Il consiste à donner les clés de répartition des frais entre les deux types de prestations, exécution d'ordres et service d'aide à la décision.

Ces informations doivent être communiquées soit par le site internet de la société de gestion, soit figurer en bonne place dans le rapport d'activité. La précision de la nomenclature de frais d'intermédiation est liée au besoin de justifier qu'ils répondent bien à l'intérêt de l'OPCVM.

Les commissions de mouvement

Elles correspondent aux opérations du portefeuille et sont facturées en totalité à l'OPCVM. Les bénéficiaires sont la société de gestion, le dépositaire et dans certains cas d'autres prestataires comme les sous-conservateurs.

Les mouvements de portefeuille se caractérisent par l'achat ou la vente d'un titre, ou encore les opérations sur titres, comme le détachement de dividendes* ou de coupons (OST).

Les commissions de surperformance

L'OPCVM peut, dans des conditions précisées à l'avance, verser en plus des commissions classiques celles dites de surperformances : si les objectifs de performance ont été dépassés, la société de gestion la perçoit. Cependant ce type de commission ne peut être obtenu sans rester fidèle aux objectifs d'investissement du fonds (une stratégie d'investissement qui irait au-delà de ligne de risque préétablie pour un fonds ne serait pas jugée cohérente et conforme). En effet, un fonds au style de gestion purement indiciel rend peu compatible cette nature de rémunération, sauf à détourner l'objectif du placement initial des souscripteurs.

Les informations relatives aux rétrocessions de commissions (inducement)

Les rétrocessions de commissions relatives à l'achat et la vente de parts d'OPCVM ont pour but de rétribuer les distributeurs de fonds.

Un OPCVM qui se porte acquéreur d'autres fonds peut bénéficier du reversement de commissions. Les rétrocessions sont conditionnées par l'obligation de les régler directement au profit de l'OPCVM ou de les déduire des commissions retenues par la société de gestion.

Deux principes essentiels doivent être respectés : l'égalité de traitement des porteurs et la transparence.

L'essentiel à retenir

La relation client que construit l'*asset manager* repose sur un double impératif : prémunir la société de gestion contre tout risque de blanchiment ou de fraude et protéger les investisseurs dans la sélection de leur investissement et au cours de leur gestion.

La procédure KYC relative à la lutte contre le blanchiment concerne tous les acteurs de l'*asset management*. La prise de conscience croissante de la nuisance du blanchiment s'est accompagnée de moyens accrus et d'un effort particulier sur la formation. La prévention de ce type de risque passe par une approche collaborative de toutes les fonctions (commerciale, conformité et risque, juridique, informatique, comptable...) impulsée en plus haut lieu.

La virulence de la crise, conjuguée aux fraudes (dont celle de Bernard Madoff, qui marque encore les esprits) constitue un impératif pour une refondation des meilleures pratiques.

La protection renforcée de l'investisseur introduite par la directive MIF est de nature à consolider la relation client par une meilleure connaissance de ses besoins. Il convient de se saisir de ce levier réglementaire pour en faire une réelle opportunité commerciale. La recherche de la meilleure adéquation client-produit prônée par la MIF démontre, s'il en était encore besoin, de la nécessité d'adopter une double lecture conjuguant démarches commerciale et réglementaire.

Partie II

L'UNIVERS
DE L'*ASSET MANAGEMENT*

Chapitre 4

Les différents métiers entourant l'*asset manager*

La gestion courante d'un OPCVM offre l'occasion d'aller à la rencontre des métiers qui n'apparaissent pas au premier plan de l'industrie de la gestion d'actifs.

Pourtant, sans l'expertise de ces métiers de commerciaux, comptables, techniciens de *middle* et *back-office*, de juristes et d'informaticiens, le gérant ne serait pas en mesure d'exercer son métier.

L'investisseur qui choisit la gestion pour compte de tiers espère évidemment un rendement, mais il attend en outre des prestations assurant l'égalité de traitement, l'information et la protection de ses avoirs, pour lesquelles il s'acquitte de commissions.

La construction de fonds au label UCIT-IV tourné vers un marché transfrontalier introduit des changements dans la gestion courante.

LES DIFFÉRENTES FACETTES DE LA GESTION DES OPCVM

La gestion quotidienne d'un organisme de placement collectif comprend plusieurs dimensions : commerciale, administrative, comptable, financière et réglementaire. Comprendre le fonctionnement d'un OPCVM fournit l'occasion de s'intéresser aux techniques placées en arrière-plan de l'action du gestionnaire.

L'agenda des changements réglementaires est particulièrement chargé pour les gestionnaires d'actifs : UCIT IV 1er juillet 2011, AIFM[1] en juin 2013, UCIT V en 2013, Solvency II en 2013, MIF-II prévu pour le courant de l'année 2014. La gestion d'un OPCVM n'est en rien routinière, elle doit sans cesse démontrer sa capacité d'intégrer les besoins d'innovation financière et d'adaptation réglementaires. On peut citer par exemple la gestion toute récente du DICI abordée précédemment (voir chapitre 3). Les fusions de fonds, qui ont trouvé un cadre plus simple, devraient également solliciter très fortement le large éventail de compétences de la gestion.

---

1. Adopté le 8 juin 2011, son entrée en vigueur est prévue pour juin 2013 (voir annexe 2).

L'*asset manager* doit pouvoir compter sur les fonctions supports, notamment informatiques, pour traduire ses besoins. En effet, comme nous le verrons par la suite (chapitre 6), le fonctionnement d'un OPCVM dépend de plus en plus de la qualité du système d'information qui joue un rôle désormais central.

Une fois la carte d'identité de l'OPC établie, c'est-à-dire l'octroi de l'agrément, le gérant va entrer dans la phase de gestion courante du fonds.

L'*asset manager* est au centre des relations qui déterminent la gestion quotidienne d'un OPC. Il anime en permanence les multiples compétences des métiers de la gestion d'actifs pour faire vivre les fonds placés sous sa responsabilité.

La gestion bancaire et administrative de la création d'un fonds

La commercialisation des produits d'épargne collective ne peut avoir lieu sans l'accomplissement d'actes de gestion administrative préalables comme l'ouverture des comptes.

L'ouverture des comptes et l'administration de la création des fonds

L'animation des relations avec les différents acteurs de la gestion d'actifs va permettre la création technique des fonds. En liaison étroite avec le teneur de compte et le dépositaire, la société de gestion doit procéder à l'ouverture d'un compte afin de gérer par la suite les positions de ses clients.

L'ouverture des comptes passe par la communication d'informations, à savoir, par exemple, pour un OPCVM :

▶ l'agrément délivré par l'AMF ;

▶ la liste nominative des fondateurs du fonds (sept actionnaires minimum dans le cas d'une Sicav, deux porteurs parts pour le FCP) ;

▶ la date de démarrage du fonds, c'est-à-dire d'ouverture à la souscription aux clients et les modalités d'envoi et réception des fonds ;

▶ les montants apportés par chacun des actionnaires et la nature des actifs en apport (dans certains cas, la constitution d'un fonds peut être réalisée par apport de titres, à condition que les statuts le prévoient et que les règles d'évaluation soient reconnues). Le montant minimum requis pour constituer une Sicav était fixé à 8 millions d'euros, et 400 000 euros pour un FCP avant l'entrée en vigueur d'UCIT-IV. Ils sont ramenés à seulement 300 000 € pour une sicav et pour un FCP ;

▶ dans le cas d'OPCVM à compartiments, chaque compartiment est tenu de suivre les mêmes règles.

En France, avant d'être ouvert au public, le capital initial de la Sicav doit être bloqué durant un minimum de trente jours. La personnalité juridique d'une Sicav correspond à celle d'une société anonyme ; à ce titre elle obéit au droit des sociétés (AGO, AGE, AG Mixte) avec une particularité notable, son capital est variable (au gré des souscriptions et des rachats d'actions).

La gestion administrative de création des fonds

L'attestation du dépôt des fonds établie par le dépositaire permet de poursuivre auprès des autorités des marchés les démarches indispensables avant de faire appel public à l'épargne. C'est l'acte constitutif financier de la création du fonds qui doit être adressé dans un délai de soixante jours, sous peine d'annuler l'agrément. Ce n'est que dans certains cas bien spécifiques, et à condition d'en avoir préalablement averti les autorités, que des dérogations de délai peuvent être consenties.

Les éléments constitutifs du prospectus complet, composé du DICI, de la note détaillée et des statuts doivent être adressés au régulateur (AMF). La constitution de la Sicav (personne morale) par exemple doit faire l'objet d'une communication légale.

Les sociétés de gestion souhaitant voir les parts de leur fonds être plus facilement accessibles aux intermédiaires pour favoriser leurs échanges demandent à disposer d'un code ISIN[1] auprès des dépositaires centraux (comme Euroclear*). Pour les fonds déposés chez Euroclear, la société de gestion va solliciter son agent centralisateur d'ordres pour qu'il entame les démarches nécessaires à l'obtention du code.

Les informations à produire au dépositaire central dans le cas d'un OPCVM sont :

- l'avis d'agrément de l'AMF ;
- le prospectus complet de l'OPCVM ;
- la liste des membres fondateurs du fonds, leurs montants d'apports respectifs et le montant total de constitution.

Le coût d'admission chez Euroclear est assumé par la société de gestion.

Les fonds, non destinés à un large public, n'ont pas grand intérêt à disposer d'un code ISIN. Ils feront l'objet d'un code dit « maison » et seront détenus au nominatif. L'AMF leur attribue un code pour effectuer leur suivi.

---

1. ISIN : *International Securities Identification Number.*

Le schéma suivant synthétise la démarche de création d'un fonds :

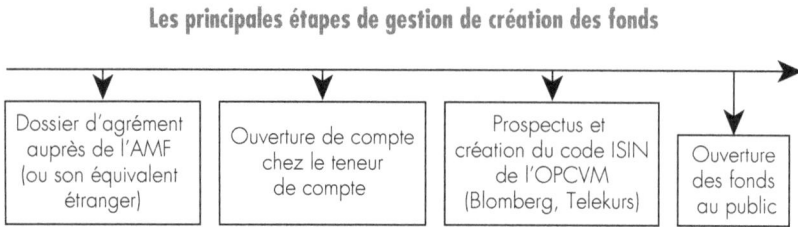

Les principales étapes de gestion de création des fonds

Dossier d'agrément auprès de l'AMF (ou son équivalent étranger)	Ouverture de compte chez le teneur de compte	Prospectus et création du code ISIN de l'OPCVM (Blomberg, Telekurs)	Ouverture des fonds au public

La distribution des produits d'épargne collective

Il s'écoule environ trente jours entre la délivrance de l'agrément et le début de la commercialisation. Les sociétés de gestion ont plusieurs possibilités pour commercialiser leur produit d'épargne, afin d'approcher au mieux la clientèle :

- la distribution en direct : les gestionnaires distribuent directement leur produit à des investisseurs institutionnels ou à une clientèle particulière très fortunée ;
- le réseau des banques et assureurs : les chargés de clientèles des banques et des groupes d'assurance touchent l'ensemble des clients particuliers. Par le biais de contrats d'assurance-vie et d'épargne, ils contribuent à la commercialisation d'OPCVM, d'OPCI, de SCPI, etc. Il s'agit d'un important canal de distribution ;
- les conseillers en gestion de patrimoine indépendants (CGPI) : ce sont d'importants prescripteurs d'OPCVM, SCPI, OPCI, FCPR... Les sociétés de gestion développent de plus en plus des accords de distribution avec ce type d'acteur ;
- les banques privées de gestion de fortune (*private banking*) : elles s'adressent à une clientèle très haut de gamme, elles gèrent notamment les très grandes fortunes. La gestion sous mandat est alors privilégiée pour concevoir des produits sur mesure.
- la commercialisation en ligne : la dématérialisation des titres et Internet ont contribué à l'essor de la commercialisation en ligne des fonds. Des courtiers en ligne ont mis en place des plates-formes de distribution d'OPCVM. Les sociétés de gestion ont conforté leur distribution par le biais de ce canal ;
- la distribution par d'autres sociétés de gestion : la multigestion et l'adoption d'architecture ouverte[1] de distribution contribuent à la commercialisation par une société de gestion des fonds de ses concurrents ;

---

1. L'architecture ouverte correspond à un accès plus large de fond pour le client. Les distributeurs indépendants se réclament de ce type d'architecture (voir chapitre 6).

» les distributeurs de l'épargne salariale : le développement de l'épargne salariale fait appel par essence à la gestion pour compte de tiers. Le Perco (plan
d'épargne pour la retraite collective) comme le PEE (plan d'épargne
d'entreprise) sont les principaux produits de l'épargne salariale. Pour souscrire, les salariés sont approchés selon le cadre juridique représenté par le
schéma ci-contre.

Le circuit de l'épargne salariale

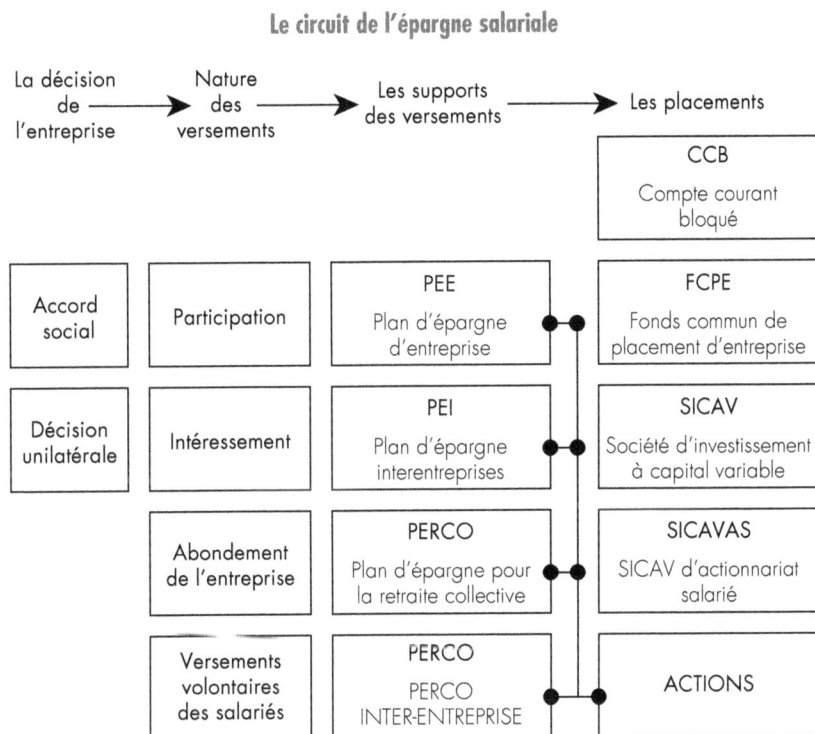

Source : www.lafinancepourtous.com.

La gestion en ligne des produits d'épargne collective

La distribution par Internet constitue un vecteur appelé à progresser si l'on
observe le résultat des enquêtes Ifop menées pour la Fédération bancaire de
France[1] en 2011(32 % des personnes consultées y recourent pour information,
11 % pour y souscrire des produits d'épargne). Comparativement à l'enquête
de 2010 la tendance demeure orientée à la hausse. Internet offre à l'investisseur
la possibilité de comparer plus aisément les différentes offres de placements.

La mise en place du DICI à l'échelle européenne, fondée sur la standardisation des informations, devrait encourager cette tendance.

---

1. 61 Enquête image pratique bancaire présentée le 16/09/2011 (www.fbf.fr).

Cette forme très aboutie de désintermédiation (absence de contact physique entre l'investisseur et l'intermédiaire) n'en demeure pas moins encadrée. Elle doit répondre aux mêmes exigences d'information et de protection des clients qui se rendent chez un intermédiaire financier.

Le socle réglementaire et juridique qui encadre les pratiques de vente à distance de services financiers repose notamment sur la directive 2002/64/CE, l'article 343-1 de l'AMF et les dispositions de l'article L. 121-16 du *Code de la consommation*.

L'information précontractuelle (DICI), le devoir de conseil dû au client comme son droit de rétractation doivent être scrupuleusement respectés.

Comme dans le cadre d'un canal de distribution assuré par un intermédiaire classique, le gestionnaire doit veiller à mettre à disposition les informations requises pour permettre aux clients potentiels d'agir en connaissance de cause[1].

On entend par vente à distance le fait de présenter une offre dont la négociation est réalisée sans la présence physique des contractants. Le support de communication peut être le téléphone, le fax, l'Internet.

L'information sur les produits de placement d'épargne collective comporte :
- l'identité de la société de gestion (si nécessaire les gestionnaires délégataires), les dépositaires, les conservateurs, commissaires aux comptes, promoteurs et agents habilités à recevoir les ordres de souscription-rachat ;
- l'objectif de la politique d'investissement ;
- les risques liés et la durée requise du placement ;
- les frais à la charge de l'investisseur ou de l'OPC (ventilation des frais fixes et variables) ;
- les règles de souscription et de rachat (cours connu ou inconnu, droits d'entrée acquis au fonds, de fait réinvestis ou rétrocédés).

Le devoir de conseil, dans le cadre d'une relation dématérialisée, se fonde sur la traçabilité de mise à disposition des informations, par le biais d'un accusé de réception électronique.

La gestion du contrat fondé sur une relation à distance repose sur la fourniture des informations précontractuelles et contractuelles matérialisées sur des supports physiques et durables.

Dans le cas de la conclusion d'un contrat à distance à l'initiative d'un client qui a recours à un moyen de communication ne permettant pas de disposer des informations contractuelles préalables, c'est le démarcheur qui assure l'obligation d'information dès la réception du contrat par le client.

---

1. Voir chapitre 3.

La directive de vente à distance des services financiers, transposée par l'ordonnance 2005-646, a pour but de prohiber les pratiques commerciales dites abusives (*misselling*, vente forcée…). Il s'agit de méthodes de commercialisation contraignantes ne correspondant pas à la demande du client. Elle limite le démarchage téléphonique et les messages électroniques non sollicités. Le droit à l'information du client y est renforcé.

Les nouvelles règles de distribution des fonds sous UCIT IV

Le passeport produit permet aux sociétés de gestion de commercialiser les fonds coordonnés au sein de l'Espace économique européen (EEE). Si les possibilités de distribuer des fonds sur le marché européen existaient déjà avec UCIT III, l'entrée en vigueur d'UCIT IV le 1er juillet 2011 introduit de nouvelles modalités.

Elles ont pour objet de simplifier les démarches réglementaires à travers l'adoption d'un nouveau passeport produit qui ramène à dix jours le délai de commercialisation. Le circuit réglementaire a été considérablement raccourci et simplifié. Chaque société de gestion implantée en Europe est en mesure d'effectuer sa demande d'agrément auprès du régulateur du pays où elle est installée.

La gestion d'agrément est facilitée, puisque les documents peuvent être établis dans la langue du pays d'accueil ou en anglais. Seul le DICI[1] doit être traduit dans la langue du pays de la commercialisation de l'OPCVM.

La relation réglementaire de la distribution des fonds a évolué comme suit :

Évolution de la distribution des fonds avant et après UCIT IV

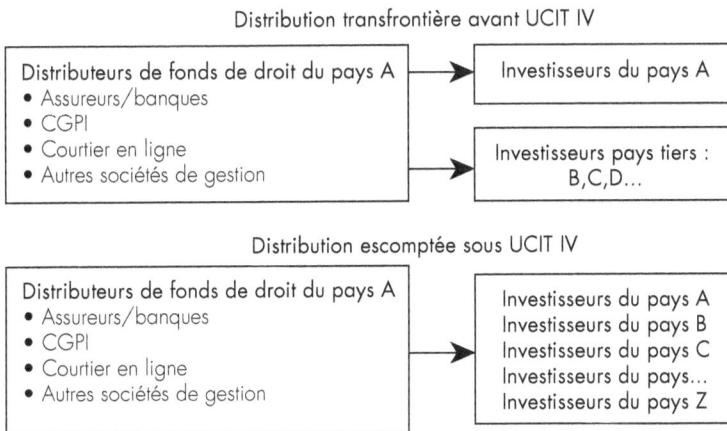

Distribution transfrontière avant UCIT IV

| Distributeurs de fonds de droit du pays A
• Assureurs/banques
• CGPI
• Courtier en ligne
• Autres sociétés de gestion | → | Investisseurs du pays A |
| | → | Investisseurs pays tiers : B,C,D… |

Distribution escomptée sous UCIT IV

| Distributeurs de fonds de droit du pays A
• Assureurs/banques
• CGPI
• Courtier en ligne
• Autres sociétés de gestion | → | Investisseurs du pays A
Investisseurs du pays B
Investisseurs du pays C
Investisseurs du pays…
Investisseurs du pays Z |

---

1. Dici : document d'information clé de l'investisseur abordé dans le chapitre 3 (Construire la relation client).

L'architecture réglementaire dessinée par UCIT IV constitue un levier de distribution aussi bien pour les grandes sociétés de gestion que pour celles de taille plus modeste. Depuis le 1er juillet 2011, il n'existe plus qu'un seul point d'entrée pour conduire la procédure de notification.

Le dossier à constituer auprès de l'autorité des marchés comprend :

- une lettre de notification dans la langue du pays d'accueil ou en anglais ;
- le règlement du FCP, les statuts de la Sicav ;
- le rapport annuel ou le rapport semestriel le cas échéant ;
- le DICI dans la langue du pays de la commercialisation de l'OPCVM.

Le réseau de distribution à l'échelle européenne reste dominé par des logiques domestiques de commercialisation. Le potentiel de développement de l'offre transeuropéenne est par conséquent contraint. UCIT IV a pour ambition de dynamiser la part des fonds transeuropéens.

La maîtrise du canal de distribution et son développement constituent l'enjeu majeur des sociétés de gestion. D'autres relations de gestion que nous aborderons par la suite, comme la relation avec le régulateur, le teneur de compte et le dépositaire en conditionnent le résultat.

La gestion actif-passif des OPC

L'épargne collectée auprès des investisseurs est répartie sous forme de parts égales entre les souscripteurs. Il peut s'agir de parts de FCP, d'OPCI, de SCPI ou d'actions de Sicav. En fonction du mouvement de collecte ou de décollecte de l'épargne, la SGP est amenée à effectuer des arbitrages dans le choix des achats ou ventes de lignes du portefeuille de l'OPCVM. Ceci répond au besoin de liquidité du moment. Il s'agira d'investir si le nombre de souscripteurs est supérieur au nombre de ceux souhaitant racheter, et inversement.

Le gestionnaire de fonds doit être en mesure de prendre en compte les souscriptions et les rachats de parts des investisseurs. La gestion courante d'un OPC s'appuie sur deux jambes : l'actif et le passif.

Afin de simplifier la gestion, les OPCVM sont en général investis à seulement 97 ou 98 %, ce qui permet de conserver un volant de liquidité couvrant une année environ de frais de gestion.

La gestion courante du passif d'un OPCVM

En raison des moyens importants requis pour assurer cette prestation, la gestion du passif est souvent confiée au dépositaire, dans le cadre de conventions de prestations de services. Il joue un rôle décisif dans le contrôle du respect des règles d'investissements des fonds, notamment s'agissant des ratios d'engagements de leurs portefeuilles.

La centralisation des ordres de rachat-souscription occupe une place centrale dans la gestion du passif. Les prospectus indiquent souvent le nom du centralisateur. Cette fonction est souvent assurée par le dépositaire, mais ce n'est pas systématique.

Elle consiste à réceptionner les ordres de souscription et rachat, à en respecter les heures limites de leur transmission, et à communiquer les positions consolidées des souscriptions et rachats.

Le schéma suivant décrit le circuit attaché au traitement des souscriptions rachats des parts d'OPCVM et le rôle qu'entretient le centralisateur, avec notamment le teneur de compte et la société de gestion.

Le centralisateur et le traitement des souscriptions-rachats de parts d'OPCVM

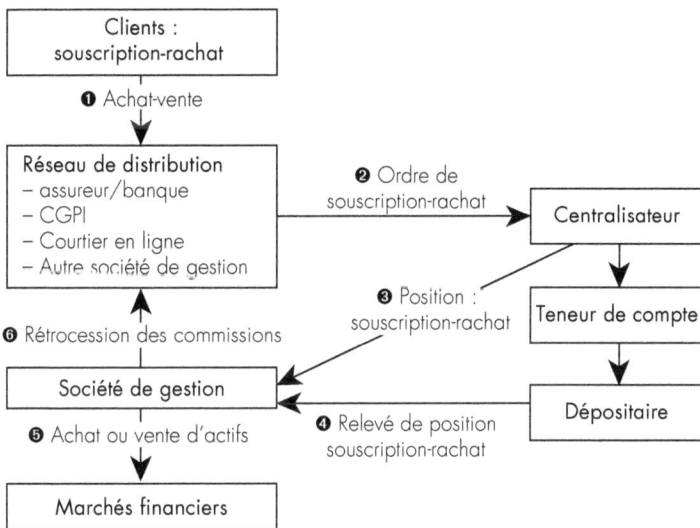

Le client adresse ses ordres d'achat ou de vente de parts à son réseau commercial. En fonction des mouvements de souscriptions-rachats, le gestionnaire procède soit à la création de nouvelles parts, soit à leur réduction. Il se porte acquéreur de nouveaux actifs financiers dans le cas d'une création additionnelle de parts, ou vendeur pour faire face à une position nette de rachat de parts.

La gestion des défauts de règlement et le respect des dates de valeur

» *Le défaut de règlement du souscripteur*

L'AMF a clarifié la position à respecter en matière de tenue de passif qui pourrait résulter du défaut de règlement d'un ordre de souscription. Il s'agit de la mise en œuvre des recommandations relatives au « comité de place OPCVM IV ».

Pour des souscripteurs de parts qui n'honorent pas leurs engagements de régler la société de gestion, il s'agit de déterminer si c'est la société de gestion ou l'OPCVM qui doit enregistrer le gain ou la perte résultant de la revente de titres destinée à rééquilibrer la position.

La position arrêtée par l'AMF est la suivante : « Si une société de gestion agissant pour le compte d'un fonds est conduite à effectuer des investissements, à la suite de la réception par le centralisateur d'un ordre de souscription devenu irrévocable en application de l'article L. 214-3-1 du *Code monétaire et financier*, puis à désinvestir parce que les fonds n'ont pas été reçus, le gain ou la perte résultant de ces deux opérations est enregistré au niveau de l'OPCVM, sans préjudice des recours que celui-ci est susceptible d'exercer à l'encontre du souscripteur défaillant et, le cas échéant, des intermédiaires concernés. »

Dans la pratique, le gérant n'attend pas les délais de réception des fonds pour acquérir les valeurs qu'il intègre dans le portefeuille destiné à répondre à la création additionnelle de parts d'OPCVM lors de la hausse des souscriptions.

Si le règlement des souscripteurs n'est pas réalisé comme prévu, le gestionnaire revend alors des titres sur le marché financier et peut enregistrer d'éventuelles moins-values. Dans ce cas, l'AMF précise que c'est l'OPCVM qui enregistre cette contre-performance et non la société de gestion.

» *Les dates de valeur de souscription de parts ou d'actions de Sicav*

L'égalité de traitement des investisseurs requiert une vigilance particulière dans la prise en compte des dates de valorisation lors d'une souscription : le valorisateur doit veiller à la bonne prise en compte des coupons courus entrant dans le calcul de la valorisation des parts de FCP ou d'actions de Sicav. Illustrons par un exemple concret le cas d'un investisseur souhaitant souscrire des parts de FCP le vendredi, pour ensuite effectuer une demande de rachat le lundi.

Il devra s'acquitter d'un montant se fondant sur le prix des parts valorisées coupons courus jusqu'au dimanche inclus. Si la valorisation n'intégrait pas un tel calcul, l'investisseur du vendredi profiterait de 3 jours de coupons (rendement en plus) et empocherait systématiquement une plus-value.

▓ Le marquage des ordres de souscription et de rachat

Le marquage des ordres revêt des enjeux commerciaux, de contrôle, de gestion des commissions, de règlement-livraison.

À la différence de la Bourse, les acquisitions de parts d'OPCVM ne sont pas réalisées sur un marché centralisé. Avec l'entrée en vigueur de la MIF, les places de cotation se sont certes démultipliées, mais sans être aussi morcelées que celles des OPCVM.

On dénombre plus de 11 000 fonds d'OPCVM pour près de 50 centralisateurs, contre près de 800 titres sur le marché de l'Eurolist. Les limites (*cut-off*) de négociation des valeurs sur les marchés boursiers sont fixées à 17 h 30, alors que pour les OPCVM, l'heure limite n'est pas unique : on peut en recenser plus d'une dizaine en fonction des fonds.

Circuit ordre de Bourse et circuit d'une souscription et rachat d'OPCVM

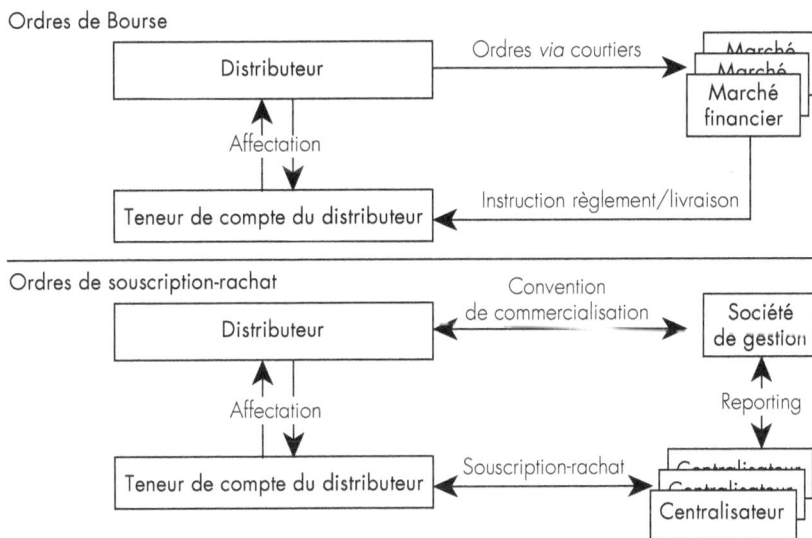

À la différence de la Bourse, le traitement des souscriptions-rachats demeure encore fortement manuel pour les valeurs non admises en Euroclear France.

L'accès à la diversité du fonds pour un client final est en pratique contraint par le schéma de souscription-rachat d'OPCVM classique, plus onéreux. L'architecture ouverte qu'appelle la commercialisation transeuropéenne des fonds[1] fait de la question du marquage d'ordres un enjeu majeur. Celui-ci

---

1. L'entrée en vigueur d'Ucit IV depuis le 1er juillet 2011 est un élément moteur. Toutefois les résultats sont conditionnés par le niveau d'avancement de la problématique des marquages d'ordre.

doit impérativement s'inscrire à l'échelle européenne. Les progrès encourageants enregistrés demeurent encore étroitement liés au marché domestique.

L'infrastructure de règlement/livraison dédiée aux OPCVM, lancée par Euroclear, a permis d'automatiser le routage des ordres de souscriptions – rachats au plan domestique.

Schéma de routage d'Euroclear

Le professionnel effectue l'acheminement des ordres par Swift (le réseau d'échange interbancaire international). Il suit à l'aide des statuts des messages le bon déroulement des ordres (MT 502 : ordre de souscription-rachat ; MT 509 : acquittement émis par les centralisateurs ; MT 515 : confirmation d'exécution émise par les centralisateurs).

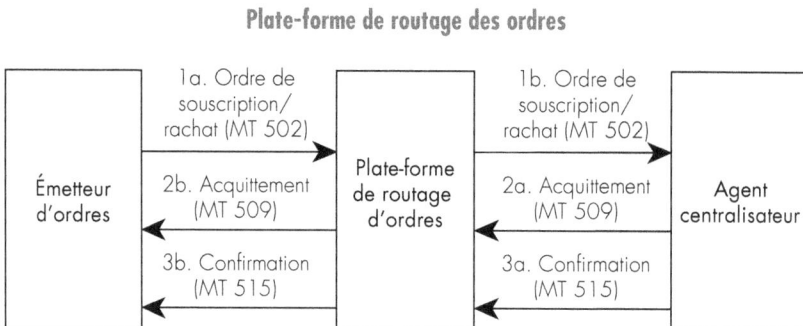

Plate-forme de routage des ordres

Source : RBC Dexia.

La traçabilité des ordres négociés est indispensable pour imputer les frais et respecter le niveau de rémunération des distributeurs. Le marquage des ordres joue un rôle décisif pour le développement de la commercialisation des fonds transfrontières consacrés par l'entrée en vigueur d'UCIT IV.

Avec près de 7 500 OPCVM transfrontières, le besoin de disposer d'un point d'entrée unique pour les distributeurs est crucial. La qualité de leur relation avec les multiples agents de transfert en dépend étroitement.

Rappelons que l'agent de transfert tient les positions des distributeurs externes et met à jour les commissions à percevoir.

Schéma de circulation des ordres de souscription-rachat d'OPCVM

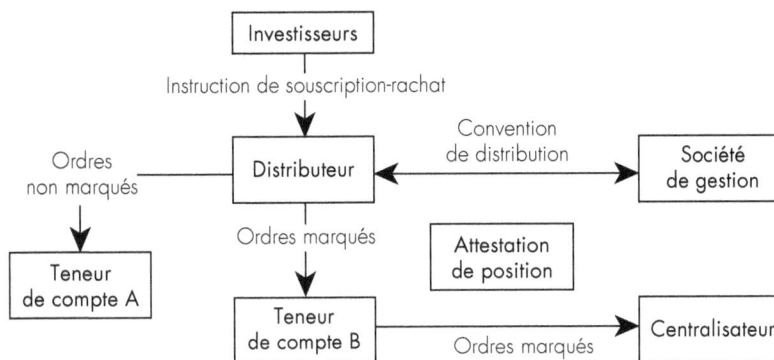

Source : *www Agefi-Cassiopress du 19 mai 2011.*

Les distributeurs qui traitent avec plusieurs agents de transfert conduisent les dépositaires à fournir les services de distribution et des fonctions de transfert aux promoteurs, tout en assurant le routage des ordres de souscriptions et de rachats. UCIT V, dont l'entrée en vigueur est prévue en 2013, devrait vraisemblablement offrir une meilleure visibilité. L'ensemble des acteurs de l'industrie financière souhaite parvenir à une plus grande simplification de gestion des prestations.

La déclaration de centralisation des ordres

Au moment du *cut-off* (clôture de passage des ordres), l'agent centralisateur communique les positions consolidées des souscriptions et rachats reçus de l'ensemble des intermédiaires.

Comme les souscriptions et les rachats sont effectués à cours non connus, le montant de capital n'a qu'un caractère indicatif. Pour les OPCVM monétaires, les cours sont le plus souvent à cours connus.

Un tableau de centralisation des ordres, comme celui présenté dans l'exemple suivant, permet de communiquer les informations aux sociétés de gestion et au gestionnaire du passif. Le règlement livraison des espèces et des titres consécutifs à l'état de centralisation va pouvoir s'effectuer.

Le valorisateur exploite de son côté ces états afin de procéder à la valorisation des parts du fonds.

Exemple

Reporting de centralisation des ordres de souscriptions-rachats

Nom de l'intermédiaire	Souscriptions		Rachats		Solde	
	Quantité	Capitaux	Quantité	Capitaux	Quantité	Capitaux
Intermédiaire A	1 000	100 000	800	80 000	200 (s)	20 000
Intermédiaire B	400	40 000	700	70 000	300 (r)	30 000
Intermédiaire C	100	10 000	90	9 000	10 (s)	1 000
Intermédiaire D	4 000	400 000	3 000	300 000	1 000(s)	100 000
Total	5 500	550 000	4 590	459 000	910 (s)	91 000

VL estimée : 100 €. (s) : souscription. (r) : rachat.

Le gestionnaire dispose d'une capacité d'investissement de l'ordre de 91 000 €. Le gérant va créer près de 910 parts additionnelles. Cet état brut peut être complété et affiné selon l'accord de prestations retenu avec le centralisateur, de manière à inclure les informations relatives aux commissions applicables à chaque intermédiaire, selon l'identification réalisée grâce au marquage des ordres.

La gestion des commissions

Il existe plusieurs sortes de commissions attachées à la vie d'un fonds. Les plus connues sont celles de souscription et de rachat, dénommées également « droit d'entrée et de sortie ».

Les commissions de souscription viennent s'ajouter au montant de la valeur liquidative de la part en cas de souscription et se retrancher en cas de rachat.

Les investisseurs sont tenus informés de la pratique de ces commissions à l'aide de la partie B du prospectus (du DICI depuis le 1er juillet 2011).

Une partie de celles-ci vient rétribuer les distributeurs de fonds, en fonction des modalités contractuelles précisées dans la convention de distribution passée avec la société de gestion. L'autre partie des commissions est destinée à couvrir les frais d'investissement et de désinvestissement du fonds.

Les commissions de surperformance* rémunèrent la société de gestion, dès lors que le fonds a dépassé les objectifs de rentabilité préalablement définis. Elles sont par essence variables, car soumises à l'évolution des marchés.

À chaque achat ou vente de titres du portefeuille d'un fonds, une commission de mouvement* est appliquée. Elle est attribuée à la société de gestion et au dépositaire. Une convention passée entre le dépositaire et la société de gestion règle les modalités de calcul et de règlement.

En pratique, la détermination des commissions dépend :

- de la fréquence de calcul ;
- du délai de transmission du *reporting* ;
- du nombre de distributeurs ;
- de l'envoi du calcul des commissions sur encours aux centralisateurs, agents de transfert, teneurs de comptes (relevés bancaires).

En pratique

Les méthodes de calcul des commissions de surperformance

Il existe plusieurs méthodes pour déterminer la commission de surperformance.

La méthode classique

Lorsque le fonds enregistre une surperformance, une commission est versée à la société de gestion selon la formule suivante :

(valeur liquidative brute du jour – valeur de référence)
× (taux de frais variable) × (nombre de parts ou actions en circulation).

Dans certains cas, il peut arriver de cristalliser la performance du porteur de parts. Si la valeur liquidative baisse lors du calcul à la fin d'année, la commission demeure acquise au gestionnaire.

La méthode par série

Le calcul de la surperformance se fonde sur les parts souscrites au même moment par les souscripteurs. Une série est constituée d'un ensemble de souscriptions homogène. À chaque date de valorisation, on considère la création de nouvelles parts de souscription. Une série de souscriptions S1, puis une S2, S3, etc. Chaque série dispose d'une comparaison de la valeur liquidative (VL) à la valeur de référence (VR). En pratique, on compare à l'issue de la période de référence les différentes VL (VL1, VL2, VL3, etc.) en convertissant sur les séries en valeur nette de référence après le règlement de la commission de performance.

La méthode de créances d'égalisation

Une seule valeur liquidative est utilisée et fait l'objet d'un ajustement à chaque souscription :

- si un client souscrit à l'OPCVM lorsque la valeur brute du fonds est supérieure à la valeur de référence, il règle une créance dite d'égalisation. Cette créance est ensuite suivie jusqu'à la fin de la période de référence ou jusqu'au rachat ;
- si le client souscrit alors que la valeur du fonds est inférieure à la valeur de référence, il paie une commission dès lors que le fonds progresse jusqu'à atteindre la valeur de référence.

La commission de surperformance est régie par les conditions fixées par les articles 314-78 et 413-9, 413-30 du règlement de l'AMF. Le prospectus est tenu de mentionner les conditions d'octroi des commissions de surperformance. Elle doit être cohérente avec le style de gestion, c'est-à-dire ne pas prendre de risque inconsidéré et disproportionné au regard de la stratégie d'investissement.

Les commissions de surperformance concernent majoritairement les fonds de type *hedge funds*. La méthode classique de calcul est la plus couramment utilisée.

Il est à noter que la commission de surperformance n'est pas plafonnée, même si elle peut l'être contractuellement ; elle doit faire l'objet d'un provisionnement.

L'AMF a agréé la méthode de créance d'égalisation présentée ci-dessus, s'agissant des fonds Aria, contractuels, en nominatif et sans distribution de dividende.

Les commissions de surperformance ne font l'objet d'aucune réglementation aux Bermudes, aux Îles Caïmans, aux Îles Vierges britanniques, aux Bahamas.

Au Luxembourg, la gestion de fonds susceptibles de donner lieu à des commissions de surperformance relève de règles de bonnes pratiques consistant à faire approuver la formule de calcul auprès de la CSSF (Commission de surveillance du secteur financier).

Le taux de commission de surperformance se situe en moyenne autour des 20 %. Ainsi, l'expression américaine parlant d'une structure de frais « *two and twenty* » décrit un *hedge fund* ayant une commission de gestion de 2 % associée à une commission de performance de 20 %.

Même s'agissant des *hedge funds*, les investisseurs veillent à ce que les frais ne soient pas trop élevés, aussi surveillent-t-ils de près un ratio appelé TER (*Total Expense Ratio*), ou encore en abrégé l' « *expense ratio* ». Le TER, né dans le monde des *mutual funds*, s'est ensuite propagé au monde de la gestion alternative.

$$Total\ Expense\ Ratio\ =\ \frac{Total\ Fund\ Costs}{Total\ Fund\ Assets}$$

Ce ratio compare tous les coûts supportés par le fonds – pas seulement ceux du gestionnaire, mais tous les frais nécessaires à la gestion du fonds (administration, frais d'avocats, auditeur…) – avec les fonds sous gestion. Le TER constitue de manière croissante un standard dans l'industrie de l'*asset management*.

La gestion des frais

Les frais de fonctionnement des fonds sont destinés à rémunérer essentiellement les prestations rendues par le valorisateur, le commissaire aux comptes et, dans une certaine mesure, son gérant.

Ils sont calculés sur la base de l'actif net des fonds et réglés selon une fréquence mensuelle ou trimestrielle.

L'acquisition et la vente de titres du portefeuille donnent lieu à des frais de transaction. Il s'agit pour l'essentiel des frais de courtage et des impôts de Bourse.

Dans bien des pays aux juridictions différentes, le niveau de commission sur la performance se situe autour de 20 %. La plupart du temps la commission n'est perçue que si la valeur d'inventaire est en hausse (principe du *high-water mark*) voire parfois au-delà d'un minimum de rendement exigé (principe du *hurdle rate*), lequel est prédominant dans les fonds de *private equity*.

Le circuit de règlement-livraison des parts d'OPCVM

Fort des informations communiquées par l'agent centralisateur, le teneur de compte procède au règlement/livraison des souscriptions et des rachats des parts (flux de parts contre espèces). Le registre nominatif des porteurs de parts et le contrôle du nombre de parts en circulation sont du ressort du teneur de compte.

Les instructions de règlement reprennent les coordonnées bancaires. Elles sont véhiculées par le réseau Swift qui relie l'émetteur et le récepteur du message de paiement.

Dès réception du message, l'intermédiaire financier vérifie :

- le niveau satisfaisant de provision des parts et des fonds. Il s'agit de s'assurer dans le cas d'une souscription que le client dispose des espèces suffisantes, dans le cas d'un rachat que le vendeur dispose bien des parts à livrer ;
- le bon référencement du numéro de compte ;
- les délais de règlement.

La phase de dénouement consiste à effectuer l'appariement des instructions de paiement, des caractéristiques de la transaction. Si la souscription ou le rachat ne sont pas dénoués, c'est-à-dire répondant aux critères de contrôle, il en résulte un suspens. Il s'agit d'un indicateur important suivi quotidiennement par les services *middle* et *back-office*.

Dans le chapitre consacré au système d'information, nous aborderons le traitement automatique des souscriptions et des rachats.

La gestion courante de l'actif d'un OPCVM

La gestion des fusions de fonds depuis UCIT IV

Une Sicav et un FCP peuvent connaître des transformations profondes au cours de leur vie. La fusion de deux OPCVM constitue l'un de ces moments.

Lorsque deux établissements bancaires ou d'assurance se rapprochent, ils peuvent disposer de gamme d'OPCVM au profil d'investissement assez proche qui motive la fusion des fonds.

Quelle que soit la forme juridique (Sicav ou FCP), l'orientation de la gestion et l'option d'affectation des résultats (distribution ou capitalisation), un OPCVM à vocation générale peut absorber un autre OPCVM de même nature. Selon les mêmes principes, un FCPR peut fusionner avec un autre FCPR, un FCPI avec un FCPI, etc.

Un projet de fusion, établi par le conseil d'administration de la Sicav ou de la société de gestion pour un FCP, est présenté au commissaire aux comptes pour validation avant la tenue de l'assemblée générale. L'autorité des marchés examine l'agrément de la fusion.

Le commissaire au compte de l'OPCVM absorbant établit le rapport de certification des comptes et détermine la parité d'échange des parts sur la base des valeurs liquidatives au jour de la prise d'effet de la fusion.

Les détenteurs de parts du fonds absorbant comme du fonds absorbé sont informés du projet de fusion. Ils disposent de la faculté de se faire racheter leurs parts sans frais.

En pratique, une fusion revient à apporter des actifs de l'OPCVM qui est absorbé (appelé à disparaître) à l'OPCVM absorbant. La fusion peut s'effectuer par absorption ou par création d'un nouveau fonds.

Les deux types de fusion d'OPCVM

Fusion par absorption	Fusion par création d'un nouveau fonds
Le fonds absorbé apporte au fonds absorbeur son actif-passif en échange de parts au profit des propriétaires du fonds absorbé. Dans le cas d'une parité mesurée, comme le rapport entre les valeurs liquidatives du fonds absorbé et celles du fonds absorbant, faisant ressortir une soulte, le paiement ne doit pas excéder plus de 10 % de la valeur de ces parts.	Le fonds absorbé apporte lors de sa dissolution son actif-passif au fonds nouvellement créé. Celui-ci émet des parts au profit des investisseurs du fonds absorbé. En cas de soulte, son paiement ne peut dépasser 10 % de la valeur des parts créées.

La fusion des fonds coordonnés relevant de droits des différents pays de l'Espace économique européen (EEE) contribue à rationaliser les offres de fonds de la société de gestion à l'échelle européenne. Les modalités d'information des porteurs s'effectue par le fonds absorbeur et les coûts ne sont supportés ni par les porteurs, ni par le fonds.

La fusion transfrontière peut être illustrée de la façon suivante :

Schéma de fusion des fonds

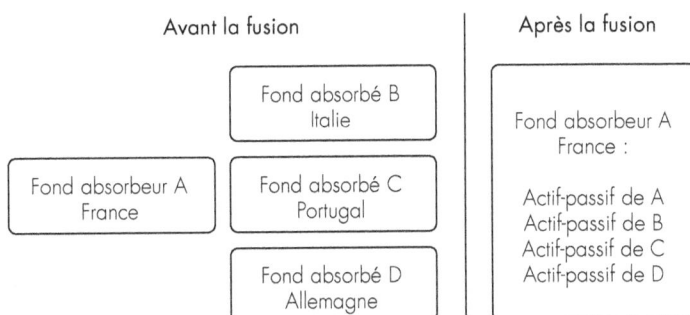

Avant la fusion — Après la fusion

Avant la fusion	Après la fusion
Fond absorbé B Italie	Fond absorbeur A France :
Fond absorbeur A France / Fond absorbé C Portugal	Actif-passif de A Actif-passif de B Actif-passif de C Actif-passif de D
Fond absorbé D Allemagne	

La démarche réglementaire repose pour l'essentiel sur l'OPCVM coordonné absorbé. Dans le cas ci-dessus, les trois fonds, italien, portugais et allemand réalisent les demandes d'agrément auprès de leurs autorités respectives. L'autorisation ou le refus est communiqué dans les 20 jours à partir du dépôt de la demande.

Le dossier déposé auprès de l'autorité est constitué des éléments suivants :

- projet de fusion dûment approuvé, aussi bien par le fonds absorbant que par le fonds absorbé ;
- informations de la fusion à communiquer aux porteurs de parts de fonds absorbé et absorbant ;
- déclaration de conformité à la directive et au règlement du fonds ou des documents constitutifs émise par chacun des dépositaires des fonds absorbé et absorbant ;
- prospectus et DICI mis à jour du fonds absorbant.

L'autorité du fonds absorbé examine le dossier dans les dix jours et communique au pays du fonds absorbeur (dans le schéma ci-dessus, l'AMF). Les autorités des fonds absorbés et absorbants étudient les impacts pour tous les porteurs de parts ou d'actions des fonds.

Les autorités des pays des fonds absorbés comme du pays du fonds à l'origine de l'absorption s'assurent notamment de la qualité d'information des porteurs. Le cas échéant, elles demandent des compléments ou des modifications.

À réception du dossier complet, la décision d'autorisation est adressée aux fonds absorbés comme à l'autorité en charge du fonds absorbant.

L'accord est donné dès lors que la fusion est conforme à la directive et que le fonds absorbant dispose de la notification pour commercialiser dans tous les États concernés. Enfin, il faut que les autorités des pays des fonds absorbés et du fonds absorbant soient satisfaites de la qualité des informations des porteurs.

Les fonds absorbés et absorbant informent les porteurs de parts ou d'actions dans les trente jours avant toute demande de rachat ou de conversion sans frais. La fusion prend effet selon le droit du pays du fonds absorbant.

La gestion des scissions et dissolution des fonds

La société de gestion peut procéder à la scission d'un fonds en deux ou plusieurs parties. Ce type d'opération répond à différentes motivations : celle de fonds devenus non liquides ou pour isoler les actifs exposés à la fraude (exemple cas de Bernard Madoff) ou à des actifs d'un fonds en liquidation volontaire (*winding down*). La scission est effectuée selon les modalités suivantes :

- création du fonds dit *side pocket* destiné à accueillir les actifs non liquides dont la cession ne serait pas conforme à l'intérêt des porteurs ;
- création du « fonds réplique » recueillant la partie liquide des actifs.

Le fonds réplique peut parfaitement rester ouvert à la commercialisation comme tout OPCVM. Le fonds de *side pocket* est appelé à suivre une gestion extinctive de manière à céder les actifs au mieux des intérêts des porteurs. Il ne peut donc exister de gestion active et le fonds ne peut accueillir de nouveaux souscripteurs.

La démarche que doit conduire la société de gestion ou le conseil d'administration de la Sicav dans ce type de situation est le suivant :

Schéma d'information réglementaire de scission d'un fonds

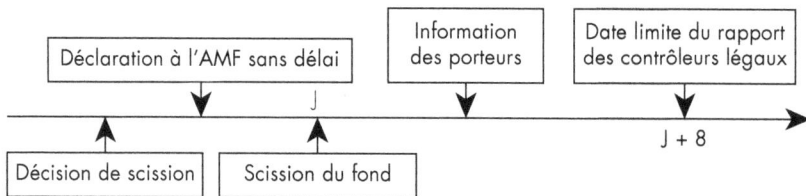

Source : AMF.

L'extinction des fonds de *side pocket* n'est pas le seul cas permettant de mettre un terme à l'existence d'un OPCVM. Si le fonds parvient au terme de sa durée de vie, la dissolution relève d'un processus naturel et anticipé (durée de vie du fonds précisée dans les documents contractuels). Il faut bien distinguer la liquidation *volontaire* acte courant et seul mécanisme juridique permettant de rendre l'intégralité des avoirs aux clients, de la liquidation *judiciaire* acte anormal qui peut être la conséquence de fautes de gestion.

Le gestionnaire est conduit selon certaines circonstances à gérer plusieurs types de dissolutions anticipées :

- dans le cas où l'encours du FCP devient inférieur à 300 000 €[1] pendant au moins un mois et également 300 000 € pour une Sicav ;
- la liquidation du fonds maître[2] entraîne celle de celui nourricier ;
- en cas de rachat de la totalité des parts du fonds par leurs porteurs de parts ;
- au terme de dix ans, les détenteurs de parts de FCPR, FCPI, FIP les investisseurs peuvent exiger la liquidation[3] des fonds ;
- sur la base de la date de négociation ou sur la base de la date de règlement/livraison.

La gestion comptable de l'OPC

La tenue d'une comptabilité des véhicules financiers des organismes de placement collectif a pour but de donner une image fidèle des évènements financiers. Elle doit refléter les opérations financières d'investissement comme de désinvestissement du fonds.

Le plan comptable des OPCVM connaît des spécificités au regard des principes généraux du plan comptable général, afin d'intégrer les réalités du métier pour le compte de tiers. L'égalité de traitement des épargnants constitue l'une des spécificités majeures de la gestion pour compte de tiers.

La structure des comptes reprend le principe commun à toute comptabilité : la partie double (débit-crédit, actif-passif).

Les plans comptables des organismes de placement collectifs se déclinent selon la nature des véhicules financiers. Le plan comptable de l'OPCVM diffère de celui de l'OPCI et de la SCPI. Les normes comptables arrêtées pour chacun des instruments financiers sont définies par le comité national comptable, en relation avec les associations professionnelles comme l'AFG et l'Autorité des marchés financiers (AMF).

La production comptable est une information essentielle pour les investisseurs, notamment par la communication de la valeur de la part des fonds.

---

1. Article 414-14 du règlement de l'AMF.
2. Article 412-7 du règlement de l'AMF.
3. Article L. 214-7-4 du *Code monétaire et financier*

La structure des comptes d'un OPCVM français

Elle comprend principalement les comptes de bilan, hors bilan et de résultat.

La structure du bilan d'un OPCVM français se présente selon le tableau suivant :

Actif	Passif
Classe 3 : portefeuille Classe 5 : liquidité	Classe 1 : capitaux Classe 2 : immobilisation Classe 4 : compte de tiers

Les composantes du compte du passif

Les comptes de la classe 1 comprennent les éléments suivants :

- capital nominal, prime d'émission ;
- résultat (si capitalisé, en classe 11, sinon en classe 7) ;
- plus-value latente comme réalisée sur chaque ligne de titre ou de dérivé composant le portefeuille ;
- coupon couru ;
- frais d'achat et de vente.

Les comptes de la classe 2 comprennent les Sicav propriétaires de l'immeuble, cas assez rare.

Les comptes de la classe 4 comprennent :

- provision des frais de gestion (fixes et variables) et honoraires des commissaires aux comptes ;
- coupons à recevoir ;
- change à terme ;
- autres montants à payer ou à recevoir ;
- *deposit* sur les marchés dérivés.

Les composantes du compte d'actif

Les comptes de la classe 3 comprennent l'ensemble du portefeuille qui se décline en sous-comptes :

- 3.1 : actions et obligations ;
- 3.2 : titres de créances négociables ;
- 3.3 : OPCVM ;
- 3.4 : fonds commun de créance ;
- 3.5 : cessions temporaires d'actifs ;
- 3.6 : autres valeurs mobilières ;
- 3.7 : compte des plus-values latentes.

Les comptes de la classe 5 comprennent :
- dépôts à vue et à terme ;
- change à terme.

La structure du compte hors bilan

Les comptes hors bilan correspondent aux engagements donnés et reçus et portent sur les instruments dérivés (*futures* traités sur les marchés organisés, *swaps*, options). Le compte de la classe 9 retrace ces engagements. Il est à noter que le change à terme n'est pas repris car déjà considéré au bilan à sa valeur nominale*. Les *swaps* de change sont, en revanche, intégrés.

La structure du compte de résultat

La différence entre les comptes de produits de la classe 7 et ceux des charges de la classe 6 fournit le résultat comptable de l'OPCVM.

Les comptes de la classe 7 comprennent :
- dividendes ;
- coupons (deux méthodes de comptabilisation) ;
- comptes de régularisation.

Les comptes de la classe 6 comprennent :
- frais de gestion et honoraires des commissaires aux comptes ;
- autres charges (intérêts d'emprunt ou assimilés) ;
- comptes de régularisation.

L'ensemble du plan de compte des OPCVM contribue à l'établissement des arrêtés comptables trimestriels, semestriels et annuels. La nomenclature des comptes est reprise dans le cadre des déclarations à effectuer auprès de la Banque de France.

La comptabilité matière et la comptabilité flux

La comptabilisation au fil de l'eau des souscriptions et rachats donne le mouvement des entrées et sorties de parts d'OPCVM. Ce mouvement affecte la position du nombre de parts détenues chez le dépositaire.

La comptabilisation matière consiste à effectuer le suivi des stocks (ensemble des parts du fonds). De manière pratique, un souscripteur de part d'OPCVM voit son compte espèces diminuer et son compte titres augmenter du nombre de parts acquises. À l'inverse, le rachat entraîne une diminution de son compte titres et une augmentation de son compte espèces.

À l'échelle du fonds, qui comprend les parts de tous les souscripteurs, l'inventaire des parts donne la position détenue chez le dépositaire. Ce rapprochement est réalisé quotidiennement.

L'OPCVM voit son compte titres diminuer en cas de rachat net (nombre de parts rachetées > nombre de parts souscrites) et augmenter dans le cas de souscription nette (nombre de parts souscrites > nombre de parts rachetées).

L'exemple suivant illustre les positions de trois fonds différents à une date donnée.

Exemple

États des positions des fonds au 01/07/2011

Code valeur	Libellé de la valeur	Émetteur	Quantité	Montant valorisé
FRXXXXXXXXXX	OPCVMX	Émetteur A	10 000	11 000 000 €
FRYYYYYYYYYY	FCPY	Émetteur B	500 000	55 000 000 €
LUXXXXXXXXXX	FCPX	Émetteur C	200 000	22 000 000 €
Total				88 000 000 €

La société de gestion procède au contrôle de l'état de ses positions à l'aide de l'attestation délivrée par le teneur de compte. Ce dernier atteste détenir un total de 88 000 000 € selon le détail ci-dessus.

L'enregistrement des flux découlant des mouvements de souscriptions rachats fait l'objet d'un état donnant lieu à une attestation par le teneur de compte. Il est formalisé le plus souvent comme le montre l'exemple suivant.

Exemple

Mouvement de compte des souscriptions – rachats d'une Sicav et d'un FCP

Mouvement sur la valeur Sicav (FRXXXXXXXXXX)					
Réf. interne	N° de compte	Type d'opération	Sens	Quantité	Date d'effet
0005017007	66600034821	Rachat	Vente	2 000	12/06/2011

Mouvement sur la valeur FCPY (FRYYYYYYYYYY)					
Réf. interne	N° de compte	Type d'opération	Sens	Quantité	Date d'effet
0005017008	66600034841	Rachat	Vente	5 000	15/06/2011

Mouvement sur la valeur FCPY (FRYYYYYYYYYY)					
Réf. interne	N° de compte	Type d'opération	Sens	Quantité	Date d'effet
0005017009	66600035842	souscription	Achat	1000	18/06/2011

Le suivi comptable des valeurs constituant le portefeuille du fonds repose sur les services du post-marché du dépositaire. Ils peuvent être amenés à constater des suspens, c'est-à-dire à la mauvaise affectation des opérations ou au mauvais dénouement du règlement ou de la livraison.

Exemple

Prenons le cas d'un gestionnaire ayant acquis un volume de 1 000 actions Renault auprès d'un intermédiaire financier. Si celui-ci ne livre pas les titres, il y aura un suspens sur le compte titre de l'OPCVM. Les motifs de suspens sont de plusieurs natures : technique, mauvaise instruction de règlement, traitement tardif des opérations (non-respect des heures limites de règlement ou de livraison). Enfin, la faillite de l'intermédiaire peut donner lieu à un défaut de règlement ou de livraison selon le sens de l'opération (achat ou vente de titres par l'OPCVM).

Le contrôle comptable

Le dispositif de contrôle comptable est un des rouages principaux de la gestion courante d'un organisme de placement collectif. La valeur liquidative d'un fonds cristallisant les points d'attention de nombreux acteurs, le contrôle joue un rôle de caution important.

Le comptable est l'un des maillons forts du contrôle. Il vérifie à la fois les positions du portefeuille (nombre de lignes qui le compose) et les valorisations des instruments financiers (observation des cours et méthodes de valorisation).

Les organismes de placement collectifs doivent s'appuyer sur un système de contrôle interne reposant sur une organisation. Elle a pour but de s'assurer que l'exercice de l'activité répond aux normes exigées par les autorités des marchés et respecte les exigences comptables.

Le contrôle vérifie notamment :

- la régularité et la sincérité des opérations réalisées au regard des dispositions réglementaires et des statuts de l'OPCVM ;
- l'égalité de traitement des porteurs de parts ou d'actionnaires dans les opérations réalisées par le fonds ;
- la protection et la sauvegarde des actifs contre le risque inhérent à l'activité de l'OPCVM ;
- la prévention des conflits d'intérêt pouvant affecter les droits des actionnaires ou porteurs de parts ;
- la délivrance des informations financières exhaustives, fiables et sincères et dans les délais prévus.

Les moyens du contrôle sont :

- la mise en place de procédures et de moyens humains et techniques. Dans le cas où la gestion est sous-traitée, la direction générale de la Sicav s'assure de la pertinence du dispositif du contrôle de l'organisme gestionnaire ;

- un dispositif permettant de vérifier le niveau d'emploi d'actifs définis au niveau de l'OPCVM. Il convient de s'assurer de l'utilisation exclusive des fonds recueillis dans la gestion de l'OPCVM ;

- une organisation qui respecte la séparation des fonctions relatives aux opérations effectuées par l'OPCVM. Le contrôle doit notamment veiller à la séparation entre les fonctions de gestion de portefeuille et de négociation en Bourse ; celle entre la gestion pour le compte de la Sicav et du FCP d'une part, et le compte propre d'autre part. Doivent également être séparées les fonctions de gestion et de comptabilisation ;

- la piste d'audit des programmes informatiques est soumise à un contrôle avec à l'appui toute la documentation des programmes et maintenances effectuées. La vérification des procédures de sauvegarde des données et fichiers et l'existence d'un plan de secours informatique en cas de dégradation du système d'exploitation des données ;

- des procédures de recherche des informations financières de l'OPCVM. À l'aide d'une pièce d'origine, un auditeur est en mesure de reconstituer le cheminement de manière ininterrompue, parvenant aux états financiers et réciproquement ;

- des procédures d'habilitation afin de sécuriser les droits d'exploitation des systèmes d'information selon les profils des fonctions et le respect des séparations. Le profil de consultation n'autorise pas à réaliser des transactions. Il appartient de veiller à la mise à jour et à la vérification constante de la bonne adéquation entre les habilitations et leur usage. Les mouvements de personnels (mobilité interne et externe) sont des évènements que doit intégrer le dispositif. L'affaire Kerviel a contribué à renforcer les contrôles d'habilitations au sein des prestataires d'investissements ;

- le contrôle du calcul de la valeur liquidative porte sur les éléments d'appréciation correcte des composantes de l'actif, le respect de l'abondement des charges et produits, l'intégration des évènements affectant la valeur liquidative (cas de titres devenus non liquides ou émetteurs en faillite…). Le nombre de porteurs de parts ou d'actions* doit être également vérifié ;

- outre les livres comptables obligatoires selon la norme comptable, un journal des opérations de souscription-rachat est tenu quotidiennement à jour ainsi que celui des valeurs liquidatives. Il comporte le nombre de parts ou d'actions souscrites ou rachetées, l'identité du cédant ou de l'acquéreur, la valeur liquidative du jour.

L'audit annuel des comptes

Le rôle de l'auditeur est central car il constitue un avis externe à la société de gestion et au banquier dépositaire.

Les grands réseaux (PwC, Deloitte, KPMG…) sont perçus par les clients comme une meilleure protection car ils sont soucieux de leur image, mais en contrepartie, leurs frais, plus élevés que ceux de plus petits cabinets, impactent davantage sur les coûts opérationnels de la Sicav, ce qui n'est pas négligeable si la Sicav possède peu d'actifs sous gestion. Ce surcroît de protection est parfois plus psychologique que réel : la Sicav Luxalpha, pourtant auditée par un *Big-4* n'a pas vu venir l'effondrement du système de Madoff dont elle était en pratique un *feeder*.

L'audit couvre tout à la fois le contrôle des opérations de comptabilisation de l'OPCVM (souvent la comptabilité est tenue par le banquier dépositaire) et la gestion réalisée par l'*asset manager*. La pratique récente montre que les auditeurs sont de plus en plus sensibilisés aux risques de fraude.

Les termes des engagements entre la société de gestion (et/ou la Sicav) et l'auditeur au Luxembourg sont, selon un standard de place, définis par l'IRE (Institut des réviseurs d'entreprises)[1]. Ces termes et conditions régissent la relation entre le « réviseur d'entreprise » et le client (par exemple une Sicav) dont il la charge d'auditer les comptes. Le plus souvent, il y a un troisième intervenant, la personne morale en charge de la tenue des comptes (souvent le banquier dépositaire). Il incombe au client, en vertu de l'IRE, une obligation de fournir des informations suffisantes et de prêter assistance au réviseur d'entreprise afin qu'il puisse mener à bien sa mission (*obligation […] to provide information and assistance*). Le client doit déclarer connaître les termes de l'IRE et les accepter de manière inconditionnelle.

Outre son contrôle annuel, l'auditeur peut aussi intervenir à l'occasion de la vie de la Sicav, par exemple lors d'une fusion de compartiments sur laquelle il devra rédiger un rapport dans lequel il donnera notamment son avis sur les parités de fusion et la valorisation des actifs.

La gestion pour compte de tiers et Solvency II

L'entrée en vigueur prévue pour 2013 de la directive Solvency II concerne près de 75 % des actifs gérés pour le compte d'institutionnels. En effet les acteurs de l'assurance qui confient leurs avoirs aux sociétés de gestion de portefeuille vont voir l'exigence de leurs fonds propres se renforcer.

La construction des portefeuilles devra intégrer cette nouvelle exigence de fonds propres supplémentaires, autrement dit modifier l'exposition au risque pour un même niveau de ressources. Une première possibilité est d'augmenter le niveau de fonds propres pour une exposition au risque identique. L'autre

---

1. Il est défini dans le document intitulé « *General terms and conditions for assignments undertaken by reviseurs d'entreprises* ».

alternative est de réduire les types d'instruments financiers trop consommateurs de risques.

Seules les sociétés de gestion dont les actionnaires sont assez solides pourront faire appel à des augmentations de capital. Ils pourront dans ce cas s'ils le souhaitent conserver leur stratégie d'investissement initiale (voir chapitre 2).

Les fonds constitués aujourd'hui comprenant des instruments financiers ayant vocation à être conservés au-delà de l'entrée en vigueur de la directive doivent dès à présent satisfaire à cette exigence. Pour les sociétés de gestion ne pouvant faire face à une augmentation en capital, des arbitrages sont à prévoir : vente des positions consommatrices de capitaux et achat de celles qui les diminuent.

En intégrant au couple rentabilité-risque celui de consommation de fonds propres, Solvency II modifie indéniablement la pratique de l'*asset management*, la nature de la gestion financière et le modèle économique des sociétés de gestion (voir chapitre 6).

Le sens de la mesure de la performance des fonds sera sans conteste modifié par le niveau de capital requis. Pour apprécier l'optimisation du couple rentabilité-risque du portefeuille des assureurs, la directive offre deux options : le niveau de capital requis est calculé soit à l'aide d'un modèle interne, soit à partir de celui dit standard.

Lorsque l'assureur retient le modèle interne, les ratios prédéfinis par la directive ne sont pas applicables. Le modèle standard exige la valorisation mensuelle au prix de marché. Les OPCVM logés dans les fonds d'assurance-vie en euros devront calculer ligne à ligne du portefeuille le capital requis, et ce au regard de l'exposition au risque. Le calcul du capital requis doit être conduit au niveau du groupe d'assureur, en intégrant la corrélation de l'ensemble des risques auquel il est exposé.

Pour arrêter ses choix, le responsable d'investissement du groupe d'assurance devra pouvoir s'appuyer sur un *reporting* donnant le niveau de fonds propres consommés. Il devra notamment intégrer le niveau de corrélation d'actif décrit dans le tableau suivant.

Matrice de corrélation

Corrélations	Taux	Actions	Immobilier	*Spread*	Concentration	Change
Taux	1					
Actions	0,5/0	1				
Immobilier	0,5/0	0,75	1			
Spread	0,5/0	0,75	0,5	1		
Concentration	0,5	0,5	0,5	0,5	1	
Change	0,5	0,5	0,5	0,5	0,5	1

Source : CEIOPS (Commitee of European Insurance and Occupational Pensions Supervisors).

Pour les supports d'investissement *high yield* (haut rendement risqué) le capital requis correspond à :

Le *high yield* très pénalisé

	Capital requis
Obligations EMU *corporate* BBB 5-7 ans	22,61 %
Obligations *high yield*	51,39 %
Actions EMU	45,00 %
Obligations convertibles Europe	25,60 %
60 % obligations + 40 % actions EMU	27,42 %

Source : CEIOPS (Commitee of European Insurance and Occupational Pensions Supervisors)

Les instruments d'investissement les plus consommateurs de capitaux se concentrent sur les obligations *high yield* et actions EMU (*European Monetary Union*).

La gestion sous mandat devrait intégrer les objectifs de ratio de fonds propres au regard du montant des actifs. Le calcul de la volatilité[1] de chacune des valeurs composant un portefeuille suite au mouvement des marchés agit sur le ratio. Si les titres sont particulièrement sensibles, la baisse de leur valeur dégrade rapidement le ratio dans des situations défavorables de marché.

L'allocation de portefeuille devra prendre en compte les scénarios de baisse potentielle de chacune de ses composantes afin de mesurer le maximum de capital requis. Conformément à la directive, le gestionnaire tiendra compte pour les actions de la chute de 39 % sur un an.

Les choix d'investissement selon les styles de gestion devraient être notablement impactés. S'agissant de produits complexes, la modélisation destinée à calculer les fonds propres est plus problématique. C'est le cas de fonds dits tactiques qui peuvent comprendre de forte variation d'actions (entre 0 et 100 %) ou des fonds adossés à des options.

Pour faire face aux contraintes relatives aux actifs risqués, l'offre de placement est appelée à évoluer en intégrant les produits optionnels. Il s'agira de renforcer le pilotage de risque de portefeuille à travers des solutions de couverture par recours aux options. Par exemple, la technique de *stop-loss* permet de se fixer la limite de perte maximale fixée comme objectif de gestion.

---

1. Volatilité d'un instrument financier : il s'agit de la mesure de son risque (voir chapitre 1).

L'offre de produits à capital garanti devrait être encouragée dans le cadre de l'adoption de Solvency II. Afin d'améliorer le profil d'exposition au risque, un portefeuille disposant d'une poche obligataire à hauteur de 75 % pour 25 % d'actions permet à l'échéance d'un an de respecter les exigences de Solvency II. La directive prévoit une hypothèse de baisse de 39 % ; or la perte potentielle maximale sur le portefeuille constitué est de 25 %. En outre, le placement obligataire permet de reconstituer une part de capital chaque année.

L'entrée en vigueur de Solvency II devrait influencer la gestion courante des OPCVM à destination des assureurs, comme des mandats de gestion. Le *reporting* à destination de la clientèle institutionnelle des groupes d'assurance jouera une place cruciale en matière de pilotage des risques.

LE CONTRÔLE DES RISQUES

La crise a rappelé deux risques importants auxquels pouvaient être confrontées les sociétés de gestion. Il s'agit du risque opérationnel et celui de liquidité.

L'affaire Bernard Madoff[1], emblématique du risque de fraude, a quant à elle permis de mieux prendre conscience de la place jouée par le risque opérationnel.

Les OPCVM monétaires dynamiques dont une partie de leur portefeuille est devenu non liquide ont mis en exergue le second type de risque.

La perception des risques se résumait trop souvent à celui de la gestion financière attachée à la constitution du portefeuille, assumé par l'investisseur final. Le fait que la gestion pour compte de tiers ne fasse pas intervenir l'intermédiation du bilan de la société de gestion a pu expliquer un tel regard.

Les risques opérationnels de la gestion pour compte de tiers

Le risque opérationnel peut être défini comme celui de perte financière liée à des dysfonctionnements imputables au non-respect des procédures, au système d'information, au personnel. Sont inclus dans cette définition générique le risque juridique et la non-conformité.

En pratique, la manifestation d'un risque opérationnel revêt plusieurs formes : risque de fraude, de sabotage, dysfonctionnement des systèmes d'information, risque contractuel.

---

1. Bernard Madoff a été mis en examen et condamné pour escroquerie fondée sur une pyramide de Ponzi. Voir en annexe le détail de « l'affaire Madoff ».

Les principaux risques rencontrés sur le terrain pouvant donner lieu à des dommages financiers et de réputation concernent :

- le risque de mévente : information et documentation erronées, commercialisation inappropriée et inadéquation du produit au besoin du client ;
- le risque de non-conformité ;
- la violation des règles d'investissement définies légalement et contractuellement ;
- des incidents dans la chaîne du système d'information (position erronée du portefeuille, comme dans l'affaire de la Société générale) ;
- des incidents de souscription-rachat (suspens : non-appariement du paiement contre la livraison des parts).

La mise en place d'une cartographie des risques repose sur le recensement des évènements et incidents répertoriés dans une base de données. Elle permet de mesurer et d'approcher les risques pour les prévenir et les couvrir en cas de besoin, et peut être schématisée de la manière suivante.

Typologie des risques opérationnels

Type d'incident	Dommages associés	Catégorie	Illustration
Fraude interne et externe	Pertes liées à des actes détournant la substance financière de la société ou de nature à créer un préjudice direct ou indirect.	Activité prohibée, activité non autorisée	Transactions non signalées, transactions non autorisées, évaluation sciemment erronée d'une position de portefeuille, usurpation de comptes.
Pratiques commerciales et produits	Pertes découlant d'une négligence ou du non-respect d'une norme de conformité à l'égard du client.	Conformité, devoir d'information	Catégorisation erronée du client (MIF), vente inadaptée, défaut d'information.
Gestion opérationnelle	Pertes associées au traitement des transactions, à la contrepartie, au processus d'exploitation.	*Front, middle, back-office*	Saisie et validation erronée, gestion du compte client, non-respect des délais, erreur comptable.
Défaillance du système d'information	Pertes dues au dysfonctionnement des systèmes.	Système d'information	Infrastructures, logiciels.
Actifs corporels endommagés	Catastrophe naturelle.	Catastrophe	Incendies, inondations.

La mesure des risques opérationnels et leur traduction financière n'est pas une affaire simple en soi. Elle repose sur des méthodes statistiques qui supposent l'existence d'une base de données historique importante des incidents afin d'établir une occurrence pertinente. La méthode des scénarios est empreinte de subjectivité en raison des niveaux de fonds propres requis en cas d'évaluation trop rigoriste.

L'une des meilleures manières d'aborder l'appréhension des risques est d'apporter une réponse organisationnelle basée sur la mobilisation des métiers concernés.

Le capital requis pour la couverture des risques opérationnels

Le bilan de la société de gestion n'est pas sollicité dans le cadre d'une gestion pour compte de tiers à la différence d'une gestion pour compte propre. Le portefeuille des clients est délégué depuis les opérations d'investissement, de souscriptions-rachats, de conservation à l'ensemble des différents acteurs des métiers de la gestion d'actifs.

Le circuit simplifié ci-après montre la chaîne des responsabilités des acteurs de la gestion d'actifs.

La chaîne de responsabilités de la gestion d'actif

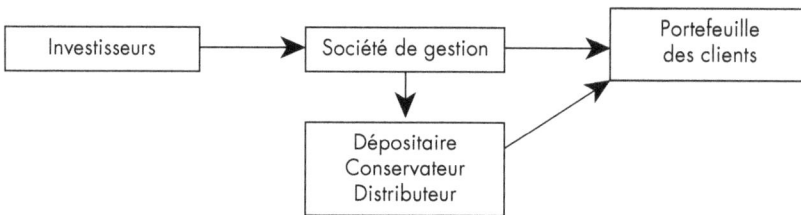

Si les sociétés de gestion ne sont pas soumises au ratio McDonough[1], elles sont tenues toutefois de disposer de fonds propres minimum au titre des risques opérationnels. En effet, le règlement général de l'AMF[2] requiert une exigence de fonds propres de 125 000 € plus 0,02 % des encours de gestion (> 250 millions d'euros) et 25 % des frais annuels.

Pour un encours sous gestion d'un milliards d'euros, le capital requis est de 20 125 000 €.

Les risques de liquidité des OPCVM

La liquidité d'un instrument financier se traduit par sa capacité à être acheté ou vendu dans un laps de temps assez rapide, sans que cela impacte significativement son prix. Le manque de liquidité occasionne des pertes liées à la liquidation défavorable d'actifs.

Comme nous avons eu l'occasion de le souligner lors de la construction des véhicules financiers de la gestion d'actif, plusieurs fonds monétaires dyna-

---

1. Ratio *cook*.
2. Règlement AMF article 312-3.

miques et réguliers sont devenus non liquides au cours de l'été 2007. Certains ont dû suspendre leur valorisation.

Afin de préserver leur réputation et éviter des mouvements de rachats massifs, de nombreux établissements financiers dont les fonds comportaient de produits de titrisation ont décidé de les reprendre dans leur bilan. Le risque est assumé en principe par le compte de tiers, mais celui des clients a été en fait repris par le compte propre de certains établissements.

Les établissements de taille plus modeste comme Oddo AM[1] ont dû fermer leurs fonds en septembre 2007 (Oddo cash titrisation de 125 millions d'euros, Oddo arbitrage de 330 millions d'euros, Oddo court terme de 480 millions d'euros).

UCIT-IV fait référence de manière explicite au risque de liquidité. Depuis le 5 mai 2009, les banques et maisons mères sont tenues d'intégrer le risque de liquidité dans le cadre des garanties apportées à leurs filiales. Les sociétés de gestion entrent dans ce cadre.

Afin de gérer le risque de liquidité, il importe de prendre en compte les déterminants de l'actif et du passif qui le conditionnent. La gestion actif-passif de la liquidité offre le niveau de suivi pertinent.

Rappelons que l'actif représente les valeurs dans lesquelles sont investis les fonds recueillis auprès des investisseurs. La liquidité d'un titre peut être appréhendée à partir des critères suivants :

- écart du cours de vente - cours d'achat = *spread**: plus une valeur est liquide et moins le *spread* est important ;
- la profondeur du marché est mesurée à l'aide du volume d'échange. Un volume d'échange qui ne modifie pas de manière significative les prix montre que la valeur est liquide.

À l'aide de ces deux paramètres, les instruments financiers peuvent faire l'objet d'une mesure de la liquidité.

Le passif est composé des fonds apportés par les investisseurs. La liquidité est influencée par le mouvement des souscriptions et de rachats. Un mouvement de décollecte entraîne la réalisation d'actifs sur le marché, autrement dit la vente d'instruments financiers.

Une collecte concentrée sur un nombre restreint de gros investisseurs est de nature à accroître le risque de liquidité en cas de demande de rachat. Une diversification de la clientèle permet de le réduire.

---

1. La fermeture des fonds a eu lieu après accord de l'AMF.

La gestion actif-passif de la liquidité consiste à optimiser la couverture des besoins de liquidités par classes d'actifs et horizons de placement.

Les tensions de marché peuvent provoquer des séquences de cession des actifs les plus liquides pour ne laisser dans le fonds que des actifs qui le sont moins. L'inquiétude des souscripteurs agit sur le passif du fonds par des rachats importants.

Les cessions des valeurs d'un fonds pour assurer le besoin de liquidités peuvent conduire à contraindre le profil de gestion initialement défini contractuellement à l'aide du prospectus.

LA PRODUCTION DES *REPORTINGS* À L'INTENTION DES AUTORITÉS ET DES INVESTISSEURS

La gestion pour compte de tiers ne se cantonne pas uniquement à la constitution de portefeuille des clients. Elle revêt une production de plus en plus importante de *reportings* réglementaires et commerciaux à l'intention des investisseurs.

Pour mener à bien la production de ces différents *reportings,* les sociétés de gestion recourent à de nombreux systèmes d'information et bases de données. Dans la pratique, elles font appel le plus souvent aux services du dépositaire pour construire et gérer les états de *reporting.*

Il existe deux types de *reporting* réglementaires : ceux à destination des autorités des marchés financiers (AMF), ceux à l'intention de la Banque de France.

Pour la surveillance des marchés, l'AMF exige la déclaration des transactions réalisées par l'ensemble des prestataires financiers (PSI). La Banque de France demande un *reporting* destiné à établir ses statistiques monétaires et financières.

Le *reporting* à l'intention des autorités des marchés financiers

L'entrée en vigueur de la directive des marchés et instruments financiers le 1er novembre 2007 prévoit dans son article 25 la production de déclarations des transactions à l'intention de chacun des régulateurs du pays d'accueil du prestataire d'investissements.

Les sociétés de gestion sont concernées par cette obligation déclarative dès lors qu'elles effectuent des transactions face au marché (c'est-à-dire sur un marché réglementé ou sur un système multilatéral de négociation (SMN) en qualité de membre, mais également lors d'une négociation de gré à gré face à une contrepartie ou un internalisateur).

Le nouveau guide RDT[1] (*reporting* des transactions) modifié le 16 janvier 2012 prévoit une nouvelle mise à jour dont les principaux objectifs sont :

- renforcer le contrôle d'intégrité des déclarations ;
- adapter le dispositif de déclaration RDT en cohérence avec le projet de place de gestion de la dette française ;
- étendre le champ des déclarations aux produits dérivés OTC*.

Le service de routage des ordres ne donne pas lieu à déclaration (service de RTO).

En pratique

Illustration des cas où s'applique ou non la déclaration

Dès lors qu'une société de gestion ne fait que transmettre un ordre à un autre prestataire qui l'exécute pour le compte de son fonds ou celui sous mandat, l'obligation de déclaration ne s'impose pas.

En revanche, la société de gestion est dans l'obligation d'effectuer une déclaration lorsqu'elle négocie une transaction en qualité de membre de marché, d'un système multilatéral de négociation (SMN), ou encore de gré à gré face à une contrepartie, quel que soit le moyen technique retenu (téléphone ou système électronique). Dans le cas d'une transaction entre deux fonds, il y a lieu de réaliser également une déclaration.

L'architecture simplifiée du dispositif déclaratif des transactions est la suivante :

Schéma des déclarations des transactions à l'AMF

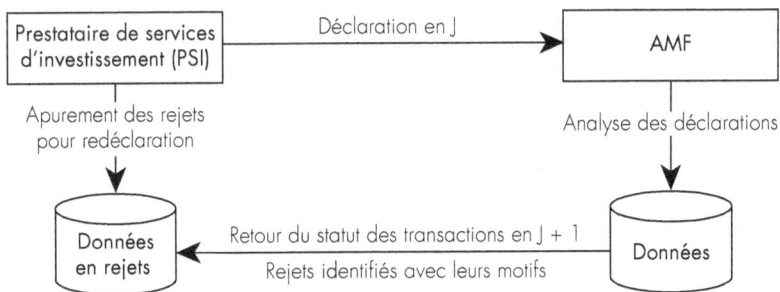

---

1. Le guide RDT (*reporting* des transactions) fait partie de l'annexe 1 de l'instruction 2007-06. On ne peut que recommander sa consultation sur le site www.amf.org.

Les déclarations sont réalisées dans un délai qui n'excède pas 48 heures à partir de la date de négociation de la transaction. Le prestataire d'investissements doit le jour suivant de la déclaration examiner les rejets signalés par l'Autorité des marchés.

Le défaut déclaratif des transactions auprès des autorités a donné lieu à d'importantes amendes de la part du régulateur britannique FSA pour des manquements ou déclarations inexactes (de 490 000 à 2,45 millions de livres).

La surveillance opérationnelle des marchés par l'ensemble des autorités des marchés repose sur les transactions adressées par les prestataires. Elle s'effectue à l'échelle européenne à l'aide des échanges de données entre les autorités des marchés des pays européens.

L'implémentation de la directive MIF à travers ses articles 25 et 32 pose une architecture déclarative à l'échelle européenne. Un pas opérationnel important a été franchi dans la surveillance des opérations négociées sur les marchés. Le marché des transactions d'une valeur donnée peut être reconstitué grâce au mécanisme d'échange de données entre les différentes autorités des marchés. Il s'effectue à l'aide du système TREM (*Transaction Reporting Exchange Mechanism*).

L'outil TREM permet de favoriser le suivi d'une valeur donnée à l'échelle européenne. En pratique, trois déclarations portant sur un titre français effectuées respectivement à l'AMF (Autorité des marchés financiers français), à FSA (régulateur britannique), Consob (régulateur italien) vont pouvoir être suivies à l'échelle européenne. Les autorités FSA et Consob communiquent les transactions des valeurs françaises à l'AMF afin de déceler d'éventuelles anomalies.

Le processus d'échange est le suivant :

Le système d'échanges d'informations entre régulateurs européens

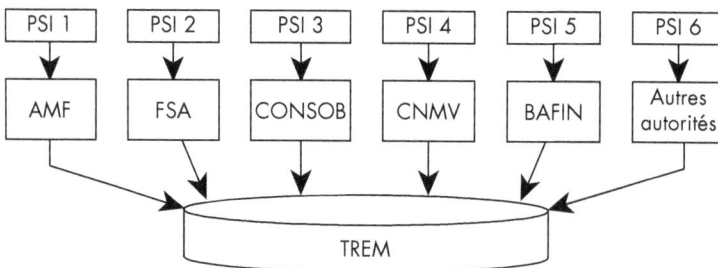

PSI : prestataire de services d'investissement. TREM : Transaction Reporting Exchange Mechanism.

La coopération renforcée des régulateurs au plan européen a franchi encore une étape avec la création depuis janvier 2011 de l'ESMA (autorité européenne des marchés financiers) en remplacement du CESR (*Committee of European Securities Regulators*). Elle a pour mission de renforcer l'harmonisation de l'application de la régulation au plan européen.

La mise en place du dispositif déclaratif pour un prestataire d'investissements peut être résumée d'après le schéma suivant :

Dispositif du *reporting* des transactions à l'AMF (RDT)

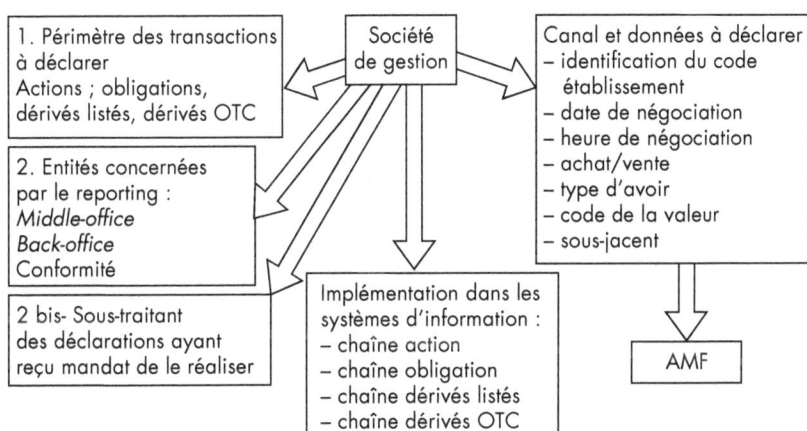

Le *reporting* à l'intention de la Banque de France

Pour réaliser ses statistiques monétaires, la Banque de France soumet les OPCVM à une obligation déclarative mensuelle. Sont concernés les Sicav et FCP monétaires euro et internationales, au sens de la classification établie par l'AMF et assujettis à une remise comptable complète.

Les informations communiquées et leur périodicité sont fixées en se calant sur le cadre réglementaire de l'AMF en matière de fréquence de valorisation des fonds, de publication des valeurs liquidatives et du degré de négociabilité de l'OPCVM.

Il existe deux régimes de déclaration, l'un allégé bénéficiant à titre dérogatoire aux OPCVM dont l'actif net se situe en dessous d'un seuil, l'autre complet.

La déclaration complète

Référence de l'état	Délais de remise
Déclaration titre par titre du portefeuille titres	Mensuelle Date d'arrêté + 10 jours ouvrés
Autres composantes de l'actif	Mensuelle Date d'arrêté + 10 jours ouvrés
Autres composantes du passif	Mensuelle Date d'arrêté + 10 jours ouvrés
Données complémentaires	Mensuelle Date d'arrêté + 10 jours ouvrés
Compte de résultat	Annuelle Date de clôture + 60 jours ouvrés
Tableau d'évolution de l'actif net	Annuelle Date de clôture + 60 jours ouvrés

Les sanctions en cas de défaut ou de retard des déclarations sont assez dissuasives.

Le *reporting* à l'intention des investisseurs

Le *reporting* adressé aux clients correspond au compte rendu de la gestion du portefeuille défini sur une période donnée et communiqué selon un rythme régulier (hebdomadaire, mensuel, trimestriel, semestriel, annuel).

Les besoins de l'investisseur portent sur des éléments d'appréciation quantitatifs et qualitatifs. Les attentes des clients en matière de *reporting* diffèrent selon leur nature (client de détail, institutionnel…). Le *reporting* est adressé aux distributeurs, à la clientèle institutionnelle et au gestionnaire d'actifs.

Les éléments quantitatifs portent sur la performance, l'allocation des actifs, l'attribution ligne à ligne des performances, la mesure des risques. Ceux d'ordre plus qualitatifs concernent les aspects juridiques, *marketing*, analyse des gestionnaires.

Élaboration du *reporting*

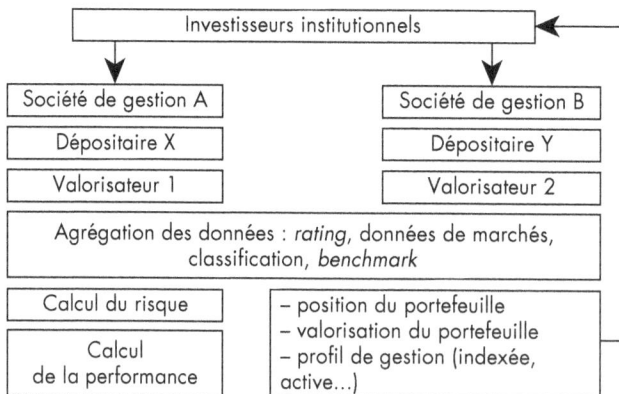

L'élaboration du *reporting* repose sur la contribution de nombreux métiers de la gestion d'actifs : le valorisateur, les contributeurs de données (Reuters, Bloomberg…).

Le *reporting* est un outil de fidélisation du client. S'il est de faible qualité, il peut susciter des rédemptions ou décollecte. Avec l'entrée en vigueur de Solvency II en 2013, la clientèle des groupes d'assurance devrait accroître son exigence.

L'essentiel à retenir

La gestion courante d'un OPCVM recèle un haut niveau de technicité et montre si le fonctionnement du fonds répond bien aux règles du jeu contenues dans le DICI (ex-prospectus simplifié).

Le gestionnaire agit comme un chef d'orchestre qui fait intervenir à chaque étape de la vie du fonds l'expertise du métier sollicité (valorisateur, comptable, contrôleur interne et conformité, juriste, commissaire aux comptes…).

La gestion courante d'un OPCVM est loin d'être routinière. Son vaste champ de compétences conduit à intégrer en permanence les nombreux changements réglementaires. L'entrée en vigueur du DICI marque sans conteste l'un des changements majeurs. L'adoption d'une nouvelle classification d'OPCVM monétaire consécutive à la crise survenue sur les produits, dits dynamiques, en est une autre illustration.

Les prochaines étapes qui devraient marquer la gestion d'actifs sont l'entrée en vigueur d'UCIT V et SOLVENCY II prévus en 2013, et la directive AIFM pour les fonds alternatifs.

L'innovation financière et le besoin de renforcer la protection des investisseurs sont les deux défis à relever par la gestion si elle veut préserver et étendre la marque des fonds d'UCITS dans le cadre d'un marché désormais transeuropéen.

Chapitre 5

La pratique de la gestion de portefeuille en France et au Luxembourg

C'est parce qu'ils disposent d'un savoir-faire et de moyens (recherche, traitement de l'information, capacité d'accès à un marché devenu international) bien supérieurs, que les gestionnaires de portefeuille sont sollicités par les investisseurs particuliers et institutionnels. Les clients des sociétés de gestion escomptent naturellement une performance supérieure à celle qu'ils pourraient obtenir eux-mêmes en investissant directement sur le marché.

Il existe deux manières de faire appel à un service de gestion de portefeuille : par un mandat individuel de gestion ou par souscription à des produits d'épargne collective (OPCVM, SCPI, *hedge fund*...).

En raison de la place qu'occupe la gestion d'actifs pour compte de tiers en France et au Luxembourg, la pratique de l'*asset management* dans ces deux pays intéresse de nombreux professionnels.

Les chiffres relatifs à la domiciliation et à la gestion financière justifient un tel intérêt pour le tandem franco-luxembourgeois.

Classement des pays par domiciliation et gestion financière des fonds

	Domiciliation des fonds en Europe	Gestion financière des fonds en Europe (1)
France	20,9 %	23 %
Allemagne	14,5 %	20,1 %
Royaume-Uni	8,7 %	15,8 %
États-Unis	–	9,8 %
Suisse	–	6,6 %
Italie	3,7 %	6 %
Belgique	–	3,5 %
Espagne	2,9 %	3 %
Pays-Bas	–	1,7 %
Luxembourg	25,9 %	0,4 %

.../...

	Domiciliation des fonds en Europe	Gestion financière des fonds en Europe (1)
Irlande	10,3 %	0,3 %
Autres	12,7 %	9,8 %

(1) Réallocation des actifs domiciliés au Luxembourg et en Irlande dans les pays d'origine des promoteurs (estimation AFG). Le calcul a été établi sur la base d'un montant de fonds domiciliés en Europe estimé à 6 840 milliards d'euros fin septembre 2009. Si la France est *leader* en matière de gestion financière, elle accuse un retard significatif en matière de domiciliation de fonds.

Source : EFAMA, CSSF, AFG, IFIA.

Comprendre la pratique de l'*asset management* en France et au Luxembourg dans le contexte réglementaire d'UCIT IV présente un intérêt qui se justifie en particulier au regard de l'essor des fonds transfrontaliers qui ont été multipliés par 2,4, comme le montre le tableau ci-dessous.

Évolution du nombre de fonds et d'enregistrements transfrontaliers

Période		Période	
2001	3 260	2006	5 907
2002	3 750	2007	6 525
2003	4 529	2008	7 366
2004	4 875	2009	7 441
2005	5 170	2010	7 804

Source : Lipper Hindsight et Pwc au 31 décembre 2010.

Le Luxembourg se place en bonne position sur le marché des fonds transfrontaliers, au cœur de la directive UCIT IV.

LA PRATIQUE DE L'*ASSET MANAGEMENT* EN FRANCE

L'industrie de la gestion d'actifs en France était représentée par près de 590 sociétés de gestion fin 2010 (617 en 2011) pour un nombre de fonds d'investissement de 11 300, dont 8 000 OPCVM à vocation générale. Les encours sous gestion pesaient près de 2 610 milliards d'euros, dont 1 380 milliards en OPCVM de droit français et la gestion sous mandat atteignait 1 230 milliards d'euros.

Fin 2009, sur les 35 000 milliards d'actifs sous gestion, près de 14 000 milliards concernaient l'Europe. Le classement mondial situait deux groupes français sur les dix premiers, et quatre parmi les vingt premiers (source : AFG).

En dépit de la crise, la gestion pour compte de tiers dans son ensemble connaît un développement important.

Le rôle de la société de gestion de portefeuille

La société de gestion est l'acteur central en charge du placement des avoirs pour le compte de tiers. Elle a pour obligation d'agir dans le seul intérêt des clients. Afin de prévenir les conflits d'intérêt, cette obligation s'accompagne notamment de la séparation de la fonction de dépositaire et de gestion pour compte propre.

Elle doit assumer sa responsabilité, y compris lorsqu'elle délègue la gestion à un tiers. La société a une obligation de moyens, c'est-à-dire qu'elle doit disposer non seulement de capitaux suffisants, mais également d'une organisation à même de s'appuyer sur les moyens en adéquation avec ses missions.

La gestion pour compte de tiers peut prendre deux formes :

- **la gestion collective** : elle comprend, comme évoqué plus largement dans le chapitre 2, les OPCVM, OPCI, SCPI, destinés à de nombreux porteurs qui en achètent des parts ;
- **la gestion sous mandat** : il s'agit d'un contrat stipulant les règles qui délimitent le champ d'intervention de l'*asset manager* dans le choix des investissements acceptés par le client. Il est possible pour un gestionnaire d'inclure des produits de gestion collective dans son mandat.

La gestion sous mandat se décline sous quatre formes :

- la gestion institutionnelle recouvre dans la pratique la gestion des réserves des contrats d'assurance vie, celles de la prévoyance et les autres réserves des assureurs et mutuelles. Les *assets managers* des filiales des groupes d'assurance et des mutuelles sont notamment spécialisés sur ces problématiques de placement comportant un volet réglementaire spécifique à l'assurance. Derrière le terme « zinzin » usité par les praticiens se trouve en fait la gestion institutionnelle ;
- la gestion privée, assurée soit à titre principal par des sociétés de gestion, soit par d'autres prestataires de services dinvestissement, le plus souvent des établissements de crédit (*private banking*) ;
- la gestion, par délégation, de fonds communs de droits étrangers sous forme de mandat de gestion (notamment par des sociétés spécialisées en gestion alternative) ;
- la gestion dédiée d'un portefeuille de valeurs non cotées par des sociétés agréées au titre du capital investissement (*private equity*).

L'agrément : acte de naissance de la société de gestion

Par le terme anglo-saxon *asset manager*, il faut entendre gérant d'actif, le terme de société de gestion correspond à la terminologie anglaise de *management company* (ou *Man Co* en jargon des professionnels), elle peut être soit la filiale d'une banque ou d'un assureur, soit une société indépendante de type entrepreneuriale.

Au sens de l'AMF, il s'agit d'entreprises d'investissement agissant dans le cadre des articles L. 532-9 et L. 321-1 du *Code monétaire et financier*.

On comptait selon les derniers chiffres de l'AMF près de 590 sociétés en 2010 contre 567 en 2009. Le solde entre les créations et les retraits est demeuré positif en dépit du contexte de crise.

De sa création à son retrait, la société de gestion est soumise au contrôle de l'AMF. Pour l'investisseur, qu'il soit particulier ou institutionnel, il importe de comprendre les aspects juridiques marquant la vie de la société de gestion, notamment lorsqu'elle est appelée à fusionner ou disparaître. Que deviennent en l'occurrence les fonds confiés à une société de gestion en faillite ? Nous aborderons par la suite ce point à partir d'un cas concret.

Les formes juridiques reconnues des sociétés de gestion

Les sociétés de gestion pour compte de tiers sont le plus souvent des sociétés anonymes, mais elles peuvent prendre la forme de sociétés en commandites ou de groupements d'intérêt économique.

La société de gestion dispose d'une autonomie à l'égard des groupes bancaires ou d'assurance à laquelle elle peut appartenir. L'AMF exige qu'elle dispose d'un capital de 125 000 € auquel il y a lieu d'ajouter 0,2 % du montant des encours gérés au-delà de 250 millions d'euros.

Pour obtenir son agrément, une société de gestion doit satisfaire les conditions suivantes :

- détenir son siège social en France ;
- être gérée et dirigée au moins par deux personnes jouissant d'une respectabilité, disposant des aptitudes adéquates ;
- communiquer l'identité des actionnaires, personnes physiques et morales, possédant directement ou indirectement le capital de la société. Le montant de la participation doit pour chacun des actionnaires être précisé ;
- être adhérent d'un mécanisme de garantie des valeurs par le Fonds de garantie des dépôts ;
- avoir défini un programme correspondant à l'activité prévue et constamment mis à jour. Il s'agit notamment des moyens et procédures démontrant la maîtrise de la prestation envisagée.

Lorsque le prestataire d'investissements envisage de n'exercer qu'à titre accessoire la gestion pour compte de tiers, c'est l'Autorité de contrôle prudentiel* (ACP) qui octroie l'agrément, l'AMF n'émettant qu'un simple avis consultatif.

À titre dérogatoire[1], une société de gestion peut être dirigée par une seule personne dès lors :

- qu'elle ne gère pas d'OPCVM, qui ne relève pas de la directive 85/611/CEE du 20 décembre 1985 ;
- que le montant des encours n'excède pas 20 millions d'euros, ou pour les seuils supérieurs, n'être agréé que pour gérer des FCPR à procédure allégée ;
- avoir prévu dans les statuts une personne en mesure de remplacer le dirigeant dans le cas où il serait empêché. La personne remplaçante doit présenter les mêmes conditions d'honorabilité.

Les moyens exigés pour exercer le métier

L'agrément repose pour une part importante sur la réunion des moyens humains, matériels, techniques et logistiques.

La compétence des collaborateurs est vitale pour exercer le métier. Aussi deux gérants, un responsable du contrôle interne et de la conformité sont requis pour satisfaire l'exigence réglementaire. La règle des « quatre yeux » répond à un principe de contrôle de base.

L'organisation doit s'appuyer sur les moyens destinés à établir les procédures en mesure de contrôler les ordres de souscriptions et de rachats, et assurer le contrôle de l'activité.

Les moyens matériels et techniques sont représentés par les systèmes d'information et les infrastructures offrant la possibilité de suivre les positions des portefeuilles, le calcul des risques, de conserver et archiver l'ensemble des transactions.

La société de gestion doit se doter de locaux professionnels lui permettant de préserver la confidentialité liée à son activité. Ces obligations dites « de substance » sont caractéristiques des juridictions *onshores*, dans les réglementations *offshores* elles sont souvent allégées, car ce qui prévaut est le *track record* personnel du gestionnaire.

Les programmes d'activités couvertes par la société de gestion

Le programme d'activité à soumettre au régulateur pour pouvoir exercer la gestion de portefeuille doit indiquer les modalités de gestion individuelle et collective, les techniques et les types d'instruments financiers entrant dans la constitution des portefeuilles.

---

1. Article 312-6 du RGAMF.

Le programme d'activité de base correspond aux instruments financiers et styles de gestion classiques. Dès lors que la gestion se tourne vers des produits complexes et des stratégies spécifiques, un programme d'activité spécialisé doit alors être mis en place et soumis au régulateur.

Programme d'activité de base et spécialisé

	Programme d'activité de base	Programme d'activité spécialisé
Type de gestion	X	
Mandat de gestion	X	
OPCVM à vocation générale	X	X
OPCVM contractuels	X	X
OPCVM à règles d'investissement allégées avec effet de levier Aria EL	X	X
OPCVM à règles d'investissement allégées de fonds alternatifs	X	X
Capital investissement	X	X
Épargne salariale	X	X
Type d'instruments financiers		
Instruments financiers négociés sur les marchés réglementés (actions, obligations)	X	X
OPCVM de droit français et de droit étranger conformes à la directive OPCVM autorisés à la commercialisation en France	X	X
Dérivés de crédit	X	X
Instruments financiers à terme de gré à gré complexes	X	X
Fonds d'investissement étrangers de gestion alternative non autorisés à la commercialisation en France	X	X

Source : AMF.

La société de gestion ayant obtenu un agrément sur la base d'un programme initial peut vouloir modifier son champ d'activité en élargissant par exemple son champ d'investissement (élargissement de son univers d'investissement à des produits plus complexes). Cela peut également concerner l'élargissement du style de gestion par recours à la gestion alternative ou au capital-risque.

Dans ce cas, l'AMF doit être sollicitée afin d'évaluer les impacts d'une telle modification sur l'agrément délivré initialement. Elle doit s'assurer notamment que les moyens (financiers, techniques, humains), l'organisation et le contrôle des risques soient adaptés à ce nouveau programme d'activité. L'AMF se fonde dans ce cas sur les bases de l'article 322-22 du règlement général.

La procédure d'octroi de l'agrément

La constitution du dossier comprend les éléments d'information relatifs aux points abordés précédemment à savoir :

- l'identité des dirigeants (joindre les CV et casiers judiciaires), l'organigramme de la société de gestion et ses statuts, le descriptif des moyens humains, techniques et financiers ;
- la géographie du capital de la société de gestion des apporteurs de capitaux, dès lors qu'ils détiennent au moins 5 % de manière directe ou indirecte du capital ou des droits de vote de la société de gestion (joindre la lettre de déclaration de chacun des apporteurs).

Une fois le dossier constitué et déposé, la procédure d'agrément suit le circuit suivant :

Procédure d'agrément

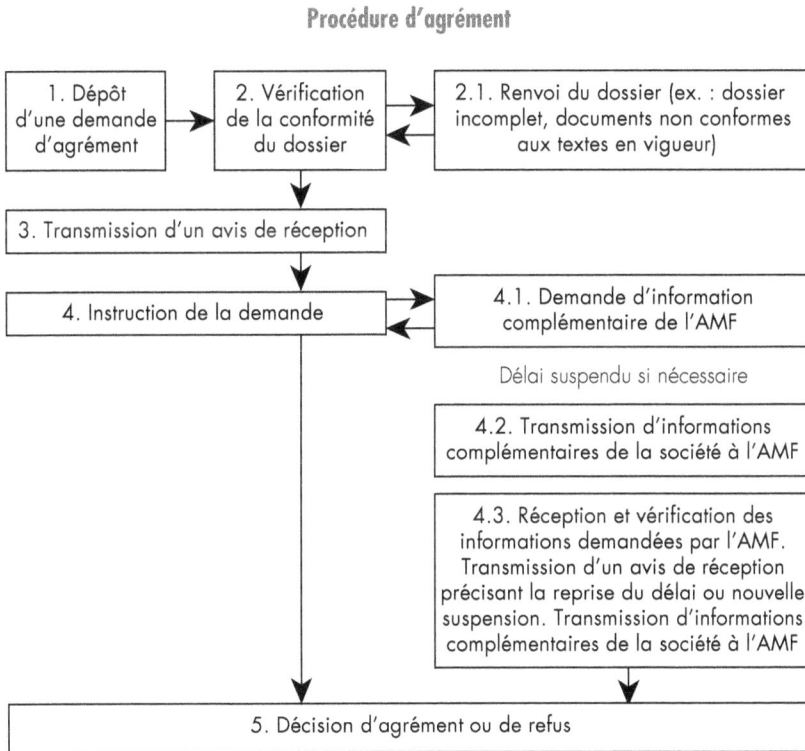

Source : AMF.

À l'occasion de l'entrée en vigueur de la directive UCIT IV, l'AMF a fait part dans le communiqué de presse du 24 juin 2011 de la procédure d'agrément des sociétés de gestion et des programmes d'activité. Cette nouvelle procédure vise à simplifier la démarche des acteurs de la gestion d'actifs.

Les professionnels de la gestion d'actifs peuvent trouver le détail de la procédure d'agrément ainsi que la trame des programmes d'activité sur le site de l'AMF[1]. Quatre domaines clés sont mis en évidence dans le cadre des programmes préconisés par le régulateur :

- l'organisation ;
- les moyens ;
- la commercialisation des produits financiers ;
- un dispositif de contrôle.

La pratique de l'*asset management* avec le passeport de gestion d'UCIT IV

Antérieurement à UCIT IV, l'exercice du métier d'*asset management* au sein de l'Europe nécessitait la création d'une société de gestion dans chaque État membre pour gérer les OPCVM coordonnés.

Depuis le 1er juillet 2011 une société de gestion peut créer des fonds soumis au droit d'un autre État européen, celui où est domicilié le portefeuille. Avec UCIT IV, le passeport de la société de gestion offre la possibilité de construire des fonds transfrontières sans avoir à créer de société de droit local.

Une fois agréée par l'AMF, une société de gestion peut demander à bénéficier soit de la libre prestation de services (LPS) ou créer une succursale.

L'obtention du passeport européen nécessite la constitution d'un dossier qui fait l'objet d'une notification à l'autorité du pays d'accueil des fonds par le régulateur du pays de la société de gestion.

Les éléments d'information du dossier de notification à fournir concernent :

Dossier de libre prestation de services (LPS)	Dossier de création d'une succursale
Le pays où la société envisage d'exercer	Le pays où la société envisage d'exercer
Les prestations et activités envisagées	Les prestations et activités envisagées
La politique de gestion des risques	La politique de gestion des risques
Les moyens et mesures garantissant un traitement identique des investisseurs de l'État d'origine et des États d'accueil. Les procédures de gestion des plaintes des clients.	Les moyens et mesures garantissant un traitement identique des investisseurs de l'État d'origine et des États d'accueil. Les procédures de gestion des plaintes des clients.
	L'organisation de la succursale et l'organigramme. Les noms des dirigeants, l'adresse à laquelle les documents relatifs à la structure peuvent être recueillis.

---

1. www.amf.org.

Pour une société de gestion française c'est l'AMF qui réceptionne le dossier et le transmet à l'autorité d'accueil, avec à l'appui une attestation d'autorisation de la société et le descriptif du système d'indemnisation des investisseurs.

Le délai d'obtention du passeport est fixé à un mois dans le cas d'une libre prestation de services (LPS). S'agissant de la création d'une succursale, l'AMF a deux mois pour adresser à la société de gestion l'avis de la transmission du dossier. Le régulateur du pays d'accueil dispose alors de deux mois afin d'organiser ses règles de surveillance.

Ce n'est qu'au terme de ce délai, soit quatre mois après le dépôt initial (2 mois + 2 mois) auprès de l'AMF, que la succursale est autorisée à démarrer son activité.

Prenons l'exemple d'une société de gestion de portefeuille française souhaitant gérer des fonds de droits luxembourgeois. La procédure UCIT IV à suivre est la suivante :

Illustration : usage du passeport européen par une société de gestion française pour des fonds luxembourgeois

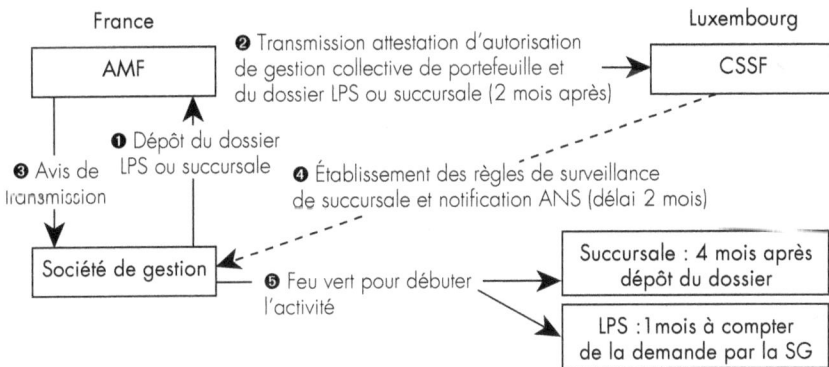

En pratique, la société de gestion française qui désire créer un fonds domicilié au Luxembourg doit soumettre à l'autorité financière luxembourgeoise (CSSF) le contrat passé avec le dépositaire de l'OPCVM, et les règles précises de délégation d'administration et de gestion.

Dans le cas où la société de gestion dispose de fonds déjà domiciliés au Luxembourg, elle est dispensée de fournir les éléments d'information cités ci-dessus. Elle n'aura qu'à indiquer au CSSF l'instruction de sa demande de notification auprès de l'AMF.

Le rôle du régulateur où est domicilié l'OPCVM consiste à solliciter le concours de l'AMF pour toute question relative aux autorisations délivrées à la société de gestion française pour gérer et commercialiser les fonds. À compter de sa demande, l'AMF dispose de 10 jours ouvrables pour apporter les éléments d'information au questionnement du CSSF.

La base Geco de l'AMF permet de consulter les agréments des sociétés de gestion françaises et celles étrangères bénéficiant du passeport UCIT IV. Elle comprend les informations décrites dans le tableau ci-dessous.

Recherche société de gestion

N° d'agrément
Date d'agrément
Type de déclaration
Grille d'agrément
Société de gestion
Code AMF
Présentation société de gestion

Les modalités de gestion de portefeuille sous UCIT IV devraient connaître des modifications importantes. Un mouvement significatif de fusions de fonds devrait s'opérer à la faveur de l'accélération du marché transfrontière des OPCVM. La gestion de la domiciliation des fonds, autrement dit la fonction du dépositaire, constituera un facteur de différenciation clé.

Avec les nouveaux outils introduits par UCIT IV, à savoir le passeport société de gestion, le DICI (ex-prospectus simplifié), le passeport produit, le passeport maître-nourricier, et celui de fusion des fonds, la pratique de l'*asset manager* va incontestablement évoluer.

L'accélération du marché unique des OPCVM coordonnés devrait marquer une étape d'industrialisation de la gestion des fonds classiques, c'est-à-dire composés d'actifs liquides comme les actions, les obligations et les produits monétaires.

La recherche de réduction des coûts par la diminution du nombre de sociétés de gestion nécessaire pour exercer le métier à l'échelle des 27 pays de l'Union européenne devrait s'accompagner de fusions de fonds. Les économies d'échelle recherchées sont associées aux montants des encours gérés par fonds. Le champ d'application de la directive porte sur les 30 pays de l'EEE.

À l'aide du DICI, l'investisseur potentiel est en mesure de mieux comparer les fonds à l'échelle européenne du point de vue des objectifs du placement, des risques, de la performance et des coûts. L'*asset manager* devrait être incité à renforcer l'optimisation de ses investissements du point de vue risque-rentabilité.

En pratique

Comme nous l'avons examiné dans le chapitre consacré à la construction des produits, le couple rentabilité-risque n'intègre pas la dimension du risque opérationnel et celle de conservation et de sauvegarde des avoirs.

Les éléments de comparaison du DICI ne spécifient pas le degré de protection des avoirs selon le conservateur des fonds. Sa contribution est pourtant importante dans la gestion pour compte de tiers, comme nous allons le voir par la suite à travers l'affaire Madoff.

La gestion financière des fonds donne un avantage comparatif à la France, tandis que la gestion de leur domiciliation place le Luxembourg en tête.

Au regard de cette configuration des dispositions de ces avantages comparatifs, un investisseur a tout intérêt à sélectionner des fonds domiciliés au Luxembourg et gérés par une société de gestion française.

L'écosystème et les acteurs de l'*asset management*

La société de gestion fait appel aux différents intervenants de l'industrie de la gestion d'actif (distributeur, dépositaire, *brokers*, commissaire au compte, avocats, autorités de marché…) pour mener à bien ses objectifs.

Chacun des acteurs remplit un rôle indépendant mené en étroite relation avec la société de gestion au sein du système décrit dans le schéma ci-dessous.

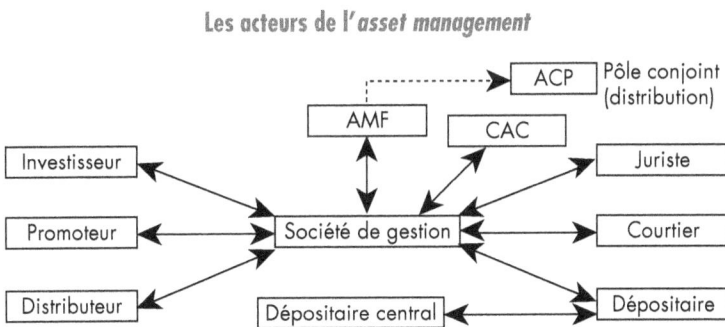

Les acteurs de l'*asset management*

Au cœur du système, la société de gestion de portefeuille dûment agréée au sein de l'espace économique européen gère ses différentes offres de placement (OPCVM à vocation générale, FCPE, FCPR, fonds dédiés…).

---

1. Écosystème : ce terme est emprunté à l'écologie pour mettre en évidence les relations entre les différents acteurs de l'*asset management* pris dans leur environnement.

Les intervenants permanents

Le distributeur de fonds

Les investisseurs entrent en contact avec le distributeur de fonds au travers des réseaux bancaires, d'assurance, des conseillers en investissements financiers (CIF*), ou encore avec les gestionnaires sous mandat.

Le distributeur conclut avec l'*asset manager* une convention de distribution qui définit les modalités de souscriptions et de rachats des parts ou des actions d'OPCVM.

Comme nous l'avons souligné lors du chapitre 3, l'information de l'investisseur potentiel est centrale. C'est pourquoi le distributeur doit remettre préalablement le DICI, le statut de l'OPCVM, ou tout document précontractuel d'organisme de placement collectif (note d'information de la SCPI, etc.).

Il tient à disposition les bulletins de souscription et de rachats et communique la valeur liquidative du fonds et sur la base du cours de la veille.

Le promoteur

La société de gestion est le promoteur des fonds qu'il crée, gère sur le plan à la fois financier et administratif. Il anime auprès des réseaux de distribution des campagnes de lancement de nouveaux fonds. La société de gestion peut commercialiser directement ses parts de fonds ou d'actions de Sicav.

Le dépositaire

À la suite de l'affaire Madoff[1], le grand public et les investisseurs avisés ont été amenés à s'intéresser de plus près à la fonction de dépositaire, composante essentielle de la gestion des OPCVM, notamment celle de sauvegarder les avoirs.

La souscription et le rachat d'OPCVM font l'objet d'un traitement post-marché auquel il convient d'attacher la plus grande importance. Cette phase correspond au transfert de propriété contre paiement des parts de FCP ou actions de Sicav. La conservation et la protection des fonds des clients constituent des prestations essentielles associées à la gestion de portefeuille.

Tout comme le métier de gestionnaire de portefeuille, celui de dépositaire est soumis à l'agrément et à la surveillance de l'AMF. Il est considéré comme un prestataire d'investissements et relève notamment des articles 323-1 et suivants du règlement de l'AMF.

---

1. La cour de cassation a précisé que le dépositaire d'un OPCVM ne pouvait être exonéré de responsabilité, y compris dans le cas d'une délégation de conservation à un tiers.

Deux types d'acteurs assurent les fonctions de conservation, de sauvegarde et de transfert des parts et actions d'OPCVM : le dépositaire central et ses adhérents. Ces derniers assurent les fonctions de dépositaire global dès lors qu'ils interviennent pour le client à l'échelle internationale pour l'ensemble de ses valeurs. Il s'agit le plus souvent de banques.

Le dépositaire assure la conservation et le contrôle de l'activité des fonds. Dès la naissance de l'OPCVM, il est désigné aussi bien dans le DICI, les notices, que dans l'ensemble des documents soumis à l'AMF.

Pour un fonds donné, le dépositaire central dispose de la vision exhaustive des positions à travers les comptes de ses adhérents (dépositaire conservateur).

Le dépositaire exerce des contrôles sur le gestionnaire de portefeuille en veillant à ce que la politique d'investissement et de désinvestissement soit en ligne avec le DICI. Si les ratios de risque ne sont pas conformes avec le fonds, il avise la société de gestion pour procéder à la régularisation, le cas échéant alerte l'AMF.

En sa qualité de conservateur des actifs qui lui sont confiés, le dépositaire exerce également la tenue de compte et assure le règlement livraison des valeurs. Il gère les opérations sur titres (OST), à savoir tous les évènements financiers et juridiques qui affectent la vie du portefeuille. Il s'agit en l'occurrence du versement de dividendes, attribution d'actions gratuites, fusions, convocations des assemblées ordinaires et extraordinaires, votes, etc.

Tout comme le « dépositaire-conservateur », le dépositaire d'OPCVM assure la gestion du passif de l'OPCVM (abordée dans le chapitre 4). Il gère notamment le compte dit « émetteur » de l'OPCVM, c'est-à-dire son compte Euroclear, et la vérification du nombre de parts ou titres de l'organisme de placement en circulation.

La fonction de conservation

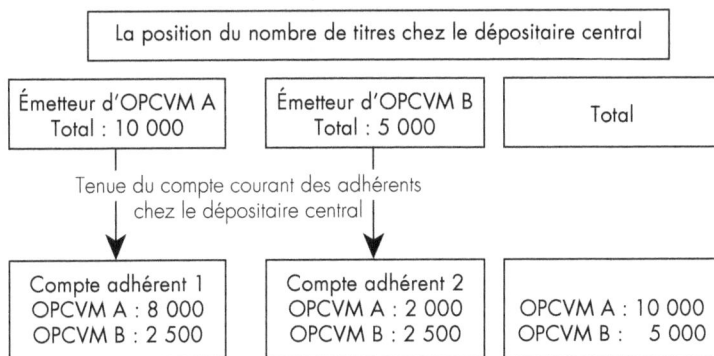

Le principe de la tenue de compte en partie double permet de vérifier que le nombre et le montant total de chaque émission correspondent bien à la totalité détenue par chaque adhérent. Le schéma ci-dessus traduit l'égalité entre la position du dépositaire central et celle de l'ensemble des comptes adhérents.

De la même façon que le dépositaire central, l'adhérent conservateur détient lui-même les parts de fonds souscrites par ses investisseurs. Il est tenu d'en assurer la conservation et la protection. Poursuivons la traçabilité des fonds à travers la comptabilité matière, c'est-à-dire le suivi de position des clients chez le teneur de compte conservateur.

La position du nombre de titres de l'adhérent 1

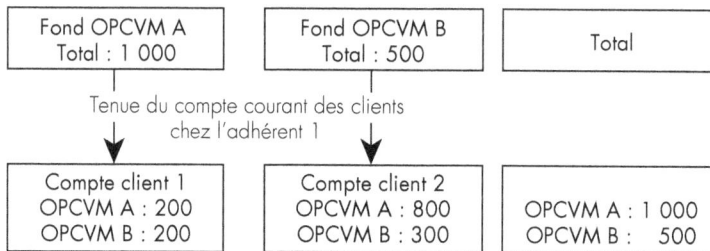

Fond OPCVM A Total : 1 000	Fond OPCVM B Total : 500	Total

Tenue du compte courant des clients chez l'adhérent 1

Compte client 1 OPCVM A : 200 OPCVM B : 200	Compte client 2 OPCVM A : 800 OPCVM B : 300	OPCVM A : 1 000 OPCVM B : 500

Le suivi des parts souscrites par le client s'effectue à l'aide des comptes courants des clients. Le client 1 dispose de deux fonds (OPCVM A et OPCVM B). Le dépositaire adresse au client 1 son portefeuille sur la base des lignes enregistrées sur son compte titre.

En pratique

La protection des avoirs clients en cas de faillite du dépositaire

Soucieux de la protection de leurs avoirs, les investisseurs souhaitent connaître le sort des fonds investis en cas de faillite d'un dépositaire.

Rappelons que la ségrégation des avoirs et de provisionnement du dépositaire constitue le premier élément de la protection. Comme nous l'avons vu dans le schéma précédent, la position du dépositaire se retrouve dans les livres du dépositaire central. En conséquence, les fonds des clients n'entrent pas en compte dans le bilan des établissements teneurs de compte.

Le cadre juridique européen (directive 2006-73 du 10 août 2006) définit l'obligation de tenir un registre et des comptes à même de distinguer les avoirs de chaque client. Le *Code monétaire et financier*[a] et le règlement général de l'AMF précisent qu'il est interdit d'utiliser les avoirs de l'investisseur, sauf accord préalable. Le tirage sur la masse (utilisation des avoirs clients en lieu et place du compte propre de l'établissement) est strictement prohibé et soumis à de lourdes amendes.

a.   Articles L 211-10 et L 511-42 du *Code monétaire et financier*.

Fin 2009, on recensait près de 50 établissements[1] exerçant les fonctions de dépositaires d'OPCVM. La conservation d'actifs se concentre sur les quinze premiers dépositaires. La nécessité d'assumer le contrôle des risques et les techniques de gestion sophistiquées expliquent un tel degré de concentration.

Répartition des dépositaires en fonction de leurs actifs au 31 décembre 2010

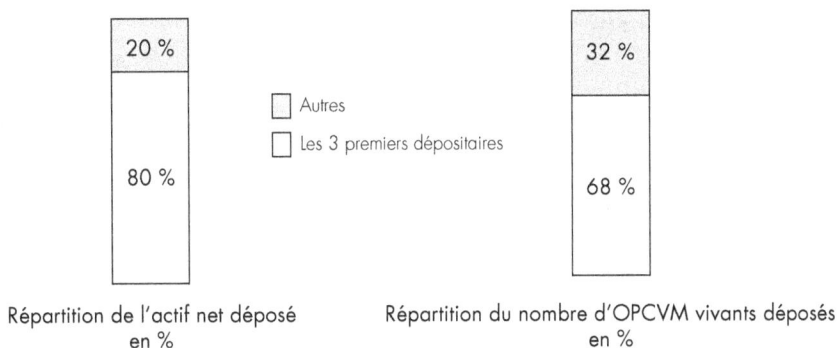

☐ Autres
☐ Les 3 premiers dépositaires

20 %	32 %
80 %	68 %

Répartition de l'actif net déposé en %

Répartition du nombre d'OPCVM vivants déposés en %

Source : AMF.

Le *broker*

Le gestionnaire se tourne vers les courtiers (ou *brokers*) afin d'acheter ou vendre les titres composant le portefeuille des fonds. Les courtiers, constitués en société de Bourse et membres de places boursières, assurent la transmission des ordres de leur client, en l'occurrence les sociétés de gestion pour ce qui relève de l'épargne collective ou la gestion sous mandat.

Les *brokers* sont majoritairement des filiales de grands groupes bancaires (Natixis Securities est par exemple la filiale spécialisée de Natixis).

Les techniques de négociation des titres sur les marchés financiers ont profondément évolué depuis l'entrée en vigueur de la MIF le 1er novembre 2007. Aux côtés des Bourses traditionnelles qui bénéficiaient alors du monopole de négociation, sont apparus des lieux de négociation alternatifs comme les SMN (système multilatéral de négociation) sur les marchés transparents.

D'autres acteurs ont profité des interstices de la directive MIF pour développer le marché opaque au travers les plates-formes de *darks pools* (littéralement bassins opaques) et de *crossing networks*. En effet, les régimes d'exemption de transparence pré-*trade* ont favorisé le développement des négociations de transaction en dehors du marché OTC (*over the counter*).

---

1. Source : AMF.

L'un des objectifs majeurs poursuivis par la directive sur les marchés des instruments financiers (MIF) était de faire baisser leur coût de transaction.

L'obligation de meilleure exécution des ordres pesant sur les *brokers* (connue par les praticiens sous le terme de *best execution*) consiste à sélectionner les lieux de cotation affichant les prix les plus attractifs et les coûts d'exécution les moins élevés.

Après quatre ans, le bilan relatif est plus que mitigé. La baisse des coûts est faiblement répercutée sur les investisseurs finaux. En outre, d'autres composantes des coûts, comme ceux liés à la conservation, à la liquidité d'une valeur admise sur plusieurs marchés, viennent grever le résultat escompté du jeu d'une concurrence plus intense.

Dans ce contexte, le modèle traditionnel de la négociation au sein des sociétés de gestion a tendance à disparaître au profit de l'externalisation de cette fonction. Le calcul fait par les sociétés qui externalisent est la recherche d'un recentrage sur le cœur de métier, à savoir le suivi des valeurs et des risques, la stratégie d'investissement, l'animation du réseau commercial.

Pour les sociétés de types entrepreneuriales et celles dont les portefeuilles connaissent une très forte rotation, le modèle de l'externalisation ne présente pas forcément un atout. L'économie d'échelle escomptée pour une petite société de portefeuille demeure très faible. En outre, le rôle du *reporting* à l'intention des clients est un élément clé de leur fidélisation.

La gestion quantitative, qui recourt à des algorithmes très sophistiqués de gestion de portefeuille, s'appuie largement sur des outils d'exécution d'ordres, capables de scanner les meilleures opportunités des marchés. La fonction de négociation occupe une place déterminante dans la gestion dynamique des portefeuilles. Elle est donc au contraire renforcée, car constituant un axe fort de la performance des fonds.

Depuis l'adoption de la directive MIF, l'organisation du passage des ordres suit deux types de modèle : la conservation, voire le renforcement des tables de négociation, et l'alternative de les externaliser.

Le coût d'une table de négociation se situe entre 2 et 4 millions d'euros, plus les frais d'exploitation estimés à 500 000 euros par *dealer* et par an selon Eurogroup. La sous-traitance offre aux sociétés de gestion l'opportunité de réduire une part non négligeable des investissements et charges d'exploitation, tout en en diminuant les risques opérationnels d'exécution des ordres.

Le choix d'externaliser ou pas est dicté par la place jouée par la négociation des ordres dans la performance des fonds.

▓ Le contrôle interne et de la conformité

La conformité et le contrôle interne sont devenus essentiel à la bonne marche de la société de gestion. La valeur ajoutée de ces métiers est indéniable. C'est souvent l'actualité des scandales financiers qui rappelle à quel point ces fonctions peuvent prévenir bien en amont le risque de catastrophe.

Exemple

L'escroquerie de Petters Group

Petters Group a floué pour près de 3,5 milliards de dollars les investisseurs, parmi lesquels aussi bien des *hedge funds* que des banques. Le processus d'investissement présenté aux investisseurs visait à recueillir des fonds pour réaliser des importations de marchandises prévendues à de grandes enseignes. Un tel schéma correspond à des opérations de crédits documentaires confirmés adossés à des lettres de crédit présentant en théorie un faible niveau de risque de contrepartie, s'agissant de grandes signatures affichant de bons *ratings*.

Pour attirer les investisseurs, la rentabilité proposée était attractive. Dans la réalité, c'est une pyramide de Ponzi qui se cachait derrière ce schéma d'investissement. Les investisseurs étaient remboursés par l'apport de fonds de nouveaux clients.

La société Petters Co Inc (PCI) s'est appuyée alors sur des entreprises pour initier des achats fictifs et l'établissement de faux documents par PCI pour initier les opérations auprès d'investisseurs. C'est la demande de remboursement importante d'un créancier qui a mis un terme à cette escroquerie.

Le travail de questionnement auprès des grandes enseignes afin de vérifier si elles étaient bien en affaire avec PCI aurait sans doute été une diligence à peu de frais. Un couple rentabilité-risque aussi alléchant aurait dû poser question.

L'expertise des fonctions de la conformité et des risques passent par une connaissance approfondie des produits et des techniques financières. **La fonction conformité** (*compliance* en anglais) a connu un véritable essor ces trois dernières années. Elle est de plus en plus reconnue et associée à la gestion quotidienne des fonds.

La fonction conformité comprend une approche fondée à la fois sur la déontologie (usages, codes professionnels, procédures internes) et réglementaire (transposition des règlements qui émanent des autorités des marchés financiers).

Les risques de non-conformité donnent lieu à des sanctions administratives et pénales se traduisant par des amendes qui entachent l'image de l'établissement.

La fonction du contrôle interne et de la conformité doit être indépendante de la direction. Elle a pour mission d'identifier, évaluer et contrôler le risque de non-conformité de la société de gestion. Les missions du responsable de la conformité et du service d'investissement (RCSI) concernent le contrôle, l'information, la formation et le conseil.

Il exerce un contrôle de deuxième niveau se rapportant aux champs suivants :

- le respect des procédures et le contrôle de premier niveau ;
- les règles d'investissement de la gestion de portefeuille ;
- les règles de déontologie du personnel, notamment celles portant sur leurs transactions ;
- le contrôle des abus de marché.

Les contrôles donnent lieu à des *reportings* à destination de la direction, et dans certains cas aux autorités de marché selon les situations de gravité constatées.

Le service de la conformité a également pour rôle d'informer, former et conseiller les collaborateurs, comme la direction.

Les intervenants non permanents de l'asset management

Le commissaire aux comptes

Il revient au conseil d'administration ou au directoire de la société de gestion de choisir un commissaire aux comptes. Il est désigné après approbation de l'AMF.

Comme pour toute société, les missions du commissaire aux comptes portent sur l'approbation des comptes après vérification et contrôle d'usage de la profession. Il s'appuie pour cela sur l'ensemble des informations produites par la société de gestion (factures, *reporting*, états périodiques…).

La responsabilité du commissaire aux comptes peut l'amener à signaler des faits ou éléments susceptibles de caractériser une situation en violation avec la réglementation de l'AMF ou de la législation en vigueur.

L'émission de réserves ou, plus encore, le refus de certifier la validité des comptes de la société ou des véhicules financiers (Sicav, SCPI…) est une des prérogatives les plus importantes. Il peut arriver que l'AMF porte à la connaissance du commissaire aux comptes des éléments d'informations relatives soit à la Sicav, SCPI ou à la société de gestion.

Le commissaire aux comptes ne peut être inquiété en raison de son obligation d'alerte définie par le règlement de l'AMF.

Le juriste et les avocats externes

Le métier de gestionnaire d'actifs comprend une importante composante juridique. La vie juridique des OPCVM et de la gestion sous mandat des actifs recouvre un large périmètre :

- la création, l'évolution, le transfert et la liquidation des FCP et Sicav ;

- la rédaction du DICI et sa mise en conformité avec la réglementation ;
- la gestion de la vie sociale de l'OPCVM (conseils d'administration, assemblées…) ;
- les conventions de distribution des OPCVM (délégation, gestion-distribution…) et conventions d'apporteurs d'affaires ;
- la gestion de la conformité juridique des *reportings* et de la relation avec les autorités des marchés (AMF, FSA, BAFIN,CSSF…) pour les besoins d'agrément ;
- la relation avec le dépositaire, le commissaire aux comptes, le valorisateur ;
- le suivi de la vie juridique de la tenue de comptes/conservation et réception/transmission d'ordres et de gestion ;
- la gestion des conventions d'ouverture de comptes ;
- la définition des mandats de gestion ;
- la relation avec le contrôle des risques et le RCSI ;
- la relation et la vie juridique des intermédiaires en assurance vie ;
- la convention de courtage ;
- le mandat d'arbitrage ;
- la convention dépositaire/valorisateurs ;
- la convention avec la maison mère ;
- les conventions de prestations des fournisseurs de données (SLA).

La certification professionnelle des acteurs de l'asset management

Afin d'apporter une réponse opérationnelle de la régulation qui soit plus proche du praticien, l'AMF a adopté un régime de certification professionnelle du monde de la gestion d'actifs. Ce régime s'inspire des pratiques observées dans les pays européens et anglo-saxons, la Grande-Bretagne notamment.

La FSA (*Financial Service Authority*, régulateur britannique) soumet en effet certaines fonctions de l'*asset management* à une certification professionnelle basée sur un examen comportant de nombreuses questions selon le principe des questions à choix multiple.

Le rapport Pinatton du 15 juillet 2008 est à l'origine de l'évolution du règlement général de l'AMF, rendant obligatoire depuis le 1er juillet 2010 la réussite à l'examen afin d'exercer certaines fonctions dans la gestion d'actifs. La certification constitue un gage de professionnalisme qui vise à rassurer les investisseurs au regard du contexte d'affaires ayant porté atteinte à l'intégrité des marchés.

En pratique

La certification professionnelle AMF

La certification professionnelle ne se substitue pas à la délivrance de cartes professionnelles, elle vient la renforcer et la compléter. L'obtention de cartes professionnelles est impérative au droit d'exercice les métiers de vendeurs et de négociateurs. Elles sont attribuées dans ce cas par le prestataire d'investissements (PSI). Pour l'exercice de métiers tels que RCCI (responsable de la conformité et du contrôle interne) et RCSI (responsable du contrôle pour les services d'investissement), c'est l'AMF qui les délivre.

» *Qui est concerné par la certification ?*

Les personnes qui étaient en poste avant le 1er juillet 2010 (date d'entrée en vigueur obligatoire de la certification) sont réputées avoir les connaissances requises pour exercer. Elles sont donc exonérées de l'examen (article 313-7 II du règlement AMF).

Dès lors que le collaborateur change d'entreprise ou de poste, cette exemption ne s'applique plus et il devra acquérir la certification par la voie de l'examen.

Les fonctions soumises à l'obligation de certification professionnelle sont :

» les vendeurs d'instruments financiers ;
» les négociateurs pour compte propre et compte de tiers ;
» les analystes financiers ;
» les gérants et toute personne habilitée à prendre des décisions d'investissement à travers un mandat de gestion individuel ou la gestion d'un organisme de placement collectif ;
» les responsables de la compensation des instruments financiers ;
» le responsable postmarché (*back-office*) ;
» les RCCI (responsables de la conformité et du contrôle interne) ;
» les RCSI (responsables du contrôle pour les services d'investissement).

» *En quoi consiste l'examen professionnel ?*

La certification des collaborateurs d'un PSI est conditionnée par la réussite d'un examen externe certifié par l'AMF ou une évaluation interne au PSI visée par l'AMF. Dans ce dernier cas, la portée de la certification demeure restreinte au champ du seul PSI. À l'inverse, la certification externe emporte reconnaissance pour tous les PSI sans distinction.

L'examen professionnel externe repose sur une épreuve de 100 questions à choix unique ou multiple sur une durée limitée de trois heures. Pour être admis à l'examen, le candidat devra avoir obtenu 85 % de bonnes réponses pour les questions de type A correspondant aux connaissances approfondies, et 75 % pour celles de type B portant sur les connaissances de base.

Les cas de dissolution de la société de gestion

La situation économique et financière d'une société de gestion peut, comme pour toute société, conduire à une faillite. Face à de telles situations, qu'advient-il de la gestion des portefeuilles clients ?

Le dépositaire, en sa qualité de conservateur, dispose des positions des clients. Soit le client trouve un autre prestataire (société de gestion) auquel il confie son portefeuille, soit il effectue un rachat de ses parts de FCP ou d'actions de Sicav.

Dans le cas où les instruments financiers ne seraient pas restitués, les fonds garantis des dépôts pourraient être sollicités après avis de l'autorité des marchés (AMF). L'article 322-2 du *Code monétaire et financier* fixe les modalités de mise en œuvre du mécanisme de garantie.

Le 15 décembre 2010, le collège de l'Autorité de contrôle prudentiel a été sollicité sur la situation de mise en liquidation de la Société européenne de gestion privée qui gérait près de 800 comptes clients. Celle-ci n'étant pas en mesure de restituer les avoirs clients, le fonds de garantie a été sollicité. Dans le même temps, la société de gestion a été radiée. Un liquidateur a été désigné par l'Autorité de contrôle prudentiel.

Le montant de la garantie se limite à 70 000 € pour les instruments financiers et 100 000 € pour les comptes espèces (contre 70.000€ avant l'entrée en vigueur, le 1er octobre 2010 en France, de la directive européenne du 11 mars 2009 remontant les plafonds garantis). Le montant des garanties s'applique par client, quel que soit le nombre de comptes dont il dispose.

La pratique de l'*asset management* au Luxembourg

Si les pratiques de l'*asset management* luxembourgeoise et française présentent de nombreux points communs, la première se singularise notamment par la prédominance de la gestion des fonds à compartiments[1].

La place de l'*asset management* au Luxembourg

Au fil des années, avec environ 2 trillions d'euros d'actifs sous gestion, le Luxembourg est devenu le deuxième centre mondial derrière les États-Unis. Comme on peut le constater, c'est surtout à partir de la fin des années 1990 que s'est construit le succès de la place luxembourgeoise en matière d'*asset management*.

---

1. Fonds à compartiments : il comprend plusieurs classes d'actifs (actions, obligations, immobilier…). Ce type de fonds offre à ses détenteurs la possibilité de changer de support d'investissement avec des frais réduits.

Évolution des actifs gérés par la place de Luxembourg (en milliards d'euros)

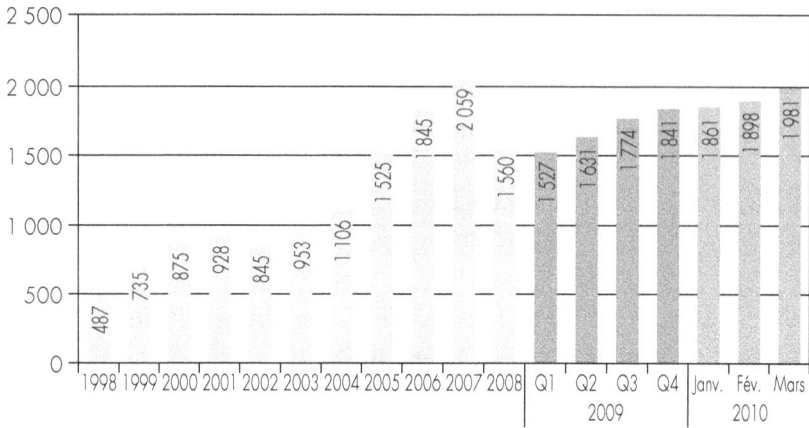

Source : Alfi, 2011.

Ce qui domine au sein de la place luxembourgeoise, ce sont les fonds UCITS.

Fonds UCITS et non UCITS

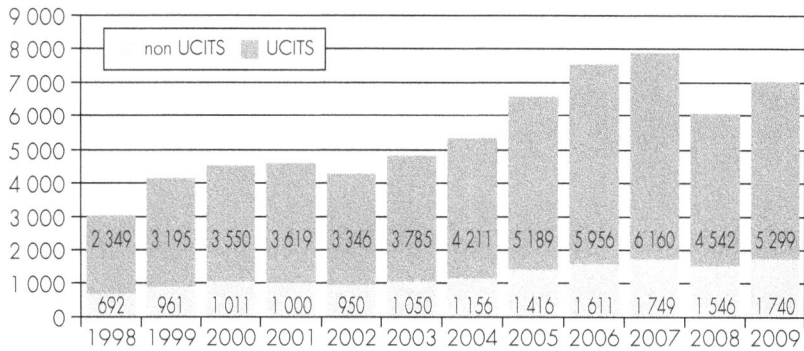

Source : Efama.

Les dix premiers pays européens en matière de domiciliation de fonds

UCIs			UCITS		
Pays	Fonds totaux gérés (en millions d'euros)	Parts de marché (en %)	Pays	Fonds totaux gérés (en millions d'euros)	Parts de marché (en %)
Luxembourg	1 840,993	26,2	Luxembourg	1 592,373	30,1
France	1 426,395	20,3	France	1 253,395	23,7
Allemagne	1 017,356	14,5	Irlande	597,331	11,3

.../...

UCIs			UCITS		
Pays	**Fonds totaux gérés (en millions d'euros)**	**Parts de marché (en %)**	**Pays**	**Fonds totaux gérés (en millions d'euros)**	**Parts de marché (en %)**
Irlande	748,629	10,6	Grande-Bretagne	533,506	10,1
Grande-Bretagne	631,000	9,0	Allemagne	220,424	4,2
Italie	249,952	3,6	Italie	193,998	3,7
Espagne	194,520	2,8	Espagne	187,182	3,5
Suisse	157,247	2,2	Suède	123,533	2,3
Autriche	138,603	2,0	Suisse	116,798	2,2
Suède	126,402	1,8	Belgique	86,676	1,6

Source : Efama, 2010.

Il existe une grande diversité des structures juridiques disponibles pour les investisseurs.

Statut légal des fonds luxembourgeois

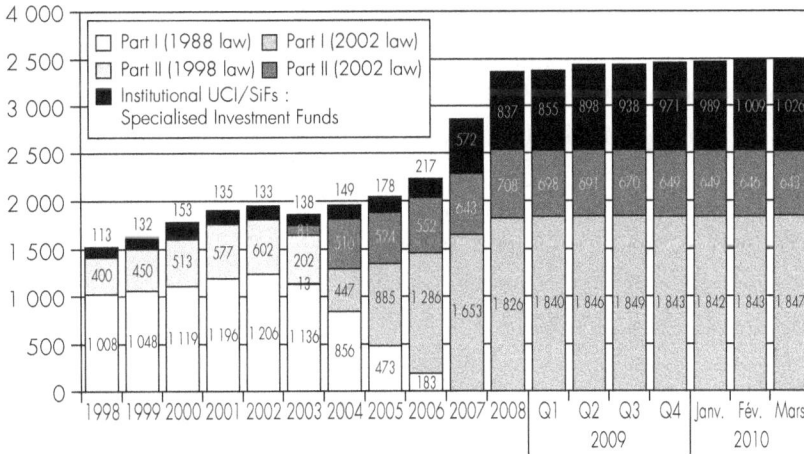

Source : CSSF/Alfi.

On peut constater dans le graphique ci-dessus que les fonds de la loi de 1988 ont disparu. Ce qui domine aujourd'hui, ce sont les fonds (Sicav et FCP) de la partie I de la loi, c'est-à-dire la gestion dite traditionnelle. Les fonds de la partie II de la loi de 2002 représentent la gestion alternative, ils sont aujourd'hui dépassés par les fonds SIF.

La loi du 13 février 2007 créant les fonds d'investissements spécialisés (FIS ou *Specialized Investment Funds*, SIF, en anglais) a connu un très grand succès, comme le montre le graphique ci-après.

215

La loi SIF

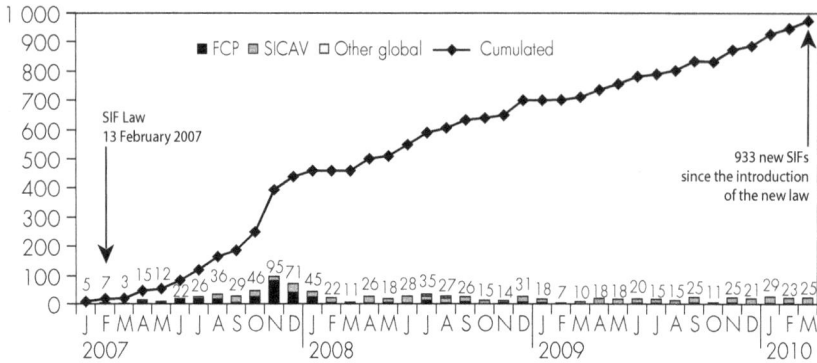

Source: CSSF/Alfi, 2011.

La loi régissant les SIF possède des similarités avec les « fonds dédiés » français et les « *Spezialfonds* » allemands. À l'origine, parmi les SIF, les FCP dominaient ; depuis 2009, les investisseurs créent majoritairement des Sicav SIF.

Le Luxembourg possède une forte spécialisation sur les fonds transfrontières (*cross border*), il en résulte une grande diversité de l'origine géographique des promoteurs des fonds localisés dans le Grand-Duché.

Parts de marché des promoteurs en fonction du pays d'origine au 31 décembre 2009

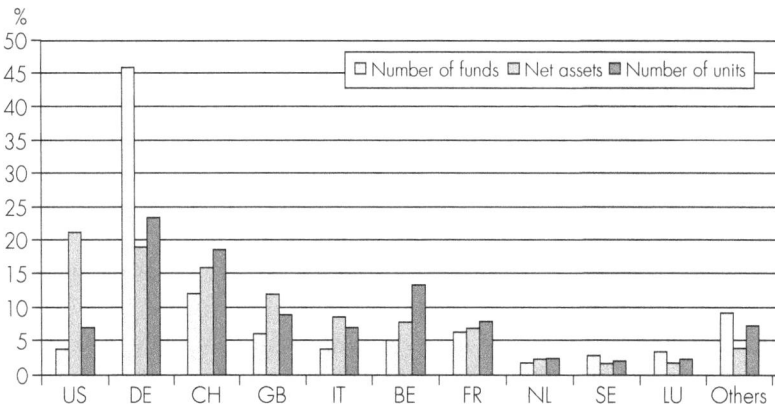

Source : CSSF/Alfi.

Le nombre de fonds *cross border* au Luxembourg est très élevé.

Nombre de fonds *cross border* au Luxembourg

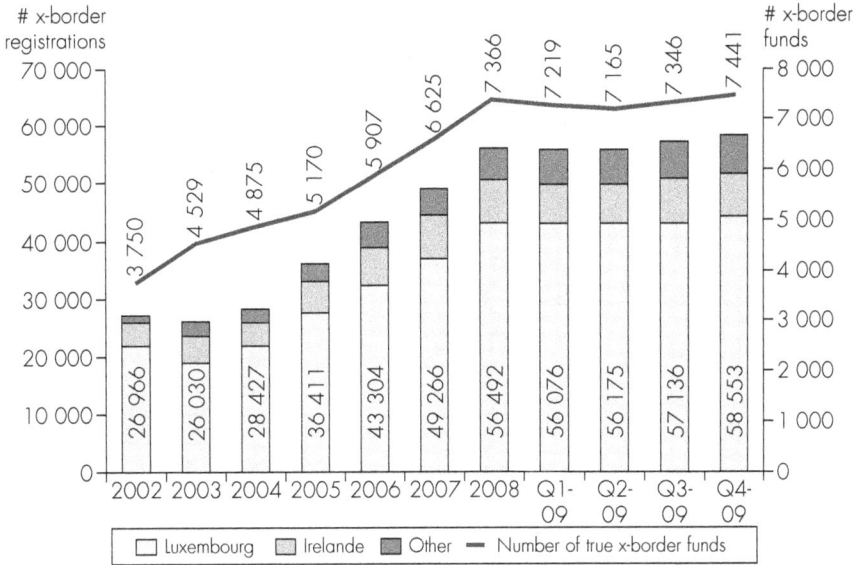

x-border registrations

Année	Luxembourg	Number of true x-border funds
2002	26 966	3 750
2003	26 030	4 529
2004	28 427	4 875
2005	36 411	5 170
2006	43 304	5 907
2007	49 266	6 625
2008	56 492	7 366
Q1-09	56 076	7 219
Q2-09	56 175	7 165
Q3-09	57 136	7 346
Q4-09	58 553	7 441

Légende : ☐ Luxembourg ▨ Irelande ▦ Other — Number of true x-border funds

Source : Lipper HindSight, 2009

On voit dans le graphique ci-dessus que la place de Luxembourg dépasse très largement l'Irlande, pays qui occupe la 2e place en Europe.

Une autre spécificité du Luxembourg a été l'invention et le fort développement des fonds à compartiments (*umbrella funds*), il existe, comme on peut le constater ci-dessous, plus de fonds à compartiments multiples que de fonds à compartiment unique.

Nombre d'entités légales (*legal entities*) au Luxembourg

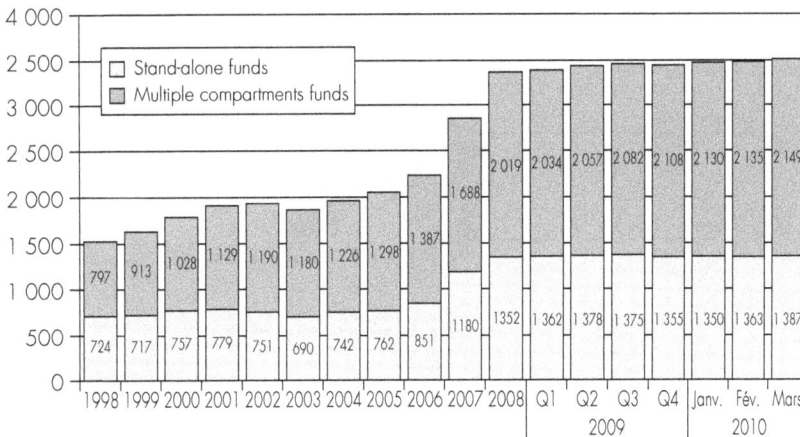

Légende : ☐ Stand-alone funds ▨ Multiple compartments funds

Année	Stand-alone funds	Multiple compartments funds
1998	724	797
1999	717	913
2000	757	1 028
2001	779	1 129
2002	751	1 190
2003	690	1 180
2004	742	1 226
2005	762	1 298
2006	851	1 387
2007	1180	1 688
2008	1352	2 019
Q1 2009	1 362	2 034
Q2 2009	1 378	2 057
Q3 2009	1 375	2 082
Q4 2009	1 355	2 108
Janv. 2010	1 350	2 130
Fév. 2010	1 363	2 135
Mars 2010	1 387	2 149

Source : CSSF/Alfi.

Nombre de compartiments de fonds (*fund units*)

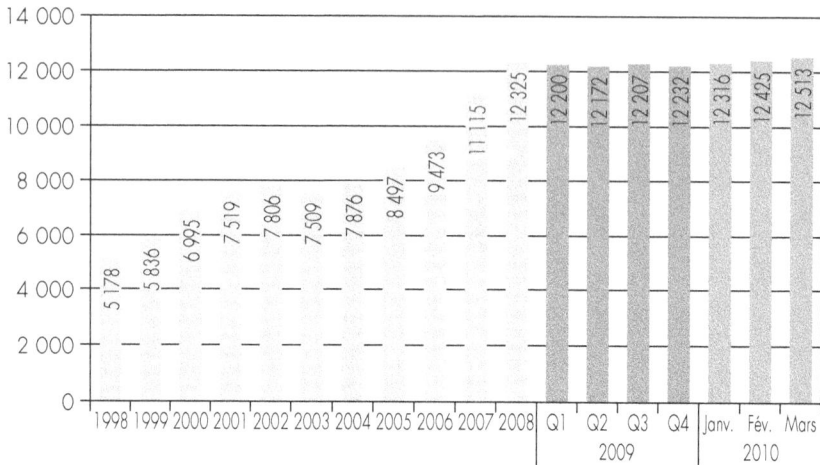

Unité : nombre de fonds autonomes plus nombre de sous-fonds dans les fonds à compartiments.

Source : CSSF/Alfi.

Dans le graphique ci-dessus, chaque compartiment de fonds a été compté comme un fonds à part entière. On le voit, le Luxembourg est largement un pays de Sicav et FCP à compartiments. La place du Luxembourg au cours des dernières années a cherché à développer des compétences spécifiques. On peut citer par exemple les fonds carbone ou les fonds islamiques (notamment Sukuk). En 2002 la Bourse de Luxembourg a été la première Bourse européenne à coter un Sukuk et aujourd'hui, la place luxembourgeoise est le premier pays non musulman en matière de fonds islamiques.

Les fonds d'investissements suivant la charia au Luxembourg

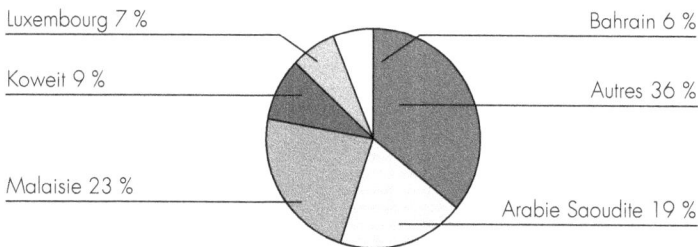

Source : Ernst & Young, Islamic Funds & Investments Report, 2009.

Plus récemment encore, le Luxembourg a essayé de se développer comme place *leader* pour la domiciliation des fonds Carbone (*Carbon Investment Vehicules*).

Pour conclure sur le succès de la place de Luxembourg, on peut citer parmi les raisons : l'existence de fonctions supports très performantes (administration de fonds, comptabilité, audit) ainsi que l'excellente réputation de la place maintenue par la Commission de surveillance du secteur financier (CSSF) qui est l'autorité de régulation du Grand-Duché. L'Association luxembourgeoise des fonds d'investissements (Alfi) travaille quant à elle efficacement à la promotion de la place du secteur financier à l'international.

La pratique de la gestion des fonds luxembourgeois

La gestion de portefeuille pour compte de tiers revêt plusieurs dimensions. Le Luxembourg se singularise par la prédominance des OPCVM à compartiments. On retrouve des aspects communs à la France dans la pratique de l'*asset management* luxembourgeois.

*La dimension juridique de l'*asset management

Dans la gestion au jour le jour, la dimension juridique occupe une place importante pour le gérant même, si le recours aux avocats pour le droit financier est assez fréquent.

La gestion juridique de la relation client

Parce que le DICI constitue un des éléments majeurs de la vie du fonds, le gérant est naturellement très impliqué. Que ce soit au Luxembourg ou dans un autre état de l'EEE, cet aspect juridique attaché au DICI est assez commun. Il indique ce que peut faire ou ne pas faire le gérant. C'est le socle contractuel qui lie le gérant à l'investisseur final et c'est sur ce document que se fonde la politique d'investissement du gérant présentée au client.

Par définition, qu'il s'agisse de FCP ou de Sicav, il est question de la gestion de compte de tiers. Le gérant est donc tenu de veiller en permanence au respect de ses engagements.

Si le FCP n'a pas de personnalité juridique, c'est la société de gestion qui agit. La dominante juridique de l'*asset management* en Europe est représentée par les Sicav. Elle fonctionne à l'image des sociétés de droit commun. Un certain nombre d'évènements juridiques majeur donne lieu à des minutes, procès-verbaux.

Parmi les documents essentiels principaux, la notice de *board meeting* caractérise les temps forts de la vie juridique de la Sicav. C'est l'agenda de l'assemblée générale, au cours de laquelle les résolutions sont soumises aux investisseurs. La notice du *board meeting* présente les orientations de la Sicav. Les investisseurs décident ou non d'entériner les choix du gérant.

Sur des aspects plus spécifiques, comme les projets de fusions de fonds, peuvent intervenir des assemblées générales extraordinaires.

▨ La gestion réglementaire de l'*asset management*

Plusieurs types d'obligations réglementaires concernent l'exercice de la gestion d'actifs pour compte de tiers. Ces obligations sont exigées par la Banque centrale du Luxembourg (BCL) et l'autorité des marchés (CSSF) :

▶ les déclarations statistiques[1] des OPC monétaires à la Banque centrale du Luxembourg concernent les encours de l'actif et du passif de l'OPC monétaire et s'effectuent mensuellement. Les OPC de taille modeste sont dispensés de déclaration dès lors qu'ils établissent le rapport mensuel prudentiel ;

▶ le *reporting* trimestriel de la société de gestion à l'intention du CSSF[2] : établi dans le cadre de la surveillance prudentielle[3] des sociétés de gestion (et leurs succursales) par le chapitre 13 de la loi du 20 décembre 2002, il comprend les informations financières relatives aux comptes de résultat, à la structure financière et à la gestion des OPC. L'exercice d'autres activités fait l'objet d'une déclaration spécifique comportant les éléments d'ordre financier ;

▶ le *reporting* des transactions d'actifs financiers (TAF) : il est issu de la transcription de la directive MIF. L'article 28 de la loi du 13 juillet 2007 reprend l'obligation déclarative posée aux établissements de crédit ainsi qu'aux prestataires d'investissements. Le *reporting* TAF/Mifid répond aux mêmes exigences que le *reporting* des transactions (RDT) réalisé par les sociétés de gestion françaises[4].

La dimension commerciale de l'**asset management**

Dans la gestion au jour le jour, le gérant cherche à accroître ses encours sous gestion. Qu'il s'agisse d'un client nouveau ou non, il importe pour lui de disposer d'un niveau de souscription supérieur à celui des rachats.

Le dynamisme commercial d'une société de gestion de portefeuille se mesure à la fois par la capacité à fidéliser les clients et à augmenter ses niveaux de placement. Il y a à la fois un caractère défensif et offensif dans la politique commerciale du gérant.

---

1. Circulaire BCL 2009/227 modifiant la collecte statistique auprès des OPC monétaires.
2. Circulaire CSSF 03/108.
3. C'est l'article 82 paragraphe 2 qui instaure la surveillance des sociétés de gestion par le régulateur CSSF.
4. Voir chapitre 4 le titre de paragraphe intitulé « Le *reporting* à l'intention des autorités des marchés financiers ».

Des rachats importants de gros clients peuvent affecter la vie du fonds. C'est pourquoi les attentes des investisseurs sont particulièrement suivies. Il s'agit notamment pour le gérant d'être en mesure de délivrer des performances d'investissement. Ce critère est le facteur fondamental de la fidélisation des investisseurs.

La recherche de nouveaux clients permet de diversifier le risque. En effet, si un fonds est concentré sur une clientèle peu diversifiée, les rachats pèsent plus sensiblement sur le risque de liquidité du fonds.

La capacité à fournir un *reporting* lisible et déchiffrable constitue un argument commercial auquel sont particulièrement sensibles les investisseurs et les clients potentiels.

La dimension marketing de l'asset management

■ Le *pitch book*

Le *pitch book* de la société de gestion et du fonds est un outil de communication à destination des clients et investisseurs potentiels.

Ce document présente le fonctionnement de la société de gestion. Il s'agit de mettre en avant les équipes et leur expertise, de présenter la stratégie poursuivie par la société et ses moyens. Un point d'attention particulier est porté aux modalités de suivi des risques, autre centre d'intérêt des investisseurs.

Les *road shows* animés par les gérants, réunions destinées à lever les fonds, s'appuient en grande partie sur les *pitch books*. Le *pitch book* propre au fonds présente la stratégie du fonds, sa prise de risque et les thèmes d'investissement retenus.

■ Le *due diligence questionnaire*

Avant de s'engager, les investisseurs institutionnels sont très attentifs à la qualité du *due diligence questionnaire* (DDQ), série de questions auxquelles répond à l'avance la société de gestion et qui permet à l'investisseur de gagner du temps sur la connaissance de la qualité professionnelle de la société à laquelle va être confiée la gestion des fonds.

La liste des questions couvrent plusieurs domaines de l'*asset management*, comme le montre le tableau ci-après.

Le DDQ est un document à mi-chemin entre la gestion commerciale et celle des risques. Il vise à lever des fonds en mettant en avant la qualité de la gestion, en décrivant le processus d'investissement et en intégrant des éléments relatifs à la gestion des risques.

Les principales questions de *due diligence*

La connaissance de la société de gestion
Qui sont les actionnaires ?
Quel est le montant du capital de la société ?
Quels sont les actifs gérés et quelle évolution depuis la création de la société ?
Quelle est la répartition des actifs par type de clients (institutionnels, particuliers…) ?
Qui sont les commissaires aux comptes de la société ? Quel est le dernier audit réalisé ?
La gestion administrative et postmarché du fonds
Quelle est l'organisation chargée du passage des ordres de Bourse ?
Quel est le système de *trading* des ordres ?
Existe-t-il un comité de sélection des courtiers ?
Quelle est la politique de meilleure exécution des ordres ?
Comment est assurée l'égalité de traitement des investisseurs pour les souscriptions et rachats ?
L'organisation du processus d'investissement
Qui décide des choix d'investissement et existe-t-il un comité d'investissement ?
Existe-t-il un directeur des investissements ?
Quels sont les investissements exclus ? Quels sont les critères de limite de risques ?
Existe-t-il des équipes de gestion et comment sont-elles organisées ?
Combien comptez-vous de gestionnaires et d'analystes ?
Comment sont rémunérés les gestionnaires de portefeuille ?
Quel est le *turn over* des équipes au cours des dernières années ?
Quels sont les changements marquants de la vie de la société (nouveau CIO, nouvelle équipe).
Le contrôle interne et la conformité
Quelle est l'organisation du contrôle et de la conformité ? Quel est le dispositif de contrôle ?
Qui sont les auditeurs ? Ont-ils changé ? Pourquoi ?
Quel contrôle est mis en place pour assurer l'adéquation du produit au prospectus ?
La société fait-elle l'objet d'un procès ou d'une investigation par une autorité des marchés ?
Quels sont les procédures et contrôles de lutte contre le blanchiment ?
Quelles sont les règles de suivi en matière *late trading* et de *market timing* ?
Quelles sont les *dues diligences* menées auprès de vos contreparties et vos dépositaires ? À quelle fréquence sont-elles conduites ?
Existe-t-il un plan de continuité d'activité (PCA) ?
Quel est le contrôle *a priori* et *a posteriori* des ordres exécutés ? Comment sont gérés les ordres agrégés ?
Comment gérez-vous les annulations d'ordre ?

Le comité d'investissement des clients institutionnels, comme les assureurs, caisses de retraite, pourront accélérer le processus de choix d'investissement grâce au traitement de l'étape critique de *due diligence*. En effet, à la lecture d'un DDQ bien conçu, l'investisseur doit pouvoir se forger une opinion positive ou négative sur le professionnalisme de la société de gestion.

Le DDQ correspond à une pratique très répandue dans le monde anglo-saxon. Elle trouve un large écho au Luxembourg. Sans relever d'une obligation réglementaire, cette pratique participe à une forme d'autorégulation par le marché.

Dans la pratique, si un investisseur compare 50 fonds, il demande le DDQ. Le fonds disposant d'un DDQ le plus exhaustif et précis aura le plus de chance de faire partie de sa *short list*, puis, au sein de celle-ci, il choisira les fonds qui feront l'objet d'une *due diligence* sur place.

La connaissance du fonds à partir du *fact sheet*

L'extrait du *fact sheet* (la notice d'information) permet de se forger très vite une opinion préliminaire dans le choix d'investissement (connaître et étudier de nombreux fonds avant de choisir est souvent un gage de succès). Il comporte :

Extrait d'un *fact sheet*

Fonds	Eur : Classe Isin number : Luoxxxxxx Invest Manager : XXXX			
	Trading	Monthly	Fund :	Yyyy
	Last order acceptance	The 10th business day proceding a subscription day	Assistant manager :	aaaa
			Custodian :	bbbb
			Auditors :	aaaa
	Redemption & notice	Monthly ,34 business day		
	Minimum subscription	2 500 000 €		
Strategy	Strategy at a glance :			
	Institutionnal class overview			
	January 1,2002 through the end of jan 2008	Fund		
	Compound ROR			
	Annualized standard deviation			
	Sharpe ratio			
	Beta (HFRI: FOF Cons Idx)			
	Largest, Net			

Source : extrait du fact sheet d'un fonds alternatif luxembourgeois.

Le *fact sheet* offre une synthèse du prospectus du fonds. Il comprend quatre rubriques :

- les règles de fonctionnement du fonds ;
- la définition de sa stratégie ;
- son *track record* qui renseigne sur ses performances ;
- une comparaison à d'autres fonds ou indices.

La partie *fund* apporte les renseignements utiles à son fonctionnement :

- le code du fonds : il permet de consulter l'ensemble de ses informations. Un *fonds* dispose de plusieurs codes de consultation : le code international Isin, Telekurs (pays nordiques), Bloomberg et Reuters (USA) va pouvoir élargir son accès. En outre, les fonds peuvent aussi choisir d'être cotés (Dublin, Luxembourg…) ;
- le *trading* : il précise le degré de liquidité du fonds ;
- *last acceptance order* (acceptation des ordres de souscription) : les souscriptions sont prises en compte dans le cas précité 10 jours ouvrés avant. Cela signifie que l'investisseur règle 10 jours ouvrés avant pour entrer au prix de souscription de la prochaine valorisation ;
- *redemption* & *notice period* (le préavis de rachat) : la liquidité d'un fonds se calcule après impact d'un délai de « rédemption » (*notice period*). Cette dernière peut être déterminée en jour calendaire ou bien ouvré. S'agissant d'un fonds liquide qui aurait une période calendaire de trente jours, le client pourrait dans ce cas récupérer ses liquidités dans un délai de deux mois ;
- souscription minimum : le gestionnaire peut décider de définir pour une classe d'actifs des minimums de souscription supérieurs à 125 000 €. Dans ce cas, il devra traiter tous les investisseurs avec le même minimum. S'il retient 2 500 000 €, tous les clients spécifiques devront être traités sur la base de ce minimum. Dans la gestion alternative au Luxembourg, équivalent des fonds Aria en France, le gérant peut déroger au minimum légal s'il respecte le traitement égal des clients ;
- *investment manager* : il indique le gérant du fonds ;
- *fund* : désigne le nom du fonds ;
- assistant *manager* : il a pour mission de contrôler que la politique d'investissement est conforme au prospectus. L'assistant *manager* répond à une spécificité du droit luxembourgeois. Si un gérant décide d'investir dans un univers comme les matières premières ne figurant pas dans le prospectus, alors il interdit l'ordre d'achat. L'assistant *manager* est rattaché à la banque. Par les diligences a priori qu'il mène, il évite la perte du fonds lié à un détournement de choix d'investissement. La société de gestion verse une partie des frais (*fees*) au titre des missions exercées par

l'assistant *manager*. Elles peuvent varier en moyenne entre 0,2 % et 0,5 %. L'assistant *manager* est une sorte de *risk manager* externe ;

▶ *custodian* (dépositaire) : il s'agit de l'établissement qui assure la conservation des avoirs des investisseurs du fonds. Nous avons précédemment abordé cette fonction.

On fera remarquer, que la directive UCIT IV en créant le DICI s'est directement inspirée de la pratique anglo-saxonne du *fact sheet*.

▨ La *newsletter*

La *newsletter* (lettre d'information) contient des éléments qualitatifs permettant de présenter l'analyse des performances du fonds. Elle explique les facteurs de performance et dresse les perspectives d'évolution.

Ce document crée un lien de confiance avec les investisseurs. Dans la pratique, il n'est pas rare de voir un client questionner la société de gestion sur tel ou tel aspect de la lettre d'information pour recueillir des explications complémentaires.

La périodicité de la lettre d'information et de la notice d'information (*fact sheet*) est souvent calée sur la liquidité du fonds (journalière, hebdomadaire, mensuelle, semestrielle, annuelle).

Les informations sont calées avec le calcul de la NAV (valeur liquidative du fonds). S'agissant des fonds de *private equity,* les NAV sont annuelles. Comme le souligne fort bien Amar Douhane[1], les performances de ces types de fonds suivent une courbe en J. Les premières années, le fonds dégage des pertes et ce n'est qu'après quelques années que les plus-values sont constatées. Les sorties en plus-value donnent des valeurs positives. L'*asset management* du *private equity* est de ce point de vue bien spécifique.

La pratique de l'asset management à l'épreuve de l'affaire Luxalpha

La gestion de Luxalpha s'inscrit dans le schéma *master-feeder* (fonds maître-nourricier) mis en place par Bernard Madoff. L'examen de la gestion frauduleuse de ce fonds est l'occasion de revenir sur le rôle crucial joué par le dépositaire. Ce cas permet de mettre en évidence les raisons de la faiblesse de la chaîne de contrôle à partir des différents intervenants du système.

S'agissant d'un fonds coordonné à l'échelle européenne, la problématique de la relation entre le dépositaire du fonds maître et nourricier et les irrégularités qu'elle pouvait engendrer a inspiré des mesures de renforcement réglementaires.

---

1. *MBA finance*, Eyrolles, 2010, chapitre 14, « Capital investissement ».

Le contrôle de conformité des investissements, la protection et la conservation des avoirs sont les principaux enjeux soulevés par cette affaire.

▩ Un peu d'histoire

Au cours des années quatre-vingt et quatre-vingt-dix, BMIS (Bernard Madoff Investment Securities) s'est affirmée comme une société en mesure d'effectuer des placements financiers rapportant des revenus récurrents à forte rentabilité.

L'activité de *market maker* consistait à fournir des prix à l'achat comme à la vente de titres financiers. BMIS deviendra membre de NASD (*National Association of Securities Dealers*). Bernard Madoff participa à la création du plus célèbre indice américain le Nasdaq (*National Association of Securities Dealers Automated Quotations*), dont il fut directeur de 1990 à 1992.

Parallèlement à l'activité de courtage, Bernard Madoff se lança dans le conseil en investissement et gestion d'actifs au travers de BMIS, sans disposer des agréments pour faire appel public à l'épargne. L'artifice employé par BMIS afin de camoufler cette activité consistait à n'apparaître que comme conseiller de la clientèle, sans gestion directe de leurs avoirs. L'objet de son activité apparaissait sous le seul angle de *broker-dealer*.

Au sens du *Securities Exchange act* de 1934, l'activité de *broker* consiste à réaliser des transactions pour le compte de tiers (clients). Le *dealer* effectue des achats et des ventes de titres pour son compte propre ou pour celui des tiers.

Fort des bons résultats affichés par BMIS, Bernard Madoff avait acquis une notoriété. Les intermédiaires financiers, attirés par ses performances, ont souhaité y orienter le placement de leurs clients dans la perspective de prélever d'importantes commissions.

Dans le recueil des fonds, lequel le présentait en qualité de simple conseil, Bernard Madoff ne percevait pas de commissions. Seuls les intermédiaires en étaient les bénéficiaires.

La pyramide de Ponzi mise en place par Bernard Madoff consistait à rémunérer le placement des anciens investisseurs avec les nouvelles souscriptions. La structure de canalisation de l'épargne s'appuyait sur les fonds nourriciers dont le schéma est le suivant :

Le cadre des relations dans le cas de fonds maîtres nourriciers

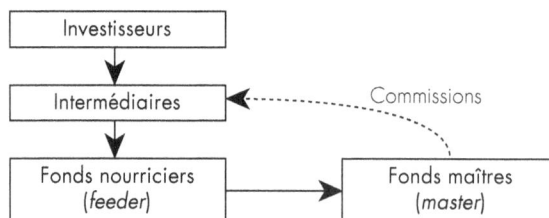

Les intermédiaires n'avaient pas à gérer le fonds créé pour lever les fonds auprès de la clientèle. Ils percevaient des commissions comprises entre 2 et 20 %.

Les premiers *feeders* confiés à Bernard Madoff ont été créés par d'anciens banquiers français. La société Access International Advisors LLC, fondée aux États-Unis, confia les fonds de sa clientèle à BMIS. Une dizaine de *feeders* furent donnés en gestion à BMIS, dont une Sicav de droit luxembourgeois, Oreades, avec pour banque dépositaire la BNP Paribas. Oreades fut dissous en 2004 pour des raisons non expliquées. Selon l'hebdomadaire *Le Point*[1], les fondateurs désiraient élargir la structure de placement.

La création de la Sicav Luxalpha sous couvert de la loi 2002

Fort de l'expérience du fonds Oreades, le groupe Access décida de trouver un nouveau dépositaire afin de créer un nouveau fonds calqué sur le schéma de droit luxembourgeois.

C'est ainsi que fut créé le fonds Luxalpha, tourné vers le grand public. À ce titre, il était soumis à la loi du 20 décembre 2002 évoquée précédemment.

Les promoteurs de la Sicav furent UBS AG et UBS SA. En relation avec le Groupe Access, Luxalpha fut créé le 5 février 2004 sur la base de la partie I de la loi sur les OPC. L'agrément fut confirmé le 8 mars 2004, avec effet au 11 février 2004.

La qualité des promoteurs et leur réputation étaient décrites dans la lettre composant le dossier de demande d'agrément. UBS AG apparaissait bien dans le projet de prospectus et faisait partie du dossier d'agrément.

Comme la Sicav fut agréée avant le 13 février 2004, elle bénéficia de l'article 134-4 de la loi de 2002 et fut dispensée de l'interdiction de cumuler la fonction de gestion et celle de dépositaire.

Luxalpha, fonds UCITS (OPCVM coordonné), bénéficiait du passeport européen et pouvait donc être commercialisé au sein de tous les pays de la zone économique européenne. Il a pu être commercialisé aussi bien au Luxembourg qu'en France. Comme nous l'avons expliqué lors de la présentation de la procédure d'agrément de distribution des fonds, le CSSF a transmis à l'AMF l'attestation d'agrément de Luxalpha.

Luxalpha se présentait comme fonds à compartiments multiples. Il n'était actif qu'à travers un seul compartiment, celui dénommé « American Selection ». Rappelons qu'une Sicav à compartiments multiples dispose de

1. Amila Aridj, « Patrice de Maistre bientôt entendu dans l'affaire Madoff », lepoint.fr, article publié le 10 septembre 2010.

plusieurs portefeuilles distincts, gérés de manière tout à fait indépendante les uns des autres.

Comme l'impose la loi dans sa partie I, la Sicav est soumise au respect de la répartition des risques dans sa politique d'investissement. Le compartiment d'investissement concerné indiquait être placé en valeurs mobilières américaines. Ainsi que nous l'avons vu dans le paragraphe sur la pratique de *l'asset management* au Luxembourg, la partie I de la loi se montre plus exigeante que la partie II. Par exemple, toute modification de la politique d'investissement doit faire l'objet d'un nouvel agrément et être soumise à l'approbation des investisseurs sous 30 jours.

Le maquillage de la gestion de Luxalpha

Les acteurs de la gestion du fonds Luxalpha appartiennent en grande partie au Groupe UBS. La fonction de gestionnaire du fonds et celle de dépositaire se cumulaient jusqu'au 1er août 2006. La séparation des fonctions n'intervint qu'à partir du 1er août 2006, afin de se conformer au régime de la loi de 2002 dont la dispense de séparation de fonction prenait fin au 13 février 2007.

Le fonctionnement supposé et réel de Luxalpha peut être appréhendé à l'aide des différents organigrammes présentés par les liquidateurs[1]. Ils permettent de mettre en évidence le cumul des fonctions de gestionnaire du fonds et de celles de dépositaire par BMIS (fonds maître de Bernard Madoff). BIMS canalisait l'ensemble de l'épargne des investisseurs *via* Luxalpha.

Plusieurs schémas de fonctionnement ont prévalu sur les trois périodes à compter de la création du fonds, à savoir :

- de février 2004 au 1er août 2006 ;
- du 1er août 2006 au 17 novembre 2008 ;
- du 17 novembre 2008 à la déclaration de mise en liquidation de Luxalpha.

Les différents organigrammes présentés par les liquidateurs[2] de Luxalpha ont mis en évidence les liens réels des acteurs non déclarés dans le prospectus, à savoir la sous-conservation des avoirs confiés à BMIS, cumulant dans le même temps la fonction de gestionnaire.

---

1. Voir assignation www.victime-fraude-madoff.org.
2. *Ibid.*

228

L'organigramme affiché du fonctionnement du fonds était le suivant :

Organigramme à la création du fonds

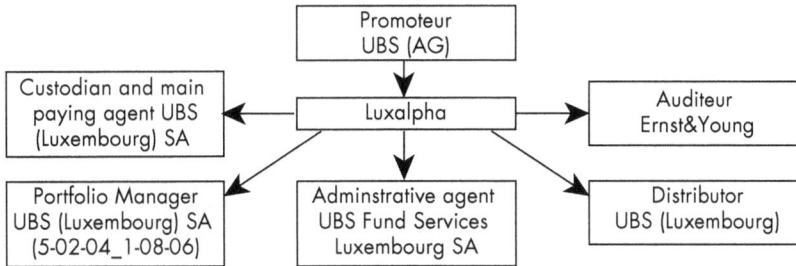

```
                        Promoteur
                         UBS (AG)
                            │
                            ▼
 Custodian and main                          Auditeur
 paying agent UBS  ◄──── Luxalpha ────►    Ernst&Young
 (Luxembourg) SA
              ▲                    ▼
 Portfolio Manager      Adminstrative agent       Distributor
 UBS (Luxembourg) SA    UBS Fund Services        UBS (Luxembourg)
 (5-02-04_1-08-06)      Luxembourg SA
```

Source : www.victime-fraude-madoff.org.

Le fonctionnement réel du fonds qui intègre les contrats de sous-conservation passés avec BMIS montre :

L'organigramme réel de février 2004 au 1er août 2006

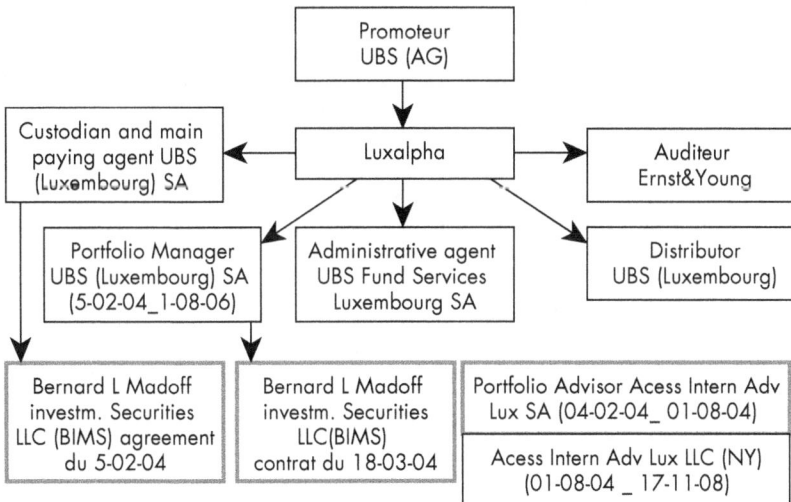

```
                         Promoteur
                          UBS (AG)
                             │
                             ▼
 Custodian and main                             Auditeur
 paying agent UBS  ◄──── Luxalpha ────►       Ernst&Young
 (Luxembourg) SA
                             │
 Portfolio Manager      Administrative agent       Distributor
 UBS (Luxembourg) SA    UBS Fund Services         UBS (Luxembourg)
 (5-02-04_1-08-06)      Luxembourg SA
        │                    │
        ▼                    ▼
 Bernard L Madoff     Bernard L Madoff     Portfolio Advisor Acess Intern Adv
 investm. Securities  investm. Securities  Lux SA (04-02-04_ 01-08-04)
 LLC (BIMS) agreement LLC(BIMS)
 du 5-02-04           contrat du 18-03-04  Acess Intern Adv Lux LLC (NY)
                                           (01-08-04 _ 17-11-08)
```

───── Non renseigné au prospectus

Source : www.victime-fraude-madoff.org.

Outre le caractère illicite de la sous-traitance de la conservation des avoirs confiés par UBS SA à BMIS, les diligences habituelles en matière de contrôle des investissements au regard du prospectus ont connu de nombreuses lacunes et faiblesses.

> *En pratique*
>
> **Le contrôle de conformité des investissements et la pyramide de Ponzi**
>
> La comptabilité matière abordée dans le chapitre consacré à la gestion courante d'un OPCVM permet de procéder au contrôle des positions des portefeuilles. De plus, la valorisation du fonds conduit à vérifier si la Sicav se conforme ou non à la politique d'investissement.
>
> Rappelons que la stratégie d'investissement poursuivie par BMIS reposait sur la technique de *split-strike conversion* qui consiste en l'achat et la vente d'un panier de titres (40 à 50) de l'indice S&P 500 et dans le même temps en l'achat et la vente d'options visant à couvrir le risque. Cette stratégie était activée dès lors que le marché présentait des opportunités d'arbitrage. En dehors de ces périodes, les fonds étaient censés être placés en bons du trésor américain.
>
> Dans la réalité, les fonds de nouveaux souscripteurs venaient rémunérer selon la technique de Ponzi les anciens investisseurs.
>
> Afin de dissimuler cette pratique, un portefeuille fictif d'actions répondant aux objectifs de la stratégie d'investissement fut construit pour l'ensemble des comptes clients confiés à BMIS. Les relevés furent adressés par courrier ou fax aux investisseurs.
>
> Pour justifier l'absence de *reporting* action, BMIS faisait valoir qu'il sortait tous les trimestres de sa position action au profit des *T-bonds*.
>
> Le rapprochement de la position matière des *T-bonds* avec le dépositaire central américain aurait permis *a minima* de vérifier le suivi de position et le degré de cohérence de la gestion de BMIS.

Si le prospectus de l'époque dit ce que peut et ne peut pas faire le gérant du fonds, le garant en la matière est le dépositaire.

Si des modifications sont survenues pour se conformer en apparence à la séparation des fonctions de gestionnaire et de dépositaire selon la loi de 2002, l'organigramme effectif (schéma ci-après) présenté dans l'assignation de BMIS devant la justice luxembourgeoise montre la persistance du rôle de BMIS.

Le cumul des fonctions de gestionnaire et dépositaire de BMIS par le biais d'accord de délégation de gestion n'a pas permis de remplir les fonctions destinées à préserver les avoirs et leur restitution aux investisseurs.

Dans un communiqué de presse[1], le groupe Meeschaert motive son assignation dans les termes suivants : « Nous nous battons sur tous les fronts, et cette action ne constitue qu'une étape dans la bataille juridique que nous

---

1. Communiqué de presse du 25 mars 2009.

menons depuis décembre pour obtenir réparation, au nom de nos clients lésés par les agissements frauduleux de Bernard Madoff. » Le groupe entendait également poursuivre son assignation d'Ernst&Young, auditeur et contrôleur des comptes de la Sicav Luxalpha[1].

La transformation de l'organigramme à compter du 1er août 2006

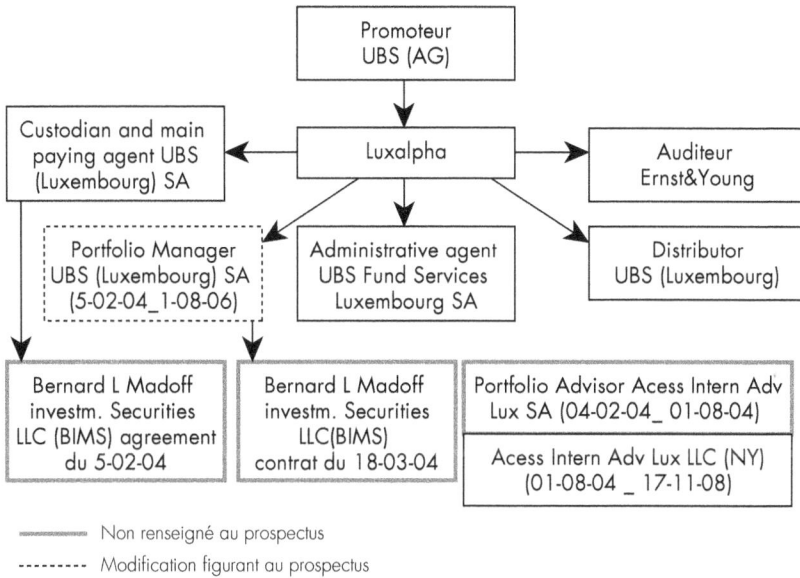

```
                    ┌─────────────────┐
                    │    Promoteur    │
                    │    UBS (AG)     │
                    └─────────────────┘
```

Custodian and main paying agent UBS (Luxembourg) SA

Luxalpha

Auditeur Ernst&Young

Portfolio Manager UBS (Luxembourg) SA (5-02-04_1-08-06)

Administrative agent UBS Fund Services Luxembourg SA

Distributor UBS (Luxembourg)

Bernard L Madoff investm. Securities LLC (BIMS) agreement du 5-02-04

Bernard L Madoff investm. Securities LLC(BIMS) contrat du 18-03-04

Portfolio Advisor Acess Intern Adv Lux SA (04-02-04_ 01-08-04)

Acess Intern Adv Lux LLC (NY) (01-08-04 _ 17-11-08)

───────── Non renseigné au prospectus

- - - - - - - Modification figurant au prospectus

Source : www.victime-fraude-madoff.org

Pour Meeschaert, des poursuites doivent être engagées à l'encontre des sociétés UBS AG et UBSL SA, car leurs responsabilités en qualité de dépositaires sont clairement engagées et démontrées. Le but de cette assignation est de prouver que le dépositaire de la Sicav Luxalpha, la société UBSL SA, ainsi que les deux promoteurs sont de plein droit responsables des manquements de la profession. Laissons passer la justice dans cette affaire très compliquée ; il suffit de rappeler que les investisseurs auraient perdu au total 65 milliards de dollars dans la fraude Madoff (BMIS et ses nombreux *feeders*) pour convenir de la complexité des faits.

---

1. « Scandale Madoff : Meeschaert attaque à son tour UBS », *L'Agefi Quotidien*, 26 mars 2009.

L'essentiel à retenir

L'*asset management* français dispose d'un avantage comparatif en matière de gestion financière et bénéficie de la fonction de dépositaire la plus protectrice des investisseurs en Europe et dans le monde.

L'affaire Bernard Madoff, dont nous présentons en annexe de ce livre le cas très détaillé, a permis de comprendre que le dépositaire est un rouage fondamental de l'*asset management* et conduit à adopter une conception de l'investissement non plus sous le seul angle du couple rentabilité-risque, mais sous celui plus large de rentabilité-risque-protection.

Le Luxembourg demeure *leader* en Europe en termes de domiciliation de fonds et dispose d'une plus forte présence dans les fonds transfrontaliers, au cœur d'UCIT IV en place depuis le 1er juillet 2011. Les fonds à compartiments constituent l'un de ses avantages comparatifs que recherchent les investisseurs en raison de leurs souplesses et des moindres coûts.

L'harmonisation européenne intervenue dans la conception et commercialisation des fonds UCITS qui est la marque de fabrique européenne, reste inachevée. En effet, la partie dépositaire et postmarché de l'industrie d'actifs ne l'est pas encore puisque des directives adoptées comme notamment AIFM et UCIT V encore en discussion devraient être adoptées en 2013. Cette partie cachée de l'iceberg concentre une part très importante de la chaîne de la valeur de l'*asset management*.

Le niveau de standardisation qui sera retenu dans la fonction de dépositaire sera assurément l'un des facteurs susceptibles de rebattre les cartes du marché de l'*asset management*. En agissant sur le curseur technologique et la protection renforcée des avoirs, la France dispose de solides avantages comparatifs.

On le voit, le marché européen de la gestion de portefeuille ne sera achevé qu'avec une harmonisation de sa partie postmarché.

Chapitre 6

Le système d'information et les modèles économiques de l'*asset management*

Les systèmes d'information jouent un rôle crucial pour les sociétés de gestion. Qu'ils soient gérants, opérateurs* du *middle-office*, du *back-office*, valorisateurs... tous les intervenants de l'univers de l'*asset management* sont dépendants à des degrés divers de l'informatique et plus généralement des nouvelles technologies pour l'exercice de leur métier.

Le nombre des applications informatiques présentes au sein des fonctions de l'*asset management* n'a cessé de croître au cours de ces dix dernières années. Les trois principaux domaines de l'*asset management* concernés sont la distribution, la négociation, et le postmarché. Le besoin d'automatiser le traitement des opérations, dont la volumétrie a crû de manière exponentielle, explique la place ainsi jouée par le système d'information.

Cette évolution se justifie également par la contribution des nouvelles technologies à l'innovation financière. Sans elles, le développement des marchés financiers n'aurait sans doute pas connu un tel niveau de croissance et de sophistication.

La dématérialisation des titres (la disparition physique des titres) a marqué le coup d'envoi majeur de l'innovation financière. Les techniques de négociation des instruments financiers comme celles de leur traitement postmarché (compensation, règlement-livraison et conservation) ont connu de profondes mutations.

L'investissement informatique devient un facteur essentiel du développement des modèles économiques des sociétés de gestion. L'accélération de la construction du marché européen des OPCVM, avec l'adoption d'UCIT IV[1], plaide tout naturellement pour les architectures ouvertes de distribution de fonds. Les circuits des systèmes d'information sont, de ce point de vue, particulièrement structurants. Pour répondre à ces rendez-vous, la gestion d'actifs

---

1. Voir chapitre 3, le DICI.

pour le compte des clients doit être capable d'aligner le système d'information sur ce nouvel axe stratégique.

Le fondement des modèles économiques des sociétés de gestion intéresse non seulement les investisseurs, mais encore l'ensemble des professions de l'industrie. Au-delà de la qualité du fonds sur lequel s'engage le client, celle de la société de gestion dans laquelle la confiance est placée est tout aussi importante. Les *road show* menés par les gérants auprès des investisseurs en sont la meilleure illustration.

On rencontre plusieurs modèles au sein de l'industrie d'actifs : ceux portés par les *big players*, les firmes moyennes et les sociétés entrepreneuriales. Si la plupart des firmes indépendantes sont plutôt de taille modeste, il existe néanmoins des *success story* de sociétés gérant plusieurs milliards d'euros, voire plusieurs dizaines de milliards d'euros. En France, un exemple éclatant d'une telle réussite est la firme entrepreneuriale d'*asset management* Carmignac gestion.

LA PLACE DU SYSTÈME D'INFORMATION DANS L'*ASSET MANAGEMENT*

Les principales fonctions de la gestion d'actifs gagnées par le mouvement d'informatisation concernent le *front-office* et le postmarché. Le système d'information de l'industrie d'actifs parcourt la distribution des OPCVM, la construction des portefeuilles, le règlement-livraison, la conservation.

Une large part du système de la gestion d'actifs dispose d'outils de gestion. Outre leur savoir-faire, les acteurs de l'*asset management* ont besoin d'acquérir et de développer des compétences en matière d'utilisation des logiciels. Elles influencent la qualité des prestations fournies. La formation à leur intention s'est développée en conséquence.

À l'image de l'industrie du bâtiment, l'*asset management* fait appel à une maîtrise d'ouvrage et à une maîtrise d'œuvre qui s'appuient sur les infrastructures informatiques. La maîtrise d'ouvrage conçoit l'architecture des systèmes et définit les solutions qui répondent aux besoins des gérants et à l'ensemble des autres métiers associés (middle-office, back-office…).

Tout comme l'architecte du bâtiment, le responsable de la maîtrise d'ouvrage doit traiter également les problématiques de sécurité et de respect des normes, dans le cadre d'enveloppes budgétaires prédéfinies. Occupant le deuxième poste[1] budgétaire derrière les charges de personnel, le système

---

1. Le coût de matériels relatifs à l'infrastructure (postes de travail PC, réseaux, serveurs) auquel vient s'ajouter les droits à licence de logiciels, l'acquisition des données et les charges de personnels dédiés (maîtrise d'ouvrage, maîtrise d'œuvre, services études).

d'information continue d'être soutenu dans un contexte de marchés arrivés à maturité et très concurrentiels. L'investissement est de plus en plus conçu comme un moyen d'augmenter la productivité.

L'entrée en vigueur rapprochée d'une série importante de directives européennes (UCIT IV, MIF II, AIFM, SOLVENCY II) provoque des changements réglementaires et économiques majeurs, auxquels doivent répondre les systèmes d'information.

Le mouvement d'internationalisation et de globalisation financière influence le positionnement du système d'information. La directive UCIT IV, entrée en vigueur le 1er juillet 2011 vise à accélérer la promotion de la marque européenne des fonds UCITS. Elle est une réponse à la concurrence internationale de la gestion d'actifs. Cette marque est dépendante de la normalisation des systèmes d'informations conçus initialement dans une optique de marché domestique.

L'architecture réglementaire influence dans une large mesure les systèmes d'information. L'exemple de la nouvelle régulation en matière des CDS[1] (*Credit Default Swap*) a pour effet de réaliser des économies de fonds propres dès lors qu'ils sont techniquement compensés. L'adaptation des chaînes de traitement est donc un enjeu crucial en termes de réduction du risque de contrepartie et d'économie de ressources.

L'alignement du système d'information sur la stratégie de la société de gestion est un sujet de gouvernance majeure pour les actionnaires comme pour les directions. Il conditionne la capacité des métiers à répondre *in fine* aux attentes du marché.

Le traitement entièrement automatisé des opérations de bout en bout (*end to end*) est une demande récurrente. Il se retrouve pour le spécialiste sous le sigle STP (*straight trough processing*). Si le concept est au premier abord simple, son déploiement reste très dépendant de la nature des produits traités (standard ou complexes) et de leur caractère domestique ou international. Il s'agit de mettre en place une sorte d'autoroute sur laquelle les transactions peuvent circuler à grande vitesse. Si les produits ne peuvent s'adapter à ces règles de conduite, ils empruntent alors d'autres voies. En cas de panne, ils se mettent sur le bas-côté pour être pris en charge par un « dépanneur » (maîtrise d'ouvrage et maîtrise d'œuvre). L'objectif du STP est de faire en sorte que l'opérateur n'intervienne qu'au minimum. Il ne doit se consacrer que sur ce que l'outil informatique n'est pas capable de réaliser, maximisant ainsi sa productivité.

---

1. CDS : le projet de règlement de la commission Emir (*European Market Infrastructure Regulation*) vise à sécuriser les opérations de gré à gré par le rôle des chambres de compensation, et à une plus grande exigence de transparence matérialisé par l'obligation de *reporting* au *trade repositories* (base centrale de données).

La dématérialisation des titres et l'essor du système d'information

Si le système d'information est devenu si indispensable à l'exercice du métier de gérant d'actif, c'est en raison de la dématérialisation[1] des valeurs mobilières. Auparavant, l'échange des valeurs s'effectuait sur la base papier. La dématérialisation est le processus par lequel les inscriptions en comptes titres du client ont remplacé les supports physiques des actions, obligations et, plus largement, de l'ensemble des instruments financiers.

Elle est devenue effective en France par le décret du 2 mai 1984 (soit deux ans après l'adoption de la loi de 82). Les détenteurs de titres physiques les ont restitués aux entreprises et à l'État, s'agissant de valeurs du Trésor public. En échange, les porteurs ont reçu la valeur équivalente.

Après la dématérialisation de la monnaie, celle des valeurs mobilières a favorisé l'essor de l'informatisation dans le domaine de l'*asset management*. En effet, la négociation et le règlement d'espèces contre titres peuvent alors s'effectuer de manière électronique. Ainsi, la modification des supports de détention des titres a considérablement amélioré et facilité la gestion des échanges sur les marchés financiers. La cotation électronique a contribué à améliorer la découverte des prix sur les places boursières, même si l'essor des *darks pools* (plates-formes électroniques d'échanges opaques) pose certaines limites[2].

Les échanges s'inscrivent désormais au sein d'un réseau informatique. La finance de marché a tiré parti des progrès des secteurs de l'informatique et des télécommunications pour lancer ses innovations. L'informatique a d'abord eu pour rôle d'accélérer les processus de traitement des opérations financières, elle permet aussi de participer à la création des produits par de nouvelles façons de faire.

L'interconnexion des places financières mondiales

Les principales places financières sont interconnectées par un ensemble de réseaux d'information. La globalisation des places boursières consiste du point de vue technique en la propagation des réseaux informatiques. Elle permet aux Bourses du monde de couvrir la totalité des fuseaux horaires, de sorte que le marché des capitaux peut fonctionner de manière continue.

Les places financières dominantes dans le monde sont les États-Unis, l'Europe et le Japon. Le planisphère des places financières représenté ci-

---

1. C'est la loi de finance de 1982 dans son article 94-II qui instaure la dématérialisation des valeurs mobilières.
2. Voir chapitre figure 13 : Le krach éclair du 6 mai 2010.

contre fait également apparaître de nouveaux acteurs comme le Brésil, l'Inde, l'Afrique du Sud et l'Australie.

Un code unique et propre à chaque valeur financière (actions, obligations, OPCVM, *warrants**…), le code Isin (*International Securities Identification Number*, voir chapitre 1) a été instauré. Il est constitué de douze caractères alphanumériques dont les deux premiers précisent le pays d'émission du titre.

Pour constituer un portefeuille, le gérant sélectionne les codes correspondant aux valeurs qu'il a retenues. Par exemple, le titre Renault SA sur Euronext* dispose du code Isin suivant : FR0000140014. Du point de vue du système d'information, la réalisation technique du portefeuille élaboré par le gestionnaire revient à recenser les codes Isin de chacune de ses valeurs. Un émetteur qui possède plusieurs valeurs mobilières cotées disposera d'autant de code Isin qu'il aura de valeurs (actions, obligations, obligations convertibles, BSA…).

Les principaux marchés financiers mondiaux

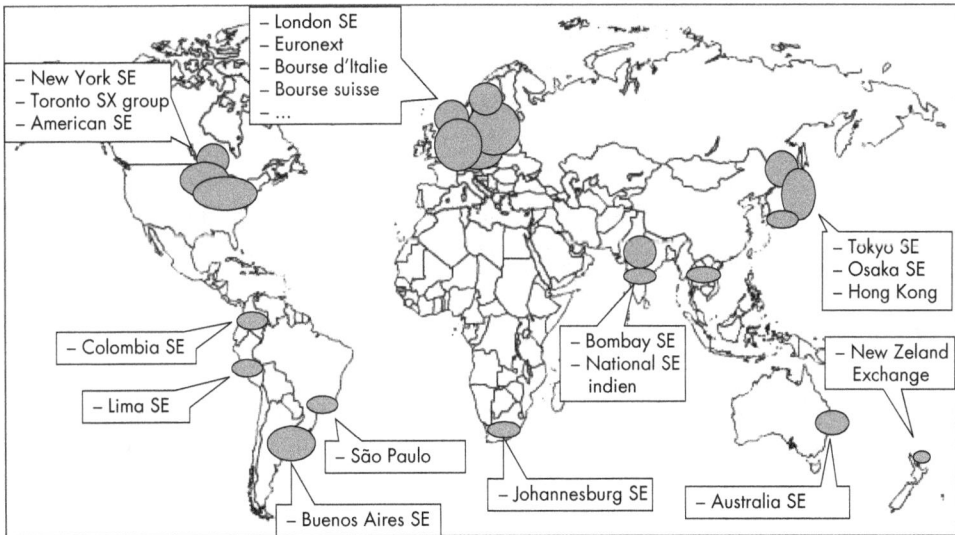

L'adoption du code Isin[1] comme norme internationale a incontestablement accéléré le mouvement de la gestion électronique des négociations des valeurs mobilières. En rattachant les caractéristiques d'un instrument financier à un code normalisé, l'accessibilité du marché a été considérablement facilitée. Cette dématérialisation très poussée de la propriété des valeurs

---

1. Le code Isin a été recommandé par le « groupe des 30 » et adopté en France en 2003.

sous la forme de portefeuille électronique a favorisé le développement des marchés financiers.

Cette innovation technologique a profité à l'essor de la place financière de Paris.

Les facteurs de développement du système d'information dans l'asset management

La croissance exponentielle du volume des transactions traitées sur les marchés financiers ne pouvait trouver qu'une réponse informatique.

Pour les sociétés de gestion rattachées à des grands groupes bancaires et d'assurance, la recherche de la taille critique pour rivaliser avec des compétiteurs internationaux passe par l'augmentation des encours gérés. Ils sont eux-mêmes dépendants du nombre de clients et d'opérations réalisées. C'est pourquoi le système d'information (SI) est indispensable à leur traitement automatisé. Un *asset manager* de taille importante peut traiter annuellement jusqu'à plusieurs millions de transactions.

Au besoin de négocier un fort volume s'ajoute, en raison de la concurrence des places financières, la recherche d'une exécution de plus en plus rapide des ordres. L'innovation technologique est en la matière très poussée comme le montrent les automates d'exécution des ordres.

La négociation électronique des ordres

La fin du monopole des Bourses historiques introduite par la directive des marchés sur les instruments financiers (MIF) en novembre 2007 a contribué à la multiplication des lieux de négociation des valeurs.

Les progrès accomplis par les nouvelles technologies de l'information et la refonte du cadre réglementaire (directive MIF) ont fait émerger de nouvelles pratiques de négociation des valeurs financières. L'enjeu associé aux sigles OMS*, EMS*, SOR, DMA, HFT[1] traduit ces nouvelles modalités de négociation. L'objectif affiché est de répondre à la meilleure politique d'exécution d'ordres de Bourse.

Le schéma suivant illustre bien le rôle prépondérant des systèmes d'information dans la négociation des ordres boursiers.

---

1. OMS : *Order Management System* ; EMS : *Executive Management System* ; SOR : *Smart Order Router*; DMA : *Direct Market Access* (accès direct au marché) ; HTF: *High Frequency Trading*.

Illustration des ordres négociés électroniquement

La plupart des ordres sont désormais électroniques

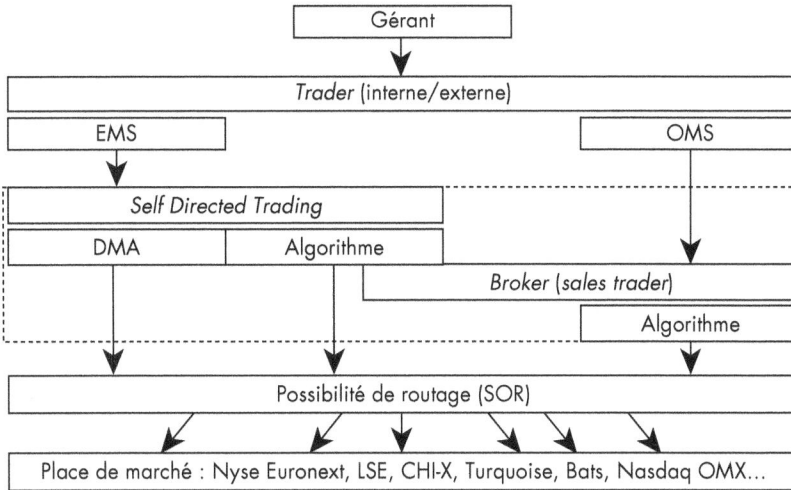

Gérant

Trader (interne/externe)

EMS		OMS

Self Directed Trading
DMA	Algorithme

Broker (sales trader)
Algorithme

Possibilité de routage (SOR)

Place de marché : Nyse Euronext, LSE, CHI-X, Turquoise, Bats, Nasdaq OMX...

Source : Agefi.

Les *Order Management System* (OMS) sont des outils de pilotage des ordres qui gèrent la relation entre l'acheteur, le vendeur et le courtier en charge de les exécuter pour le compte de tiers. La politique d'exécution des ordres comprend les paramètres fixes et variables suivants :

- paramètres fixes :
  - coût complet par circuit de négociation ;
  - niveau de liquidité ;
  - horaire d'ouverture et de fermeture des différentes places ;
  - délai de latence d'exécution ;
- paramètres variables :
  - cours en temps réel par lieu de cotation ;
  - profondeur de la liquidité (volume échangé).

Ce sont les EMS (*Executive Management System*) qui permettent la gestion automatisée d'accès aux places financières. Les connections sont paramétrées en fonction des horaires d'ouverture et de fermeture. Ces automates intègrent également des *algotrading*, algorithmes (fonctions mathématiques) programmés selon les différentes stratégies de sélection de titres. Ils ne font qu'exécuter de manière plus évoluée des ordres avec des tâches bien délimitées.

Afin de s'adapter à la concurrence accrue et à une complexification de la mise en œuvre des politiques d'exécution des ordres, les courtiers se sont dotés de systèmes de routage d'ordres intégrant des algorithmes de négociation des ordres. Les *Smarts Orders Routers* (SOR) sont la combinaison des fonctionnalités des OMS/EMS.

Les stratégies d'exécution des ordres font appel à plusieurs types d'algorithmes. Une première catégorie d'algorithmes a été conçue pour reproduire des stratégies d'achat ou de vente sur la base d'un prix moyen de la journée pondéré par les volumes[1]. L'automate balaye les données habituelles de la volumétrie des échanges selon les périodes de la journée afin de capter au mieux la liquidité tout en minimisant les coûts.

Une autre génération d'algorithmes plus élaborée cherche à prendre en compte les coûts anticipés de l'ordre de Bourse. Ils intègrent les mouvements de forte volatilité et degré de liquidité pour saisir alors les meilleures opportunités d'absorption du marché.

Les *Direct Market Access* (DMA) permettent directement aux gérants d'utiliser les algorithmes de *trading* appartenant au courtier membre de marché (négociation des ordres). En pratique, les écrans de négociation sont délocalisés auprès du gérant, avec l'accord du courtier. Les responsabilités d'erreur incombent dans ce cas directement au gérant. Il s'agit d'une pratique de *self direct trading*, très utilisée aux États-Unis. Le gérant s'affranchit alors du conseil de l'exécution du courtier. La gestion quantitative de la gestion d'actifs qui repose sur une analyse statistique des orientations du marché l'utilise très fréquemment.

En France, le recours à un courtier demeure encore majoritaire. Seules quelques sociétés de gestion se livrent à l'emploi de telle technique (Crédit Agricole Asset Management (CAAM). Le standard de l'ordre sécurisé faisant appel au protocole d'échange de la norme FIX[2] devrait répondre au besoin du marché transfrontalier de la gestion d'actifs. En effet, les plates-formes de cotation électronique, avec le développement croissant des MTF (*Multilateral Trading Facilities*), disposent des technologies pour étendre ce modèle de négociation.

Les enjeux sont focalisés de plus en plus sur l'élaboration sophistiquée des algorithmes et sur la course à la puissance de calcul. En effet, le délai de latence existant entre la décision d'acheter ou vendre un titre et son exécution peut avoir un impact très significatif, comme l'illustre le schéma suivant :

Impact temps d'entrée sur le marché

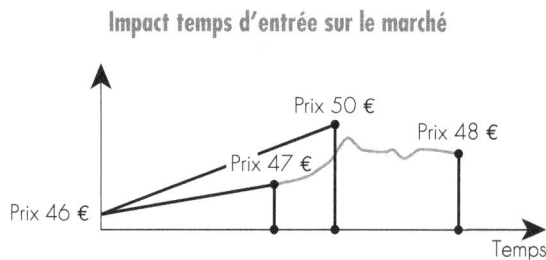

---

1. VWAP (*Volume-Weighted Average Price*) est l'acronyme retenu par les praticiens.
2. Protocole FIX : protocole d'échanges d'information financière basé sur le standard XML.

Selon le type de gestion, le besoin de sophistication ne s'impose pas dans les mêmes termes et degrés d'intensité.

Pour une gestion de type traditionnelle passive, ce type d'exécution des ordres est moins décisif. Les gestions actives et à forte rotation de portefeuille, ou encore celles de type alternatif, fondées sur l'arbitrage, y trouvent un plus grand intérêt.

La course à la milliseconde paraît sans signification pour la plupart des investisseurs. Elle est pourtant au cœur d'une bataille menée à coup de lourds investissements.

La concurrence exacerbée se poursuit au travers d'algorithmes chargés de scanner le marché de façon à repérer des comportements anormaux et déclencher des stratégies de riposte. C'est le cas des systèmes de *gamming* qui, suite à un algorithme incitant à une vente jugée à un prix trop élevé, déclenche une riposte par un algorithme d'achat à un prix très inférieur, bloquant ainsi le processus sur une période donnée.

Dans les moments non exacerbés des marchés financiers, à l'image du commandant de bord d'un avion, le *trader* peut recourir au pilotage automatique. En cas de mouvement brutal des marchés, la reprise en main du « manche à balai » ne corrige pas pour autant et immédiatement les éventuels dégâts. Les délais d'analyse et des actions correctrices sont bien souvent trop longs, comparés à la vitesse du marché.

En pratique

Le *high frequency trading* et les *flash orders* sous le regard de la MIF2

La directive MIF appelée à être modifiée devrait changer les règles encadrant la pratique de *high frequency trading* et de *flash order*.

▸ *Qu'est-ce que le* high frequency trading *?*

Certains *hedge funds* ou encore des banques d'investissement sont à l'affût de distorsions de marché, notamment en période de très fortes volatilités (mouvement brusque de prix de titres). Concrètement, le gérant d'un *hedge fund* acquiert un très fort volume d'une valeur sur une plate-forme A pour les revendre dans la fraction de seconde sur une plate-forme B affichant un prix supérieur. Deux algorithmes ayant les mêmes qualités et caractéristiques de détection des distorsions de marché se départageront par la vitesse d'exécution des ordres. Dès lors, la course à la vitesse passe par la puissance de calcul. Il est tout autant important de disposer de spécialistes informatiques que de *traders*. Le traitement à la milliseconde constitue le défi posé à ce type d'experts des marchés.

.../...

C'est ainsi que la colocation de postes s'est développée afin de réduire les délais de latence. Concrètement, les plates-formes proposent directement aux intervenants comme les arbitragistes et investisseurs des postes de travail localisés chez eux. C'est ainsi que Nyse Euronext a ouvert cette offre à sa clientèle.

▶ *Qu'est-ce qu'un* flash order *?*

Il s'agit d'une pratique de *trading* qui vise à offrir à des clients la possibilité de visualiser avant les autres participants, pendant quelques millièmes de seconde, l'ensemble du carnet d'ordre (position acheteuse et vendeuse d'une valeur). Cette pratique a été interdite par le régulateur américain (la SEC, *Securities and Exchange Commission*).

Les plates-formes électroniques de type *dark pool* (voir chapitre 1) sont des acteurs très actifs de ce type de négociation.

La réponse envisagée par la révision de la directive MIF (MIF2) est une obligation de transparence (en principe prévue pour le courant de l'année 2012).

La gestion automatisée des valeurs du portefeuille des OPCVM

L'achat ou la vente d'une même valeur appartenant à plusieurs portefeuilles d'OPCVM est une préoccupation quotidienne pour le gérant. Pour pouvoir acheter ou vendre dans les meilleures conditions (minimum de coût d'impact de marché lié au délai d'exécution des ordres et de frais de transaction) l'*asset manager* présente un seul ordre pour l'ensemble des OPCVM.

Exemple

La gestion informatisée d'un portefeuille par un gérant

La société de gestion A dispose d'une gamme de plusieurs types d'OPCVM (obligataire, monétaire, actions, diversifiés).

La valorisation quotidienne des fonds repose sur les données de cours et celles des positions ligne à ligne des portefeuilles. Les autres exigences de l'*asset manager* portent sur la maîtrise des frais associés à la négociation et l'exécution des ordres d'achat et de vente. Lorsqu'une valeur se retrouve dans le portefeuille de plusieurs OPCVM (ci-dessous l'exemple de deux OPCVM), l'achat ou la vente en une seule opération est à privilégier autant que possible afin d'éviter les coûts d'un achat fragmenté. En outre, il convient de tenir compte de la gestion des risques de contreparties en définissant les limites d'engagement lors de l'achat ou la vente de titres pour des contreparties.

Le système d'information doit répondre aux besoins de l'*asset manager* :

- la récupération des cours et des positions (quantité de titres) pour définir la valorisation des deux OPCVM ;
- la gestion optimale d'achat ou de vente des titres et leur affectation dans les OPCVM ;
- la limite des risques de contreparties dans la négociation des titres.

Le schéma fonctionnel des données du système d'information

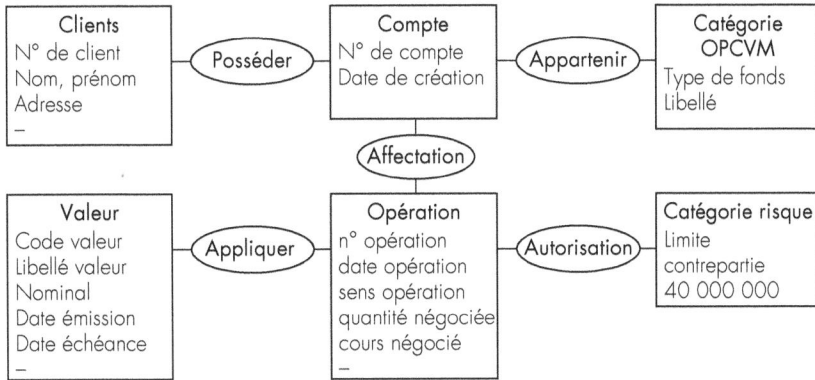

L'*asset manager* passe un ordre d'achat pour ses deux OPCVM pour une quantité de 30 000 000 titres de dette allemande au cours unitaire de 1,2 €, soit 36 000 000 €.

Le système d'information de la société de gestion A répond à la fois à la gestion de risque de contreparties (inférieures à la limite prédéfinie) et au respect de l'affectation prédéfinie. Il valorise le portefeuille par la récupération des cours auprès des contributeurs (Reuters, Sixtelekurs…).

Avis d'opération de l'achat des 30 000 000 titres à 1,2 €

N° d'opération	B01072011
Date d'opération	1/07/2011
Date de valeur	4/07/2011
Sens	Achat
Code de la contrepartie	0007
Code valeur du titre	FRXXXXXXXXX
Quantité	30 000 000
Montant total négocié	36 000 000
Frais (1 %)	360 000
Cours	1,2
Libellé de la contrepartie	Banque xxx
Type d'instrument	Obligation

Le système d'information attribue 20 000 000 titres à l'OPCVM 1 (détenant déjà avant l'opération 20 000 000 de titres achetés DEZZZZZZZZZ) et 10 000 000 à l'OPCVM 2 (détenant 10 000 000 avant ce nouvel achat). Il convient de rappeler que la règle de préaffectation des ordres doit être bien définie à l'avance pour éviter les risques de conflits d'intérêt donnant lieu à des sanctions (voir chapitre 3).

Valorisation des OPCVM 1

OPCVM : 1	Type de fonds : Obligataire Nom du fonds : Tranquillité	Date de création
Gérant 001	Nom : Paisible	01/07/2011

Valeur de la part OPCVM 1 au 01/07/2011

Code valeur	Quantité	Cours €	Valeur totale
DEZZZZZZZZZZZZ	40 000 000	1,2	48 000 000
FRYYYYYYYYYY	30 000 000	1,5	45 000 000
DEXXXXXXXXX	10 000 000	1,1	11 000 000
Nombre de parts	620 000		
Valeur de la part	167,74 €		

Valorisation des OPCVM 2

OPCVM : 2		Type de fonds : obligataire Nom du fonds : diversifié	Date de création
Gérant 002		Nom : variété	01/07/2011

Valeur de la part OPCVM 2 au 01/07/2011

Code valeur	Quantité	Cours €	Valeur totale
DEZZZZZZZZZZZZ	20 000 000	1,2	24 000 000
FRZZZZZZZZZZZZ	10 000 000	0,9	9 000 000
GBYYYYYYYYY	15 000 000	2,1	31 500 000
Nombre de parts	500 000		
Valeur de la part	129 €		

La contribution du système d'information à la gestion du postmarché

Comme nous l'avons vu, la négociation électronique des ordres de Bourses a été favorisée par le développement du système d'information au sein des salles de marché du *front-office*. Une fois l'ordre de Bourse négocié (composante *front-office*) celui-ci doit ensuite être compensé, réglé et livré, puis conservé.

Le postmarché (l'appellation anglaise *back-office* est plus usitée par les professionnels) regroupe l'ensemble de ces fonctions indispensables à la concrétisation des opérations négociées. Face à la croissance des volumes, l'extension du système d'informatisation aux fonctions du postmarché (assurant la compensation et le règlement/livraison des valeurs) s'est vite imposée.

Dès lors que les systèmes des transactions peuvent être connectés à ceux du postmarché, le concept STP (*Straight Through Processing*) se traduit par un traitement de bout en bout de l'opération, depuis sa négociation sur le marché jusqu'à sa conservation après sa compensation et son règlement-livraison. La gestion spécifique de produits complexes ne rentre que difficilement dans un tel processus, c'est pourquoi le traitement humain s'impose.

L'itinéraire d'un ordre de Bourse de bout en bout implique de nombreux acteurs, traitements et systèmes d'information. L'accélération des opérations transfrontières accroît la complexité des circuits de traitement auxquels doivent répondre les métiers de l'*asset management*.

Le cycle d'une opération peut être divisé en deux phases principales, le traitement *front-office* et le postmarché (*back-office*). Il comprend les étapes suivantes :

Les cycles *front to back* d'une opération financière

Phase *front-office*	
Prénégociation	Opportunité d'acheter ou vendre par le client, négociation du gérant avec le courtier
Négociation	Ordre d'exécution
Phase postmarché	
Postnégociation et règlement (*middle-office*)	Exécution de l'ordre d'achat ou vente Allocation de l'ordre d'achat ou vente Appareillement des ordres
Postnégociation (*back-office*)	Compensation Confirmation de l'ordre d'achat ou vente Vérification des instructions de règlement-livraison Livraison et règlement des titres Notification des tiers associés à l'ordre Réconciliation avec la contrepartie Conservation

La gestion informatisée d'une valeur *front to back* (*front-office* au *back-office*) suit sur le marché français le circuit suivant :

Circuit de bout en bout d'une valeur du marché financier français

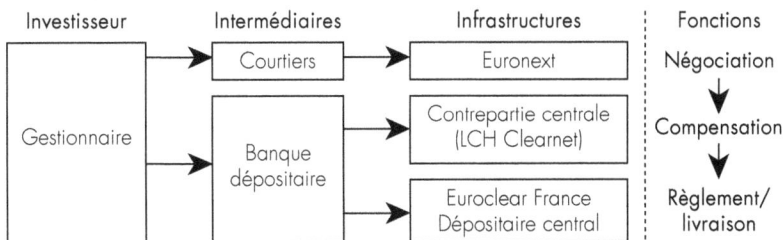

245

La complexité de la gestion automatisée des opérations internationales

La gestion de bout en bout (STP, *Straight Through Processing*) des opérations passe par le dialogue entre les systèmes d'information de la société de gestion et des infrastructures de place. Les possibilités d'automatiser le traitement des transactions sont fonction du degré de standardisation des données de marché et de leurs infrastructures d'échanges.

Les instruments financiers standardisés correspondent le plus souvent à ceux traités sur les marchés réglementés qui disposent de normes les plus partagées par les participants du marché. Pour le praticien, ces instruments sont dits « vanilles ». Le côté vanille d'une opération décrit sa simplicité et est proportionnel au degré d'automatisation de son traitement global (*from/middle/back*, pour reprendre l'expression des utilisateurs). Les produits ont donc une tendance naturelle à devenir de plus en plus vanille, à mesure que les acteurs du marché se dotent de processus chaque jour plus automatique. Une autre caractéristique associée à ce type de transaction est son niveau de liquidité plus important. D'une certaine manière, la capacité technique de pouvoir traiter un instrument financier constitue une des composantes de sa liquidité.

Exemple

> Reprenons l'exemple du gérant ayant acquis 30 000 000 obligations allemandes (code DEZZZZZZZZZZZ) afin de retracer l'ensemble des opérations et acteurs d'opérations transfrontalières. Le courtier (*broker*) français du gérant devra faire appel à un courtier allemand référencé comme intermédiaire chez Deutsche Börse AG, qui est l'entreprise de marché pour la phase de négociation.
>
> Les étapes de compensation, de règlement-livraison peuvent s'effectuer *via* une plate-forme connectée au dépositaire central Clearstream.
>
> Clearstream se met en relation avec le dépositaire local qui représente le dépositaire international de l'*asset manager* français et avec le dépositaire local de la contrepartie vendeuse des titres. Pour peu que la société vendeuse des titres soit italienne, c'est au moins deux intermédiaires supplémentaires qui intègrent le circuit, avec un courtier et une dépositaire en plus.

Le circuit de traitement d'une opération transfrontière peut être décrit à l'aide du schéma suivant.

Pour effectuer les mouvements de titres contre espèces au plan international, plusieurs infrastructures de communication sont nécessaires. Dans le cas ci-contre, les systèmes propriétaires d'échange relient les courtiers locaux, l'entreprise de marché (place boursière), le dépositaire central, et les dépositaires locaux.

Les étapes du traitement d'une transaction transfrontalière

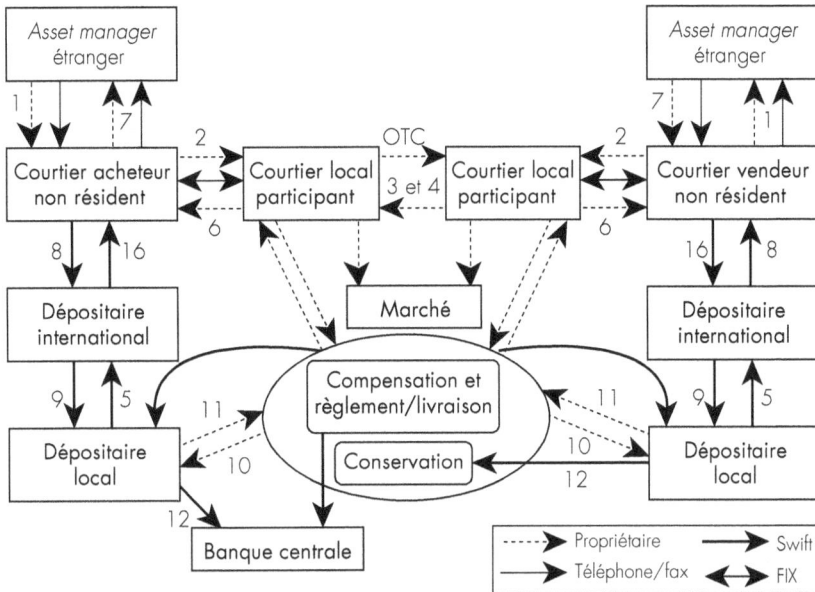

1 : société de gestion non résidente (acheteur). 2 : société de gestion non résidente (vendeur). 3 : courtier non résident (acheteur). 4 : courtier local (acheteur). 5 : courtier local (vendeur). 6 : courtier non résident (vendeur). 7 : entreprise de marché (place boursière). 8 : dépositaire international. 9 : dépositaire international. 10 : chambre de compensation/règlement-livraison. 11 : dépositaire local. 12 : dépositaire local. 14 : banque centrale

Le recours au téléphone et fax concerne plus particulièrement les échanges entre société de gestion et courtiers et ceux propres aux courtiers eux-mêmes.

Society for Worldwide Interbank Financial Telecommunication (Swift) est un réseau interbancaire qui permet le transfert de compte à compte. Près de 95 % des transactions en *cash* (liquide) et *physical* (titres) passent par Swift. Il est particulièrement employé par les courtiers avec les dépositaires locaux, puis par ces derniers avec le dépositaire central. Les informations sont transmises de manière cryptée avec de solides protocoles de sécurité. Ce système d'échange garantit la non-répudiation du paiement. Pour le traitement automatisé des paiements, c'est le code BIC (*Bank Identifier Code*) reconnu universellement qui est utilisé. L'enregistrement et le référencement des codes BIC sont assurés par la société Swift. Il comprend de 8 à 11 caractères. C'est l'identifiant international de la banque. Il est amusant que l'acronyme SWIFT ait été choisi en hommage au romancier Jonathan Swift, célèbre auteur des *Voyages de Gulliver*.

Code BIC de la Deutsche Bank

Le code BIC de la Deutsche bank correspond à DEUTDEDBDUE. Les quatre premiers caractères identifient la banque, les deux suivants le pays, les deux autres le code emplacement, les trois derniers le code branche.

Les systèmes d'information des sociétés de gestion

L'organisation du système d'information dépend avant tout de la taille de la société de gestion. On peut distinguer trois types d'acteurs :

- les *big player*[1] ;
- les acteurs moyens ;
- les sociétés de gestion entrepreneuriales.

Le système d'information des *big players*

Le modèle « en silo » correspond à une production industrialisée de la gestion d'actifs. On le retrouve dans les structures des grands acteurs de l'*asset management*. Il fonctionne sur la base de produits standardisés et très liquides.

Le modèle en silo du système d'information de type *big player*

		Gestion classique	Gestion alternative	Multigestion
Front-office	Analyse	SI GC	SI GA	SI MG
	Négociation			
	Suivi des limites			
Back-office	Souscription/rachat			
	Conservation			
	Calcul des performances			

SI GC, GA, MG : système d'information de la gestion classique, de la gestion alternative, de la multi-gestion.

Le système d'information est aligné sur chaque type de gestion. Dans ce modèle, les coûts de maintenance sont élevés en raison de la faible mutualisation des moyens.

---

1. Société de gestion rattachée à de grands groupes bancaires et d'assurance.

▓ Le système d'information des sociétés de gestion de taille moyenne

Répondre à la qualité de prestations, tout en maîtrisant les coûts, conduit ce type de société à rechercher la mutualisation des moyens par des architectures transversales.

Le système d'information des sociétés de gestion moyenne

		Gestion classique	Gestion alternative	Multigestion
Front-office	Analyse	SI		
	Négociation	SI		
	Suivi des limites	SI		
Back-office	Souscription/rachat	SI		
	Conservation	SI		
	Calcul des performances	SI		

▓ Le système d'information des sociétés de gestion de type entrepreneurial

La maîtrise des coûts constituant la priorité des petites structures conduit à des solutions internes ou de progiciel. Parfois, l'intégralité du postmarché est externalisée chez le banquier dépositaire du fonds.

Les enjeux du système d'information à l'heure d'UCIT IV

UCIT IV marque, comme nous l'avons déjà souligné, un pas supplémentaire vers le développement du marché transfrontalier. Si la directive a mis en place les outils juridiques pour encourager le développement de la distribution des OPCVM coordonnés, encore faut-il disposer d'un système d'information en mesure d'accueillir pleinement cette offre.

Le circuit de distribution et l'administration des OPCVM étant au cœur des enjeux du système d'information de l'industrie de la gestion d'actifs, il s'agit d'une part du projet de *Fund Processing Passeport* initié par l'Efama[1] et, d'autre part, le référentiel du marquage d'ordre.

La première initiative est destinée à renforcer le circuit de distribution des fonds, tout en diminuant le coût de traitement. La seconde, soutenue par l'Afti (Association française des professionnels du titre), vise à améliorer le traçage des ordres pour lever les obstacles à l'automatisation de bout en bout. Le calcul et le règlement des commissions des distributeurs, ainsi que le règlement-livraison des titres, sont au cœur de la problématique de l'automatisation.

---

1. Efama : *European Fund and Asset Management Association.*

▓ Le *Fund Processing Passport*

Il vise à définir un standard d'informations destiné aux distributeurs, aux teneurs de comptes et aux dépositaires, en mesure de véhiculer le routage des ordres et le règlement-livraison des souscriptions-rachats.

Le *Fund Processing Passeport* (FPP) intéresse en premier lieu les sociétés de gestion et les distributeurs. Il s'agit de construire une architecture ouverte de distribution des fonds à l'échelle européenne. Comme nous l'avons déjà souligné, le développement du marché transfrontalier est dépendant de l'adaptation du circuit de distribution, pour l'heure encore trop tourné sur une logique domestique.

Les sociétés de gestion qui souhaitent tirer parti du passeport UCIT IV pour élargir la diffusion de leurs fonds recourent à l'Internet en mettant des données opérationnelles à la disposition des distributeurs.

Les distributeurs ont besoin d'un accès aux données standardisées pour offrir un traitement automatisé, tout en améliorant le contrôle du risque opérationnel associé aux ordres de souscription et de rachats.

La traçabilité des ordres est indispensable à la bonne imputation des souscriptions et rachats d'ordres ainsi qu'au calcul et règlement des commissions. La gestion automatisée est conditionnée par l'adoption d'un standard reconnu par l'ensemble des acteurs de l'industrie de la gestion d'actifs.

La place du *Fund Processing Passeport* dans le circuit de distribution transfrontalier

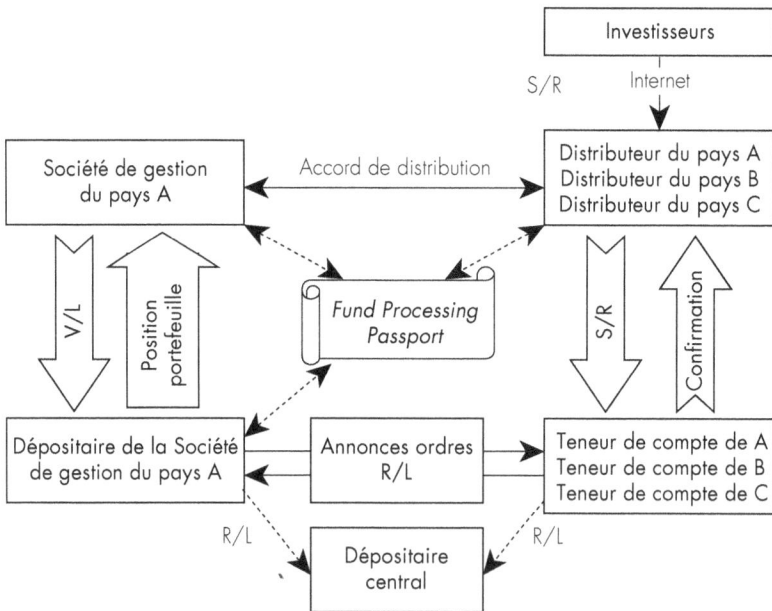

R/L : règlement-livraison. S/R : souscription-rachat.

▓ Le système du marquage d'ordres

Près de 1 700 distributeurs d'OPCVM sont enregistrés par les professionnels du titre afin d'identifier les souscriptions et rachats passés pour le compte de leur client. Le référentiel contient le code BIC One de chacun des distributeurs. Il ne s'agit pas d'un code BIC Swift.

Schéma de circulation des ordres de souscription/rachat d'OPCVM

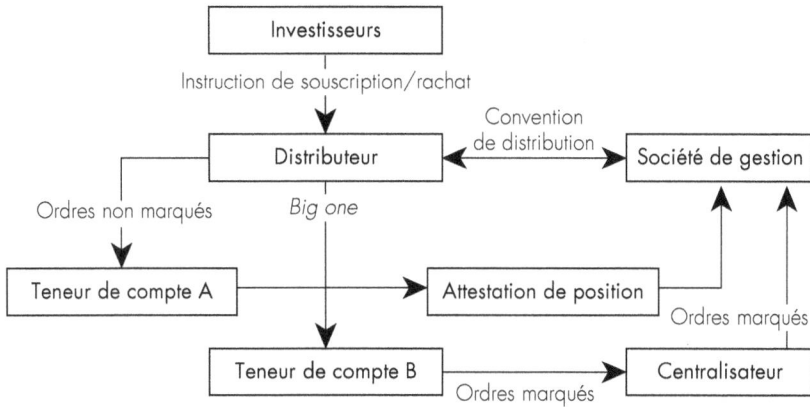

Source : *AGEFI/Cassiopress.*

Le marquage des ordres favorise la gestion du passif de l'OPCVM par une meilleure identification des investisseurs (particuliers ou institutionnels). À ce jour, la plate-forme Euroclear (dépositaire central) contient près de 95 % des OPCVM français. Or le besoin de marquage des ordres concerne l'ensemble des OPCVM européens, ce qui limite la portée de la solution de la plate-forme Euroclear qui ne couvre pas tout le périmètre.

L'autre obstacle au déploiement de la solution de marquage est lié aux intermédiaires qui agrègent leurs ordres. Ce niveau de granularité des ordres ne permet pas un traitement entièrement automatisé. Une intervention humaine s'impose pour identifier le bénéficiaire final, ce qui limite la portée de la standardisation.

La chaîne de traitement actuelle des ordres fait appel au référentiel client, distributeur, et à celui du barème des commissions. Les besoins d'imputation automatisée des montants par distributeur exigent un niveau fin de granularité des informations. Les attestations de dépositaires sont des états qui servent à régler mensuellement les commissions aux distributeurs. Le lien entre les marquages d'ordre et les données relatives à la chaîne de traitement présentée ci-contre peut favoriser le traitement automatisé.

251

LES MODÈLES ÉCONOMIQUES DE L'*ASSET MANAGEMENT*

Au cours de la crise 2008, de nombreux investisseurs se sont interrogés sur la solidité financière des établissements financiers et bancaires. Les sociétés de gestion n'y ont pas fait exception.

L'*asset manager* est conduit tout naturellement à questionner la santé économique et financière des sociétés dans lesquelles il est appelé à investir pour le compte de ses clients. Il peut paraître étonnant d'en faire de même à leur endroit. Connaître la santé financière de la société qui gère vos fonds est un élément de sécurité qui suscite un intérêt croissant pour l'investisseur. C'est un critère qui compte pour guider son choix qui l'engagera dans la durée. Si cette démarche n'était pas aussi courante avant la crise, elle répond à présent à un besoin croissant qui joue comme un élément de différenciation concurrentiel.

Comme les revenus des sociétés de gestion sont liés aux styles de gestion et au marché, évaluer également les répercussions sur la valeur de la firme prend tout son sens. Les faillites retentissantes d'intermédiaires financiers, notamment celle de Lehman Brothers, ont légitimement conduit à redoubler d'intérêt pour la compréhension du *business model* des *assets managers*.

Ils font l'objet d'une attention toute particulière de la part des grands groupes bancaires à la recherche d'activités moins consommatrices de fonds propres et porteuses de revenus plus récurrents. Le virage stratégique opéré notamment par les banques d'investissement tournées traditionnellement vers la gestion pour compte propre, dont elles tiraient une part importante de revenus, s'est accéléré sous l'effet conjugué de la crise et des nouvelles exigences réglementaires, notamment en matière de capitaux propres qui servent à déterminer le volume maximum d'engagement que peut prendre une banque. Les fonds propres requis par Bale II sont de 8 % des engagements. Autrement dit, pour 100 de prêt ou d'achat de titres, il faut disposer de 8. Bâle III et la loi Volker limitent à seulement 3 % des capitaux l'activité pour compte propre, ce qui contribue à accélérer ce repositionnement stratégique.

Cependant la promotion d'une offre d'épargne favorable au bilan des banques comme les livrets bancaires entre en concurrence directe avec les produits d'épargne collective de type OPCVM. En effet les ratios de liquidité bancaires s'en trouvent améliorés, répondant ainsi dans de meilleures conditions aux préoccupations réglementaires. Dans le même temps, Solvency II, qui concourt à relever l'exigence de fonds propres des assureurs, est de nature à réduire leur capacité d'investissement dans les OPCVM.

Les établissements bancaires actionnaires des sociétés de gestion sont donc confrontés à des choix stratégiques particulièrement cornéliens entre épargne « bilantielle » et « non bilantielle ».

Panorama de l'activité de gestion d'actifs pour compte de tiers : une activité récente en France

En fêtant ses 50 ans, l'Association française de gestion (AFG) pourrait laisser penser que la pratique de l'*asset management* en France est fort ancienne. En fait, l'existence juridique des sociétés de gestion de portefeuille n'a que 22 ans d'ancienneté.

La gestion pour compte de tiers ne s'est développée en France qu'à partir de 1990, ce qui correspond à la modernisation de la place financière française initiée peu d'années auparavant par le ministre de l'Économie et des Finances de l'époque, Pierre Bérégovoy.

En 1990, on comptait 142 sociétés de gestion contre 617 recensées à fin 2011[1]. Sur la même période, le nombre de fonds à vocation générale est passé de 4 500 à 7 800. Les encours ont doublé entre 1990 et 1999, passant de 400 milliards à près de 800 milliards d'euros, pour se situer à près de 2 636 milliards d'euros en 2011, année de forte décollecte.

L'accélération des innovations financières et l'essor des marchés actions ont porté les encours à 2 636 milliards d'euros sous gestion fin 2011 contre 2 650 en 2010, soit un recul de 4,1%. Le mouvement baissier des marchés financiers et la forte décollecte enregistrés en 2011 ne traduit pas un désintérêt pour l'industrie puisque le nombre de sociétés créées continue de croître.

Ainsi, la gestion financière pour compte de tiers en France se situe au deuxième rang mondial, derrière les États-Unis.

Le développement de la finance de marché et de l'activité de dépositaire a largement contribué à l'essor de l'industrie de la gestion d'actifs. Au cours des dernières années, le système de la gestion d'actifs s'est enrichi de nouvelles expertises, notamment informatiques et mathématiques. En 2011, l'activité des sociétés de gestion contribuait à près de 83 000 emplois (directs et indirects) contre 70 000 en 2008[2].

Les différentes familles de métiers nécessaires au fonctionnement des sociétés de gestion se retrouvent aussi bien au sein des grandes structures que dans celles de type plus modeste comme les sociétés entrepreneuriales.

Les métiers concourant au modèle économique des sociétés de gestion

Le tableau ci-dessous reprend la catégorisation des familles de métiers. Il permet de mettre en évidence les principales fonctions indispensables à l'activité d'*asset management*. La comparaison entre types de sociétés de

---

1. Source : AMF Base Geco nombre de sociétés agréées.
2. Enquêtes AFG septembre 2008 et septembre 2011.

gestion donne une première représentation du mode d'organisation des trois principaux modèles de gestion d'actifs.

Ventilation des effectifs directs par métiers selon la taille des sociétés de gestion

Fonctions	SGP employant : – de 20 personnes	de 20 à 99 personnes	de 100 à 499 personnes	+ de 500 personnes	Toutes SGP
Direction de l'entreprise	12 %	8 %	5 %	7 %	8 %
Dont : Direction et secrétariat général	9 %	5 %	2 %	1 %	4 %
Comptabilité générale	3 %	2 %	2 %	4 %	2 %
Contrôle de gestion	0 %	1 %	2 %	2 %	1 %
Front-office, gestion	43 %	39 %	32 %	31 %	37 %
Dont : Gestion financière/allocation d'actifs	35 %	34 %	26 %	25 %	30 %
Analyse de la valeur/analyse économique	7 %	4 %	4 %	5 %	5 %
Négociation	1 %	2 %	2 %	1 %	2 %
Middle office-reporting	11 %	15 %	13 %	10 %	13 %
Dont : Traitement administratif transactions/ tenue de positions	9 %	11 %	10 %	8 %	10 %
Reporting et analyse de la performance	2 %	4 %	3 %	3 %	3 %
Back-office, administration de fonds	3 %	4 %	8 %	2 %	4 %
Dont : Valorisation des portefeuilles	2 %	1 %	2 %	2 %	2 %
Comptabilité des portefeuilles	1 %	3 %	4 %	0 %	2 %
Traitement juridique des portefeuilles	0 %	1 %	2 %	0 %	1 %
Contrôle	8 %	7 %	5 %	6 %	6 %
Dont : Contrôle des risques	2 %	3 %	3 %	4 %	3 %
Contrôle interne/conformité	6 %	3 %	2 %	2 %	3 %
Audit	0 %	0 %	0 %	1 %	0 %
Marketing, commercialisation	11 %	11 %	17 %	17 %	14 %
Dont : Commercial, vente, conseil	10 %	9 %	12 %	10 %	10 %
Gestion de la gamme/marque (*marketing*/promotion)	1 %	2 %	4%	5 %	3 %
Recherche et développement	1 %	0 %	2 %	2 %	1 %
Fonctions support	12 %	15 %	19 %	26 %	18 %
Dont : Système d'information/gestion des données/organisation	3 %	5 %	9 %	13 %	7 %
Communication	0 %	1 %	2 %	2 %	1 %
Juridique/fiscalité	1 %	2 %	3 %	4 %	3 %
Ressources humaines, moyens généraux	2 %	1 %	2 %	4 %	2 %
Secrétariat, assistance	6 %	5 %	3 %	3 %	5 %
Total	100 %	100 %	100 %	100 %	100 %
Effectifs totaux	3 268	4 525	3 451	3 608	14 852

Source : enquête « Les emplois dans la gestion pour compte de tiers », Cahiers de la gestion-2 septembre 2011 AFG.

Le tableau ci-dessus souligne une influence différenciée des familles de métiers selon la taille des sociétés de gestion. Il fait notamment apparaître :

- un rôle de tout premier plan de la gestion avec un poids relatif plus significatif dans les très petites et petites structures, et sensiblement proche entre les moyennes et grosses entités ;

- les fonctions supports, *middle* et *back-office* en arrière-plan du métier concentrent une part importante des missions indispensables à l'exercice de la gestion d'actifs. En comparant l'ensemble de ces trois fonctions selon la taille des sociétés, les très petites entités consacrent seulement 26 % de ressources allouées contre 34 % pour les petites, 40 % les moyennes et enfin 38 % pour les plus grandes. Il est à noter que ces fonctions sont exposées au mouvement d'externalisation qui touche plus particulièrement l'informatique et le *back-office* ;

- la commercialisation et le *marketing* jouent un rôle déterminant dans la collecte et la promotion des fonds. Leur place est plus marquée dans les moyennes et grandes entités que dans celles de taille plus modestes ; elle l'est encore plus si l'on intègre la réalité du modèle de distribution. En effet les *Big players* (sociétés de gestion détenues par les établissements de crédit) s'appuient sur le vaste réseau des chargés de clientèle des groupes bancaires ;

- la fonction contrôle particulièrement sollicitée au cours de la crise occupe une place assez proche d'une structure à l'autre.

Alors que l'évolution[1] des ressources humaines des sociétés de gestion diminue de 1,21 % entre 2008 et 2009, les encours enregistrent dans le même temps une progression de 11,5 %. L'encours moyen par personne s'accroît de 13 % (18 953 676 € en 2009 contre 16 795 264 € en 2008).

Les effectifs se concentrent sur les entreprises de grande taille, puisque 41 % d'entre eux étaient recensés au sein des sociétés de gestion gérant plus de 15 milliards d'encours. À l'inverse, près de 75 % des sociétés de gestion comptent moins de 20 salariés.

Entre 2008 et 2009, la place des gérants a reculé, et ce pour tout type de société de gestion, y compris pour les structures de petites tailles.

En pratique

Les articles 532-9 du *Code monétaire et financier* et 313-54 du règlement de l'AMF exigent qu'une société de gestion soit dirigée par au moins deux gérants à temps plein et dispose de moyens en adéquation avec l'exercice du métier d'*asset manager*.

La situation des sociétés comptant moins de cinq personnes et ayant connu une baisse d'effectifs doit faire l'objet d'une attention toute particulière.

---

1. Données de l'AMF la gestion pour compte de tiers en 2009.

S'agissant d'une industrie de service, l'analyse de la place des différents métiers de la gestion d'actifs présente l'intérêt de disposer d'un premier aperçu du mode de fonctionnement des entreprises à travers leurs niveaux de ressources et l'exigence de qualification requise par ce secteur.

Les chiffres clés des marchés de l'industrie de la gestion d'actifs

Les professionnels abordent le suivi du marché de l'*asset management* sous trois angles : mondial, européen et français. Activité associée par nature à la globalisation, la gestion d'actifs nécessite ces trois niveaux de lecture pour mieux cerner les enjeux stratégiques attachés au type de modèle économique retenu.

Pour appréhender le décryptage des marchés de la gestion d'actifs, cinq indicateurs clés peuvent être retenus :

- **les encours sous gestion** : ils mesurent le montant exprimé en une devise donnée des investissements gérés par l'industrie et varient en fonction de plusieurs paramètres : celui des marchés, du solde net de la collecte (positif ou négatif) et de l'évolution de la devise dans laquelle ils sont exprimés ;
- **les parts de marché** : leur répartition peut être regardée par zone géographique, entre acteurs. Elle indique la capacité de l'industrie et de ses principaux acteurs (société de gestion) à capter l'épargne ;
- **la répartition par type de fonds** : elle fournit notamment un premier niveau d'acceptation du risque à travers notamment la place des OPCVM actions (actif dont le couple rentabilité-risque est le plus élevé) ;
- **l'évolution des encours par type de fonds** : elle donne l'orientation prise par l'investissement selon l'état du marché et le comportement des investisseurs (préférence pour tel actif sur un autre au cours du temps) ;
- **le solde entre les souscriptions et les rachats** : c'est l'indicateur suivi en priorité par les *assets managers,* car il constitue le baromètre de l'activité essentiel au fonctionnement de l'industrie. Seul un solde net positif est gage d'un fonctionnement sain de la société de gestion.

Les données du marché mondial (mensuelles) sont communiquées par l'association Efama[1]. L'association française de gestion fournit de son côté les informations utiles pour la compréhension du marché français.

Le comportement du marché mondial de l'*asset management*

La crise financière, sans précédent dans sa virulence comme dans sa nature (fragilisation du système bancaire et crise de dette d'État), a naturellement affecté l'industrie de l'*asset management* par un mouvement de décollecte

---

1. Efama : son site est consultable à l'adresse suivante : www.efama.org.

(demande rachat > demande souscription) au cours de l'année 2008. La défiance des investisseurs à l'égard des marchés a été particulièrement criante sur cette période.

Ce n'est qu'à partir de 2009 que la reprise très lente et progressive s'est effectuée pour retrouver le niveau de 2007 d'encours sous gestion (deuxième trimestre de 2010 17,47 trillions d'euros, à rapprocher des 17,96 du quatrième trimestre 2007).

Les placements se portent très nettement en priorité sur les fonds actions, ensuite les fonds diversifiés (portefeuille composé d'actions, obligations, monétaires) les fonds obligataires n'arrivant qu'en troisième position. La baisse des taux d'intérêt explique la faible part des investissements en fonds monétaires.

▓ Les chiffres clés de l'*asset management* mondial

Encours sous gestion en trillions d'euros

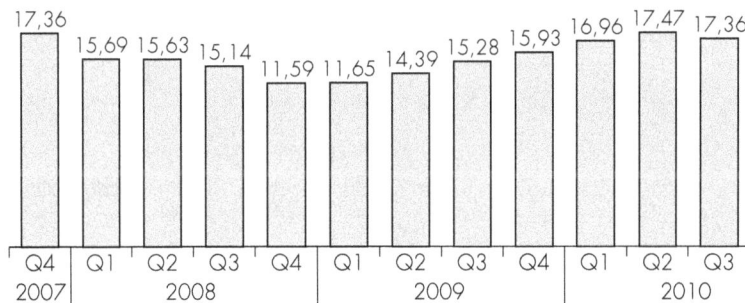

Source Efama, janvier 2011.

Avec près de 17 000 milliards (17 trillions) d'euros, les encours sous gestion se stabilisent et ont rejoint le niveau d'avant la crise.

Parts de marché par zone géographique

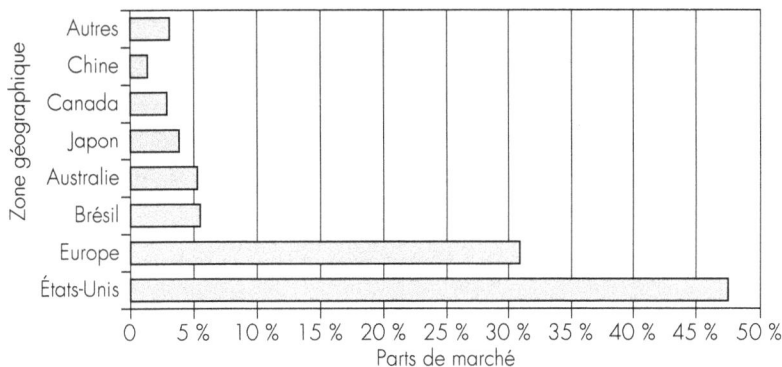

Source : Efama, janvier 2011.

Le marché mondial de la gestion d'actifs continue à être dominé par les États-Unis, avec près de 48 % du marché mondial, suivi avec 17 points d'écarts par l'Europe ; 78 % du marché mondial reste concentré sur ces deux acteurs majeurs, les autres pays se répartissant le solde du marché avec des écarts peu significatifs.

Répartition des encours par type de fonds

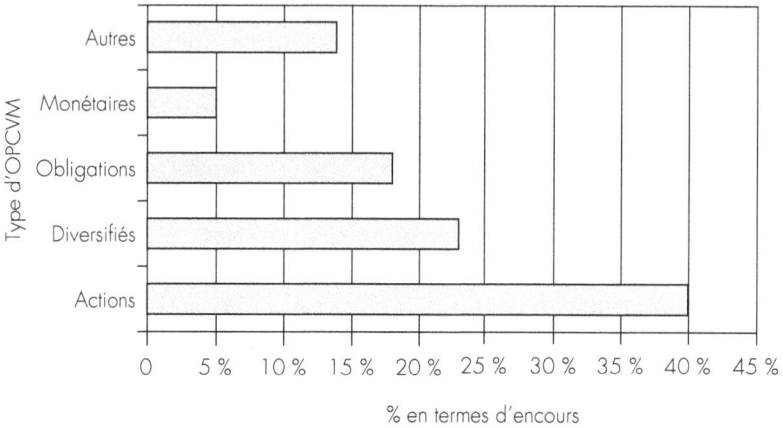

Source Efama janvier 2011.

Le marché est dominé par les OPCVM actions, puis avec un écart significatif (plus de 22 points) les fonds diversifiés.

Évolution des encours par type de fonds

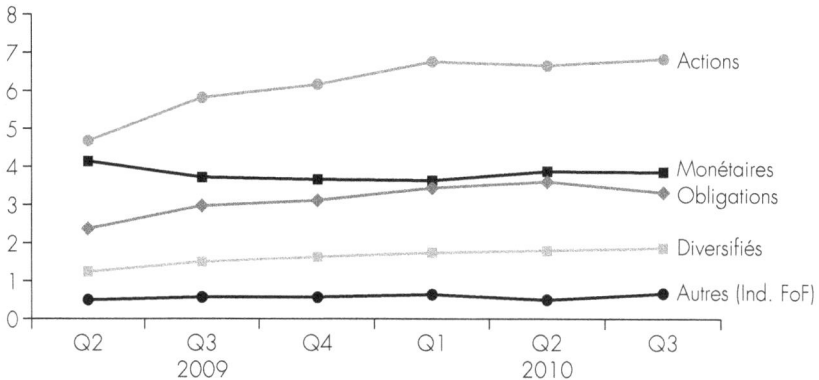

Source : Efama.

Dans le contexte encore marqué par la crise, les véhicules actions progressent plus rapidement que les autres types de fonds (obligataires, diversifiés, autres). Seuls les monétaires connaissent une baisse liée à la faiblesse des taux d'intérêt.

La différence entre les souscriptions et les rachats montre un mouvement de reprise de la collecte nette positive + 156, à comparer à la décollecte des deux trimestres précédents – 54 et – 40.

Souscriptions-rachats : collecte nette

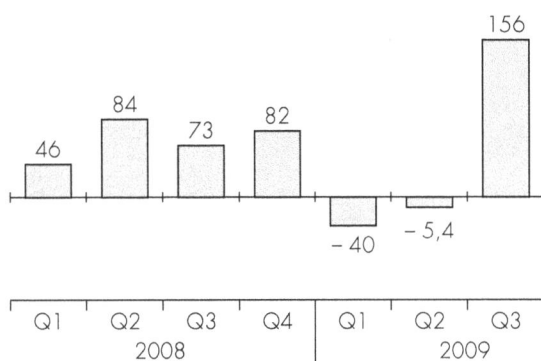

Source : Efama.

Les chiffres clés de l'*asset management* européen

Les encours sous gestion des OPCVM UCITS et non-UCITS représentent respectivement 75 % et 25 %. Ils ont connu une forte progression en 2010 (près de 14 %).

Encours net par pays

Pays	En millions d'euros	Répartition
Autriche	148	1,8 %
Belgique	94	1,2 %
Bulgarie	2	0,0 %
République tchèque	5	0,1 %
Danemark	135	1,7 %
Finlande	61	0,8 %
France	1 402	17,5 %
Allemagne	1 126	14,0 %
Grèce	9	0,1 %
Hongrie	13	0,2 %
		.../...

Pays	En millions d'euros	Répartition
Irlande	963	12,0 %
Italie	232	2,9 %
Liechtenstein	31	0,4 %
Luxembourg	2 199	27,4 %
Pays-Bas	78	1,0 %
Norvège	63	0,8 %
Pologne	29	0,4 %
Portugal	26	0,3 %
Roumanie	3	0,0 %
Slovaquie	4	0,0 %
Slovénie	2	0,0 %
Espagne	170	2,1 %
Suède	166	2,1 %
Suisse	253	3,2 %
Turquie	18	0,2 %
Royaume-Uni	794	9,9 %
Total	8 025	100 %
UCITS	5 990	74,6 %
Non-UCITS	2 035	25,4 %

Source : Efama 2011.

Évolution des encours par type de fonds

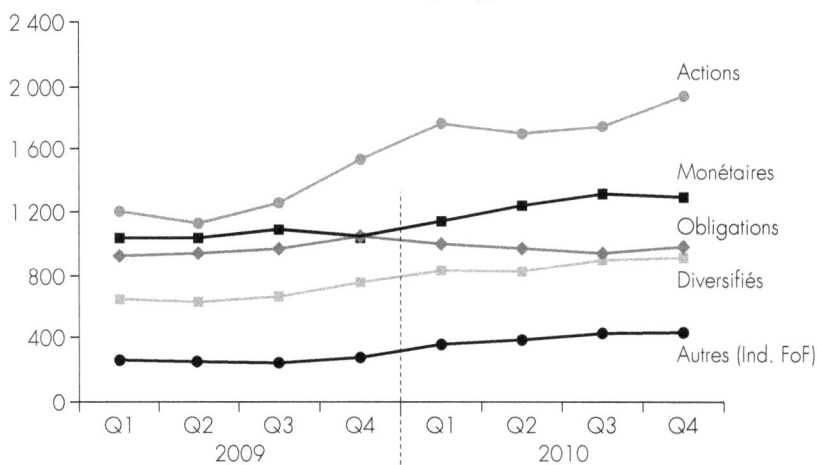

Source : Efama, février 2011.

Les encours des fonds UCITS ont connu une progression de près de 4 %, pour se situer proche des 6 000 milliards d'euros (5 990). Si les fonds en actions augmentent de 10 % à près de 180 milliards, ceux obligataires se tassent. Les fonds orientés vers le monétaire accusent quant à eux une baisse de l'ordre de 5 %.

Collectes nettes

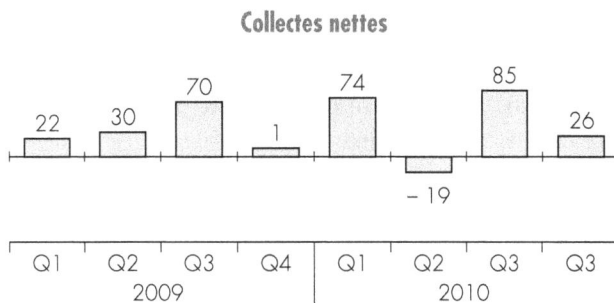

La collecte du quatrième trimestre 2010 marque une nette décélération.

▓ Le comportement du marché français de l'*asset management*

Montant des actifs gérés

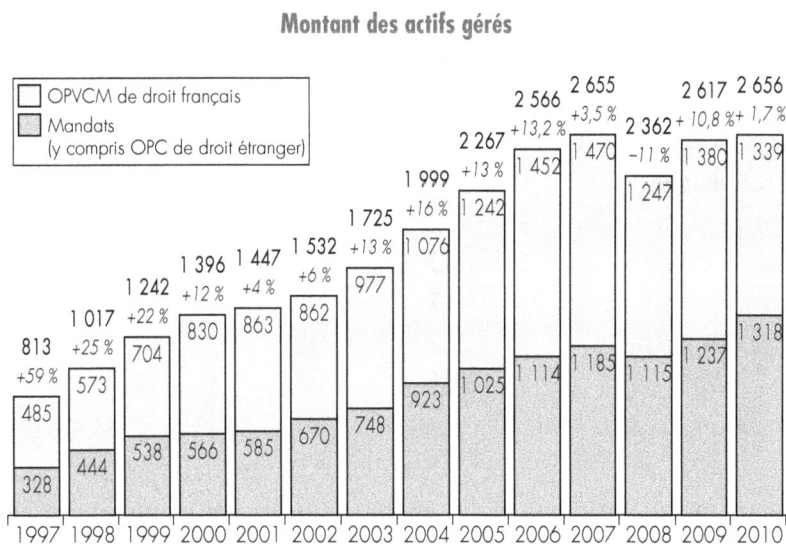

La situation de la gestion d'actifs de droit français en 2011 reste marquée par un fort mouvement de décollecte puisque les rachats de parts d'OPCVM (global) se sont élevés jusqu'à 82 milliards d'euros (source Euro-performance), contre 57 milliards de rachats l'année précédente.

261

Le climat de crainte sur le sort de la dette grecque et de contagion à l'ensemble des dettes souveraines de la zone euro a manifestement pesé sur ce cycle brutal de décollecte.

Les données AMF/AFG enregistraient 41 milliards d'euros de rachats des parts de droit français pour l'exercice 2010.

La progression des actifs gérés de 1,7 % entre 2009 et 2010 ne doit pas masquer la forte progression du segment de la gestion sous mandat + 6 % (81 milliards d'euros) venue compenser celui des OPCVM accusant une baisse de l'ordre de 3 % (41 milliards d'euros).

Le reflux des encours est imputable principalement aux OPCVM monétaires qui dominent la gestion d'actifs en France (35 % en 2009, 30 % en 2010). La faiblesse des taux d'intérêt a fortement pesé sur le reflux de ce type de produits.

Les segments actions et obligations ont affiché quant à eux de fortes progressions, respectivement 9,3 % et 12,6 %. Une part des fonds actions et obligataires a bénéficié d'un effet de report dû à la désaffection des investisseurs pour le segment monétaire.

Évolution des encours par type de fonds

Actifs nets (en milliards d'euros)			Variation 2010	
	31/12/09	31/12/10	Mds €	%
Actions	255,5	279,2	23,7	9,3
Diversifiés	256,3	260,3	4	1,6
Fonds de fonds alternatifs	16,6	15,6	− 1	− 6,0
Fonds à formule	67,2	61,8	− 5,4	− 8
Obligations	176,5	198,8	22,3	12,6
Monétaires	481,2	394,5	− 86,7	− 18
Autres (FCPE, FCPR, et FCIMT)	121,7	128,5	6,8	5,6
Total	1 375,0	1 338,7	− 36,3	− 2,6

Source : AMF/AFG, janvier 2011.

Cependant la très forte baisse des encours sur les fonds monétaires, du fait de celle des rendements, ne parvient pas à être compensée entièrement par la hausse enregistrée sur les OPCVM actions, obligataires et diversifiés. Le poids très important des monétaires évoqué précédemment constitue une des faiblesses de l'industrie. Leur faible rémunération n'en fait pas un produit transeuropéen attractif avec UCIT IV.

La France se situe à la première place pour la gestion financière, et à la deuxième pour la domiciliation (voir chapitre 5).

Les modèles économiques des sociétés de gestion

Le modèle économique (*business model*) d'une société sert à appréhender sa stratégie de développement à partir des caractéristiques de son offre, de la distribution de ses produits et des moyens mis en œuvre.

Dans le cas de l'*asset management,* l'identification des modèles économiques peut être effectuée en retenant les caractéristiques relatives à la taille de la société de gestion, la qualité de ses actionnaires, les types de fonds et leurs encours gérés.

Les sociétés de gestion cherchent à se développer à partir de deux types d'activité principale, la gestion collective d'OPC et la gestion sous mandat. La première atteignait légèrement plus de 1 558 milliards d'encours bruts en 2010, la seconde se situant proche de 1 347 milliards sur la même période, soit un total d'encours brut de 2 905 milliards.

Trois types de *business model*, entrepreneuriale, assurantiel (taille moyenne), *big player* (grandes enseignes) sont présents sur le marché de l'*asset management*. Le type d'actionnaire joue une influence notable sur le modèle économique. Par leurs moyens et la stratégie définie, les actionnaires façonnent le modèle de l'industrie de l'*asset management*.

La place des sociétés de gestion de portefeuille françaises

La création nette (création-retrait) de sociétés de gestion, le montant des encours gérés, le niveau de collecte sont autant d'indicateurs naturels de mesure de la vitalité de l'industrie de gestion d'actifs. Ils sont donc particulièrement suivis par les acteurs de la gestion d'actifs comme par les investisseurs avisés.

Nombre de sociétés de gestion agréées

	2002	2003	2004	2005	2006	2007	2008	2009	2010	Variation 2009/ 2010
Nombre d'agréments délivrés à des SGP (créations brutes)	33	30	68	37	42	52	50	25	53	112 %
Nombre net d'agréments retirés de SGO (agréments-retraits)	− 5	− 20	− 55	− 27	0	0	0	0	NA	
Nombre d'agréments retirés de SGP	− 14	− 35	− 21	− 25	− 26	− 16	− 17	− 29	− 30	3 %
Solde net de créations de sociétés de gestion de portefeuille au 31/12	14	− 25	− 8	− 17	16	36	33	− 4	23	NA
Nombre de sociétés en activité au 31/12	534	509	501	486	502	538	571	567	590	4 %

Source : AMF.

Le solde net de création des sociétés est l'indicateur clé de la démographie des entreprises de gestion d'actifs. Il montre que la crise a été relativement bien absorbée car les créations nettes sont supérieures aux années 2003-2005 et deviennent à nouveau positives en 2010. La progression s'est poursuivie en 2011[1] (+ 27 par rapport à 2010), dans un contexte pourtant marqué par des fusions de sociétés de grands groupes bancaires ; le rapprochement d'établissements bancaires aboutissant à celui de sociétés de gestion autrefois concurrentes.

Connaître qui détient les sociétés de gestion est de nature à mieux cerner leurs modèles économiques. Les actionnaires définissent, comme nous l'avons vu[2], les axes stratégiques majeurs dont dépendent les types de fonds commercialisés et leur style de gestion.

L'une des caractéristiques de la gestion de portefeuille française est que plus de la moitié des sociétés de gestion des entités entrepreneuriales qui s'adjugent seulement 5 % des encours à gérer. À l'inverse, un tiers des sociétés de gestion détenues par des établissements bancaires gèrent deux tiers des encours d'actifs financiers.

À partir de l'actionnariat des sociétés de gestion, on peut dégager trois types de modèles :

▶ les petites sociétés (entrepreneuriales) détenues par les personnes physiques et autres ;

▶ les sociétés de taille moyenne principalement détenues par les entreprises d'assurances et mutuelles ;

▶ les grandes sociétés de gestion (*big players*) appartenant le plus souvent à des établissements du modèle de la banque-assurance.

Les prestataires de services d'investissement gèrent des entreprises de petite taille et dans une moindre mesure de taille moyenne. Les sociétés de droit public détiennent des entreprises proches de taille moyenne et représentent à peine 3 % de l'ensemble des acteurs.

Répartition de l'actionnariat des SGP selon les encours sous gestion

Type d'actionnariat		2009		2010		Évolution
		Nombre	%	Nombre	%	%
Prestataire de services d'investissement	Nombre de SGP	35	6,6	39	7,1	11,4
	Actifs sous gestion en milliards d'euros	26	0,9	30	1,0	14,3
						.../...

---

1. 617 sociétés de gestion en activité étaient recensées sur le site AMF fin 2011(+ 25).
2. Voir le chapitre 2 les étapes du processus d'investissement.

Type d'actionnariat		2009		2010		Évolution
		Nombre	%	Nombre	%	%
Entreprises d'assurances et mutuelles	Nombre de SGP	43	8,1	40	7,3	− 7,0
	Actifs sous gestion en milliards d'euros	755	26,8	795	27,4	5,4
Établissements de crédit	Nombre de SGP	146	27,7	137	24,9	− 6,2
	Actifs sous gestion en milliards d'euros	1 771	62,9	1 777	61,2	0,3
Sociétés de droit public	Nombre de SGP	13	2,5	12	2,2	− 7,7
	Actifs sous gestion en milliards d'euros	137	4,9	144	5	5,1
Personnes physiques et autres	Nombre de SGP	291	55,1	322	58,5	10,7
	Actifs sous gestion en milliards d'euros	126	4,5	159	5,5	26,3
Total	Nombre de SGP	528	100	550	100	4,2
	Actifs sous gestion en milliards d'euros	2 815	100	2 905	100	3,2

Source : AMF.

Les fondateurs des sociétés de gestion entrepreneuriales (SGE)

La gestion pour compte de tiers est assez récente. Les fondateurs des structures de type entrepreneurial sont issus principalement du monde de la gestion privée et de celui des agents de change. L'âge moyen de ce type de structure est de 13 ans ; les plus anciennes ont près de 20 ans, la majeure partie a, à peine, 10 ans.

Il est intéressant de noter que ce modèle connaît un certain dynamisme, puisque depuis six ans, près de 130 sociétés sur 200 ont été créées. Le profil des fondateurs montre que les gestionnaires ont exercé auparavant dans les sociétés de grands groupes bancaires et d'assurance. La volonté de capitaliser sur leur expérience et de participer plus activement à la politique d'investissement constitue l'un des facteurs essentiels de motivation.

Ils disposent d'une forte spécialisation, que l'on retrouve à travers les thèmes d'investissement tel que Métropole Gestion, fondée en 2002 et privilégiant la gestion « *value* »[1], Mandarine Gestion, se portant sur les actions européennes ou Convictions AM, adoptant un profil de gestion jouant sur les variations d'exposition au marché.

Avec 46 milliards d'euros gérés à fin 2011 pour compte de tiers, la société Carmignac gestion représente une belle réussite du modèle entrepreneurial : après la France, elle poursuit notamment son développement en Grande-Bretagne.

---

1. Achat de titres dont le gérant estime qu'ils sont décotés.

La création d'ABC arbitrage, société d'*asset management* spécialisée dans la gestion alternative, est une autre bonne illustration de réussite du modèle entrepreneurial, bien qu'elle opère surtout pour compte propre et effectue peu de gestion pour compte de tiers. Ce type de gestion, moins présent dans la culture des grands établissements, favorise la création d'une société de type entrepreneuriale.

On compte également parmi les créateurs de sociétés de gestion des conseillers financiers indépendants (CFI) et des conseillers en gestion de patrimoine indépendant (CGPI).

Le poids des actifs sous gestion des SGE et leurs styles de gestion

La part de marché des actifs sous gestion des sociétés entrepreneuriales demeure très faible en dépit de la forte progression observée sur la période 2009-2010. La moyenne des encours des sociétés de gestion de type entrepreneuriale (SGE) se situait en 2010 à 493 millions d'euros contre 5,28 milliards pour l'ensemble des sociétés de gestion.

Actifs sous gestion des sociétés de gestion entrepreneuriale

Actifs sous gestion en milliards d'euros	2009		2010		Évolution 2009/2010 en %
	Montant	%	Montant	%	
Actifs sous gestion des SGE	126	4,5	159	5,5	26,0
Actifs sous gestion toutes SG	2 815	100	2 905	100	3,2
Nombre de société	**Nombre**	**%**	**Nombre**	**%**	
SGE	291	55	322	58,5	10,7
Total des SG	528	100	550	100	4,2

Source : données de l'AMF

La gestion/action et la gestion privée[1] sont dominantes au sein des SGE. Près de 20 % des SGE sont tournées vers la gestion de type généraliste et concentrent 40 % des encours d'actions sous gestion.

L'activité de capital investissement représente à peine 3 % de l'encours global. Près de 9 % de sociétés de gestion entrepreneuriales exercent l'activité de gestion alternative, pour près de 13 % des encours.

---

1. Selon l'enquête menée par Novéo Conseil et le service recherche économie de l'AFG, « Les sociétés de gestion entrepreneuriales en France en 2009, évolution et perspectives ».

La taille des fonds sous gestion diffère énormément au sein de la catégorie des sociétés entrepreneuriales. Selon l'étude de l'AFG, près des deux tiers disposaient de moins de 200 millions d'euros, alors que certaines pouvaient gérer plus d'une dizaine de milliards d'euros. Pour ces dernières, les accords de partenariats avec d'importants institutionnels expliquent de tels encours.

Les sociétés entrepreneuriales s'octroient 5,5 % de part de marché de la gestion de portefeuille, gagne un demi-point avec une dynamique de croissance des encours de + 26 %. En dépit de la modeste part de marché ces entités témoignent d'une réelle vitalité en période de crise.

La relation de proximité et de conseil avec les clients

La relation de forte proximité des SGE avec leur client conduit à associer étroitement la gestion sous mandat au conseil. La crise a renforcé le besoin de conseil qui joue comme un facteur de fidélisation majeur.

Au cours de la crise, on a assisté à un retour aux produits moins complexes et plus liquides venus constituer les supports privilégiés d'investissement.

Les sources de revenu et de dépenses des SGE

Les revenus des sociétés de gestion sont constitués de commissions fixes et variables. Ces dernières sont étroitement dépendantes des surperformances réalisées par les fonds. Au cours de la crise, ce type de revenus a enregistré de fortes baisses.

Bien que le conseil occupe une place capitale, il n'est pas entièrement monétisé car il sert d'argument commercial pour capter des mandats de gestion.

Les dépenses de personnel et les rétrocessions de commissions aux partenaires représentent près des deux principaux postes de coûts. Lors de la crise, les rémunérations variables indexées sur la performance des OPCVM ont dû baisser pour permettre de faire face à cette phase négative du cycle. Les dépenses *marketing* et commerciales, bien que modestes, ont cependant continué à progresser.

Les dépenses de système d'information et d'immobilier sont limitées au strict minimum. Les coûts d'adaptation réglementaire posent un véritable défi aux petites structures de gestion.

Le modèle économique des sociétés d'assurance et des mutuelles

La gestion de portefeuille des acteurs de l'assurance connaît des spécificités liées au *Code des assurances*. Elle est organisée sous forme de filiales dont les fondateurs sont en grande majorité issus du secteur de l'assurance.

Outre leur filiale de gestion de portefeuille, les entreprises d'assurance et les mutuelles ont recours à l'externalisation de leur gestion financière par le biais de mandats. Ceux-ci sont tenus d'intégrer les contraintes associées à la composante actif/passif très spécifique de la gestion des assureurs. Les règles du jeu comptable du monde de l'assurance veulent en effet que les plus-values obligataires ne produisent pas d'impact sur le résultat, en raison de la dotation à la réserve de capitalisation. Par conséquent, le gestionnaire ne peut disposer d'un mandat totalement discrétionnaire.

La relation client des assureurs s'inscrit dans le cadre de la commercialisation de produits d'assurance-vie. La collecte des fonds est adossée à des OPCVM dans les unités de comptes commercialisées. Le client direct est donc l'assureur ou la mutuelle qui confectionne, à l'aide de la gestion pour compte de tiers, une offre d'assurance-vie. L'investisseur final ne dispose d'aucun droit sur la composante OPCVM de son placement en produit d'assurance.

Bien entendu, la clientèle a la possibilité de souscrire à l'ensemble des OPCVM proposées par un assureur ou une mutuelle. Dans ce cas, le réseau des assureurs et mutuelles diversifie son offre de placement au-delà de l'assurance-vie. L'investisseur est directement propriétaire des parts de FCP ou d'actions de Sicav.

Les actifs sous gestion des sociétés appartenant aux assurances et mutuelles

Actifs sous gestion en milliards d'euros	2009		2010		Évolution 2009/2010 en %
	Montant	%	Montant	%	
Actifs sous gestion des SGP appartenant aux assurances et mutuelles	755	27	795	27,4	5,4
Actifs sous gestion toutes SG	2 815	100	2 905	100	3,2
Nombre de société	Nombre	%	Nombre	%	
SG assurances et mutuelle	43	8,1	40	7,3	– 7,0
Total des sociétés de gestion	528	100	550	100	4,2

Source : AMF.

Le nombre de sociétés d'assurance et de mutuelles intervenant sur le marché recule de près de 7 %. Dans le même temps, les encours sous gestion progresse de plus de 3,2 %. Avec près de 27 % de parts de marché, les entreprises d'assurance et mutuelles se situent en deuxième position derrière les établissements de crédit (loin devant avec près de 61 %).

La dynamique de croissance des encours entre 2009 et 2010 se situe très légèrement en dessus de la moyenne de l'ensemble (+ 1,2 point en dessus).

Le modèle économique des sociétés de type big player

▓ Les fondateurs des sociétés de gestion de type *big player*

Les *big players* (grandes sociétés de gestion) ont pour fondateurs des établissements bancaires et s'appuient sur l'histoire de leur large réseau de clients. Ils poursuivent une stratégie de course à la taille critique au plan européen et, dans une certaine mesure, mondial.

▓ Le modèle de distribution des fonds

Le modèle de distribution de fonds qui domine en France est porté par le réseau bancaire. Les *big players* détenus en grande majorité par des établissements de crédit privilégient un circuit qui associe étroitement la promotion et la distribution.

À l'inverse, les Britanniques disposent d'un modèle s'appuyant sur des distributeurs indépendants IFA (*Independant Financial Advisor*) dont l'équivalent en France sont les CIF*. Les fonds britanniques sont également commercialisés par des plates-formes de distribution.

Le mode de distribution exerce une influence sur la nature des fonds commercialisés. En effet, les clients d'un réseau de distribution d'indépendants ont tendance à investir plus sur des actifs de maturité de moyen et long terme que ceux ayant du réseau bancaire.

Dans le domaine des placements financiers réalisés sur des supports d'offre des acteurs de l'assurance, on observe également ce type de comportement. En effet les souscripteurs du réseau des sociétés de gestion de patrimoine indépendants (CGPI) se portent plus volontiers sur des unités de compte (UC)[1] que ceux relevant du réseau classique préférant des supports euros.

L'ouverture croissante des marchés de la gestion d'actifs la clientèle se portant sur des supports d'actifs de plus long terme comme les actions et obligations constitue une cible stratégique pour l'industrie. Les *big players*, qui commercialisent en proportion de nombreux fonds monétaires en cours de décollecte et peu rémunérateurs, seront appelés à se tourner vers un modèle multicanal supporté par les nouvelles technologies.

Les investisseurs de plus en plus avisés procèdent en amont de leur choix à de nombreuses comparaisons dans la construction de leur projet et la définition de leur objectif. L'interactivité offre, de ce point de vue, la possibilité au client d'être coproducteur du produit financier que va pouvoir lui proposer son conseiller.

---

1. Les investissements sur des unités de compte portent sur des sous-jacents de maturité plus longues.

Le vaste réseau de distribution des *big players* a besoin d'enrichir l'approche client. Les réseaux sociaux constituent un des axes de développement pour atteindre de nouveaux profils de clients.

Le poids des actifs sous gestion des *big players*

La taille des fonds gérés y est très importante, afin de tirer parti au maximum des économies d'échelle de la chaîne de la valeur allant de la distribution au postmarché. La place du système d'information joue un rôle de plus en plus déterminant pour accroître les gains de productivité et conquérir de nouvelles parts de marché.

Si l'activité de gestion pour compte de tiers y est assez récente, les établissements bancaires bénéficient d'une relation historique avec la clientèle sur les activités plus anciennes.

La course à la taille critique européenne et mondiale caractérise le modèle économique des grandes maisons de gestion.

Actifs sous gestion des établissements de crédit

Actifs sous gestion en milliards d'euros	2009		2010		Évolution 2008/2009 en %
	Montant	%	Montant	%	
Actifs sous gestion des SGP appartenant aux établissements de crédit	1 776	63	1 777	61,2	0,3
Actifs sous gestion toutes SG	2 815	100	2 905	100	3,2
Nombre de société	**Nombre**	**%**	**Nombre**	**%**	
SG des établissements de crédit	147	28	137	24,9	− 6,2
Total des sociétés de gestion	528	100	550	100	4,2

Source : données AMF

Les sociétés de gestion appartenant aux établissements bancaires sont le plus souvent de grande taille. Elles concentrent à elles seules plus de 61 % des actifs confiés par les investisseurs.

L'évolution des encours gérés s'inscrit en retrait significatif, comparée à la tendance de l'ensemble des autres acteurs du secteur, à peine un milliard de plus en 2010 (+ 0,3 %).

Avec une baisse de 6 % du nombre de sociétés, le montant des encours moyens enregistre mécaniquement une hausse de 7,37 % entre 2009 et 2010[1].

1. L'encours moyen s'établit à 1 208 milliards d'euros en 2009 pour 1 297 milliards d'euros en 2010.

Les fusions des sociétés de gestion issues des rapprochements bancaires expliquent la domination des *big players* en matière d'encours d'actifs sous gestion. En effet, sur le seul segment de la gestion collective (près de 1 558 milliards d'encours en 2010), les dix premiers acteurs s'octroyaient 67 % (82 % en tenant compte des vingt premiers).

La gestion d'actifs est entrée dans un mouvement de consolidation, signe que ce secteur est parvenu à maturité.

À la faveur d'UCIT IV, on devrait assister à la poursuite de cette tendance, avec notamment une fusion des fonds transfrontaliers favorisée par la simplification du cadre réglementaire[1]. Les encours devraient progresser par l'effet de fusion des sociétés de gestion absorbées par les établissements financiers.

Les pays émergents apparaissent dès lors comme les relais de croissance de demain.

L'externalisation des fonctions de l'asset management

Le modèle économique des *asset manager*s est influencé par la mutation profonde du paysage réglementaire. Aussi un certain nombre de sociétés de gestion explorent-elles les possibilités d'externaliser certaines de leurs fonctions, y compris la distribution de fonds. L'externalisation occupe près de 9 500 emplois[2], soit 37 % de l'ensemble des effectifs.

La distribution, *le middle-office, le back-office,* les fonctions supports informatiques, y compris la négociation des valeurs mises en portefeuille sont susceptibles d'être externalisés. L'objectif recherché étant de se centrer sur la gestion financière. L'externalisation reste très concentrée sur le *back-office* et les fonctions supports qui affichent des taux de sous-traitance respectifs de 71 % et 61 %.

Le résultat escompté est la baisse du seuil de point mort (niveau à partir duquel une société commence à gagner de l'argent) du modèle économique de la société de gestion. La nouvelle architecture réglementaire et les coûts d'adaptation du modèle économique peuvent rendre le schéma d'externalisation attractif.

Le schéma du système réglementaire ci-dessous montre la nécessité des besoins d'adaptation des sociétés de gestion.

---

1. Voir la procédure de fusion évoquée dans le chapitre 4, paragraphe relatif à la gestion des fusions depuis UCIT IV.
2. Enquête AFG, *Cahiers de la gestion* n° 2, septembre 2011. On dénombrait un total de 26 069 emplois.

Environnement réglementaire des sociétés de gestion

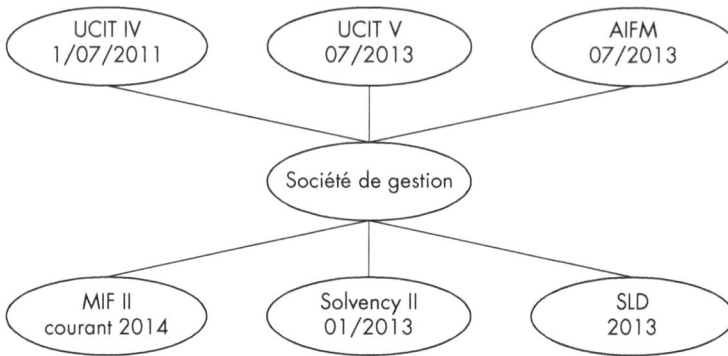

Les directives en bref

- Solvency II (solvabilité en français) est une directive européenne touchant le monde de l'assurance. À l'image de la directive Bâle II, son objectif est de mieux adapter les fonds propres exigés des compagnies d'assurances et de réassurance avec les risques que celles-ci encourent dans leur activité ;
- SLD : directive sur les droits des titres, dont l'entrée en vigueur est prévue pour 2013 ;
- UCIT IV : les OPCVM relèvent du droit européen. Ils sont dits UCITS en anglais (*Undertakings for Collective Investment Schemes In Transferable Securities*) et représentent près de 77 % des fonds en Europe ;
- UCIT V : les fonds d'investissement non Ucits, comme les *hedge funds,* doivent trouver des règles d'harmonisation à l'image des OPCVM coordonnés à l'échelle européenne. Il serait également prévu d'harmoniser les règles applicables aux dépositaires d'OPCVM ;
- MIF II : la directive des marchés d'instruments financiers, entrée en vigueur le 1er novembre 2007 et faisant l'objet d'une clause de révision, devrait être modifiée pour entrer en vigueur courant 2014. L'Union européenne souhaite définir un cadre financier plus transparent et plus stable (mieux encadrer les plates-formes de négociation opaques (*dark-pool*) et le *trading* à haute fréquence notamment ;
- AIFM (*Alternative Investment Fund Managers*) est la directive qui vise à réglementer tout ce qui n'est pas couvert par les directives OPCVM UCITS. Il s'agit en pratique des *hedge funds*, fonds immobiliers, de capital-investissement et fonds d'infrastructures essentiellement. Ils devront notamment mandater un dépositaire.

Sans une analyse appropriée de la chaîne de la valeur et des liens de dépendance créés, l'externalisation peut revêtir des risques majeurs.

Les fonctions qui peuvent être potentiellement externalisées sont identifiées dans le schéma ci-dessous.

Les fonctions de l'*asset management* et leur externalisation

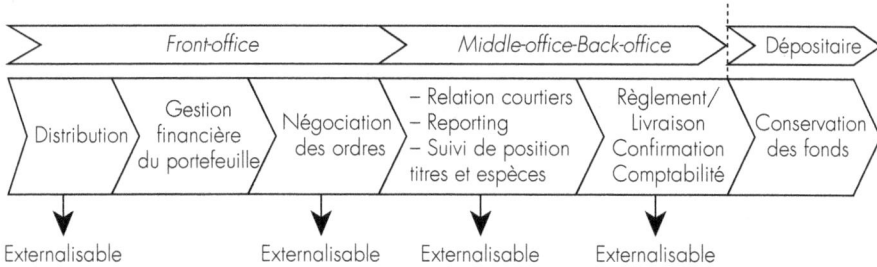

L'externalisation de la distribution des fonds

À la faveur de l'entrée en vigueur d'UCIT IV, le recours à l'externalisation des fonds pourrait connaître un développement comme dans d'autres pays de l'Union européenne ou aux États-Unis. Les *Third Party Marketers* (TPM) sont les acteurs qui commercialisent directement auprès des investisseurs les véhicules financiers des sociétés de gestion ne disposant pas de la capacité nécessaire pour développer leur activité.

Le schéma de fonctionnement de sous-traitance de la distribution peut être illustré ainsi :

Un intermédiaire pour plusieurs gérants

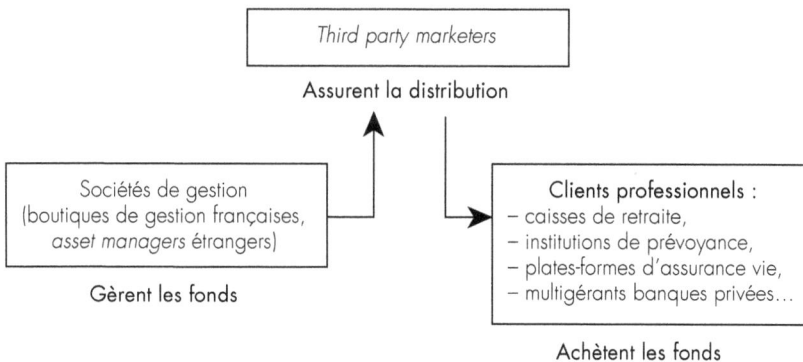

Source : Agefi.

Une société de gestion de petite taille n'est pas placée dans les mêmes conditions pour accéder à un marché étranger qui exige de l'expertise en matière *marketing*, commerciale et des moyens de communication importants. Le recours au TPM est alors la solution alternative. Les sociétés de gestion rétrocèdent en contrepartie une part des commissions des frais de gestion des fonds aux TPM.

L'attrait pour une externalisation de la distribution doit être tempéré par la répartition de la valeur ajoutée et du pouvoir de marchandage. En effet, un déséquilibre entre les producteurs (le dépositaire, le conservateur, le valorisateur, le juriste, le commissaire aux comptes, la direction des systèmes d'information) et le distributeur peut être une source de vulnérabilité.

Comme le souligne l'étude menée par Partners Advisory, citée par l'Agefi[1], près de 55 % de la valeur ajoutée revient au distributeur, pour seulement 40 % au producteur, et 5 % aux prestataires externes.

Selon la même étude, la valeur d'une société de gestion est inférieure à celle d'une société de distribution. Établie sur la base des encours sous gestion, la société de gestion se valorise entre 2 et 3 % de leur montant, contre 3 à 4 % pour le distributeur.

La société de gestion pourra toujours dans le temps fidéliser les investisseurs et entrer directement en affaires avec eux, ce qui sera facilité par la crédibilité acquise lorsque la taille critique sera atteinte et par les bonnes performances historiques affichées (*track record*).

L'externalisation de la négociation des ordres

Comme nous l'avons déjà souligné, la directive MIF a pu inciter un certain nombre d'*asset managers* à externaliser la négociation des ordres.

Les conditions d'externalisation sont regardées à la lumière de la place jouée par la négociation dans la performance du fonds. Pour les gestions de long terme, le critère de la négociation est moins décisif dès lors que le moment d'entrée ou de sortie du marché demeure optimisé par le sous-traitant à l'aide de la politique de meilleure exécution (voir chapitre 3).

Les gains escomptés de l'externalisation de la fonction de négociation doivent donc être supérieurs au coût d'opportunité d'acquérir ou vendre en interne des valeurs. Dans la chaîne de la valeur, la place de la négociation ne doit donc pas être significative.

Pour la gestion active, le recours à la solution d'externalisation présente moins d'attrait dès lors que ses exécutions d'ordre contribuent à une part importante de sa performance et que les politiques des sous-traitants sont moins avantageuses. Dans le cas d'un achat tactique (voir chapitre 2), la sous-traitance revient, d'une certaine façon, à révéler ses « secrets de gestion ».

---

1. Voir Agefi du 1/06/2011.

▓ L'externalisation des fonctions de *middle* et *back-office*

Les instruments juridiques européens relatifs aux infrastructures postmarchés vont dans le sens d'une harmonisation accrue des traitements de la chaîne titre. Une plus grande interopérabilité des systèmes d'information contribue à des économies d'échelle.

C'est ainsi que les dépositaires proposent d'ores et déjà une offre d'intégration (exemple de Caceis) à partir des plates-formes capables d'assurer de bout en bout (STP) le traitement des opérations. En pratique, le dépositaire met à la disposition de l'*asset manager* un automate de négociation électronique des ordres (un OMS, *Order Management System*) connecté au marché (ensemble de courtiers) qui permet ensuite un traitement *middle* et *back-office* entièrement automatisé.

Selon le degré de sous-traitance désiré, l'offre est modulable, de sorte que seul le *back-office* peut être externalisé, puis son *middle* et ainsi de suite. Le système d'information, qui représente le deuxième poste budgétaire, est un argument supplémentaire pour le recours à l'externalisation.

Sur la base des offres d'externalisation proposées par CACEIS, les coûts de la gestion d'actifs d'une société de gestion sont estimés selon la clé de répartition suivante :

- 30 % pour la distribution ;
- 30 % pour la gestion ;
- 20 % pour le *middle-office* ;
- 20 % pour les systèmes d'information.

L'externalisation est présentée comme la solution en mesure de baisser le point mort des sociétés de gestion. Dans une activité marquée par le caractère procyclique lié aux mouvements des marchés, cette alternative trouve un écho croissant en période d'incertitude de marchés de plus en plus concurrentiel.

L'évaluation financière des sociétés de gestion

Pour aborder l'évaluation d'une société de gestion de portefeuille, l'examen de son compte d'exploitation et celui des techniques de valorisation est essentiel pour les actionnaires et tous ceux désirant créer leur propre enseigne de gestion.

Activité fondée sur les actifs financiers, la gestion pour compte de tiers est exposée directement aux évolutions de marché. La société de gestion est arrimée au principe de la théorie du portefeuille au travers du couple rentabilité-risque des fonds qu'elle gère.

L'établissement d'une valorisation, quelle que soit la méthode retenue, doit être accompagné des éléments d'analyse pour en mesurer la portée. La valeur d'une société de gestion repose sur une dimension qualitative majeure : l'expertise des gérants. Aussi leurs rémunérations doivent être analysées à la fois comme un coût d'exploitation et un investissement immatériel. Il faut tenir compte également des styles de gestion, car la structure de revenus associés à la gestion alternative se différencie notablement de la gestion classique, notamment indicielle.

Dans la pratique, la valorisation de la société résulte d'une moyenne pondérée des évaluations menées à l'aide des différentes méthodes.

On retrouve, comme pour bien d'autres sociétés, l'évaluation par les ratios : le *Price to Sale Ratio* (PSR), le *Price Earning Ratio* (PER) et le *Price to Book Value* (PBV).

Celle dite du DCF (*Discounted Cash-Flow*) ou actualisation des flux libres de trésorerie n'est en général pas retenue, car elle consiste à actualiser à l'infini des flux libres de trésorerie (principe de la valeur terminale), alors que les capitaux gérés pour le compte des clients sont en général très volatiles ! Le ratio dominant est le Price to AUM, la valeur d'une firme est un pourcentage de ces actifs sans gestion.

La structure du compte de résultat d'une société de gestion

Pour apprécier la santé financière et économique d'une entreprise, le compte de résultat fournit de précieuses informations. Il permet notamment de dégager ses forces et faiblesses, et d'évaluer ainsi les orientations stratégiques de la firme. S'agissant des sociétés évoluant dans l'*asset management,* la démarche est identique. Il s'agit de mesurer l'efficacité des segments d'offre de gestion, classique, alternative, ou *private equity*.

Selon le type d'activité développée et la taille de la société de gestion de portefeuille, l'analyse de la structure du compte de résultat d'exploitation fait ressortir de grosses disparités. La logique de formation des revenus et des coûts entre une société entrepreneuriale et celle d'une grande enseigne est facilement détectable à travers les comptes d'exploitation.

Le point mort est un indicateur : plus les coûts fixes sont bas, plus haut se trouve le seuil de rentabilité. Les grandes enseignes disposent de frais fixes importants comparativement à une société de type entrepreneuriale.

Outre la taille de la société, les types de fonds gérés influencent la nature des revenus, notamment la part des commissions de surperformance. Entre une offre de gestion généraliste qui comporte une très forte dominante en commissions fixes sur encours et une gestion alternative ou de capital-risque dans laquelle la rémunération variable est plus significative, le compte de résultat que nous allons examiner fait ressortir des différences majeures.

La capacité des gérants à générer de l'alpha (voir chapitre 1), autrement dit de la surperformance des fonds, contribue à conforter un modèle économique dans lequel prédominent des fonds alternatifs et à capital risque*.

Entre une offre de gestion de type classique ou alternative, la structure du compte de résultat ne présente pas les mêmes caractéristiques en raison des différences marquées entre les modèles économiques retenus par les *asset managers*.

Le compte de résultat d'une société de gestion se présente de la manière suivante.

La structure du compte de résultat d'une société de gestion

Produits d'exploitation
Total des commissions de gestion de portefeuille – dont commissions de gestion sous mandat – dont commissions de gestion d'OPC (dont commissions de conseil gestion OPCVM)
Total des produits accessoires liés à l'activité de gestion de portefeuille
Quote-part commissions (de mouvement, de souscription-rachat d'OPC, sur encours OPC…)
Autres produits accessoires liés à l'activité de gestion de portefeuille
Total des autres produits, reprises sur provisions
Coûts d'exploitation
Autres achats et charges externes – dont frais de mise à disposition ou détachement de moyens humains et techniques* – dont rétrocessions de produits* – dont charges : comptabilité, administration, valorisation, CAC et dépositaire des OPCVM* – dont autres
Charges salariales (salaires, traitements et charges sociales)
Dotations aux amortissements et aux provisions, impôts et autres charges
Résultat d'exploitation
Produits financiers
Charges financières
Résultat financier
Produits exceptionnels
Charges exceptionnelles
Résultats exceptionnels
Résultat net comptable (Résultat d'exploitation + résultat financier + résultat exceptionnel)

Le taux de rentabilité des sociétés d'*asset management* (marge d'exploitation) se mesure comme le rapport entre le résultat d'exploitation et le produit d'exploitation. Selon les données de l'AMF, il a connu une évolution régulière entre 2002 et 2006, passant de 19 % à 25 %, pour chuter à 18 % lors de la crise 2008 et se reprendre en 2009 à près de 20 %.

La rentabilité peut s'analyser selon deux axes : le niveau d'encours géré et celui du type de gestion. Le taux de marge monte à un maximum de 29 % en 2009 pour des encours gérés compris entre 500 millions et un milliard d'euros. Il n'est que de 7 % pour les fonds sous gestion inférieurs à 150 millions d'euros ; au-delà de un milliard, il atteint 21 %.

Si l'on regarde les types de gestion, la gestion généraliste affiche une rentabilité de près de 30 %, suivi du capital investissement avec près de 26 %, la gestion spécialisée affichant quant à elle 11,5 %.

Exemple

Le *business model* d'une société de gestion entrepreneuriale

La société Small Portfolio Gestion (cas fictif) dispose d'un effectif de cinq personnes dont deux gérants, un commercial, un responsable financier et deux spécialistes *middle office* et postmarché.

Les coûts de fonctionnement de la société Small Portfolio Gestion

- Les frais de personnel : les coûts salariaux, cotisations sociales incluses, représentent près de 460 000 € par an (320 000 € pour les gérants, 60 000 € pour le responsable financier, 80 000 € pour les spécialistes marché) ;
- les charges externes : les coûts du commissaire aux comptes, des conseils juridiques, des frais de communication et autres charges sont de 150 000 € par an ;
- les charges de location et informatique correspondent à 60 000 € ;
- les frais financiers sont de 20 000 € par an en moyenne.
- Les charges totales de la société de gestion atteignent 690 000 €. Elles sont indexées sur un taux de 3 % l'an dans le *business plan*.

Les produits de la société de gestion

Les revenus de la société sont assis sur un taux de commission fixe de 2 % l'an et d'une commission de surperformance équivalente à 40 %. Dès lors que la performance se situe au-dessus du seuil des 4 %, la société perçoit une commission de surperformance équivalente à 40 % de la différence entre la performance du fonds et le taux de 4 %. Les produits financiers liés à la gestion de la trésorerie propre de la société de gestion sont marginaux (4 000 €).

Période	2011	2012	2013	2014	2015
Encours sous gestion en K€	34 500	44 850	58 305	69 966	83 959
Performance en % du fonds (scénario 1)	4 %	5 %	5 %	5 %	5 %
Performance du fonds en % (scénario 2)	5 %	7 %	7 %	8 %	8 %
Montant annuel des performances du fonds (scénario 1)	1 380	2 243	2 915	3 498	4 198
					.../...

Période	2011	2012	2013	2014	2015
Montant annuel des performances du fonds (scénario 2)	1 725	3 140	4 081	5 597	6 717
Montant de la surperformance (scénario 1)	0	449	583	700	840
Montant de la surperformance (scénario 2)	345	1 345	1 749	2 799	3 358
Surperformance du fonds (alpha en %) scénario 1	0 %	1 %	1 %	1 %	1 %
Surperformance du fonds (alpha en %) scénario 2	1 %	2 %	2 %	3 %	3 %
% de commission sur encours de gestion	2 %	2 %	2 %	2 %	2 %
Commissions d'encours de gestion (c)	690	897	1 166	1 399	1 679
Commissions de surperformance scénario 1 (40 %) (a)	0	179	233	280	336
Commissions de surperformance scénario 2 (40 %) (b)	138	538	700	1 119	1 343
Produits financiers (c)	4	4	4	4	4
Revenues total scénario 1 (a)+(c)	690	1 076	1 399	1 679	2 015
Revenues total scénario 2 (b)+(c)	828	1 435	1 866	2 518	3 022
Coût total en K€ indexé sur un taux de 3 % par an	690	711	732	754	777
Résultat scénario 1 en K€	4	370	671	929	1 242
Résultat scénario 2 en K€	142	728	1 138	1 768	2 250

Ce *business plan* (plan d'affaires prévisionnel) envisage deux scénarios :

- le scénario 1 : le point mort se situe à 690 000 € hors produits financiers (4 000 €). La croissance des encours de gestion évolue à raison de 30 % pour 2012 et 2013, et de 20 % par la suite.
- Le style de gestion affiché par ce scénario (alpha de 1 % seulement) ne se montre pas très activiste, il serait plutôt proche d'une gestion classique indicielle.
- Il se différencie peu des *big players*, les frais de commission sur encours de 2 % demeurant compétitifs.
- L'offre de gestion de Small Portfolio Gestion sur cet axe du scénario 1 se démarque très peu des grandes comme des moyennes enseignes.
- Le scénario 2 : le style de gestion du scénario 2, avec un alpha variant de 1 à 3 sur la période, traduit un positionnement plus actif, donc plus risqué. La clientèle visée doit donc disposer de profil d'investisseur (classé en professionnel au sens de la MIF (voir chapitre 3) et disposant de montants d'épargne élevés.

Les méthodes de valorisation des sociétés de gestion par les ratios

Les techniques de valorisation par les ratios font appel respectivement au *Price-to-AUM*, au *price-to-sales ratio*, au *price-to-earning ratio*, et enfin au *price-to-book-ratio*.

Le *price-to-AUM ratio*

Déterminer le prix d'une société de gestion à partir du *Price-to-AUM* (*Asset Under Management*, encours sous gestion) consiste à déterminer le montant des encours sous gestion (AUM) et à lui appliquer un pourcentage. Selon qu'il s'agit d'une société de gestion de portefeuille traditionnelle ou bien alternative, le taux de valorisation varie depuis la crise dans le premier cas entre 0,5 % et 2 %, et entre 3 % et 6 % pour le second cas de figure. La pratique de nombreux praticiens consiste par soucis de prudence (mais cela réduit le niveau de valorisation) à ne retenir dans les AUM que les capitaux stables, c'est-à-dire ceux présents depuis au moins deux ans.

Pour illustrer cette méthode de valorisation, prenons deux sociétés, l'une tournée vers une gestion classique (Société de gestion A), l'autre vers une gestion alternative (société de gestion B).

Exemple

Cas n° 1

Une société de gestion A ayant sous gestion près de 500 millions d'euros d'encours sera estimée entre 7,5 millions d'euros et 25 millions d'euros sur la base de taux compris entre 1,5 % et 5 %. Ce qui déterminera le choix de la fourchette basse ou haute sera le niveau de rentabilité et l'historique de croissance des actifs de la société de gestion et la fidélité des clients.

Cas n° 2

Une société de gestion B spécialisée dans les *hedge funds* disposant d'un même encours verra sa valeur comprise entre 25 millions et 50 millions d'euros. Les montants retenus pour le calcul sont le capital confié par les investisseurs (hors effet de levier). En d'autres termes, les actifs sous gestion et non les fonds sous contrôle (sommes investies, levier inclus) sont retenus pour établir la valorisation : il s'agit d'éviter de tenir compte du jeu de l'effet de levier (le recours à l'endettement permet d'accroître le niveau d'investissement d'un *hedge fund* : dès lors que la rentabilité financière des actifs sous gestion est supérieure au taux d'endettement, il y a un effet de levier ; dans le cas inverse, il y a un « effet de massue »). Ainsi, avec un levier de 25, une perte mensuelle de 4 % se traduit par la perte immédiate de l'intégralité des capitaux gérés !

Les niveaux de valorisation sont plus favorables pour les sociétés gérant des fonds alternatifs, en raison de l'existence des commissions de surperformances. Ils impactent plus favorablement leur compte d'exploitation. Les sociétés de gestion alternatives sont donc, toutes choses égales par ailleurs, plus rentables que celles gérant des fonds classiques. Le seuil à partir duquel est versée la commission de surperformance influence par conséquent la valeur de la société. Deux cas existent en général : la commission de performance (souvent 20 % de celle-ci) est acquise dès lors que la valeur nette d'inventaire (VNI) augmente (principe du *high water mark*) ou à partir d'un seuil minimum de performance précédemment défini avec le client (principe du *hurdle rate*).

Dans le cas où la surperformance n'est pas au rendez-vous, la valeur de la société de gestion est appréciée sur la base de taux proches de ceux des sociétés traditionnelles, voire moins.

Il faut noter qu'en raison des effets de levier (comme évoqué dans l'exemple ci-dessus) dont disposent les *hedge funds,* la base de valorisation ne porte que sur le capital des fonds de gestion alternative et non sur les actifs sous contrôle (c'est-à-dire levier inclus).

▦ Le prix fondé sur le multiple de commissions

La société de gestion est valorisée à partir d'un multiple des commissions perçues. C'est le classique *Price to Sale Ratio* (PSR) des Américains. Il peut être compris entre 0,5 et une année de commissions pour les sociétés de gestion de portefeuille classiques distribuant des OPCVM actions, obligataires, diversifiés, monétaires. Si la société est très faiblement rentable, on peut tomber à 0,1 ou moins.

S'agissant des sociétés de gestion alternative, les multiples peuvent aller à titre indicatif de 1 à 4 fois le montant des commissions pour celles affichant les meilleures rentabilités.

Exemple

Reprenons l'exemple des sociétés de gestion de portefeuille A et B en retenant des multiples dans le bas de la fourchette, respectivement 4 pour A et 7 pour B. Le niveau de la fourchette retenu dépend de l'état de l'activité et du marché, comme nous l'avons évoqué précédemment.

Valorisation comparée des sociétés de gestion A et B (cas fictif)

Encours sous gestion (€)	Commissions sur encours		perfor-mance	Surperfor-mance (1)	Commissions de sur-performance (2)		Valorisation de la SGP	
	Taux (%)	Montant (€)	Taux (%)	Taux (%)	Taux (%)	Montant (€)	Multiple = 4	Multiple = 7
Société A								
500 000 000	2	10 000 000	6	1	0,5	150 000	40 600 000	
Société B								
500 000 000	3	15 000 000	20	10	10	25 000 000		280 000 00

(1) 50 % de l'alpha généré par l'*asset manager* A évalué à 1 % (seuil de performance fixé à 5 %).
(2) 50 % de l'alpha généré par l'*asset manager* B évalué à 10 % (seuil de performance fixé à 10 %).

Il ressort que la société de portefeuille B, pour un même montant sous gestion, se paie presque 7 fois plus que A (6,9). On retrouve là ce que signifie « faire de l'alpha » concrètement pour une société de gestion.

■ La valorisation par le *price earning ratio*

Cette méthode de valorisation très répandue trouve à s'appliquer plus particulièrement aux sociétés faisant l'objet d'une cotation (voir chapitre 1, La boîte à outils de *l'asset manager*). Dans le cas de sociétés de gestion de fonds alternatifs qui cherchent à faire appel au marché en s'introduisant en Bourse, le PER (*Price Earning Ratio*) apparaît comme une des sources de valorisation.

Si nous retenons le cas d'ABC Arbitrage, société tournée vers la gestion alternative, nous obtenons au 28 juin 2001 les valorisations suivantes :

Valorisation d'ABC Arbitrage au 28 juin 2011

	2010	2011	2012
BNA (bénéfice net par action)	0,59	0,67	0,76
Dividende	0,55	0,60	0,68
Rendement	7,75 %	8,45 %	9,58 %
PER	11,97	10,60	9,34

Source : Boursorama.

Le cours de cotation au 27 juin 2011 affichait 7,07 €. Dans le langage boursier, on dit que la société se paie sur 2011 près de 10 fois ses bénéfices. Ce ratio peut être comparé ensuite à celui du secteur pour mesurer un positionnement en termes d'écarts de valorisation.

Comme, classiquement, le client qui achèterait sur la base du résultat réalisé en 2010 paierait 12 fois les résultats, mais pour autant que les prévisions 2011 et 2012 soient réalisées, alors le prix ne représenterait que plus de 10 fois la rentabilité en 2011, et moins de 10 fois en 2012. C'est ce phénomène de baisse espéré des multiples dans le temps qui rend un titre attractif.

Pour les sociétés non cotées et développant un *business model* assez voisin, l'utilisation du PER du secteur (ou de la moyenne d'un nombre représentatif de société) permet d'obtenir une valorisation en se fondant sur les résultats la société de gestion.

Il faut avoir présent à l'esprit les accidents de parcours, comme l'exemple de la société Rab Capital, pour compléter l'exercice d'évaluation par la prise en compte de facteurs qualitatifs comme le départ des gestionnaires.

Suite aux départs de nombreux gérants et retraits massifs des clients, Rab Capital a dû renoncer à sa cotation de la Bourse de Londres. Alors qu'elle avait été introduite en mars 2004 sur le marché, la société a enregistré une baisse de son cours de 125 pences en 2007 à seulement 8 pences en mai 2011. L'un de ses principaux fonds « Special situation » a fondu de plus de 82 % (passant de 1,1 milliard à 200 millions de dollars).

▓ La valorisation par le *Price-to-Book ratio*

Elle consiste à comparer le prix de la société de gestion à son actif net comptable. Un résultat proche de 1 signifie que la firme se négocie à sa valeur de l'actif net réévalué (ANR) (mais pas à la « casse » car ce n'est pas une valeur de liquidation où la valeur d'actif est diminuée des coûts de liquidation). Le PBR pose la question de la justification de la valeur qui dépasse la valeur comptable.

Ce ratio est intéressant à suivre pour se représenter les anticipations des acteurs du marché. Si l'on prend le cas de la reprise des résultats du CAC 40, celle-ci ne se traduit pas par une élévation du ratio *Price-to-Book* (PBR). Il serait intéressant de voir si les sociétés de gestion obéissent au même mouvement, en regardant notamment si la reprise des encours s'accompagne ou non de ce ratio.

Si les sociétés de gestion envisagent des perspectives de croissance de leur revenu, cela devrait se traduire par la hausse du ratio. L'ouverture accrue à la concurrence du marché de la gestion d'actifs devrait notablement influencer le niveau des encours des sociétés de gestion sous l'effet d'UCIT IV. Très présentes sur les Sicav monétaires, les sociétés de gestion françaises accusent du retard sur les classes d'actifs plus risqués, comme les actions.

Les opportunités d'ouverture d'UCIT IV ne pourront se faire sentir dans un contexte de crise majeure rappelée par les épisodes de chute de marché de mi-août 2011. Le suivi de ce ratio permet de se faire une idée des anticipations des acteurs de marché sur la qualité du modèle des sociétés de gestion. Il est assez corrélé à l'état des marchés mondiaux : ceux-ci avaient perdu en un mois près de 5 300 milliards[1] de dollars pendant l'été 2011.

Les sociétés de gestion qui distribuent et gèrent une part très importante de fonds monétaires disposent de capacité à générer moins de commissions que celles orientées sur les actifs actions, diversifiés et obligataires. Les chiffres de l'Efama présentés précédemment soulignent une prédominance des produits monétaires dans le fonds de commerce des sociétés de gestion françaises.

▓ Les méthodes de valorisation par les flux

La méthode de valorisation par les *discounted cash-flow* (actualisation des flux libres de trésorerie) est rarement utilisée car elle n'est pas plus adaptée aux sociétés de gestion qu'aux banques.

---

1. Selon *Les Échos* du lundi 22 août 2011.

En pratique

Il n'existe pas de bonnes ou mauvaises méthodes d'évaluation des sociétés de gestion, seulement la recherche de meilleures conditions de leur sélection. En retenir plusieurs offre la possibilité de déterminer des bornes de prix d'une société de gestion.

Les méthodes reposant sur l'actualisation de flux à l'infini sont irréalistes et donc inadaptées à l'évaluation d'une société de gestion effectuant une gestion pour compte de tiers, dont les capitaux sont par essence volatiles et disparaîtront dès les premières mauvaises performances, comme l'a montré notre exemple de RAB Capital.

La forte mortalité des sociétés de gestion et des fonds confirme que vouloir se projeter des *free cash-flows* à l'infini est un exercice intellectuel. C'est pourquoi les professionnels préfèrent combiner 3 ratios : le *Price-to-AUM* (à quel pourcentage des fonds que je gère s'établit ma valeur ?), le PER (à combien d'années de résultat est-ce que je me paie ?) et enfin le PBR (quel niveau de *goodwill* est constaté par rapport à ma valeur comptable ?). Si la société de gestion a une certaine taille, on peut aussi utiliser la méthodes des comparables boursiers.

Soulignons enfin, que pour évaluer une société d'*asset management* comme pour toute entreprise d'ailleurs, il faut toujours effectuer une valorisation multicritère c'est-à-dire reposant sur plusieurs méthodes choisies avec circonspection.

L'essentiel à retenir

Le système d'information occupe désormais une place majeure dans l'*asset management,* au point qu'il peut être considéré comme un actif à part entière. Il épouse de nombreuses fonctions indispensables à l'exercice du métier et à la mise en place de l'offre de gestion.

Deuxième poste budgétaire, il façonne le modèle économique des sociétés de gestion et doit sans cesse s'adapter, à la fois à l'environnement réglementaire et au mouvement de consolidation observé par les rapprochements des établissements bancaires et d'assurance. La directive UCIT IV entrée en vigueur le 1er juillet 2011 va dans ce sens.

Trois modèles économiques sont présents en France dans l'*asset management* : les sociétés entrepreneuriales, celles détenues par le monde de l'assurance, et les *big players* appartenant aux établissements bancaires. Chacun des modèles est parvenu à se maintenir, comme l'atteste le grand nombre de sociétés (617 à fin 2011).

Face au mouvement de consolidation qui se dessine, l'externalisation tente un certain nombre d'acteurs qui cherchent à abaisser leur point mort ou réduire les parties à plus faible valeur ajoutée.

L'efficacité du modèle économique de la gestion pour compte de tiers est déterminée *in fine* par la qualité des gérants.

L'évaluation d'une société de gestion doit s'effectuer selon une méthode multicritère.

Conclusion

« Buy cheap and sell dear » (acheter bon marché et vendre cher)
Maxime de la famille Rothschild

Avant la crise, l'*asset management* était déjà fragile, du fait de la baisse des marges liée à une concurrence exacerbée dans le secteur. Ce secteur, en outre dépourvu de croissance car arrivé à maturité, répondait à ce défi par un mouvement de concentration des acteurs *via* des vagues de fusions et acquisitions. Seul le segment de la gestion alternative émergeait un peu de cette conjoncture morose, mais en raison de son recours à l'effet de levier, c'est lui qui a été le plus touché par la crise financière et son corollaire, le *credit crunch*. Le nombre de fonds alternatifs (*hedge funds*) dans le monde est ainsi passé d'environ 11 000 véhicules en 2007 à 7 000 environ en 2011.

Le système de la gestion d'actifs connaît des transformations majeures consécutives à la crise. La succession des directives imprime un rythme d'adaptation qui constitue un véritable défi pour des sociétés de gestion traversant encore une crise importante.

Dans ce contexte, l'enjeu majeur pour les *assets managers* est d'être capable de faire naître la marque UCITS et de conquérir de nouvelles parts de marché. Le prochain rendez-vous de mise en œuvre de la directive AIFM sera d'implanter la gestion alternative, dont la place demeure encore très faible en France.

La construction des marques UCITS et AIFM passe par un niveau exigeant de protection des investisseurs, car sans leur confiance, l'industrie de l'*asset management* ne peut être durablement viable. La crise des produits complexes doit rappeler à chacun des professionnels la nécessité de respecter la directive MIF, notamment par la bonne adéquation du produit au client.

L'effort d'harmonisation européenne en matière d'infrastructures post-marché (règlement-livraison) et celui relatif à la fonction de dépositaire conditionnent la compétitivité de l'industrie de l'*asset management*. Une part importante de la chaîne de la valeur de la gestion d'actif en dépend. Ce n'est qu'à ce prix qu'un véritable marché transeuropéen peut avoir du sens. UCIT IV n'est, de ce point de vue, que le coup d'envoi d'une dynamique qui doit se poursuivre. La programmation d'UCIT V pour 2013 se présente dans ce contexte comme une vision, un point d'arrivée.

Le prix de l'efficacité de la conformité supporté par l'industrie doit être couvert par la dynamique de marché escomptée par la recomposition du système.

Les différents événements qui ont défrayé la chronique financière (pyramide de Ponzi de Tom Petters, affaire Bernard Madoff, scandale d'Allen Stanford…), en lésant fortement de très nombreux investisseurs pour des montants qui ont frappé l'opinion publique, ont constitué autant d'appels légitimes à plus de réglementation.

Néanmoins, tout percevoir sous l'angle de la réglementation, c'est oublier que les gérants ont besoin de flexibilité pour exercer leur métier et qu'il y a un juste équilibre à trouver entre procédures de contrôle et nécessité de produire des performances pour les clients. En effet, les gestionnaires, au-delà de la protection du capital nominal des clients, doivent produire des performances pour protéger les avoirs de leurs clients contre l'inflation ; ce n'est pas si aisé en période de crise.

C'est également oublier que la forte concurrence entre les *asset managers* va de pair avec la concurrence entre les États. Les gérants les plus doués ont tendance à « voter avec leurs pieds », selon l'expression consacrée, et à choisir les pays qui leur semblent les plus attractifs et les plus ouverts pour s'installer. Un rapport de Reinhold & Partners, paru en juin 2010, constatait la faiblesse de la gestion alternative (pour ne pas dire sa place marginale) dans l'hexagone : « Malgré un capital humain et technique reconnu, la gestion alternative française, pour des raisons propres au marché français, et parce qu'elle souffre d'un déficit d'image, notamment à l'étranger, ne s'est pas développée comme espéré. » Plus largement, il faut aussi s'interroger sur la relative faible attractivité de la France en matière d'*asset management*.

Cette pression n'existe pas que sur la place de Paris. La place de Londres, qui essaie à tort ou à raison de légiférer davantage, se heurte aux départs croissants de gérants vers la Suisse ou le Moyen-Orient, ce qui à terme peut constituer un sérieux problème. Dubaï commence à être une alternative crédible et probablement une place vouée à un bel avenir. La finance est en effet dominée par le capital intellectuel qui est par essence très mobile. Malte, petit pays de l'Union européenne dont les fonds seront librement distribuables dans le marché unique européen, est en train de se poser en moins-disant réglementaire en matière de gestion alternative pour développer fortement sa propre industrie de gestion de fonds alternatifs, aujourd'hui encore très embryonnaire.

La solution ne peut pas résider dans le « tout réglementation », les investisseurs ont leur part de responsabilité et doivent être talentueux, avisés et effectuer des *due diligences* suffisantes avant d'investir. Rappelons à tous le célèbre adage boursier déjà connu des Romains : « *caveat emptor* » (que l'acheteur soit vigilant).

La meilleure protection des clients réside dans leur propre prudence et leur compétence.

ANNEXES

Annexe 1

La directive AIFM adoptée le 8 juin 2011 : processus de niveau 1

Le processus de niveau 1 relatif à la directive AIFM a été finalisé le 8 juin 2011, date de son adoption. La directive a fait l'objet de nombreux amendements dont les plus discutés ont porté sur :

- l'article 17 relatif à la fonction de dépositaire ;
- l'article 2 lié à son champ d'application ;
- l'article 16 portant sur l'évaluation, l'article 20 concernant l'obligation d'information des investisseurs ;
- l'article 21 portant obligation d'information auprès des régulateurs.

L'ESMA a été sollicitée par la Commission européenne pour les directives techniques de niveau 2 qui a constitué quatre groupes de travail. Le premier confié à la banque centrale d'Irlande porte sur les gestionnaires et leur stratégie d'investissement, le deuxième est dirigé par la BaFin qui couvre les conditions d'agrément et de fonctionnement général, le troisième du ressort de l'AMF s'intéresse à la fonction dépositaire, enfin le quatrième groupe animé par la FSA concerne les exigences de transparence, l'effet de levier et la gestion des risques. Les mesures de niveau 2 devraient être adoptées en juin 2012 pour une entrée en vigueur de la directive prévue pour juin 2013.

Annexe 2

Les principaux indices

Indices européens

Indices paneuropéens					
Euronext	Euronext 100		Dublin	ISEQ Overall
	Next 150		Francfort	X-DAX 30
	Alternext Allshares		Lisbonne	PSI 20 Index
Eurofirst	Eurofirst 80		Madrid	Ibex 35
	Eurofirst 100			Général
Epra	Epra zone euro		Milan	FTSE MIB
Stoxx	Euro 50		Vienne	ATX
	Europe 50		Helsinki	HEX index
	Europe large		**Europe hors zone Euro**	
	Euro large		Copenhague	OMX 20
Eurotop	Eurotop 100		Londres	FTSE 100
	Eurotop 300			FTSE 250
Msci	Msci Euro Index			Mines d'or
	Msci pan Euro		Oslo	OBX industrial
Zone Euro			Stockholm	OMX 30
Amsterdam	AEX		Zurich	SMI
Bruxelles	Bel 20			

Source : La Tribune.

Les principaux indices socialement responsables en Europe

Nom de l'indice	Date de création	Caractéristiques
ASPI Eurozon (Advanced Sustainable Performance Indice)	Juin 2011	• agence de notation : Vigeo ; • composition de l'indice : 120 sociétés ; • calcul de l'indice : Dow Jones Euro STOXX.
Dow Jones Sustainability Index (DJSI) DJSI STOXX	Septembre 1999 Octobre 2001	• agence de notation suisse : SAM (*Sustainable Asset Management*) ; • lancement de l'indice européen.
Ethibel Ssutainability Index (ESI)	Juin 2001	• agence de notation : Vigeo ; • calcul de l'indice : Standard&Poor's.
FTSE 4 Good	Juillet 2001	• agence de notation britannique : Eiris ; (*Ethical Investment Research Service*) • calcul de l'indice : FTSE (*Financial Times Stock Exchange*) ; • société commune de la Bourse de Londres et du *Financial Times*.

Source : Bourse.lesechos.fr/Bourse/international/indices_inter.jsp

Annexe 3

Exemple de DICI

INFORMATIONS CLÉS POUR L'INVESTISSEUR

Ce document fournit des informations essentielles aux investisseurs de ce fonds. Il ne s'agit pas d'un document promotionnel. Les informations qu'il contient vous sont livrées conformément à une obligation légale, afin de vous aider à comprendre en quoi consiste un investissement dans ce fonds et quels risques y sont associés. Il vous est conseillé de le lire pour décider en connaissance de cause d'investir ou non.

NATIXIS CREDIT EURO 1-3
Fonds commun de placement
FCP – Codes ISIN part ID FR0011071273 – Part IC FR0011068642
Société de gestion : Natixis Asset Management (Groupe BPCE)

Objectifs et politique d'investissement

L'objectif de l'OPCVM est de réaliser une performance nette de frais de gestion supérieure à l'indice Barclays Euro Aggregate Corporate 1 – 3 + 0,30 % sur une durée de placement recommandée de deux ans. Cet indice mesure la performance des obligations à taux fixe en euro d'émetteurs privés dont la notation minimale est de BBB – (échelle Standard and Poor's).

La politique d'investissement de cet OPCVM conforme aux normes européennes, qui a pour classification AMF « obligations et autres titres de créances libellées en euros », repose sur une gestion active avec trois sources de performances : l'exposition à la classe d'actifs crédit, l'allocation sectorielle et la sélection des titres en portefeuilles.

L'OPCVM investit au moins 85 % de son actif dans des obligations et des titres de créances émis par des émetteurs privés dont la notation minimale est de BBB – (dite « *Investment Grade* ») selon l'échelle Standard and Poor's ou équivalent. Dans ces 85 % minimum, il peut détenir des instruments de titrisation (par exemple des fonds communs de créance) dans la limite de 25 % de son actif. L'OPCVM peut également détenir jusqu'à 15 % de son actif en titres dont la notation est inférieure à BBB – (dit « spéculatif » ou « *high yield* »). La fourchette de sensibilité du FCP est comprise entre 0 et 5 (la sensibilité est l'indication de la variation de la valeur de l'actif de l'OPCVM lorsque les taux d'intérêt varient de 1 %).

L'OPCVM peut également recourir aux instruments dérivés afin notamment de couvrir et/ou exposer le portefeuille au risque de taux et/ou de crédit, de couvrir le risque de change pouvant ainsi porter entre 100 % et 200 % l'exposition globale de l'OPCVM sur les marchés.

L'OPCVM capitalise ses revenus pour les parts de capitalisation (IC) et les distribue annuellement pour les parts de distribution (ID).

Les demandes de rachat de parts sont reçues tous les jours au plus tard à 12h30 et exécutées quotidiennement.

.../...

Profil de risques et de rendement

<table>
<tr>
<td>

À risque
plus faible

À risque
plus fort

Rendement
potentiellement
plus faible

Rendement
potentiellement
plus élevé

1	2	3	4	5	6	7

</td>
<td>

Risques importants pour l'OPCVM non pris en compte dans l'indicateur :

- risque de crédit : l'OPCVM est exposé à la classe d'actif crédit. Le risque de crédit résulte du risque de détérioration de la qualité d'un émetteur et/ou d'une émission, ce qui peut entraîner une baisse de la valeur du titre. Il peut aussi résulter d'un défaut de remBoursement d'un émetteur présent en portefeuille. Ce risque est plus important pour les titres dits « spéculatifs » ;
- impact des techniques de gestion : l'OPCVM utilise des contrats financiers de gré à gré, et/ou a recours à des opérations d'acquisition et de cession temporaires de titres. Par ces techniques de gestion, il peut amplifier les mouvements de marché, mais en cas de retournement de tendance, sa valeur liquidative est susceptible de baisser de manière plus importante que le marché.

</td>
</tr>
</table>

Frais

Les frais et commissions acquittés servent à couvrir les coûts d'exploitation de l'OPCVM y compris les coûts de commercialisation et de distribution de parts, ces frais réduisent la croissance potentielle des investissements.

<table>
<tr>
<td colspan="2">Frais prélevés par le fonds sur une année</td>
<td rowspan="3">

Les frais courants ne comprennent pas :

- les commissions de surperformance ;
- les frais de transactions, excepté dans le cas de frais d'entrée et/ou de sortie payés par l'OPCVM lorsqu'il achète ou vend des parts d'un autre véhicule de gestion collective.

Pour plus d'information sur les frais, il est conseillé aux investisseurs de se reporter à la note détaillée (pages 11 à 16) de cet OPCVM, disponible sur le site internet : www.am.natixis.fr

</td>
</tr>
<tr>
<td>Frais courants</td>
<td>0,60 % TTC (de l'actif net) *</td>
</tr>
<tr>
<td colspan="2">Frais prélevés par le fonds dans certaines circonstances</td>
</tr>
<tr>
<td>Commission de surperformance</td>
<td>20 % de la surperformance de l'OPCVM par rapport à l'indice Barclays Euro Aggregate Corporate 1-3 majoré de 0,30 % par an</td>
<td></td>
</tr>
</table>

Performances passées

<table>
<tr>
<td>

Les performances passées ne préjugent pas de performances futures. Les performances de l'OPCVM doivent être présentées pour une année civile complète. Compte tenu de la date de création de la part, il existe trop peu de données pour fournir aux investisseurs des indications utiles sur les performances passées.

</td>
<td>

- Année de création de l'OPCVM : 2011 ;
- devise : euro.

</td>
</tr>
</table>

.../...

Informations pratiques

Dépositaire : CACEIS BANK

Le prospectus, les rapports annuels et les derniers documents périodiques, ainsi que toutes autres informations pratiques sont disponibles auprès de la société de gestion sur simple demande écrite à : Natixis Asset Management, – 21 Quai d'Austerlitz – Direction Service Clients - 75634 PARIS Cedex 13 ou à l'adresse électronique suivante : nam-serviceclients@ am.natixis.com.

Fiscalité : selon votre régime fiscal, les plus-values et revenus éventuels liés à la détention de parts peuvent être soumis à taxation. Il est conseillé à l'investisseur de se renseigner à ce sujet auprès de son conseil ou de son distributeur.

Les informations relatives aux autres catégories de parts existantes sont disponibles selon les mêmes modalités.

La valeur liquidative est disponible auprès de la société de gestion à l'adresse postale mentionnée ci-dessus et sur son site Internet www.am.natixis.fr La responsabilité de Natixis Asset Management ne peut être engagée que sur la base de déclarations contenues dans le présent document qui seraient trompeuses, inexactes ou non cohérentes avec les parties correspondantes du prospectus de cet OPCVM.

Cet OPCVM est agréé en France et réglementé par l'Autorité des Marchés Financiers (AMF).Natixis Asset Management est agréée en France et réglementée par l'AMF. Les informations clés pour l'investisseur ici fournies sont exactes et à jour au 25 juillet 2011.

Source : www.amf-france.org

Annexe 4

La pratique de la gestion d'actifs à l'épreuve de l'affaire Bernard Madoff

Le fonds Luxalpha, qui a fait partie de la « galaxie » des supports d'investissement (*feeder fund*) impliqués dans l'affaire Bernard Madoff, est un cas intéressant pour revenir sur la pratique de l'*asset management*. En adoptant le point de vue du *risk manager*, l'examen des principales fonctions de la gestion d'actifs permet de mettre en exergue les alertes utiles pour tenter de déceler le risque de fraude. Le *risk management* consiste en effet à identifier l'ensemble des risques, financiers comme opérationnels, qui sont potentiellement encourus par l'investisseur.

À l'aide des documents mis à la disposition des investisseurs dont nous avons reproduit ci-dessous seulement le prospectus simplifié, la gestion du fonds, et la performance déclarée du fonds, il s'agit de savoir comment détecter *a priori* les points d'incohérence associés aux promesses d'un promoteur, quelles que soient sa notoriété et la confiance qu'il peut inspirer.

Les autres documents, comme le rapport de la société et le prospectus détaillé, l'approbation des comptes de la société non repris ici en raison de leur taille importante sont des matériaux utiles pour compléter l'analyse du *risk manager*.

Dans le cadre de la gestion de ce fonds nourricier (*feeder*) Luxalpha (voir chapitre 5) il s'agit d'évaluer *ex ante* la crédibilité des informations communiquées à tout investisseur en se questionnant notamment sur :

- la cohérence de la stratégie d'investissement porteuse des promesses de rentabilité ;
- la fiabilité de l'organisation destinée à veiller aux positions (composantes du fonds) et à la valorisation des portefeuilles correspondant à la stratégie de placement poursuivie.

Le retour sur le fonds Luxalpha qui a servi d'instrument de camouflage d'une pyramide de Ponzi doit permettre de renforcer la cartographie des risques en balisant les différents points de contrôle.

LA DÉMARCHE DU *RISK MANAGER* DANS LE CADRE DU FONDS LUXALPHA

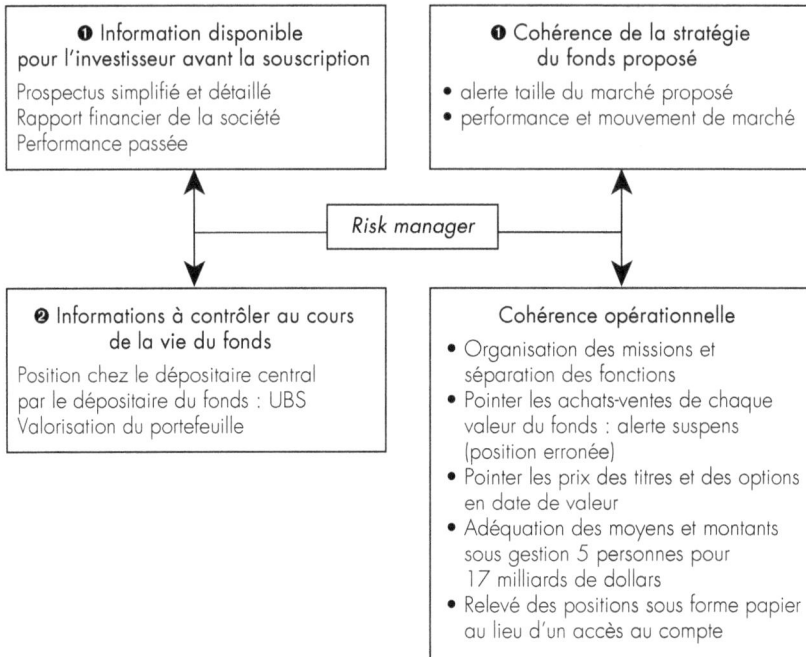

```
┌─────────────────────────────────┐    ┌─────────────────────────────────┐
│ ❶ Information disponible         │    │ ❶ Cohérence de la stratégie      │
│ pour l'investisseur avant la     │    │    du fonds proposé               │
│ souscription                     │    │ • alerte taille du marché proposé │
│ Prospectus simplifié et détaillé │    │ • performance et mouvement de     │
│ Rapport financier de la société  │    │   marché                          │
│ Performance passée               │    │                                   │
└─────────────────────────────────┘    └─────────────────────────────────┘
                    ▲                                  ▲
                    │      ┌──────────────┐            │
                    │◄────►│ Risk manager │◄──────────►│
                    ▼      └──────────────┘            ▼
┌─────────────────────────────────┐    ┌─────────────────────────────────┐
│ ❷ Informations à contrôler au    │    │ Cohérence opérationnelle          │
│    cours de la vie du fonds       │    │ • Organisation des missions et    │
│ Position chez le dépositaire      │    │   séparation des fonctions         │
│ central par le dépositaire du     │    │ • Pointer les achats-ventes de    │
│ fonds : UBS                       │    │   chaque valeur du fonds : alerte  │
│ Valorisation du portefeuille      │    │   suspens (position erronée)       │
│                                   │    │ • Pointer les prix des titres et   │
│                                   │    │   des options en date de valeur    │
│                                   │    │ • Adéquation des moyens et montants│
│                                   │    │   sous gestion 5 personnes pour    │
│                                   │    │   17 milliards de dollars          │
│                                   │    │ • Relevé des positions sous forme  │
│                                   │    │   papier au lieu d'un accès au     │
│                                   │    │   compte                           │
└─────────────────────────────────┘    └─────────────────────────────────┘
```

L'EXPLOITATION DU PROSPECTUS SIMPLIFIÉ LUXALPHA

Le prospectus simplifié ci-dessous permet de constituer le système de ce fonds.

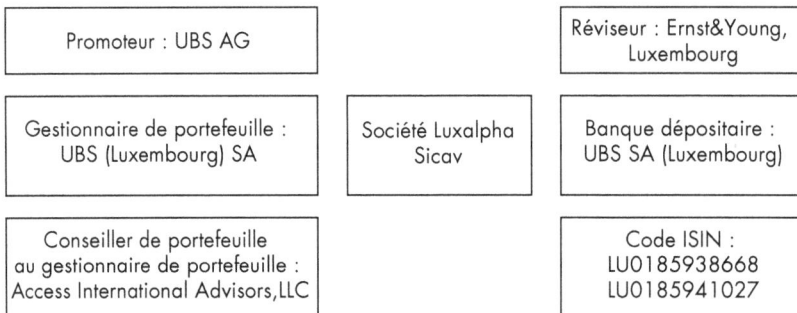

```
┌────────────────────────────┐              ┌────────────────────────────┐
│ Promoteur : UBS AG         │              │ Réviseur : Ernst&Young,    │
│                            │              │ Luxembourg                 │
└────────────────────────────┘              └────────────────────────────┘

┌────────────────────────────┐  ┌──────────────┐  ┌────────────────────────────┐
│ Gestionnaire de portefeuille│  │ Société       │  │ Banque dépositaire :        │
│ : UBS (Luxembourg) SA       │  │ Luxalpha     │  │ UBS SA (Luxembourg)         │
│                            │  │ Sicav        │  │                             │
└────────────────────────────┘  └──────────────┘  └────────────────────────────┘

┌────────────────────────────────┐          ┌────────────────────────────┐
│ Conseiller de portefeuille      │          │ Code ISIN :                 │
│ au gestionnaire de portefeuille:│          │ LU0185938668                │
│ Access International Advisors,LLC│          │ LU0185941027                │
└────────────────────────────────┘          └────────────────────────────┘
```

AXES D'ANALYSE DU *RISK MANAGER*

Le décryptage de la cohérence de la stratégie d'investissement

Veiller à la sécurité du capital tout en dégageant des plus-values régulières

Comme le souligne le prospectus simplifié (rubrique objectif et politique d'investissement), la stratégie poursuivie vise à dégager des plus-values régulières tout en veillant à la sécurité du capital.

La composante du portefeuille

La stratégie d'investissement se concrétise par l'étape de sélection des valeurs qui entrent dans le portefeuille du fonds commercialisé (voir chapitre 2). Dans le cas du fonds Luxalpha, le portefeuille est censé comprendre des actions cotées à la Bourse de New York et sur le Nasdaq, ainsi que des bons du trésor américains (*T-bills*). Au portefeuille de valeurs mobilières (actions et bons du Trésor), le fonds peut recourir à des options d'achat (*call*) et de vente (*put*).

Au vu de ces premiers éléments d'information, le *risk manager* doit s'interroger sur le niveau d'exposition au risque du capital investi (« tout en veillant à la sécurité du capital », argument du prospectus) et de la logique de couverture et de plus-value dégagée par l'usage des options (*call* et *put* des valeurs investies).

En l'absence de référence aux performances passées lors du lancement du fonds Luxalpha, la recherche des stratégies et performances d'autres fonds promus par Bernard Madoff aurait pu compléter l'analyse du *risk manager*.

Compte tenu des encours importants gérés par Bernard Madoff, près de 17 milliards de dollars, le recours à une stratégie de niche sur des montants aussi élevés ne pouvait que susciter des interrogations sur la logique de fonctionnement du marché. Elle aurait dû susciter *a minima* un contrôle de cohérence.

Les vérifications d'usage

Les gérants de portefeuilles aux États-Unis qui investissent et détiennent plus de 100 millions de dollars sont soumis à une déclaration trimestrielle auprès de la SEC, réalisée à l'aide du formulaire 13 F. Ce document est accessible au public. Il décrit par classes d'actifs les titres détenus avec leur identifiant CUSIP respectif (code de la valeur américaine), valorisés au prix de marché. Avec près de 17 milliards de dollars supposés gérés par Bernard Madoff, le formulaire 13 F ne faisait ressortir que des positions modestes.

Cet écart de position suscite de la part du *risk manager* la question relative à la mise en cohérence d'une stratégie fondée sur l'achat d'une action associée à l'achat d'un *put* et la vente d'un *call* de la même action.

Bernard Madoff avait indiqué que la faiblesse de ses positions s'expliquait par une stratégie de retour à la liquidité en fin de trimestre et, d'autre part, que ses opérations étaient traitées en OTC (*over the counter*, en dehors du marché), autrement dit directement auprès de contreparties.

Dans ce type de stratégie *split-strike conversion*, la vente d'option à si bon marché par des contreparties, et ce sur des longues durées, est douteuse. Elle suppose pour les contreparties vendeuses d'options d'être prêtes à perdre des montants importants ou d'effectuer des arbitrages coûteux pour la rentabilité de leurs opérations. Compte tenu des volumes, il n'est pas aisé de trouver de telles contreparties. En outre, le fonds qui recourt à l'OTC* s'expose à un risque nettement plus fort qu'en faisant appel au marché. Or, le prospectus avance que la politique d'investissement s'attache à sécuriser le capital.

Si les positions revenaient à la liquidité trimestriellement, la position *cash* aurait dû faire l'objet d'un relevé de la banque afin de procéder au rapprochement (voir le paragraphe sur le contrôle comptable du chapitre 4).

Le décryptage d'une stratégie d'investissement et de ses composantes à l'aide des prospectus, simplifié et détaillé, permet à partir des marchés sur lesquels investit le fonds de dégager un premier niveau de mise en cohérence. Une première alerte entre la position déclarée à la SEC et celle effectivement détenue entraîne la nécessité de poursuivre l'analyse du risque.

Le décryptage de l'organisation chargée de veiller aux avoirs des investisseurs

La séparation des missions

La séparation effective des missions entre courtiers, gestionnaires de fonds et dépositaires est vitale pour la sécurisation des fonds confiés à l'*asset manager*. Au vu des seules informations présentes dans le prospectus simplifié, le nom du fonds maître BMIS n'apparaît pas.

Le *risk manager* doit s'attacher à ce que les acteurs désignés dans le prospectus simplifié conduisent les *due diligences* de la profession. Il s'agit notamment dans le cas de Luxalpha de s'assurer que le dépositaire assure *a minima* son devoir de surveillance comme indiqué dans le bulletin de souscription. Le fait de confier les fonds à un fonds maître aux États-Unis ne dispense pas du devoir de surveillance.

Les *due diligences* sur l'organisation du fonds maître établi aux États-Unis auraient permis de mettre en évidence une absence criante de séparation des missions entre le *broker* (courtier), le gestionnaire, le dépositaire, le valorisateur. Le conflit d'intérêt des entités participant à la chaîne de la gestion pour compte de tiers était la conclusion qui s'imposait à tous. Elle aurait dissuadé tout investisseur de s'aventurer sur un tel fonds.

Le contrôle de position et de valorisation du fonds

Il s'agit de veiller à la réception du détail des valeurs du portefeuille et de leur valorisation (deux fois par mois, tous les 15 jours une valeur liquidative est prévue selon prospectus simplifié page 2).

La communication sous forme papier et faxée des états de portefeuille se singularise de l'accès direct au compte. Bernard Madoff, qui occupa les plus hautes responsabilités du Nasdaq, avait été pourtant un des partisans du traitement électronique des ordres.

Les différentes fonctions sollicitées dans la gestion de portefeuille sont respectivement le *broker*, l'administrateur de fonds en charge du calcul de la valeur de la Sicav, le conservateur de valeur.

Les points de contrôle à mener pour réaliser les *due diligences* par le *risk manager* du fonds maître en charge des investissements confiés par le fonds nourricier font ressortir :

Points de contrôle	Alerte ou questionnement complémentaire
Séparation des missions	Cumul fonction de courtier (achat-vente des instruments financiers), administrateur du fonds, calcul de la valeur du fonds, conservations des avoirs du fonds par un seul dépositaire. Il n'existe pas de valorisation externe indépendante. BMIS n'est d'ailleurs pas un fonds mais une firme de courtage, il n'existe donc pas de dépositaire. Risque : conflit d'intérêt maximum, l'investisseur aurait été dissuadé de ne pas s'engager sur le fonds.
Auditeur des comptes (Friehling and Horowitz)	Agréé par la SEC mais taille d'un petit cabinet au regard des montants gérés (plusieurs milliards de dollars). Question : fonds maître audité par un petit cabinet et fonds nourricier par des cabinets de premier plan.
Modèle des frais associés aux fonds maître et nourricier	Le fonds maître ne disposait pas de commissions associées à la gestion ou à la performance si ce n'est des commissions de courtage pour chaque transaction. Les fonds *feeders* prévoient quant à eux des frais liés à la performance. Question : le modèle de rémunération d'un fonds alternatif repose sur des commissions de gestion et de performance. Il paraît singulier que le fonds maître BMIS vantant une stratégie performante n'y recourt pas. Et, à l'inverse, un *feeder* se rémunère en principe uniquement par une commission de gestion et non par une commission de performance car ce n'est pas lui mais le fonds maître qui est à l'origine de la performance.

.../...

Points de contrôle	Alerte ou questionnement complémentaire
Moyens dédiés au fonds maître	BMIS indique avoir entre une et cinq personnes pour assurer la supervision des fonds alors que les actifs sous gestion étaient censés représenter près de 17 milliards de dollars.
Fonctions de dépositaire du fonds Luxalpha	Le *risk manager* doit définir le contour des responsabilités du dépositaire au regard de son devoir de surveillance (mentionné dans le bulletin de souscription). Le calcul de la valeur liquidative du fonds.
Le contrôle du système d'information	La piste d'audit d'enregistrement des fonds dans la chaîne d'information. Le fax sert et les supports papier des valeurs supposées investies ne comportent pas d'horodatage.

Les *due diligences* à réaliser par un *risk manager* peuvent commencer par le décryptage de la stratégie d'investissement du promoteur, pour ensuite s'attacher aux informations susceptibles de la soutenir.

Cette démarche répond non seulement à la protection des investisseurs, mais aura également une incidence directe sur la mise en cause possible de la responsabilité du dépositaire. Le cas Bernard Madoff a conduit à renforcer les dispositifs de contrôle et de communication entre dépositaires, notamment dans le cas des fonds maître et nourricier relevant de pays différents.

Annexe 5

Les infrastructures postmarché et la fragmentation des places financières

Le défi de la complexité des infrastructures postmarché

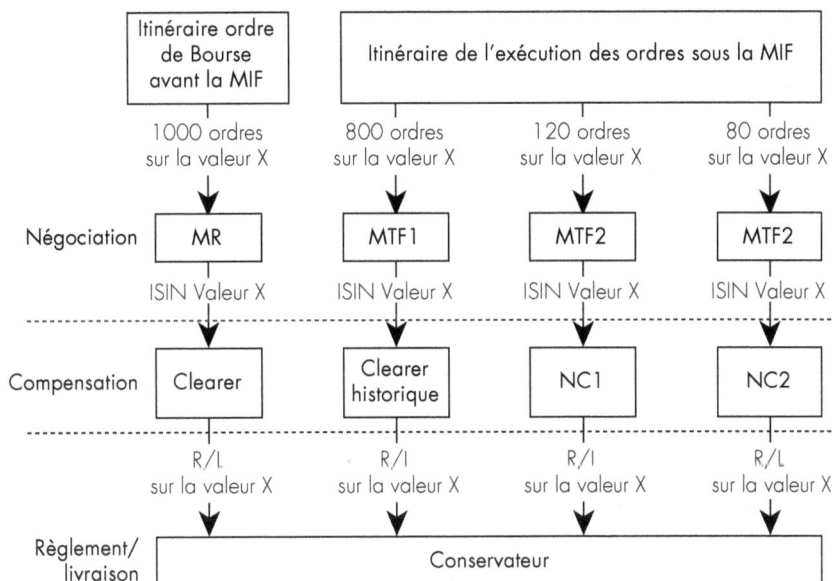

	Itinéraire ordre de Bourse avant la MIF	Itinéraire de l'exécution des ordres sous la MIF		
	1000 ordres sur la valeur X	800 ordres sur la valeur X	120 ordres sur la valeur X	80 ordres sur la valeur X
Négociation	MR	MTF1	MTF2	MTF2
	ISIN Valeur X	ISIN Valeur X	ISIN Valeur X	ISIN Valeur X
Compensation	Clearer	Clearer historique	NC1	NC2
	R/L sur la valeur X	R/L sur la valeur X	R/L sur la valeur X	R/L sur la valeur X
Règlement/ livraison	Conservateur			

NC : nouveau *clearer*.
MR : marché réglementé.
MTF : *Multilatéral Trade Facility* (système multilatéral de négociation).

Annexe 6

Histoire et acteurs des *darks pools*

HISTORIQUE

- Fin des années 1990 : lancement des premiers *dark pools* aux États-Unis ;
- 1er novembre 2007 : entrée en vigueur de la directive européenne sur les marchés d'instruments financiers ;
- 22 septembre 2008 : dès son lancement, le système multilatéral de négociation (SMN) Turquoise propose une offre de *dark pool*, la première en Europe ;
- 2009 : multiplication des offres de *dark pools* en Europe, créées à l'initiative des grandes Bourses réglementées et des systèmes multilatéraux de négociation.

PRINCIPAUX *DARK POOLS* EN EUROPE

- **Baïkal** : lancement : courant 2009 (fusionné en janvier 2010 avec le *dark pool* de Turquoise) ;
  fondateur : Bourse de Londres ;
- **BATS Europe Dark Pool** : lancement : 2009 ;
  fondateur : BATS Holdings Inc. ;
- **Blink** : lancement : 2009.
  fondateur : Cheuvreux ;
- **Chi-Delta** : lancement : 2009 ;
  fondateur : Chi-X ;
- **Neuro Dark** : lancement : 2009 ;
  fondateur : Nasdaq OMX ;
- **SmartPool** : lancement : 2009 ;
  fondateur : NYSE Euronext ;
- **Turquoise** : lancement : 2008 ;
  fondateurs : groupe de neuf banques BNP Paribas, Société générale, Citigroup, Crédit Suisse, Deutsche Bank, Goldman Sachs, Merrill Lynch, Morgan Stanley et UBS. Racheté à 60 % en 2010 par la Bourse de Londres.

Annexe 7

Le rôle du système d'information dans la production réglementaire : le cas du *reporting* des transactions (RDT) à l'AMF

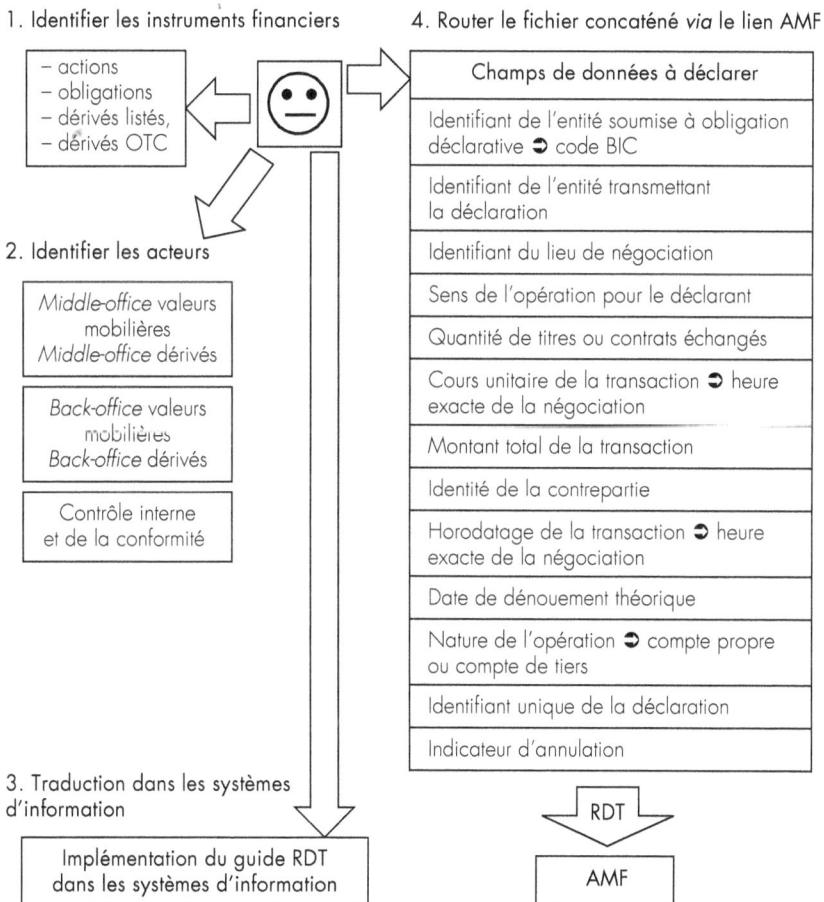

1. Identifier les instruments financiers

- actions
- obligations
- dérivés listés,
- dérivés OTC

2. Identifier les acteurs

Middle-office valeurs mobilières
Middle-office dérivés

Back-office valeurs mobilières
Back-office dérivés

Contrôle interne et de la conformité

3. Traduction dans les systèmes d'information

Implémentation du guide RDT dans les systèmes d'information

4. Router le fichier concaténé *via* le lien AMF

Champs de données à déclarer
Identifiant de l'entité soumise à obligation déclarative ➲ code BIC
Identifiant de l'entité transmettant la déclaration
Identifiant du lieu de négociation
Sens de l'opération pour le déclarant
Quantité de titres ou contrats échangés
Cours unitaire de la transaction ➲ heure exacte de la négociation
Montant total de la transaction
Identité de la contrepartie
Horodatage de la transaction ➲ heure exacte de la négociation
Date de dénouement théorique
Nature de l'opération ➲ compte propre ou compte de tiers
Identifiant unique de la déclaration
Indicateur d'annulation

RDT

AMF

Archivage des déclarations : obligatoire pendant cinq ans

Annexe 8

L'*asset management* en chiffres

Évolution du nombre de cartes professionnelles délivrées par l'AMF

RCSI	2009		2010	
	21e session	22e session	23e session	24e session
Personnes ayant suivi la formation mise en place par l'AMF	50	56	43	57
Nombre de candidats à l'examen	33	38	20	32
Nombre de cartes professionnelles attribuées	28	28	17	20
Refus	5	10	3	12
Taux d'attribution de cartes professionnelles de RCSI pour une session donnée	85 %	74 %	85 %	63 %

Source : AMF.

OPCVM à vocation générale agréés par l'AMF selon leur classification

Classification	Nombre d'OPCVM agréés en 2009	Nombre d'OPCVM agréés en 2010	% d'évolution constaté entre 2009 et 2010
Actions internationales	56	63	13 %
Actions des pays de la Communauté européenne	21	20	− 5 %
Actions françaises	8	6	− 25 %
Actions de pays de la zone euro	24	13	− 46 %
Diversifié	233	243	4 %
Fonds à formule	110	140	27 %
Monétaire euro	23	13	− 43 %
Monétaire à vocation international	0	2	na
Obligation et titres de créance internationaux	14	54	286 %
Obligation et titres de créance libellés en euro	109	74	− 32 %
OPCVM de fonds alternatifs	15	9	− 40 %
Total	613	637	4 %

Source : AMF.

Évolution des encours des OPCVM à vocation générale (hors OPCVM nourriciers)

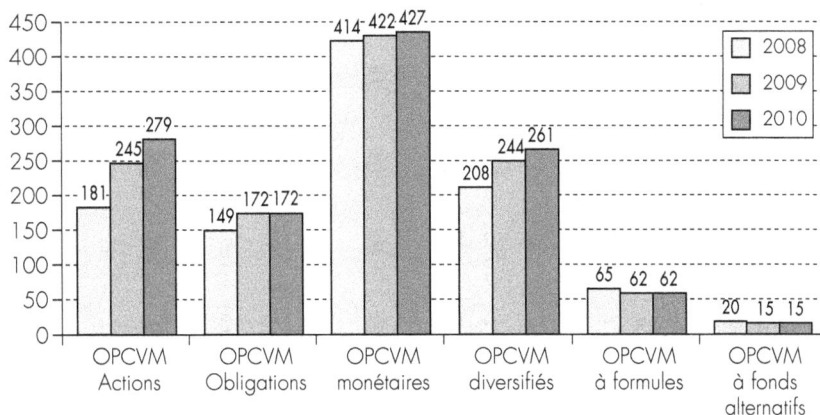

Évolution des encours des OPCVM à vocation générale (hors OPCVM nourriciers). Valeurs par catégorie :

- OPCVM Actions : 181 (2008), 245 (2009), 279 (2010)
- OPCVM Obligations : 149 (2008), 172 (2009), 172 (2010)
- OPCVM monétaires : 414 (2008), 422 (2009), 427 (2010)
- OPCVM diversifiés : 208 (2008), 244 (2009), 261 (2010)
- OPCVM à formules : 65 (2008), 62 (2009), 62 (2010)
- OPCVM à fonds alternatifs : 20 (2008), 15 (2009), 15 (2010)

Source : AMF.

Évolution du nombre de notifications de commercialisation de fonds coordonnées

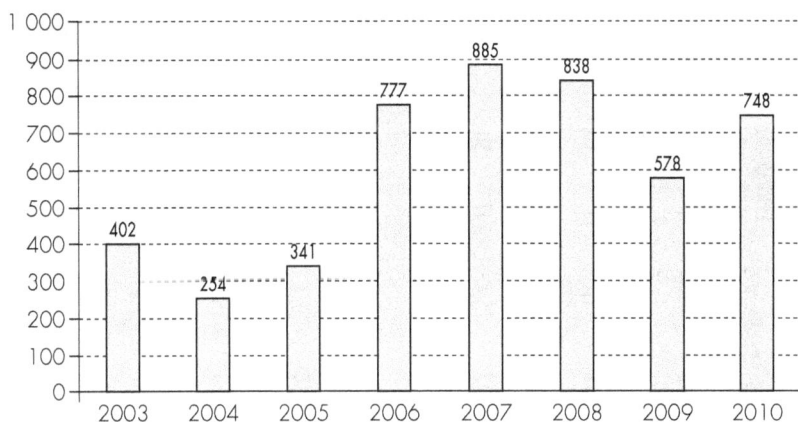

- 2003 : 402
- 2004 : 254
- 2005 : 341
- 2006 : 777
- 2007 : 885
- 2008 : 838
- 2009 : 578
- 2010 : 748

Source : AMF.

Répartition par pays d'origine des OPCVM européens coordonnés notifiés à la commercialisation en France en 2010

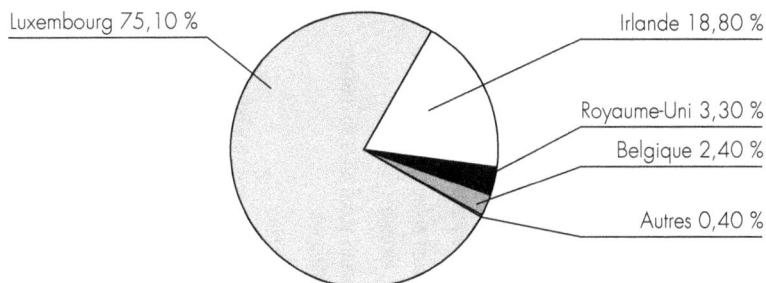

- Luxembourg 75,10 %
- Irlande 18,80 %
- Royaume-Uni 3,30 %
- Belgique 2,40 %
- Autres 0,40 %

Source : AMF.

305

Répartition des OPCVM par classification en fonction de la taille des encours
(y compris fonds nourriciers)

Actif net et nombre d'OPCVM (y compris nourriciers)	> 1 milliard €		[0,5-1] milliard €		[100-500] millions€		[50-100] millions€		[10-50] millions€		< 10 millions€		Total général	
Encours en millions d'euros au 31/12/2010	Nb	Encours	Nb	Encours	Nb	Encours	Nb	Encours	Nb	Encours	Nb	Encours	Nb	Encours
Actions françaises	7	12,2	6	3,4	50	10,6	41	3,0	78	1,8	41	0,2	223	31,2
Actions des pays de la Communauté européenne	4	5,0	17	11,7	77	16,9	54	3,9	125	3,1	100	0,5	377	41,0
Actions de pays de la zone euro	10	24,7	20	13,1	134	31,1	82	6,1	151	3,8	94	0,4	491	79,2
Actions internationales	16	38,8	22	15,4	247	50,5	186	13,1	369	9,2	203	1,0	1043	128,0
Obligations et/ou titres de créance libellés en euro	25	38,4	40	27,9	262	55,0	164	11,8	296	7,9	120	0,6	907	141,6
Obligations et/ou titres de créance internationaux	0	0,0	9	6,5	74	16,0	66	4,8	118	3,3	51	0,2	318	30,9
Monétaire euro	92	322,3	54	38,6	116	28,5	57	4,0	90	2,3	71	0,3	480	396,0
Monétaire à vocation internationale	11	29,8	0	0,0	3	0,5	3	0,2	5	0,2	3	0,0	25	30,6
Diversifié	25	66,7	69	45,5	430	92,0	379	26,9	1053	25,6	1005	4,4	2961	261,1
Garantie assortie d'une protection	0	0,00	0	0,0	0	0,0	0	0,0	1	0,0	0	0,0	1	0,0
Fonds à formule	1	2,0	11	7,9	163	32,8	156	11,1	269	7,6	116	0,6	716	61,9
OPCVM alternatifs	0	0,00	5	3,2	42	7,2	31	2,3	105	2,7	84	0,3	267	15,8
Total	191	539,8	253	173,2	1 598	341,2	1 219	87,1	2 660	67,4	1 888	8,6	7 809	1 217,3
Pourcentage	2,4 %	44,4 %	3,2 %	14,2 %	20,5 %	28 %	15,6 %	7,2 %	34,1 %	5,5 %	24,2 %	0,7 %	100 %	100 %

Source : AMF

Annexe 9

La fragmentation de la liquidité sur les marchés financiers entre marchés transparents et opaques

EuroStoxx 50				FTSE 100			
Lieu d'échanges	**Montant en mds €**	**Part de marché en %**		**Lieu d'échanges**	**Montant en mds €**	**Part de marché en %**	
		2011	**2010**			**2011**	**2010**
Marchés transparents				**Marchés transparents**			
Euronext	272,41	13,65	15,90	LSE	265,50	30,22	33,83
Xetra (Deutsche Börse)	229,37	11,49	11,92	Chi-X	127,02	14,46	14,81
Chi-X	183,94	9,21	9,69	Bats Europe	47,78	5,44	5,08
Mercado Continuo	150,21	7,52	8,33	Turquoise	27,82	3,17	2,28
Milan	149,68	7,50	7,00	Equiduct	1,25	0,14	0,00
Bats Europe	57,20	2,87	2,72	Nyse Arca	0,99	0,11	0,47
Turquoise	35,45	1,78	1,28	**Marchés opaques***			
Helsinki	16,37	0,82	1,04	Chi-Delta	6,18	0,70	0,63
Plates-formes régionales	4,01	0,19	0,19	Turquoise Dark	6,96	0,68	0,28
Equiduct	3,48	0,17	0,00	Bats dark	3,65	0,40	0,17
LES	3,16	0,16	0,18	Smartpool	2,45	0,28	0,06
TOM MTF	0,45	0,02	-	Liquidnet	2,45	0,28	0,27
Nyse Arca	0,39	0,02	0,08	Nomura NX	2,02	0,23	0,16
Marchés opaques*				Posit	1,15	0,13	0,15
Darks pools	22,68	1,14	0,60	BlockMatch/Instinet	0,73	0,08	0,05
SI	49,39	2,47	2,13	SI	33,32	3,79	3,36
Marchés OTC	817,95	40,98	38,53	Marchés OTC	350,05	39,85	37,55

Dax 30				CAC 40			
Lieu d'échanges	Montant en mds €	Part de marché en %		Lieu d'échanges	Montant en mds €	Part de marché en %	
		2011	2010			2011	2010
Marchés transparents				Marchés transparents			
Xetra (Deutsche Börse)	313,04	37,94	37,38	Euronext Paris	292,93	37,40	44,98
Chi-X	89,96	10,90	10,43	Chi-X	96,92	12,38	15,14
Bats Europe	29,06	3,52	2,35	Bats Europe	23,95	3,06	3,19
Turquoise	13,85	1,68	1,32	Turquoise	19,19	2,45	2,15
Plates-formes régionales	4,52	0,53	0,51	Euronext/AMS-BRUX	16,78	2,14	4,30
Nyse Arca	0,53	0,06	0,60	Equiduct	5,45	0,70	0,00
Equiduct	0,46	0,06	0,00	Autres plates-formes	0,21	0,02	0,01
Marchés opaques*				Marchés opaques*			
Chi-Delta	4,19	0,51	0,32	Turquoise Dark	3,24	0,41	0,16
Turquoise Dark	2,62	0,32	0,08	Chi-Delta	3,11	0,40	0,37
Bats dark	1,47	0,18	0,06	Smartpool	1,57	0,20	0,03
Nomura NX	1,13	0,14	0,09	Bats dark	1,55	0,20	0,09
Liquidnet	0,56	0,07	0,08	Nomura NX	1,42	0,18	0,14
Posit	0,26	0,03	0,03	Liquidnet	0,62	0,08	0,09
BlockMatch/Instinet	0,17	0,02	0,02	Posit	0,36	0,05	0,06
SI	30,81	3,73	2,79	SI	19,78	2,53	2,24
Marchés OTC	332,31	40,28	43,92	Marchés OTC	295,77	37,77	26,34

* catégories qui regroupent les "dark-pools", internalisateurs systématiques* (SI) et marchés OTC

Source :www.agefi.fr/articles/BOURSES-La-fragmentation-stabilise-marches-opaques-progressent- 1178443.html

Annexe 10

Illustration du concept de STP
(*straight through processing*)

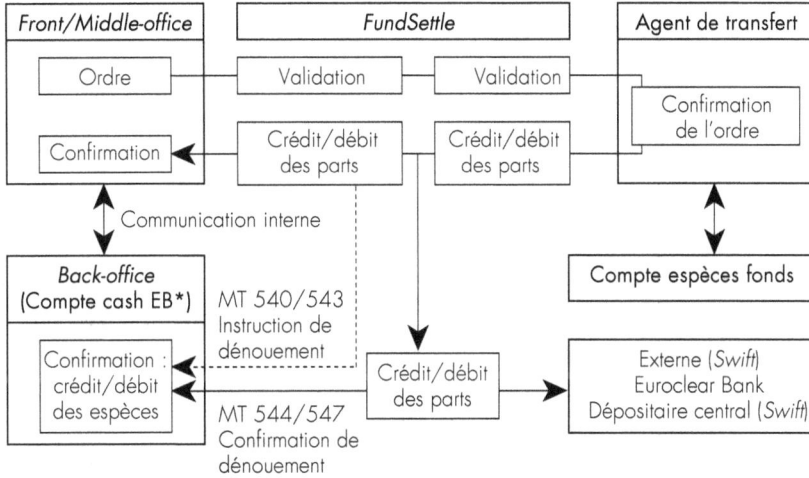

EB : Euroclear Bank

Source : Euroclear.

LES OUTILS RÉGLEMENTAIRES DE LA GESTION D'ACTIFS
POUR COMPTE DE TIERS

Position-recommandation-instruction AMF	Objet	Date de publication
n° 2011-13	Classement des OPCVM en équivalent de trésorerie	23 septembre 2011
n° 2011-05	Guide des documents réglementaires des OPCVM et OPCI	23 décembre 2011
n° 2011-24	Guide de bonnes pratiques pour la rédaction des documents commerciaux et la commercialisation des OPC	23 décembre 2011
n° 2011-25	Guide de bonnes pratiques du suivi des OPC (contrôle, gestion de fin de vie…)	23 décembre 2011
		…/…

Position-recommandation-instruction AMF	Objet	Date de publication
Annexe Instruction 2007-06	Guide RDT V2 (déclaration des transactions à l'AMF) évolution du système déclaratif	16 janvier 2012
n° 2010-13	Rapport sur l'information publiée par les sociétés cotées en matière de responsabilité	2 décembre 2010

LES PRINCIPALES INSTANCES DE RÉGULATION DES MARCHÉS FINANCIERS

- **AMF** : Autorité des marchés financiers (France), www.amf.org ;
- **Bafin** : Bundesanstalt für Finanzdienstleistungsaufsicht (Allemagne), www.bafin.de ;
- **CNVM** : Comisia Nationala a Valorilor Mobiliare (Espagne), www.cnmv.es ;
- **CSSF** : Commission nationale de surveillance du secteur financier, (Luxembourg), www.cssf.lu ;
- **Consob** : Commissionne nazionale per le società e la borsa, www.consob.it ;
- **Esma** (ex CESR) : European Securities and Markets Authority (Paris), www.esma.europa.eu ;
- **FSA** : Financial Service Authority (Grande-Bretagne), www.fsa.gov.uk;
- **AFM** : Autoriteit Financiële Markten (Pays-bas), www.afm.nl ;
- **FIN-FSA** : Financial Supervisory Authority (Finlande), www.finanssival-vonta.fi ;
- **FI** : Finansinspektionen (Suède), www.fi.se.
- **FINMA** : Autorité fédérale suisse de surveillance des marchés financiers, www.finma.ch ;
- **FSC** : Hong-Kong Securities and Futures Commission (SFC), www.fsc.hk ;
- **SEC** : Securities and Exchange Commission, autorité fédérale américaine de surveillance des marchés financiers, www.sec.gov

LES PRINCIPALES ASSOCIATIONS PROFESSIONNELLES DE LA GESTION D'ACTIFS

- AFG : Association française de gestion, www.afg.asso.fr ;
- Efama : European Fund and Asset Management Association, www.efama.org ;
- Amafi : Association française des marchés financiers pour les profession-nels de la Bourse et de la finance, www.amafi.fr.

Glossaire des professionnels de la gestion d'actifs

- **Agences de notation :** ce sont des entreprises privées chargées d'évaluer le risque d'insolvabilité financière d'une entreprise, d'un État, d'une collectivité locale ou d'une opération financière.

- **Acam** (Autorité de contrôle des assurances et des mutuelles) : voir ACP.

- **ACP** (Autorité de contrôle prudentiel) : autorité administrative indépendante (AAI) née de la fusion de l'Acam, CECEI (le Comité des établissements de crédit et des entreprises d'investissement), la CB (Commission bancaire), CEA (Comité des entreprises d'assurance) ayant pour mission de défendre les intérêts des clients ou encore des adhérents et d'assurer la stabilité financière. Elle accorde les agréments aux établissements bancaires et d'assurance. Elle exerce les missions de contrôle et de surveillance et veille au respect des engagements pris.

- **Actif net :** montant net global des avoirs d'un OPCVM évalués au prix de marché et diminués des dettes.

- **Action :** titre de propriété représentatif d'une part du capital de l'entreprise qui les émet. L'action peut rapporter à son détenteur un dividende et ouvre un droit de vote à son propriétaire. Les actions peuvent être négociées par admission sur le marché boursier, mais ce n'est ni obligatoire ni systématique.

- **ABSA** (action à bon de souscription d'action) : action assortie d'un ou de plusieurs bons donnant droit à son détenteur de souscrire ultérieurement d'autres actions, à un prix préalablement défini.

- **Alternext Paris :** système multilatéral de négociation organisé (SMNO). Il s'agit d'un marché à mi-chemin entre un marché réglementé comme Euronext et le marché libre*, avec des obligations d'information renforcées par rapport à ce dernier. Alternext offre des conditions d'accès simplifiées aux sociétés souhaitant lever des capitaux dans la zone euro.

- **Arbitrage :** cela consiste à vendre un instrument financier (actions, parts d'un OPCVM…) pour en acquérir un autre. Il s'agit de combiner plusieurs opérations dans le but de réaliser, en théorie, un profit sans risque, en cherchant à tirer parti à un instant donné de la divergence de prix d'un actif coté sur plusieurs places financières. Cette opération est supposée contribuer au fonctionnement efficient des marchés. L'arbitrage va à l'encontre de la trésorerie des marchés efficients.

- **Assemblée générale extraordinaire** : elle a pour objet de soumettre au vote des actionnaires des résolutions particulières, relatives à la modification des statuts de la société, aux autorisations d'émission d'actions ou de titres donnant accès au capital (obligations remboursables en actions, etc.) et à l'octroi d'options pour la souscription ou l'achat d'actions, ou l'attribution gratuite d'actions au personnel salarié et/ou aux dirigeants. En France, les décisions sont prises à la majorité renforcée des deux tiers.

- **Assemblée générale ordinaire** : moment privilégié pour l'actionnaire de s'informer sur la situation de la société et de s'exprimer sur sa gestion. Son objet principal est l'approbation des comptes sociaux de l'exercice qui sont présentés par le conseil d'administration ou le directoire. Elle peut également communiquer des informations sur les comptes consolidés ainsi que procéder à la nomination ou au remplacement des membres des organes d'administration, de contrôle ou de surveillance de la société. Les décisions sont prises à la majorité simple.

- *Asset manager* : gérant d'un ou de plusieurs fonds pour le compte d'un ou de plusieurs investisseurs.

- **ATS** : il s'agit d'une entité qui, sans être régulée par une Bourse, opère comme un système automatisé en confrontant les intérêts acheteur et vendeur d'une telle façon qu'il forme ou qu'il résulte un contrat irrévocable. Elle peut réduire les coûts de transaction, assure l'exécution des ordres en temps réel et facilite l'accès direct aux marchés actions internationaux, tout en proposant une grande diversité dans le choix des instruments financiers.

- **Avis d'opéré ou d'exécution** : bordereau remis par un intermédiaire financier à son donneur d'ordre pour l'informer que l'opération d'achat ou de vente a été réalisée. Ce document comporte des indications sur la nature de l'ordre exécuté, son montant, sa date et les conditions tarifaires de son exécution (frais de courtage, impôts, etc.).

- **Bénéfice net par action (BNPA)** : rapport entre le bénéfice net et le nombre d'actions en circulation (bénéfice net/nombre d'actions).

- *Best execution* **(meilleure exécution)** : obligation de moyens introduite par la directive MIF qui doit conduire le prestataire de services d'investissement (PSI) à prendre toutes les dispositions nécessaires lui permettant d'exécuter les ordres dans les conditions les plus favorables pour leurs clients, non seulement en termes de prix, mais aussi en termes de coûts ou de rapidité d'exécution.

- **Bon de souscription** : bon qui ouvre droit à son titulaire de souscrire à une action à un prix fixé d'avance et jusqu'à une date déterminée.

▶ **Bourse** : marché des capitaux sur lequel se vendent et s'achètent des instruments financiers (actions, obligations, etc.). C'est l'une des composantes du financement de l'économie. C'est le lieu de rencontre des agents à capacité d'épargne et à besoin de financement (sociétés privées et publiques, collectivités locales, État…).

▶ **Capital risque** : capital apporté par une société spécialisée à un projet porteur en général d'innovation technologique pour accompagner le démarrage d'une société nouvelle ou encore permettre l'expansion des entreprises à fort potentiel. Comme son nom l'indique, il s'agit d'un investissement à risque pouvant éventuellement engendrer une perte partielle ou totale du capital. La contrepartie du risque est l'espoir de réaliser à terme une plus-value proportionnelle au risque encouru.

▶ **Capitalisation boursière** : c'est la valeur d'une société exprimée par son prix sur le marché boursier à un instant donné. Elle s'obtient en multipliant le nombre d'actions d'une société par son cours de Bourse.

▶ **Catégories de parts** : possibilité de créer plusieurs catégories de parts ou actions au sein d'un même OPCVM. Ainsi, la souscription d'une catégorie de parts* ou d'actions peut être réservée à une catégorie d'investisseurs, définie dans le prospectus complet, en fonction de critères objectifs tels qu'un montant de souscription, une durée minimum de placement ou tout autre engagement du porteur.

▶ **Certificat d'investissement** : c'est un titre de propriété qui rapporte, comme les actions, un dividende (droit pécuniaire). En revanche, il ne confère pas de droit de vote aux assemblées générales.

▶ **Certificat de droit de vote** : il résulte du démembrement d'une action, ce type d'instrument financier confère, à l'inverse du certificat d'investissement, le droit de prendre part au vote en assemblée générale.

▶ **CESR** (Comité européen des régulateurs de marchés de valeurs mobilières) : voir ESMA.

▶ **CFD** (*Contract For Difference*) : instruments financiers à terme qui entrent dans la catégorie des produits complexes définis au sens du RGAMF (règlement général de l'AMF). Ils sont très risqués en raison des fortes pertes qu'ils peuvent générer pour leurs détenteurs, plus particulièrement en cas d'effet de levier défavorable (voir effet de levier).

▶ **CIF** (conseiller en investissement financier) : personne qui exerce, à titre de profession habituelle, une activité de conseil portant sur l'achat et la vente d'instruments financiers (actions, obligations, parts ou actions d'OPCVM, SCPI, OPCI…). Il peut, le cas échéant, effectuer des opérations bancaires. Il fournit des prestations de services d'investissement et peut assurer la transmission d'ordres d'achats ou ventes à des intermédiaires financiers dans le cadre des conseils fournis. Il doit respecter les règles de bonne conduite édictées par le règlement de l'AMF et souscrire une assurance professionnelle. Il est tenu d'adhérer à l'association professionnelle agréée par l'AMF.

- **Client détail** (*retail*) : tout client qui n'est pas un professionnel.

- **Client professionnel** : tout client (institutionnels, grandes entreprises réunissant deux des trois critères suivants : 20 millions d'euros de total bilan, 40 millions d'euros de chiffre d'affaires net, 2 millions d'euros de capitaux propres) qui possède l'expérience, les connaissances et la compétence nécessaires pour prendre ses propres décisions d'investissement et évaluer les risques encourus.

- **Code Isin** (ou code de place) : code utilisé pour identifier un instrument financier (action, obligation, OPCVM…). Les OPCVM, les sociétés cotées utilisent un code de place Isin (pour *International Securities Identification Number*) délivré par la société Euroclear qui assure en France le rôle de dépositaire central. Certains OPCVM n'ont pas l'obligation d'avoir un code de place (les FCPE, par exemple) dans ce cas, l'AMF leur attribue et utilise pour les identifier un code AMF.

- **Commercialisateur** : généralement constitué de réseaux de distribution bancaires et financiers (établissements de crédit, entreprises d'investissement, compagnies d'assurance, courtiers en ligne, conseillers financiers, etc.) qui proposent la souscription d'un OPCVM.

- **Commission de mouvement** : commission facturée à l'OPCVM dans le cadre d'opérations effectuées sur le portefeuille (achat et vente d'actions, par exemple). Le prospectus complet détaille ces commissions. La société de gestion peut bénéficier de la rétrocession d'une partie de cette commission dans les conditions définies préalablement, et portées à la connaissance de l'investisseur.

- **Commission de rachat ou « droit de sortie »** : commissions perçues sur la revente des parts ou actions d'OPCVM.

- **Commission de souscription ou « droit d'entrée »** : montant (généralement exprimé en pourcentage) qui s'ajoute à la valeur liquidative de l'OPCVM, que l'investisseur doit payer à chaque fois qu'il achète des parts ou des actions d'OPCVM. Ces frais sont de deux natures : d'une part, une commission acquise à l'OPCVM qui a pour objet d'assurer l'égalité des porteurs (le porteur qui entre dans le fonds génère des frais spécifiques qu'il est légitime de lui imputer et non à l'ensemble des porteurs) ; d'autre part, une commission rémunérant soit la société de gestion soit la distribution de l'OPCVM.

- **Commission de surperformance** : elle rémunère la société de gestion dès lors que l'OPCVM a dépassé les objectifs fixés dans le prospectus.

- **Compartiment** : un OPCVM peut comporter (si ses statuts ou son règlement le prévoient) plusieurs supports d'investissement correspondant à des orientations de gestion différentes.

- **Contrepartie éligible** : (classification MIF des clients) entreprises d'investissement, établissements de crédit, entreprises d'assurance, OPCVM et leurs sociétés de gestion, fonds de retraite et leurs sociétés de gestion, les gouvernements nationaux et leurs services, y compris les organismes publics chargés de la gestion de la dette publique, les banques centrales et les organisations supranationales.

- **Cossiom** : commission chargée des services et systèmes d'information destinés aux opérateurs de marchés. Cossiom est une commission de l'association du Forex et des trésoriers de banque (ACI France).

- **Coupon** : revenu perçu par le détenteur d'une obligation.

- **Cours de référence** : cours à partir duquel est établi le cours d'ouverture de la nouvelle séance. Il s'agit du dernier cours coté ou du dernier cours indicatif apparaissant sur la cote.

- ***Crossing networks*** : systèmes de confrontation des ordres permettant de négocier à des prix importés d'autres marchés (milieu de fourchette ou du prix *fixing*).

- ***Dark pool*** : ce sont des MTF* (*Multilateral Trading Facilities*) qui bénéficient d'un régime d'exemption de transparence prénégociation prévue par la MIF.

- **Décimalisation** : opération portant sur un OPCVM et correspondant à une décision de fractionnement des parts ou actions de l'OPCVM. Il devient alors possible d'acquérir des fractions de parts exprimées en 1/1 000, 1/100 000, etc. Cette opération ne change pas la valeur liquidative de la part ou action (appelée valeur liquidative, ou VL, de la part entière) mais le nombre de parts de l'OPCVM qui sera exprimé avec des décimales. À l'occasion d'une opération de décimalisation affectant un OPCVM, le code Isin de l'OPCVM change.

- **Dépositaire** : prestataire chargé de la conservation des titres et du contrôle de la régularité des décisions de gestion prises pour le compte de l'OPCVM. Le dépositaire peut déléguer contractuellement à un autre établissement ayant la capacité à exercer la fonction de teneur de comptes conservateur, une partie de ses fonctions (notamment la conservation d'actifs à un « conservateur »). Il ne peut cependant pas déléguer la mission de contrôle de la régularité des décisions de la société de gestion de l'OPCVM.

▷ **DICI** : ce document d'information clé pour l'investisseur synthétise selon un format standard les informations à fournir aux investisseurs sur les fonds, en termes d'objectifs, de risques et de performances et de coûts. Il remplace le prospectus simplifié depuis le 1er juillet 2011 et est destiné à éclairer les choix des investisseurs.

▷ **Dividende** : revenu tiré d'un placement en titres de capital (actions, certificats d'investissement, etc.). Le dividende est généralement versé annuellement et varie en fonction des bénéfices réalisés par l'entreprise.

▷ **Document de référence** : document facultatif, contenant l'ensemble des données juridiques, économiques et comptables requises par la réglementation européenne et française. Il constitue une source de renseignements très complète sur la société qui l'élabore. Enregistré ou déposé auprès de l'Autorité des marchés financiers, ce document est établi sous la seule responsabilité de la société. Il fait l'objet d'un contrôle par l'Autorité des marchés financiers, notamment en cas d'opération financière. Ce document répond à l'objectif de diffusion d'une information de qualité auprès d'un large public.

▷ **Droit d'entrée** : voir Commission de souscription.

▷ **Droit de garde** : montant des frais que prélève un intermédiaire financier pour la tenue des comptes-titres.

▷ **Droit de sortie** : voir Commission de rachat.

▷ **EEE :** l'Espace économique européen est constitué de l'ensemble des pays de la Communauté européenne et de l'Association européenne de libre-échange qui regroupe des pays proches de l'Union européenne. L'EEE comprend aujourd'hui les 27 pays membres de l'UE et les 3 pays de l'Association européenne de libre-échange (AELE).

▷ **Effet de levier** : recours au financement par endettement (plutôt que par capitaux propres) démultipliant la rentabilité financière à condition de dégager une rentabilité d'exploitation supérieure au coût du crédit, sinon c'est l'effet dit « coup de massue ». Il mesure ainsi la capacité du fonds à amplifier les mouvements des marchés. Si les marchés montent, la valeur du fonds pourra monter plus vite. En revanche, s'ils baissent, la valeur du fonds pourra baisser plus vite également

▷ **EMS** : stratégies d'arbitrage, d'exécution des ordres, choix multicritères de la *best execution* du client.

▷ **ESMA** : Autorité européenne des marchés financiers en charge depuis le 1er janvier 2011 de l'harmonisation des réglementations européennes des différentes autorités de régulation dans les domaines des marchés financiers. Elle a succédé au CESR. Son président est le néerlandais Steven Maijoor.

▷ **ETF** (*Exchange Traded Fund*) : voir *Trackers* (OPCVM indiciel coté).

▷ **Euronext Paris** : marché réglementé unique permettant de simplifier et d'améliorer la lisibilité de la cote, grâce notamment à un classement alphabétique des sociétés. Elles peuvent être identifiées par une classification en fonction de leur capitalisation.

▷ **Euroclear France** (ex-Sicovam) : dépositaire central des valeurs mobilières. Il assure la circulation par virement entre ses adhérents (exclusivement des intermédiaires affiliés) des valeurs titres qu'ils détiennent pour le compte de leurs clients. C'est la Banque de France qui tient ce rôle pour les espèces. Euroclear est également l'organisme chargé de la codification d'une grande partie des OPCVM (code de place).

▷ **Expert indépendant** : dans le cadre d'une offre publique, l'expert indépendant est une personne désignée par la société visée lorsque l'opération est susceptible de générer des conflits d'intérêt au sein de son conseil d'administration, de nature à nuire à l'objectivité de l'avis que ce dernier doit rendre sur l'intérêt et les conséquences de l'offre pour la société visée et ses actionnaires. Son expertise peut s'avérer également nécessaire lorsque l'offre est susceptible de remettre en cause l'égalité de traitement entre actionnaires.

▷ **FCT** (fonds commun de titrisation) : le fonds commun de titrisation est l'entité juridique d'accueil des créances cédées par un établissement de crédit. Il s'agit d'une copropriété dont le but est d'acquérir des créances et d'émettre des parts représentatives de ces créances. Ces fonds sont régis par les articles L. 214-42 à L. 214-48 du *Code monétaire et financier*. Ils se dénommaient FCC (fonds communs de créances) jusqu'en 2008.

▷ **FCIMT** (fonds commun d'intervention sur les marchés à terme) : fonds spécialisé sur les marchés à terme d'instruments financiers et de marchandises. Le FCIMT est agréé par l'AMF mais ne peut faire l'objet de démarchage.

▷ **FCP** (fonds commun de placement) : catégorie d'OPCVM émettant des parts et n'ayant pas de personnalité juridique. L'investisseur, en achetant des parts, devient membre d'une copropriété de valeurs mobilières mais ne dispose d'aucun droit de vote. Il n'en est pas actionnaire. Un FCP est représenté et géré, sur les plans administratif, financier et comptable, par une société de gestion unique qui peut elle-même déléguer ces tâches.

- **FCPE** (fonds commun de placement d'entreprise) : OPCVM spécialisé, réservé aux salariés des entreprises, destiné à être investi en valeurs mobilières. Trois types de FCPE sont recensés en fonction de leur initiateur et des personnes auxquelles ils s'adressent : les FCPE individualisés, les FCPE individualisés de groupe, les FCPE multi-entreprises. Ils ont agréés par l'AMF.

- **FCPI** (fonds commun de placement dans l'innovation) : fonds appartenant à la catégorie de FCPR. Il a vocation à favoriser le renforcement des fonds propres des PME françaises dites « innovantes ».

- **FCPR** (fonds commun de placement à risques) : fonds dont l'actif est composé, pour 50 % au moins, de valeurs mobilières non admises à la négociation sur un marché réglementé français ou étranger (entreprises non cotées) ou de parts de sociétés à responsabilité limitée. Ils peuvent être agréés par l'AMF ou allégés (dans ce cas, ils bénéficient de ratios d'investissement assouplis mais, en contrepartie, les conditions d'accès – souscripteurs visés et seuil minimum d'investissement – sont strictement encadrées).

- **FIP** (fonds d'investissement de proximité) : fonds appartenant à la catégorie des FCPR. Il a vocation à favoriser le développement des petites et moyennes entreprises régionales.

- **Flottant** : part du capital d'une société en mesure d'être cédée en Bourse. Plus le flottant est important et plus forte est la liquidité d'un titre.

- **Fonds de fonds ou multigestion** : voir OPCVM d'OPCVM.

- **Fonds réservé à 20 souscripteurs maximum** : fonds qui n'est pas autorisé à faire de la publicité et du démarchage. Famille d'OPCVM agréés. Anciennement appelé OPCVM non offert au public, il a été rebaptisé pour ne pas créer de confusion avec la notion d'appel public à l'épargne.

- **FPI** (fonds de placement immobilier) : fonds appartenant à la catégorie des OPCI. Il a vocation à être investi dans des actifs immobiliers.

- **Frais de transaction** : ils se décomposent en frais de courtage (ce sont les frais prélevés lors d'opérations d'achat ou de vente de titres) et en une commission de mouvement répartie de façon variable entre la société de gestion ou le dépositaire de l'OPCVM.

- **Gestion alternative** : la gestion alternative se définit fréquemment comme une gestion décorrélée des indices de marchés. Ce type de gestion repose sur des stratégies et des outils à la fois diversifiés et complexes. C'est donc une gestion qui, par nature, reste réservée aux investisseurs « avertis » (investisseurs institutionnels, comme les banques, par exemple). Un programme de commercialisation, validé par l'AMF lors de l'agrément de la société et de chaque produit, instaure des règles restrictives de démarchage et la fixation d'un montant minimum de souscription. On distingue les fonds agressifs (*get rich*) et les fonds défensifs (*stay rich*).

- **Indice boursier** : moyenne des cours d'un échantillon de titres représentatifs d'un marché, d'un secteur, etc. Cette moyenne est établie sur la base d'une pondération du niveau de capitalisation de chacune des valeurs qui compose l'échantillon de l'indice. L'indice rend compte de la tendance générale de l'évolution du marché. Euronext Paris SA calcule plusieurs indices boursiers comme celui du CAC 40, le plus connu. Les autres indices répandus aux États-Unis sont le Nasdaq et le célèbre Dow Jones.

- **Indice CAC 40** : principal indice français publié par Euronext. Il est calculé en continu à partir de 40 valeurs sélectionnées parmi les 100 premières capitalisations boursières. Depuis le 1er décembre 2003, cet indice est pondéré en retenant le flottant de chaque valeur, c'est-à-dire la part du capital détenue par le public. Depuis les années 1980, le CAC 40 est devenu le support de produits financiers (contrats à terme et contrats d'options négociables).

- **Information au public et aux investisseurs** : dès lors que les sociétés réalisent des opérations financières, elles sont tenues de communiquer un certain nombre d'informations visées par l'AMF. La fréquence de diffusion dépend de la nature des opérations financières. Elles ont un caractère occasionnel dans le cas des introductions en Bourse, des opérations d'augmentation ou de réduction de capital, des OPA, OPE… Elles sont périodiques pour les publications de résultats trimestriels, semestriels et annuels de la société. Enfin l'obligation d'information devient permanente en matière de communication des prix d'un titre, c'est en effet un élément clé de la prise de décision du client.

- **Instrument financier** : on regroupe sous cette acception une large famille d'actifs financiers, à savoir : les actions et autres titres donnant ou pouvant donner accès aux droits de vote (certificats d'investissement, bons de souscription d'actions, etc.) ; les titres de créances (obligations, Oceane, titres subordonnés à durée indéterminée…), les parts ou actions d'organismes de placement collectif (actions de Sicav, parts de FCP, etc.) ; les instruments financiers à terme (contrats d'option d'achat ou de vente, contrats financiers à terme, contrats d'échange, etc.).

- **Intéressement** : part complémentaire de rémunération perçue par les salariés, en fonction des résultats de la société.

- **Intérêt** : rémunération attachée à un placement en titres de créance (obligations et autres titres de créance, etc.). Les détenteurs de titres perçoivent les intérêts selon un échéancier prédéfini (le plus souvent trimestriel ou annuel). L'investisseur a connaissance lors de l'émission du calendrier des paiements d'intérêt. Les taux sont fixes ou variables.

- **Intermédiaire financier** : professionnel à qui les investisseurs doivent s'adresser pour vendre ou acheter sur le marché financier. Il peut s'agir d'une banque, d'une entreprise d'investissement, d'un courtier en ligne, etc. Selon son statut, il peut faire de la réception/transmission d'ordre, de la tenue de comptes/conservation, de la négociation, etc.). L'intermédiaire fait l'objet d'un agrément délivré par les autorités des marchés.

- **Internalisateur systématique** : prestataire de services d'investissement qui, de façon organisée, fréquente et systématique, négocie pour compte propre en exécutant les ordres de ses clients en dehors d'un marché réglementé ou d'un système multilatéral de négociation. BNP Paribas arbitrage fait partie des 13 « internalisateurs » recensés en Europe (source ESMA).

- *Late trading* : opération de souscription-rachat résultant d'un ordre transmis au-delà de l'heure limite mentionnée dans le prospectus : une telle opération est proscrite.

- **Liquidité** : qualité d'un marché, ou d'un titre, sur lequel les transactions (achat-vente) s'effectuent de façon fluide, sans forte variation cours, à raison de l'abondance des titres négociés.

- **Marché libre** : marché non réglementé, c'est-à-dire non soumis au même contrôle que le marché réglementé ou Alternext. Par conséquent, les niveaux de liquidité, de sécurité et d'information offerts aux investisseurs ne sont pas les mêmes. Ainsi, toutes les opérations d'échange, de retrait ou de rachat des titres des actionnaires minoritaires sur ce marché sont réalisées hors intervention et contrôle de l'Autorité des marchés financiers.

- **Marché réglementé** (MR) : système multilatéral, exploité ou géré par un opérateur de marché, qui assure ou facilite la rencontre – en son sein même et selon des règles non discrétionnaires – de multiples intérêts acheteurs et vendeurs exprimés par des tiers pour des instruments financiers, d'une manière qui aboutisse à la conclusion de contrats portant sur des instruments financiers admis à la négociation dans le cadre de ses règles ou de ses systèmes, et qui est agréée.

- *Market timing* : opération d'arbitrage consistant à tirer profit d'un écart entre la valeur comptable d'un fonds et sa valeur de marché : une telle opération est répréhensible dès lors qu'elle porte atteinte à l'égalité de traitement des porteurs.

- **Matif** : marché réglementé d'instruments dérivés sur instruments de taux d'intérêt et de matières premières, le Matif est aujourd'hui géré par Euronext Liffe. Il permet de se protéger contre la dévalorisation des actifs financiers. Il peut également être employé dans une stratégie de spéculation ou d'arbitrage.

- **Maturité** : la maturité est la durée de vie de l'obligation. Le marché obligataire est un marché de long terme. Plus sa durée de vie est longue, plus le risque attaché à l'obligation est élevé car la probabilité que les taux d'intérêt montent ou que l'émetteur fasse défaut (liquidation, etc.) augmente avec le temps.

- **Mifid** : acronyme anglais pour désigner la directive MIF (*Markets in Financial Instruments Directive*) entrée en vigueur le 1er novembre 2007.

- **Monep** : marché réglementé d'instruments dérivés (contrats à terme et options) sur actions ou sur indices, le Monep est aujourd'hui géré par Euronext Liffe. Il offre aux investisseurs les moyens de couvrir leurs positions contre des variations anormales ou non anticipées des cours des actions. C'est également un outil de spéculation ou d'arbitrage.

- **Moins-value** : perte résultant de la différence entre les prix de vente et d'achat d'un titre financier.

- **Multigestion** : voir OPCVM d'OPCVM.

- *Multilateral trading facilities* (MTF) : système multilatéral, exploité par un prestataire de services d'investissement ou un opérateur de marché, qui assure la rencontre – en son sein même et selon des règles non discrétionnaires – de multiples intérêts acheteurs et vendeurs exprimés par des tiers pour des instruments financiers, d'une manière qui aboutisse à la conclusion de contrats.

- **Négociation (ou « pas de négociation »)** : écart minimal autorisé entre deux cours d'une même valeur sur un marché réglementé. Cet écart est établi en euros ou en pourcentage.

- **Notice d'information** : voir Prospectus et DICI.

- **Note détaillée** : il s'agit d'un document mettant à disposition une information détaillée sur les éléments qui sont présentés de façon résumée dans le DICI (ex-prospectus simplifié). Elle est obtenue gratuitement sur simple demande. Elle décrit précisément les règles d'investissement et de fonctionnement de l'OPCVM ainsi que les modalités de rémunération de la société de gestion et du dépositaire. Elle présente de façon exhaustive les stratégies d'investissement envisagées, ainsi que les instruments spécifiques utilisés, notamment dans le cas où ces instruments nécessitent un suivi particulier ou présentent des risques ou caractéristiques spécifiques.

- **Nyse Euronext Paris SA** : entreprise de marché qui organise les transactions sur les marchés français d'Euronext. Elle assure de nombreuses fonctions relatives à la gestion des systèmes informatiques de négociation ; à leur enregistrement entre membres d'Euronext, ou encore par une chambre de compensation qui assure la garantie du paiement contre livraison des titres. Elle gère les adhésions des membres et effectue l'admission ou, si besoin, la radiation des instruments financiers. Elle assure une fonction clé, celle de diffuser les informations du marché et les règles d'exécution des ordres de Bourse. Elle assure la défense de la place financière de Paris par la mise en place d'offres répondant à la rencontre des émetteurs et investisseurs.

- **Obligation** : titre de créance émis par une entreprise, remboursable à une date et pour un montant fixés à l'avance et qui rapporte un intérêt. Il existe d'autres titres de créance qui comportent des caractéristiques particulières.

- **OICV** (organisation internationale des commissions de valeurs) : organisation internationale fondée en 1983 qui réunit les régulateurs des principales places boursières dans le monde. Le principal objectif de l'OICV est d'établir des standards internationaux destinés à renforcer l'efficacité et la transparence des marchés de valeurs mobilières tout en protégeant au mieux les investisseurs. Il s'agit également de développer la coopération entre les régulateurs pour une meilleure efficacité contre les abus de marché et délits financiers.

- **OMS** (*order management system*) : à l'origine moyen d'automatiser la collecte électronique des ordres et les instructions du *portfolio manager*, ce système a une fonction d'agrégation de blocs de titres. Il permet une connexion directe aux *crossing networks* et DMA (*direct market access*).

- **OPA** (offre publique d'achat) : opération par laquelle une personne annonce publiquement aux actionnaires d'une société cotée (la société visée) qu'elle s'engage irrévocablement à acquérir leurs titres. L'acquisition des titres est proposée contre une somme en espèces.

- **Opérateur de marché** : une ou plusieurs personnes gérant et/ou exploitant l'activité d'un marché réglementé.

- **OPCI** (organisme de placement collectif en immobilier) : fonds immobiliers inspirés de la SCPI et proches des OPCVM, ce sont des produits de gestion collective spécialisés dans l'investissement immobilier.

- **OPCVM** (organisme de placement collectif en valeurs mobilières) : produit d'épargne agréé par l'Autorité des marchés financiers et destiné aux investisseurs particuliers et institutionnels. Investis dans des instruments financiers (actions, obligations, titres de créance, etc.) selon des critères indiqués dans le prospectus, les OPCVM sont gérés par des entités (les sociétés de gestion de portefeuille), elles aussi soumises à l'agrément de l'Autorité des marchés financiers. Un OPCVM offre la possibilité d'accéder à un portefeuille de valeurs mobilières diversifié ; son portefeuille est confié à un professionnel ; ses parts ou actions peuvent être, à tout moment, rachetées à leur valeur liquidative.

- **OPCVM à règles d'investissement allégées** (Aria) : OPCVM bénéficiant d'assouplissement en termes d'investissement et de stratégies mises en œuvre. Il existe plusieurs catégories d'OPCVM à règles d'investissement allégées : les OPCVM agréés à règles d'investissement allégées simples qui peuvent déroger au respect des ratios standard de division des risques ; les OPCVM agréés à règles d'investissement allégées et effet de levier qui disposent de la possibilité de ne pas être soumis aux ratios standard de division des risques tout en recourant à l'effet de levier ; les OPCVM agréés à règles d'investissement allégées de fonds alternatifs qui peuvent mettre en œuvre des stratégies alternatives, au travers d'investissements dans d'autres OPCVM ou fonds d'investissement de droit français ou étranger. Les conditions d'accès ainsi que les seuils d'investissement minimum à ce type d'OPCVM sont très encadrés.

- **OPCVM à compartiment** : OPCVM qui peut comporter deux ou plusieurs compartiments si ses statuts ou son règlement le prévoient. Les compartiments se comportent comme des OPCVM à part entière, ils sont soumis individuellement aux dispositions qui régissent le fonds ou la Sicav.

- **OPCVM réservé à 20 porteurs au plus** : famille d'OPCVM agréés. Anciennement appelés OPCVM non offerts au public, ils ont été rebaptisés pour ne pas créer de confusion avec la notion d'appel public à l'épargne. Seuls les FCPVG et les Sicav peuvent être réservés à 20 porteurs au plus.

- **OPCVM contractuel** : OPCVM déclaré à l'AMF (non soumis à l'agrément préalable). Cet OPCVM bénéficie d'une totale liberté d'investissement et de mise en œuvre d'effet de levier mais présente certaines caractéristiques garantes de sécurité (contrôle des commissaires aux comptes, présence d'un dépositaire, agrément de la société de gestion). Les conditions d'accès et les seuils d'investissement minimum à ce type d'OPCVM sont strictement encadrés.

- **OPCVM de capitalisation** : OPCVM qui réinvestit automatiquement les revenus issus des titres détenus en portefeuille.

▸ **OPCVM de distribution** : OPCVM qui distribue périodiquement les revenus issus des titres détenus en portefeuille.

▸ **OPCVM indiciel** : OPCVM dont l'objectif de gestion correspond à l'évolution d'un indice d'instruments financiers.

▸ **OPCVM indiciel coté** : voir *trackers*

▸ **OPCVM conforme aux normes européennes** : OPCVM d'un pays de l'Union européenne pouvant être librement commercialisé dans d'autres États membres après obtention d'une autorisation de commercialisation. Il dispose du passeport européen.

▸ **OPCVM d'OPCVM** (ou fonds de fonds) : OPCVM investi pour plus de 10 % en actions ou en parts d'autres organismes de placement collectif en valeurs mobilières de droit français ou étranger. Le niveau d'investissement que l'OPCVM s'autorise à effectuer doit être précisé dans le prospectus (inférieur ou supérieur à 50 % de l'actif net).

▸ **OPCVM maître/nourricier** : un OPCVM se définit comme nourricier dès lors que son actif est investi en totalité, et ce de manière permanente, en parts ou actions d'un seul OPCVM dit maître, en instruments financiers à terme et pour une partie accessoire en liquidités. Les possibilités de commercialisation des fonds nourriciers peuvent être très diversifiées.

▸ **OPE** (offre publique d'échange) : opération par laquelle une personne annonce publiquement aux actionnaires d'une société cotée (la société visée) qu'elle s'engage irrévocablement à acquérir leurs titres. L'acquisition des titres est proposée contre d'autres titres, émis ou à émettre.

▸ **OPM** (offre publique mixte) : opération par laquelle une personne annonce publiquement aux actionnaires d'une société cotée (la société visée) qu'elle s'engage irrévocablement à acquérir leurs titres. Le règlement s'effectuera alors en partie en titres et en partie en numéraire.

▸ **OPR** (offre publique de retrait) : opération par laquelle un ou plusieurs actionnaires, détenant plus de 95 % des droits de vote d'une société cotée, font connaître publiquement leur intention d'acheter le solde des titres qu'ils ne détiennent pas. Dans ce cas, l'actionnaire minoritaire a le choix d'apporter ses titres à l'actionnaire majoritaire. Il n'y est pas obligé. Symétriquement, un actionnaire minoritaire peut demander à l'AMF de requérir le dépôt d'un projet d'offre publique de retrait par l'actionnaire majoritaire si celui-ci détient au moins 95 % des droits de vote de la société.

▸ **Ordre à cours limité** : le prix maximal (ordre d'achat) ou minimal (ordre de vente) est déterminé par le client.

- **Ordre à déclenchement** : mode d'acquisition des titres par un investisseur reposant sur la définition d'un cours déterminé à l'avance afin de se prémunir contre d'éventuels renversements de tendance. Concrètement ce type d'ordres n'apparaît dans le carnet qu'à condition de rencontrer une transaction qui affiche un cours correspondant au prix de déclenchement spécifié par l'investisseur. Une fois déclenché, l'ordre est alors automatiquement saisi en carnet.

- **Ordre à la meilleure limite** : ce type d'ordre est une sous-catégorie d'ordre « au marché » et n'est donc assorti d'aucune indication de cours. Lors de sa saisie en carnet pendant la séance de négociation, il est transformé en ordre limité, au cours de la meilleure offre s'il s'agit d'un ordre d'achat, au cours de la meilleure demande s'il s'agit d'un ordre de vente. Comme tel, il peut faire l'objet d'une exécution totale ou partielle. Lors du *fixing*, il est exécuté au cours d'ouverture.

- **Ordre au marché** : type d'ordre n'étant assorti d'aucune indication de cours et étant exécuté en fonction des ordres de sens inverse disponibles lors de sa présentation sur le marché : il consiste à vendre ou à acheter sans limite de prix, dans la limite des quantités disponibles. Ainsi, sous réserve d'une contrepartie suffisante, la quantité des titres vendus ou achetés est garantie mais pas les cours. Lors du *fixing*, les ordres « au marché » sont exécutés au cours d'ouverture et sont prioritaires sur les ordres « à cours limité » dont la limite est égale au cours d'ouverture.

- **Ordre indexé** : type d'ordre permettant de toujours rester positionné à la meilleure limite de même sens, en suivant automatiquement les évolutions de celle-ci à la hausse ou à la baisse. Il est également possible de spécifier une limite au-delà de laquelle l'ordre indexé se comporte comme un ordre « à cours limité », cessant de suivre la meilleure limite.

- **Parts et coupons** : il existe différents modes d'affectation du résultat d'un OPCVM, la distribution intégrale du résultat, la capitalisation (le résultat est mis en réserve pour être réinvesti), la combinaison d'une dose de distribution et de capitalisation à partir d'une clé d'affectation des résultats décidée par la société de gestion dans le cas d'un FCP, l'assemblée des actionnaires s'il s'agit d'une Sicav. Il existe pour les OPCVM à vocation générale deux types de parts pour la distribution du résultat, les parts C (parts de capitalisation pure) ou les parts D (parts de distribution pure). Dans ce cas de figure, il y a lieu de déterminer une valeur liquidative pour chaque catégorie de parts qui dispose chacune d'un code Isin spécifique.

- **Pacte d'actionnaire** : convention conclue entre tout ou partie des actionnaires d'une société qui régit leurs relations et la composition de son capital.

- **PEE** (plan d'épargne d'entreprise) : dispositif d'épargne collectif offrant la possibilité aux salariés d'une entreprise ou d'un groupe d'entreprises de se constituer, avec l'aide de leur employeur, une épargne investie en valeurs mobilières, dans un cadre fiscal favorable, moyennant le blocage de l'épargne pendant une période généralement de cinq ans.

- **PEG** (plan d'épargne de groupe) : système d'épargne collectif qui permet aux salariés d'un même groupe d'entreprises de se constituer, éventuellement avec le concours de leur employeur, une épargne investie en valeurs mobilières, dans un cadre fiscal favorable et en échange d'un blocage de cette épargne pendant une période généralement de cinq ans.

- **PEI** (plan d'épargne interentreprises) : il s'agit d'un système d'épargne collectif mis en place par accord, au sein de plusieurs entreprises, au niveau d'une branche professionnelle ou à un niveau territorial spécifique. Le PEI vise à simplifier l'accès des très petites entreprises et des PME aux plans d'épargne salariale et mutualiser les coûts de sa gestion.

- **PER** (*Price Earning Ratio*) : il s'agit du rapport entre le cours de l'action et le bénéfice net par action (cours/BNPA). Il mesure le nombre de fois où les bénéfices passés ou futurs sont capitalisés dans le cours de Bourse de la société.

- **Perco** (plan d'épargne pour la retraite collectif) : système d'épargne collectif qui permet aux salariés d'une entreprise ou d'un groupe d'entreprises de se constituer, éventuellement avec le concours de leur employeur, une épargne investie en valeurs mobilières, dans un cadre fiscal favorable et en échange d'un blocage de cette épargne généralement jusqu'à l'âge du départ à la retraite.

- **Plus-value** : gain résultant de la différence entre le prix de vente (– les droits de sortie) d'un titre et son prix d'achat ou de souscription (+ les droits d'entrée).

- **Prospectus simplifié** (remplacé depuis le 1er juillet par le DICI) : document remis préalablement à toute souscription et donnant une information précise sur les risques identifiés de l'OPCVM. Il apporte, en outre, une information essentielle sur les modalités de fonctionnement et les caractéristiques de l'OPCVM.

- **Prospectus détaillé** : il comprend outre le DICI (venu remplacer le prospectus simplifié), la note détaillée (voir Note détaillée), le règlement ou les statuts de l'OPCVM. Il doit être remis préalablement à toute souscription. Il donne une vision plus approfondie sur les modalités de fonctionnement et les caractéristiques des instruments financiers. L'investisseur dispose des éléments utiles à l'analyse de son placement.

- **Règlement ou les statuts de l'OPCVM** : ce sont les règles qui gouvernent le fonctionnement de l'OPCVM. Pour un FCP il s'agira du règlement défini par la société de gestion, pour la Sicav ses statuts juridiques s'agissant d'une société (personne morale).

- **PSI** : en France les prestataires de services d'investissement qui exercent la gestion pour compte de tiers doivent au préalable disposer d'un agrément. Il est délivré par l'AMF si l'activité principale est exercée à titre principal. Sinon c'est le CECEI (Comité des établissements de crédit et des entreprises d'investissement) qui l'accorde dans le cas où la société l'exerce à côté d'autres prestations. Le programme d'activité demeure quant à lui soumis à l'agrément de l'AMF.

- **Retrait obligatoire** : suite à offre publique (OPA, OPE, OPR, etc.), une procédure de retrait obligatoire est susceptible d'être demandée par l'actionnaire majoritaire si les titres non apportés à l'offre représentent moins de 5 % du capital et des droits de vote. Les actions des détenteurs minoritaires sont alors cédées de plein droit à l'actionnaire majoritaire moyennant une indemnisation.

- **SCPI** (société civile de placement immobilier) : société ayant pour objet exclusif l'acquisition et la gestion d'un patrimoine immobilier locatif.

- **Sicav** (société anonyme à capital variable) : OPCVM ayant la personnalité juridique (société) et qui émet des actions (par opposition aux FCP qui n'ont pas la personnalité juridique et émettent des parts). Tout investisseur devient actionnaire et peut s'exprimer au sein des assemblées générales. Une Sicav peut assurer elle-même sa gestion ou bien confier cette fonction à une société de gestion de portefeuille française qui pourra déléguer (sous réserve de l'approbation de l'AMF) éventuellement la gestion financière ou administrative à une société de gestion spécialisée française ou étrangère dans le cadre d'une délégation de gestion.

- **Sicavas** (Sicav d'actionnariat salarié) : Sicav ayant pour objet la gestion d'un portefeuille de valeurs mobilières émises par l'entreprise à destination de ses salariés.

- **SEF** (société d'épargne forestière) : société ayant pour objet principal l'acquisition et la gestion d'un patrimoine forestier.

- **Société de gestion de portefeuille** : prestataire de services d'investissement exerçant à titre principal la gestion pour le compte de tiers (individuelle au travers d'un mandat de gestion, collective au travers d'un OPCVM) et soumis à l'agrément de l'AMF.

- **Sofica** (société pour le financement de l'industrie cinématographique et audiovisuelle) : société anonyme destinée à financer le secteur cinématographique et audiovisuel (dessins animés, films, longs métrages, documentaires).

◈ **Sppicav** (société de placement à prépondérance immobilière à capital variable) : OPCI ayant la personnalité juridique (société) et qui émet des actions. Une Sppicav est généralement gérée par une société de gestion de portefeuille dans le cadre d'une délégation de gestion.

◈ ***Spread*** : écart entre le taux de rendement actuariel d'une obligation et celui d'un emprunt dit « sans risque » de même durée. Il représente la prime de risque que l'émetteur doit offrir à l'investisseur pour rémunérer le risque qu'il prend en investissant dans son titre. Plus l'investissement est risqué, plus la prime de risque offerte doit être attractive, c'est-à-dire élevée.

◈ **Système multilatéral de négociation** : système qui, sans avoir la qualité de marché réglementé, assure la rencontre, en son sein et selon des règles, de multiples intérêts acheteurs et vendeurs exprimés par des tiers sur des instruments financiers, de manière à conclure des transactions sur ces instruments. Il peut être géré par un prestataire de services d'investissement agréé ou par une entreprise de marché.

◈ ***Swap*** : dans le langage du praticien il s'agit d'effectuer un échange de flux financiers déterminés à partir d'un montant théorique de référence appelé notionnel entre deux contreparties sur une durée définie.

◈ **Taux de rotation du portefeuille** : différence entre la somme des achats et des ventes d'actions en portefeuille et la somme des souscriptions et des rachats sur le fonds ou la Sicav, rapportée à l'actif net moyen du fonds. Calculé annuellement, sur la base de l'exercice comptable, il est exprimé en pourcentage.

◈ **Teneur de compte conservateur** : il s'agit d'une activité visant à inscrire en compte les instruments financiers au nom de leur titulaire, de manière à matérialiser les droits de son titulaire sur les instruments financiers qu'il a acquis. Il veille notamment à conserver les avoirs correspondants du titulaire du compte.

◈ **Tête** : entité juridique qui regroupe les compartiments (voir Compartiment).

◈ **TFO** : indicateur visant à rendre les frais des OPCVM plus transparents. Il comprend non seulement les frais de gestion mais également les dépenses de fonctionnement du fonds.

◈ **Trackers** (ou EFT pour *Exchange Traded Funds*) : catégorie d'OPCVM indiciel ou fondé sur un indice coté sur un marché réglementé. Ils ont pour objectif de répliquer les variations d'un indice prédéterminé ou d'évoluer en suivant une formule prédéterminée fondée sur un indice donné. Ils peuvent être achetés ou vendus en Bourse tout au long de la journée de cotation, comme des actions « classiques ». De nouvelles règles sont en cours d'élaboration et de discussion au sein de l'ESMA et devraient être adoptées au cours de l'année 2012.

- **Valeur liquidative** (VL) : prix attribué à une part de FCP ou d'action de Sicav. La valeur liquidative permet d'effectuer des souscriptions et rachats au cours de la vie de l'OPCVM. On obtient la VL en divisant la valeur globale de l'actif net de l'OPCVM par le nombre de parts ou d'actions qui le constitue. Elle est calculée et publiée à fréquence prédéfinie dans le prospectus et les documents associés et de manière régulière. Elle est le plus souvent communiquée quotidiennement. La périodicité est susceptible d'être modifiée. Il peut arriver qu'à titre exceptionnel les rachats soient suspendus.

- **VNI** : valeur nette d'inventaire (en anglais *Net Asset Value* – NAV). La VNI sert de référence pour les souscriptions et rachats et le calcul éventuel de la commission de performance.

- **Valeur nominale** (ou « nominal » d'une action) : prix d'émission des actions retenu lors de la constitution d'une société. La valeur nominale s'obtient en divisant le montant total d'une émission par le nombre de titres émis. La valeur nominale est donc différente du cours de Bourse de l'action.

- **Valeurs mobilières** : titres émis par des personnes morales, publiques ou privées, transmissibles par inscription en compte ou tradition, qui confèrent des droits identiques par catégorie et donnent accès, directement ou indirectement, à une quotité du capital de la personne morale émettrice ou à un droit de créance général sur son patrimoine. Sont également des valeurs mobilières les parts de fonds communs de placement et de fonds communs de créance.

- **Volatilité** : correspond à la mesure de l'amplitude de variation d'un titre, d'un fonds, d'un marché ou d'un indice sur une période donnée. Elle permet d'appréhender le risque d'un instrument financier.

- *Warrant* (ou « bon d'option ») : instrument spéculatif émis par des établissements de crédit qui permet d'acheter (*call warrant*) ou de vendre (*put warrant*) une valeur (action, obligation, indice, etc.) à un prix et à une échéance donnés.

- **Zone euro** : elle recouvre les 17 pays membres de l'Union européenne ayant adopté l'euro comme monnaie unique Allemagne, Autriche, Belgique, Chypre, Espagne, Estonie Finlande, France, Grèce, Irlande, Italie, Luxembourg, Malte, Pays-Bas, Portugal, Slovaquie et Slovénie.

Glossaire du professionnel de l'investissement responsable (source Novethic)

- **Best effort** : dans le cadre des fonds ISR (investissement socialement responsable), certaines approches de sélection ESG sont basées sur une notation extrafinancière « statique », c'est-à-dire mesurée à un instant donné alors que d'autres sont basées sur une notation « dynamique ». C'est le cas de l'approche best effort qui désigne un type de sélection ESG consistant à privilégier les émetteurs démontrant une amélioration de leurs pratiques ESG dans le temps.

- **Best-in-class** : type de sélection ESG consistant à privilégier les émetteurs les mieux notés d'un point de vue extrafinancier au sein de leur secteur d'activité.

- **Best-in-universe** : type de sélection ESG consistant à privilégier les émetteurs les mieux notés d'un point de vue extrafinancier indépendamment de leur secteur d'activité, à la différence de l'approche *best-in-class*.

- **Exclusions normatives** : exclusion des émetteurs en violation avec des normes et conventions internationalement reconnues. En pratique, les dix principes du Pacte mondial des Nations unies constituent le référentiel le plus utilisé. Ces principes s'appuient en particulier sur la Déclaration universelle des droits de l'homme, la déclaration de l'Organisation internationale du travail relative aux principes et droits fondamentaux au travail, la déclaration de Rio sur l'environnement et le développement et la convention des Nations unies contre la corruption. Par extension, ce terme désigne parfois l'exclusion d'entreprises pour leurs pratiques environnementales ou sociales controversées même si elles ne font pas l'objet de normes.

- **Exclusions sectorielles** : exclusion des entreprises tirant une part de leur chiffre d'affaires considérée significative d'activités jugées néfastes pour la société. Il s'agit généralement d'exclusions éthiques, les secteurs les plus concernés étant l'alcool, le tabac, l'armement, les jeux d'argent et la pornographie, ou d'exclusions pour raisons environnementales dans le cas des OGM, du nucléaire, etc. Cette approche seule n'est pas, selon Novethic, assimilable à de l'ISR *stricto sensu*, dans la mesure où les émetteurs ne sont pas analysés sur leurs pratiques ESG. Pour pouvoir parler de gestion ISR, elle doit donc être combinée à d'autres approches systématiques du type sélection ESG, exclusions normatives ou engagement actionnarial.

- **Engagement actionnarial :** fait, pour un investisseur, de prendre position sur des enjeux ESG et d'exiger des entreprises visées qu'elles améliorent leurs pratiques dans la durée. Ces exigences sont formulées *via* une démarche structurée comprenant un dialogue direct avec l'entreprise et un suivi dans le temps. L'investisseur peut utiliser plusieurs leviers de pression lorsque la démarche de dialogue s'avère infructueuse : une communication publique sur l'avancement du processus d'engagement et sur les insuffisances de l'entreprise dans le domaine extrafinancier, un impact sur la gestion allant du gel de la position au désinvestissement, ainsi que l'exercice de ses droits d'actionnaire : questions en assemblée générale, refus des résolutions proposées, soutien ou dépôt de résolutions externes.

- **Intégration ESG :** prise en compte dans la gestion classique (appelée aussi *mainstream*) de quelques critères environnementaux, sociaux ou de gouvernance (ESG) clés ou mise à disposition de l'ensemble des équipes de gestion de l'analyse ESG, ou encore encouragement des travaux conjoints entre analystes financiers et extrafinanciers. Les pratiques d'intégration ESG concernent des encours importants mais sont moins contraignantes que l'ISR dans la mesure où elles ne se traduisent pas par un impact systématique sur la sélection des titres en portefeuille.

- **ISR (investissement socialement responsable) :** intégration systématique et traçable des critères environnementaux, sociaux et de gouvernance (ESG) à la gestion financière.

- **Sélection ESG :** approche ISR qui consiste à sélectionner ou à pondérer les émetteurs au sein d'un portefeuille en fonction de leur notation extrafinancière. La sélection ESG peut revêtir plusieurs formes : *best-in-class*, *best-in-universe* ou *best effort*.

- **Thématique ESG :** l'approche thématique ESG réside dans le choix des entreprises actives sur des thématiques ou secteurs liés au développement durable tels que les énergies renouvelables, l'eau, la santé, ou plus généralement le changement climatique, l'écoefficience, le vieillissement de la population. Les entreprises sont éligibles si la part de leur chiffre d'affaires tirée du secteur d'activité est au-dessus d'un certain seuil, ou si elles sont en position dominante sur le marché en question. L'approche thématique ESG peut concerner l'ensemble d'un fonds ou se limiter à une poche de l'actif total. Elle peut également conduire, lorsqu'elle est combinée à une approche de sélection ESG, à une surpondération d'un pilier (généralement l'environnement ou le social selon la thématique retenue) par rapport aux deux autres. Cette approche seule n'est pas, selon Novethic, assimilable à de l'ISR *stricto sensu*, dans la mesure où les émetteurs ne sont pas analysés sur leurs pratiques ESG. Pour pouvoir parler de gestion ISR, elle doit donc être combinée à d'autres approches systématiques du type sélection ESG, exclusions normatives ou engagement actionnarial.

Bibliographie

OUVRAGES

Bertrand (Philippe), Prigent (Jean-Luc), *Gestion de portefeuille – Analyse quantitative et gestion structurée*, Economica, 2012.

Chesnau (D.), Simon (F-X), *L'Examen de certification AMF*, Éditions d'Organisation, octobre 2010.

Croutsche (J. J.), *Pratique de l'analyse de données*, Éditions ESKA, 1977.

Desbarrières (N.), Miguel (M.), *Les OPCVM en France*, Economica, 2008.

Douhane (Amar), Rocchi (Jean-Michel), *Techniques d'ingénierie financière*, Sefi, 1997.

Douhane (Amar), Rocchi (Jean Michel), Sigwalt (Jacques), *Vademecum de la Bourse et des marchés financiers*, 3e édition, Sefi, octobre 2005.

Fleuriet (Michel), Simon (Yves), *Bourse et Marchés financiers*, Economica, 2000.

Fontaine (Patrice), Gresse (Carole), *Gestion des risques internationaux*, Dalloz, 2003.

Ghiassi (V.), *Gestion active de portefeuilles*, Éditions ESKA, 1997.

Hamon (Jacques), *Bourse et Gestion de portefeuille*, 3e édition, Economica, 2008.

Herlin (Philippe), *Finance, le nouveau paradigme*, Éditions d'Organisation, 2010.

Jacquillat (Bertrand), Levy-Garboua (Vivien), *Les 100 mots de la crise financière*, Coll. Que sais-je ?, PUF, 2009.

Jacquillat (Bertrand), Pérignon (Christophe), Solnik (Bruno), *Marchés financiers, Gestion de portefeuille et des risques*, 5e édition, Paris, Dunod, 2009.

Kabbaj (Thami), *L'Art du trading*, 2e édition, Eyrolles, 2010.

Laffite (Michel), *Sécurité des systèmes d'information et maîtrise des risques*, RB édition, 2003.

– *Les Grands Projets de systèmes d'information dans les établissements financiers*, Revue Banque Édition, 2003.

Le Fur (Yan), Quiry (Pascal) Vernimmen (Pierre), *Finance d'entreprises*, 7e édition, Dalloz, 2009.

Leutenegger (Marie-Agnès), *Gestion de portefeuille et Théorie des marchés financiers*, 3ᵉ édition, Economica, 2010

Mangot (M.), *Psychologie de l'investisseur et des marchés financiers*, Dunod, 2005.

Markowitz (Harry), *Efficient diversification of investments*, John Wiley & Sons, 1959.

– *Portfolio Selection : Efficient diversification of investments*, Yale University Press, 1970.

Poncet (Patrice), Portait (Roland), *Finance de Marché*, 2ᵉ édition, Dalloz, 2009.

Kast (Robert), *Rationalité et Marchés financiers*, Economica, 1991.

Quittard-Pinon (François), *Marché des capitaux et Théorie financière*, Economica, 2003.

Reix (Robert), *Systèmes d'information et Management des organisations*, Vuibert, 2004.

Rocchi (Jean-Michel), Christiaens (Arnaud), *Hedge funds* – Tome 1, *Histoire de la gestion alternative et de ses techniques*, Sefi, 2007.

Rocchi (Jean-Michel), *MBA Finance. Tout ce qu'il faut savoir sur la finance par les meilleurs professeurs et praticiens* (collectif), Éditions d'Organisation Eyrolles, 2010.

Rocchi (Jean-Michel), Christiaens (Arnaud), *Hedge funds*. Tome 2, *Investir dans la gestion alternative aujourd'hui et demain*, Sefi, 2009.

Rocchi (Jean-Michel), Terray (Jacques), *Les Paradis fiscaux*, SEFI/Arnaud Franel, 2011.

Roncalli (Thierry), *La Gestion d'actifs quantitative*, Economica, 2010.

Schmidt (Daniel), *Les Véhicules français de capital investissement*, Gualino Éditeur, 2006.

Simon (Yves), *Encyclopédie des marchés financiers*, 2 volumes, Economica, 1997.

Soltani (Abderman), contributeur au collectif, *Infrastructures post-marché 2010-2013*, DJI-Development Institute International, 2010.

Taleb (Nassim Nicholas), *Le Cygne noir – La Puissance de l'imprévisible*, Les Belles Lettres, 2009.

– *Le Hasard sauvage*, Les Belles Lettres, 2005

Thesmar (David), dir., *La fin de la dictature des marchés ?*, Cahiers du Cercle des économistes, PUF, 2012.

ARTICLES

Aftalion (F.), Poncet (P.), « Les mesures de performances des OPCVM, problèmes et solutions », *La Revue Banque*, n° 517, juin 1991, pp. 583-588.

Bachelet (R.), « Les formes d'organisation dans un environnement global : étude des salles des marchés financiers à partir des idéaux types du réseau, du marché et de l'appareil hiérarchique », Actes du congrès de l'Ifsam, Paris, 1997.

Berthai (Florent), « Dépositaire : la contestation monte », *Agefi*, 25 juin 2009.

Boulier (J.-F.), Pardo (C.), « Miniguide de la gestion pour compte de tiers – Tout ce que vous avez toujours voulu savoir sur la gestion d'actifs », *Revue d'économie financière*, 2005.

De la Bruslerie (H.), « Les différentes tâches de la gestion de portefeuille internationale », *Analyse Financière*, 4ᵉ trimestre 1984, pp 69-71.

Deneuville (Virginie), « Les fonds ISR ont accéléré leur croissance sur le marché français », *Agefi*, mai 2010.

Duroyon (Antoine), « L'industrie européenne de la gestion est appelée à tirer profit du cadre de la régulation », *Agefi*, juillet 2001.

Fama (Eugene F.), « *Risk, Return and Equilibrium: Some Clarifying Comments* », *Journal of Finance*, Vol. 23, n° 1, 1968, pp. 29–40.

Francq (Thierry) « Le point de vue de l'AMF : le risque principal est dans la façon dont le produit est vendu », *Revue Banque* n° 729, 8 novembre 2010.

Francq (Thierry), « Une bonne allocation des capitaux est essentielle pour le fonctionnement de l'économie », *Revue Banque*, hors-série, juin 2011.

French (Craig W.), « *The Treynor Capital Asset Pricing Model* », *Journal of Investment Management*, Vol. 1, n° 2, 2003, pp. 60–72.

French (Craig W.), « *Jack Treynor's Toward a Theory of Market Value of Risky Assets* », Working Papers Series, décembre 2002.

Galichon (Alfred), Tibi (Philippe), « Est-il vraiment important que les marchés soient efficients ? » *Revue Banque*, hors-série, juin 2011.

Gallais-Hammono (G.), Grandin (P.), « Les mesures de performances », *Banques et Marchés*, n° 42, septembre-octobre, 1999.

Gillet (P.) et Moussavou (J.), « Les méthodologies théoriques de mesure de performance des fonds d'investissement sont-elles utilisables dans un cadre professionnel ? », *Cahier de recherche*, n° 177, Cerege, IAE de Poitiers, 1999.

Jensen (Michael C.), « *The performance of mutual funds in the period 1945-1964* », *Journal of Finance*, mai 1968.

Kaplan (Paul D.), Knowles (James A.), « *Kappa : a generalized downside risk-adjusted performance measure* », *The Journal of Performance Measurement*, 2004.

Lesort (Marc), « Comment j'ai découvert les fractales », entretien avec Benoît Mandelbrot, *La Recherche*, 1986.

Lestavel (Thomas), « Euroclear branche sa plate-forme FundSettle sur les fonds alternatifs », 21 juillet 2011.

Lintner (John), « *The valuation of risk assets and the selection of risky investments in stock portfolios and capital budgets* », *Review of Economics and Statistics*, n° 47(1), 1965, pp. 13-37.

Markowitz (Harry M.), « *Portfolio Selection* », *Journal of Finance*, 7(1), 1952, pp. 77-91.

– « *The early history of portfolio theory : 1600-1960* », *Financial Analysts Journal*, 1999, Vol. 55, n° 4.

Mullins (David W.), « *Does the capital asset pricing model work ?* », *Harvard Business Review*, janvier-février 1982, pp. 105-113.

Quester (Christophe), « Bataille technologique pour les plates-formes d'agent de transfert », *Agefi*, 24 juin 2010.

Riochet (Valérie), « Quand les gérants demandent des comptes », *Agefi*, mars 2011.

Rosemain (Mathieu), « *Trading* de haute fréquence : trois firmes se partagent la moitié des ordres sur le CAC 40 », *Les Échos*, 27 avril 2011

Sharpe (William Forsyth), « *Capital asset prices: A theory of market equilibrium under conditions of risk* », *Journal of Finance*, 19(3), 1964, pp. 425-442.

Tardiveau (Jean-François), « Les distributeurs captent une bonne partie de la valeur ajoutée dans l'industrie de la gestion d'actifs », *Agefi,* 1er juin 2011.

Tobin (James), « *Liquidity preference as behavior towards risk* », *The Review of Economic Studies*, n° 25, 1958, pp. 65-86.

Commission de surveillance du secteur financier (CSSF), Communiqué de presse sur l'affaire Madoff, « De la criée à la nanoseconde, 20 ans d'évolution », *Amafi*, n° 100, juin 2011.

ÉTUDES

Amenc (Noël), Martellini (Lionel), « *The alpha* », *Edhec Publication*, 2003.

Gabay (Daniel), Herlemont (Daniel), « Note sur le comportement des gérants – L'impact de la rémunération sur la performance », École supérieure d'ingénieur Leonard de Vinci, Centre d'analyse et mathématique sociales, École des hautes études en sciences sociales, 2006.

Jouyet (Jean-Pierre), « Combiner les horizons d'investissement de long terme et le profil de risque », intervention à Paris Europlace Financial Forum, Paris, 6 juillet 2011.

Le Sourd (V.), « *Performance measurement for traditional investment – Literature survey* », *Edhec Publication*, 2007.

Noveo, Conseil et Service de Recherche et Économie de l'AFG, « Les sociétés de gestion entrepreneuriales en France en 2009 : évolution du métier et perspectives », mars 2010.

Efama, *Trends in the European Investment Fund Industry in the Fourth Quarter of 2011 and Results for the Full Year 2011*, Efama, février 2012.

Cassan (Alexandre), Laugel (Julien), « Bilan 2010 de la gestion collective », Europerformance Six Telekurs, janvier 2011.

SITES INTERNET

- www.afg.asso.fr
- www.amafi.fr
- www.agefi.fr
- www.alfi.lu
- www.aima.org
- lamicrofinance.org
- www.amf.org
- www.boursorama.com
- www.chd.lu
- www.efama.org
- www.fundsxml.fr
- www.novethic.fr
- www.lafinancepourtous.com
- www.economie-gouv.fr/tracfin
- www.europerformance.fr
- www.mtsindices.com

Index

www.ingramcontent.com/pod-product-compliance
Lightning Source LLC
Chambersburg PA
CBHW080917220326
41598CB00034B/5597